21世纪金融学系列教材

公司理财

主 编 王晋忠
副主编 徐加根

参编作者(以姓氏笔画为序)
王晋忠 向冬梅 陈学华 张显明 徐加根

Corporate Finance

武汉大学出版社
Wuhan University Press

图书在版编目(CIP)数据

公司理财/王晋忠主编;徐加根副主编.—武汉:武汉大学出版社,
2005.7
21世纪金融学系列教材
ISBN 7-307-04560-5

Ⅰ.公… Ⅱ.①王… ②徐… Ⅲ.公司—财务管理—高等学校—
教材 Ⅳ.F276.6

中国版本图书馆 CIP 数据核字(2005)第 028251 号

责任编辑:夏敏玲 责任校对:王 建 版式设计:支 笛

出版发行:**武汉大学出版社** (430072 武昌 珞珈山)
(电子邮件:wdp4@whu.edu.cn 网址:www.wdp.com.cn)
印刷:湖北省通山县九宫印务有限公司
开本:787×980 1/16 印张:30 字数:549 千字
版次:2005 年 7 月第 1 版 2005 年 7 月第 1 次印刷
ISBN 7-307-04560-5/F·908 定价:41.00 元

版权所有,不得翻印;凡购买我社的图书,如有缺页、倒页、脱页等质量问题,请与当地图书销售
部门联系调换。

前　言

公司理财（Corporate Finance）是现代金融学科体系中的核心课程之一。公司理财是"公司"（Corporate）和"金融"（Finance）的结合，它研究作为经济法人的公司在从事与公司经营管理相关的金融活动中的一些规律性的问题。公司理财活动的基本内容包括投资管理、融资管理、并购重组决策等，公司通过这些活动来实现其价值最大化的目标。在国内出版的众多教科书中，公司理财又被称为"公司财务"、"公司金融"或"财务管理"，名称虽有所不同，内容却大致相仿，大都是源于西方成熟的教科书体系。

应该承认，无论是公司理财的理论，还是公司理财的实践，在我国的发展都是比较落后的。究其原因，可以归结为三个方面：一是从我国金融学科发展的角度来看。我国金融学科体系长期沿袭的是一种宏观分析的发展思路，注重基础理论和宏观政策的研究，忽视经济主体的微观金融决策研究，作为微观金融视角的公司理财理论自然发展缓慢。二是从人才培养角度来看。西方高等金融教育培养的是金融分析人才，由于金融是现代经济的核心，金融分析人才可以广泛就职于各类金融和非金融企业。我国高校金融教育的人才培养目标一般是为各类金融机构供给人才，很少考虑到一般的非金融类的公司也会需要金融人才。因此，在课程体系的设计上就更为重视金融机构经营管理方面的内容，而相对忽视公司理财方面的内容。三是从我国金融理财实践角度来看。我们知道，实践是推动理论发展的最根本动力，如果我国公司理财的实践发展缓慢，这方面的理论研究和专业教育也很难被真正推动。我国公司理财的实践较为落后，这里既有"公司"方面的原因，也有"金融"方面的原因。公司方面的原因主要是现代企业制度尚未建立，公司治理结构不合理，企业没有真正成为追求价值最大化的市场主体，因而缺乏正确的公司理财的决策理念和运作基础。在实践中，人们见到更多的是不讲诚信的"圈钱"融资和手段复杂的"并购"、"重组"的资本运作游戏等，这些现象极大地扭曲和降低了公司理财活动的社会价值。金融方面的原因主要是金融市场缺陷较严重，金融中介机构服务水平不高，不能为企业提供较好的理财服务。总之，我们要清醒地认识到，公司理财课程的建设在我国还是比较落后的，从教材的编写，课程的讲授，到与我国公司金融活动实践的结合，都还需要不断地探索和总结。

我们认为，金融工程日益成为现代金融活动的一种主流方式，公司理财活动也必然越来越受到这种方式的影响，公司理财的发展大致可以划分为以下三个阶段：一是以融资理财为主的传统理财阶段；二是以融资、投资和并购为主的综合理财阶段；三是以现代金融理论（MM 资本结构理论、资本资产定价、期权定价等）为指导，在综合理财的基础上，以运用现代金融工具进行风险管理为主的工程化理财阶段。因此，在编写这本教材的过程中，我们逐步确立了这样几个原则，一是要立足于本科层次，系统地反映公司理财所包含的主体内容，并以之形成本书的基本架构；二是对金融工程专业的特点要有所体现，增强资产定价理论、风险管理理论、衍生工具运用等方面的内容；三是基本理论梳理和现实案例分析并重。

本书共分五编十七章，第一编是导论，主要内容包括现代公司的理财职能、基本原理、理财环境，财务报表分析等内容；第二编是投资管理编，主要内容包括资本投资的目标、类型、投资分析方法，风险与收益的度量，基本的资产定价模型，资本预算等；第三编是融资管理编，主要内容包括杠杆理论，资本结构理论，股权融资，长期负债和租赁融资，公司融资决策中的选择权问题，股利政策的理论与实践等；第四编是营运资本管理编，主要内容包括短期财务规划，现金管理的目标、方法，信用政策，信用分析等；第五编是理财专题，主要内容包括风险管理的方法以及衍生金融工具在风险管理中的运用，公司并购理论、方式与效应，跨国理财管理等。

本书是专门为金融工程专业本科生编写的六门主干课系列教材中的一本，由西南财经大学五位老师共同编写。其中，陈学华编写了第六章、第七章、第八章、第九章和第十一章；徐加根编写了第一章、第十五章和第十六章；张显明编写了第十二章、第十三章和第十四章；向冬梅编写了第二章、第四章和第五章；王晋忠编写了第三章、第十章、第十七章。王晋忠、徐加根负责统筹、协调本书的编写工作，并对全书进行统稿。本书的出版得到了武汉大学出版社刘爱松副主编的热情关心和大力支持，也得益于责任编辑夏敏玲的认真、严谨和辛勤的劳动，在此一并表示深切的感谢。由于本书编写时间较为仓促，书中可能会存在一些错漏之处，希望读者批评指正，以便日后逐步改进和完善。

目　录

第一编　导　　论

第二编　企业投资管理

第五编　公司理财专题

第一编　导　　论

公司理财是以公司价值最大化为目标所进行的一系列财务活动，它主要包括投资决策、融资决策、营运资金管理、股利分配等，这些内容构成了本书的基本框架。公司理财的基本职能就是对公司财务活动进行组织与管理，主要包括财务分析与预测、财务决策与计划、财务组织与控制以及财务评价与考核。

公司理财活动有三个基本原理：其一是时间价值原理。理财活动将会在未来的不同时点上发生现金流入和流出，需要衡量货币的时间价值。其二是风险与收益权衡原则。不确定环境下会产生风险，公司理财活动也要在风险与收益之间进行权衡。其三是动态平衡原则。在公司理财环境不断变化的情况下，理财活动需要进行相应的调整，以保持理财活动的动态平衡。

财务报表是公司所有资金活动的集中反映，主要包括资产负债表、利润表和现金流量表等。财务报表分析是公司理财决策的基本分析工具，它是根据财务报表提供的主要信息来源，确定一定的评价标准，选择有效的分析方法，评价过去、认识现在和预测未来，为公司理财的决策者提供科学决策的依据。

第一章 公司理财概述

【学习目标】

本章是对公司理财内容的概述。通过本章的学习，学生应该了解公司理财的职能、内容与环境，财务报表的种类和财务分析的作用和局限性；重点掌握公司理财的金融环境的含义（特别是有效市场假设），公司理财活动的基本原理（特别是货币的时间价值分析），财务报表分析的基本方法。

本章是公司理财的概述，是对这门课程涉及的主要内容、基本原理和分析工具的概括性描述。第一节主要是阐明公司理财的职能、内容和环境；第二节介绍公司理财的基本原理，特别着重分析货币的时间价值；第三节是对公司理财基本分析工具——财务报表的分析介绍，主要论述了财务报表分析的作用与局限性、财务报表的主要类型以及财务报表分析的基本方法。

第一节 公司理财的职能、内容与环境

一、公司理财的职能

公司理财的目标是追求公司价值最大化或股东价值最大化，该目标的实现依赖于公司理财职能的有效发挥。财务活动是企业各项经济活动的综合反映，公司理财的基本职能就是对公司财务活动的组织与管理，主要包括财务分析与预测、财务决策与计划、财务组织与控制以及财务评价与考核。[①]

（一）财务分析与预测

财务分析是对公司各项经济活动的结果从财务角度进行的分析和反映，它以各类财务数据为基础，分析的方法主要有比较分析、比率分析和因素分析等。财务预测是根据财务分析的结果，在不断认识和发现财务活动规律的基础

---

① 本书对公司理财与财务管理两个概念不作严格区分。

上，对公司未来的财务状况和发展趋势进行的预测。财务预测涉及面广，具有较强的综合性，通常需要结合其他业务的预测情况，根据其业务活动的现金流性质进行财务预测活动。

（二）财务决策与计划

财务决策是根据财务预测的结果，运用恰当的决策方法，在若干个备选方案中选取最优的方案。财务决策过程非常复杂，具有较大的不确定性，不仅与财务数据等客观判断依据有关，还受决策者主观因素如个人价值取向或知识经验等的影响。财务决策的正确对于实现公司理财目标十分关键，但这仅仅涉及财务活动方案的选择。要促进决策目标的实现，还需要一个恰当合理的财务计划。财务计划是根据财务决策的要求对财务活动所进行的具体安排，主要包括投资计划、筹资计划、资本成本计划、利润分配计划、信用管理和风险管理计划等。

（三）财务组织与控制

财务组织是指在进行了财务分析与预测、作出了财务决策并编制了财务计划后，按照财务计划的要求具体组织实施的过程。财务组织在实施财务计划的过程中，由于主客观方面的原因，财务活动的实际进展与计划可能会发生差异，财务控制就是对这些差异或变化的控制。财务控制是指在实施财务计划、组织财务活动的过程中，根据反馈的会计信息或市场信息，及时判断财务活动的进展情况，并与财务计划进行对照，发现差异，找出原因，采取必要措施，保证财务活动按计划要求进行。

（四）财务评价与考核

财务评价是在分析比较财务活动实际结果与财务计划、历史业绩或同行业平均水平等之间的差异及其原因的基础上，对当期公司理财绩效的优劣及其程度进行的总体评价，从而为下期财务计划和以后的财务决策提供参考依据。财务考核是对部门或个人的财务责任完成情况进行考查和核定，其目的是为了贯彻责任与利益统一的原则，强化各部门和个人的财务责任感，从而促进相关的决策主体或执行主体能更好地承担财务责任。

二、公司理财的内容

公司理财是以公司价值最大化为目标所进行的一系列财务活动，这一系列财务活动就构成了公司理财的基本内容，它主要包括投资决策、融资决策、营运资金管理、股利分配等，这些内容构成了本书的基本框架。

（一）投资决策

投资是公司最基本的财务决策之一，是公司理财中极为重要的一个环节，因为投资成功与否对企业经营成败具有根本性的影响。投资是一个资金运用过程，其实质是对资金进行跨期配置。用不同的标准划分，投资活动可以分为许多类型：

（1）固定资产投资与流动资产投资。这是以投资对象的流动性划分，如厂房、设备等属于固定资产投资；原料、存货等属于流动资产投资。

（2）实业投资与金融投资。这是以与实物资产的关系划分。实业投资是对与某一产业直接相关的生产经营性资产的投资，企业并购和设立合资联营企业等投资也属于实业投资。金融投资就是在金融市场上购买股票、债券或基金等金融资产的投资行为，获得的是利息、股利或资本利得等投资收益。

（3）长期投资与短期投资。这是以投资时间长短划分。长期投资又称为资本性投资、收益性投资，多数是对固定资产的投资。长期投资时期较长、不确定性因素多、流动性差，但是预期收益往往较高；短期投资目的在于保持流动性，例如现金、短期有价证券、应收账款和存货等。

（4）经营性投资与战略性投资。这是以投资内容与公司现有业务联系的紧密程度划分。经营性投资与现有业务密切相关，进行此类决策时，只能在公司已有经营体系内，根据业务发展的变化，投入资金来扩大公司规模、提高生产能力等。战略性投资往往与整个公司的长期发展密切相关，它需要跳出既定的公司运营体系，在新的领域进行投资。

投资决策的分析过程又称为资本预算决策，最基本的投资决策分析方法是净现值法（NPV）。净现值法是对一个项目未来的现金流用恰当的折现率计算其现值并进行比较，该方法充分体现了资金的时间价值，是所有投资分析方法的基础。分析投资决策的方法还有回收期法、折现回收期法、平均会计收益率法、内含报酬率法、盈利指数法等，这些方法各有偏重，各有特色，也存在各自的局限性，这部分内容在后面相关章节将有较详尽的分析。

（二）融资决策

在公司作出投资决策后，采取何种途径融资就成为公司理财面临的重要问题。实际上，融资活动一直贯穿于公司成长的整个过程中，公司创设时，需要注册资金；公司规模扩张时，需要注入新的资金；日常经营管理也需要筹措资金。融资可以有不同的划分：（1）内部融资与外部融资。内部融资是公司通过自身运营获得资金，主要来源是留存收益、应付货款、员工累积未付工资、退休金等。外部融资指公司通过金融市场，从债权人或投资者处取得资金。（2）股权融资与债务融资。外部融资可以采取股权融资（或权益融资）和债务融资两种方式。股权融资就是通过发行股票吸收资金，无需归还本金。债务融资是通过发行债券来获得资金，需要支付利息和归还本金。

融资的途径、方式及份额决定着公司的资本结构。为了更好地理解公司的资本结构，我们首先把公司总价值（V）视为一个圆饼，其规模大小由公司已经作出的投资决策决定，然后分析它的构成情况。前面已经说明公司对资金的筹措可以通过举债，也可以进行股份的发行。这里负债的价值用 B 来表示，所有者权益的价值用 E 来表示，那么公司的价值就可以表示为：$V = B + E$（见图 1-1）。

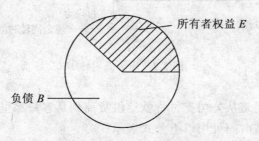

所有者权益 E

负债 B

图 1-1　公司价值的饼图

上图给我们提出了两个很重要的问题：一是按照自利假设，股东的行为准则是股东权益最大化，即 E 部分最大化。但事实上，他们关注的是整个公司价值的最大化，公司价值最大化与股东财富最大化是一致的吗？二是股东财富最大化时，负债权益比是多少？也就是说，在所有者看来，公司资本结构如何才是最优的？根据公司理财理论，对于前一个问题的回答是，公司价值最大化与股东财富最大化是一致的；对于后面一个问题，涉及公司理财的基础理论——MM 理论，即不同资本结构下公司价值问题，我们后面将会讨论这些问题。

（三）营运资金管理

公司经营活动中，在产品销售、货款收回之前，经常需要支出现金以偿付费用，这使得公司在货款或应收账款等资产上的投资数量可能超过了应付费用和应付账款等负债。我们把流动资产和流动负债的差额叫做营运资金。营运资金有长期和短期之分，长期的营运资金需求主要通过长期融资来满足，本书讨论的营运资金管理是指对短期营运资金的管理。

营运资金的管理需要合理安排流动资产与流动负债的比例关系，提高流动资产周转效率以及调整流动资产、流动负债各自的内部结构。具体说来，实现公司营运资金的有效管理的主要准则是：使投资于应收账款、存货等不盈利资产的资金数量最小化；使客户的预付货款、员工应付工资、应付账款等通常不承担明确的利息费用的负债数量最大化。

从上述准则可知，决策人员应当尽量缩短公司从销售产品到回收账款的时间。涉及的时间关系如图 1-2 所示：

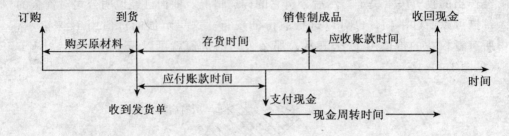

图 1-2　现金流周转①

现金周转时间是从公司支付货款给供货商到从客户那里收回账款之间的时期。所以现金周转时间可用以下公式表示：

现金周转时间＝存货时间＋应收账款时间－应付账款时间

（四）股利分配

股利政策涉及公司实现的税后净利润如何分配的问题，净利润多少用于再投资，多少用于股利分配从而退出经营，这关系到股东的长远利益与短期利益的权衡，两者应该保持一个合理的比例。常见的股利政策包括剩余股利政策、固定股利政策、固定股息率政策以及低正常股利加额外股利政策等。股利政策受到许多因素的影响：未来的投资机会，股东的分红要求，外源融资成本，股利政策连续性，税收因素，等等。

（五）理财专题

公司理财除了以上四部分基本内容以外，在公司实际经营过程中还有一些理财活动是对这些内容的综合利用和拓展深化。

1．风险管理

本书将风险管理作为一种理财实务纳入整个公司理财体系之中。一般认为，风险管理是金融机构的特长，在公司理财的书中很少包含风险管理的内容。但是，随着公司经济活动不断向理财活动扩展，公司已逐步深入到金融市场的各类活动中，涉及的创新性衍生金融工具越来越多，公司理财活动已经无法回避风险管理问题了。

风险管理是公司对面临的各种风险进行识别、测量，然后选择合适的方法

---

① ［美］兹维·博迪，罗伯特·C.莫顿著．金融学．北京：中国人民大学出版社，2000：82

进行处理，并对管理效果进行评价的过程。风险管理目标是以较确定的管理成本来替代不确定的风险成本，并以此增加公司价值。风险管理主要包括四个流程：风险识别、风险测量、风险处理和效果评价。风险管理与其他公司理财活动的目标一样，都是为了提高公司价值。在有效市场中，风险管理是不会改变公司当前价值的。而现实经济中运行的市场不可能达到理想化的有效市场状态，因此，合适的风险管理是能够提升公司价值的。风险管理是技术性很强的理财活动，它通常需要一些特别的风险管理工具，衍生金融工具已成为各类经济主体规避风险、套期保值的重要工具。

2．兼并与收购

公司并购是公司理财各类活动中最引人注目和最有争议的活动，它是在公司长期发展战略的框架内进行的。公司并购的目标与其他理财活动的目标一样，也是为了提升公司的价值。并购可以看做是一项存在不确定性的投资活动，面临着不确定条件下风险与收益之间的衡量问题，因此，并购决策实际上是一项资本预算决策，同样适用于净现值分析法则，即只有当被兼并的目标公司能够为收购方带来正的净现值时才会被收购。

公司并购的形式有很多，有不同的划分标准。按照法律关系划分为合并、收购股票、收购资产。按出资方式划分为出资收购、资产（股权）置换。按公司业务联系划分为横向并购、纵向并购、混合并购。公司并购过程中有形形色色的反并购的防御手段，如资产剥离、公司章程安排、股份回购、杠杆收购以及其他反并购手段（如金保护伞、皇冠宝石、毒丸计划、白衣骑士）等。

公司并购产生的最基本的效应是并购协同效应，它是指并购后的公司全部运营资产的价值大于并购前两家公司各自运营资产的价值之和。它包括经营协同效应、管理协同效应、财务协同效应、税收节约效应等。此外，公司并购带来的效应还包括信息传递效应、代理成本效应和破产成本效应等。

3．跨国公司财务

在两个或两个以上的国家拥有重要经营业务的公司就是跨国公司。虽然跨国公司与一国公司相比，在税收、法律、货币、会计处理等问题上大不一样，但是公司理财的基本原理仍然是通用的，在内容上，仍然包括融资、投资、营运资金管理这些决策。跨国财务融资的基本途径包括：从本国筹集用于国外投资项目的资金；向项目所在国融资；向资本成本最低的国家融资等。在国际资本预算方面，净现值方法仍然是通用的正确方法。当然，资本成本的影响因素更复杂些，例如汇率问题、东道国政府外汇管制问题、税收制度的差异、国家风险等，必须根据实际情况对跨国投资产生的附加风险进行调整。

三、公司理财的环境

金融决策是在不确定的环境中进行资源的跨期配置，对环境的分析自然十分重要，公司理财决策也不例外，需要对理财环境有一个清醒的认识。公司理财环境就是对公司理财决策有影响作用的局势、氛围、条件等一切要素的总和，这些因素对财务决策有着直接或间接的影响。公司理财环境可以有不同的划分方式：按照环境的层次，可以从国家、行业、公司三个角度分为宏观、中观、微观环境；根据公司对环境因素的控制程度，可分为可控环境因素和不可控环境因素；根据环境因素的稳定性，又可分为相对稳定环境和动态环境。下面按照金融环境、宏观经济环境、法律和税收环境、企业组织及内部环境、社会文化环境等几个角度来分析公司理财的环境。①

（一）金融环境

公司理财的所有决策，包括资本结构决策、资本预算决策、日常营运资金管理、股利政策以及理财战略等都是在金融系统中作出的。不同的金融系统，在规模、复杂性、技术水平和有效性等方面差异较大，在职能和作用的发挥方面也不尽相同，但是一般都具有六大职能：资源配置、风险管理、清算和结算、资源储备和股份分割、信息提供以及激励问题的解决。

1. 金融系统

金融系统主要包括金融市场、金融中介和金融工具：（1）金融市场。它是各经济单位通过金融证券的交易进行投资和管理风险的场所。按照不同的标准，金融市场可以分为货币市场与资本市场，发行市场与流通市场，场内交易市场与场外交易市场，现货交易市场与衍生交易市场等。（2）金融中介。金融中介是为客户提供金融产品以及在投融资活动中充当中介的金融机构。金融机构在公司理财中有两个重要的角色：一是创造交易的金融资产；二是在金融活动中促进资金的流转。金融机构在风险管理、专家理财、提供流动性、降低监管成本和交易费用等方面具有显著的优势。（3）金融工具。金融工具是金融机构创造的、代表实际资产的权益凭证。金融工具的性质有期限、流动性、风险性、收益率等，其定价与实物资产差异很大。按照不同的标准，金融工具可以分为货币性金融工具与资本性金融工具，间接融资工具与直接融资工具，基础性金融工具与衍生金融工具，固定收益工具与或有收益工具等。

2. 金融市场的有效性

有效市场理论（EMH）是对金融市场有效性的描述，它是主流金融学理

---

① 陆正飞主编．财务管理．大连：东北财经大学出版社，2001：32～38

论的重要前提之一，同时也是公司理财活动的重要理论基础。只有在有效市场中，公司价值最大化与股东价值最大化才能一致，MM定理的无套利分析才能成立。因此，金融市场的有效性构成公司理财的最重要的金融环境假设。

有效市场是指证券的市场价格已经充分吸收了所有的相关信息，任何人都不可能利用某种特定信息来赚取超额收益。有效市场的特点有三个：其一，一个有效的市场应该充分正确地反映所有与决定价格相关的信息；其二，对某个特定的信息而言，如果将其披露给所有市场参与者后，证券价格不会发生变化；其三，如果市场是有效的，就不可能以某个特定的信息为基础进行交易而获取经济利益。

按照芝加哥大学经济学家法玛（E.Fama）的定义，根据反映的信息的不同类型，有效市场可分为以下三种类型：（1）弱有效（Weak-form Efficient）市场。该类市场对历史信息有效，历史信息包括时间、价格和成交量等，当前市场价格已经充分反映了证券价格的历史信息，这意味着在弱有效市场中无法根据股票历史价格信息对今后价格作出预测，根据历史价格数据即技术分析手段进行交易是无法获得超额收益的。（2）中强有效（Semistrong-form Efficient）市场。该类市场对公开信息有效，公开信息包括股票价格、会计数据、行业前景、整个国民经济数据以及与公司有关的所有公开信息。这意味着在中强有效市场中无法根据公司的资产负债表、损益表、分配方案、股票拆细等公开信息对证券的未来价格作出预测，根据公开信息所作的基本分析是无法获得超额收益的。（3）强有效（Strong-form Efficient）市场。该类市场对包括内幕信息在内的所有相关信息均有效，包括历史信息、公开信息和各种内幕信息等，这意味着在强有效市场中没有人能够利用包括内幕消息在内的任何信息获得超额收益。

（二）宏观经济环境

经济体制、经济发展水平、经济周期、经济增长等宏观经济因素往往对公司理财产生重大的影响。（1）经济体制是与经济决策和执行相关的各种机制的总和，主要涉及三个方面内容：一是决策的层次结构安排，权力的集中与分散程度；二是计划与市场两种手段各自的地位及协同作用；三是经济发展目标的确立及实现目标的激励机制。（2）经济发展水平是一个衡量经济发达程度的相对概念，不同经济发展水平的国家里，企业经济活动内容的复杂程度、企业规模的大小、资本的集中程度、生产方式的完善程度、经济政策的稳定性等因素差异较大。这些都会影响公司理财活动的开展。（3）经济周期是指经济波动的规律性。在经济周期的不同阶段，企业的机遇和挑战是不同的，公司理财活动必须作出相应的调整。（4）通货膨胀也是较为重要的环境因素。持续的通货膨胀将会给公司理财决策带来一些负面的影响，例如资金供求失衡、名义利率变动较大等。（5）行业特征对公司理财的影响也不能忽视，必须进行较为全面的行业分析，如行业寿命周期分析、行业的规模结构分析、政府产业政策分析、产业内竞争结构分析等。

（三）法律与税收环境

对公司理财活动有直接影响的法律规范主要有：公司法、税法、证券法以及企业财务通则等。其中税法尤其重要。税收是政府凭借政治权力参与社会产品分配的重要形式，具有无偿性、固定性和强制性等特征，税收对公司理财具有广泛的约束作用，因为企业真正拥有的是税后利润。公司理财的决策者应当熟悉税收法规制度，懂得不同税种的计征范围、依据和税率，了解差别税率、税收减免等规定，做到合法避税，从而获得尽可能多的节税收益。

在我国现行的税收体系下，与公司理财有密切关系的税种主要有以下几类：一是流转税。该类税是在商品生产、流通领域或服务业中发挥调节作用的税种，一般按照流转额度进行课征。具体包括增值税、消费税、营业税、关税。二是收益税。收益税是分配领域中的税种，即是以纳税人的所得为课征对象的税，它包括企业所得税、外商投资企业和外国企业所得税、个人所得税、农业税和牧业税等。三是资源使用税，主要是对稀缺资源（包括自然矿藏资源）的开采、占用而征收的一种税，包括资源税、城镇土地使用税、土地增值税和耕地占用税等。四是财产税和行为税，这是对拥有和支配财产以及某特定行为征收的税种。它包括房产税、车船使用税、契税、固定资产投资方向调节税、印花税、城市维护建设税、屠宰税和筵席税等。

（四）企业组织及内部环境

随着社会政治经济制度和经济发展水平的变化，企业组织形式与管理体制也在不断演进。在不同的国家，不同的发展阶段，企业的组织形式都有差别。现代西方发达国家大多数企业为私营性质，其基本组织形式还是独资、合伙和股份公司三种基本形式及其变形。在我国，由于历史的、政治的和社会的因素，企业的组织形式要复杂一些：包括国有企业、集体企业、私营企业、外资企业和股份制企业等。不同类型的企业面临不同的法律和政策环境，其理财决策需要根据具体的约束条件作出调整。

企业内部环境主要包括生产特征、技术条件、人力资源状况、员工激励约束机制和企业文化等因素。这些因素的改善或提高，能促进企业价值的变化，同时又需要消耗一定的经济资源，例如资金的投入。劳动密集型企业与资本密集型企业对资本投入有不同的要求；生产技术特征的不同，会影响企业新产品的开发、产品质量的改进、成本的降低等；企业人力资本等因素也会影响到公司的理财行为及效果。

（五）社会文化环境

人类精神方面的活动及成果构成了社会文化，社会文化的内容包括科学、文艺、教育、世界观、理想、习俗和价值观等。这些文化因素的产生离不开经济基础的发展，但一经产生，又会对经济的发展产生作用，公司理财活动也深受影响。教育是人类科学文化知识的传授。从经济学的角度看，教育是在进行人力资本投资。公司理财活动中的专业人员不仅要接受基础教育，更要接受专业教育。首先，社会总体的教育水平决定社会一般公民的受教育程度，对公司理财人员的综合素质产生影响；其次，教育制度的基本导向决定着公司理财教育的地位及总体水平，对专业人员的业务素质产生影响；最后，公司理财人员对复杂的管理思想和方法的适应能力决定着其理财水平的提高程度，而这一能力也主要来源于其所受的教育。

科学技术对公司财务活动也有重大影响。经济学、金融学、管理学、数学和计算机等科学的发展为理财活动提供了理论指导和管理手段。科学的发展会带来有价值的新信息，如新能源的发现、新工艺方法的发明都会丰富财务管理的内容，网络和通讯等技术的飞速发展也大大提高了公司理财的效率。

第二节　公司理财的基本原理

与一般的金融决策相同，公司理财中的金融决策也具有两个特点：一是成本和收益是在时间上分布的，二是成本和收益的值都是不确定的。所以，由此可以衍生出公司理财活动的三个基本原理或者说是重要原则：其一是时间价值原理。理财活动将会在未来的不同时点上发生现金流入和流出，需要衡量货币的时间价值。其二是风险与收益权衡原则。不确定环境下会产生风险，公司理财活动也要在风险与收益之间进行权衡，而且权衡的原理与主流金融学是一致的。其三是动态平衡原则。因为在公司理财环境的不断变化的情况下，一劳永逸的决策是不存在的，这就要进行相应的调整，保持理财活动的动态平衡。

一、货币的时间价值

（一）货币时间价值的含义及其解释

重视货币的时间价值（Time Value of Money），进行货币时间价值分析，是公司理财分析的首要原则，或者说是最基本的运作原理。货币时间价值是指货币或资金随着时间的推移而形成的增值，即同样数额的资金在不同时间的价值是不同的。一般而言，在不考虑通货膨胀的情况下，当前时刻货币的价值高于未来时刻等额货币的价值，这种不同时期发生的等额货币在价值上的差别就是货币的时间价值。货币存在时间价值这个事实，也隐含了"现金为王"这个公司理财准则，"现金为王"体现的是货币相对于其他资产具有很大的优势地位，其中优势之一就是蕴含了时间价值。

货币为什么具有时间价值呢？现代金融学提供了三个方面的解释：（1）货币可用于投资，获得一定的利息，所以可以在将来拥有更多的货币量；（2）货币的购买力会因为通货膨胀的影响而随时间变化；（3）现实社会环境充满了不确定性，将来的预期收入是不确定的。如果按照庞巴维克的"时差利息论"的古典解释，利率来源于人们对同一财货在现在和未来两个时间内的主观评价不一致，可以推断货币的时间价值根源于以下三个因素：一是未来的商品多，边际效用下降；二是人的生命有限，只有当前的物品才是真实可靠的；三是现有的财货通过迂回的生产方式能产生更多的未来的财货。这是对货币时间价值的性质的分析。

从货币时间价值的量的角度来分析，在没有通货膨胀、没有风险的情况下，货币的时间价值应该是社会平均资金利润率。由于竞争的关系，市场经济中各部门投资的利润率趋于平均化。各企业在投资项目时，至少要取得社会平均的利润率，否则企业将发生亏损。因此，货币的时间价值是企业资金利润率的最低限度，是衡量企业经营业绩的重要尺度，是进行公司理财决策必不可少的计量手段。正因为如此，在现实经济中，货币的时间价值最直观的体现就是利息，即使用资金所付的代价或放弃使用资金所得的补偿。

（二）货币时间价值的衡量

货币的时间价值主要是通过贴现方式来衡量的。由于时间因素，货币的时间价值涉及如下几个概念：现值、终值、时间长度、利率及计息方式等。货币的时间价值既可表现为终值与现值的差额，也可表现为同一数量的货币在现在和未来两个时点上的价值之差。具体可以用终值分析和现值分析两种方法来计算。

1. 终值方法

FV 为 n 年后的终值，PV 为现值。n 为计息年数，R 为年利率。

单利算法：

$$FV = PV\,(1 + nR) \tag{1-1}$$

复利算法（一年计一次利息）：

$$FV = PV\,(1 + R)^n \tag{1-2}$$

离散复利（一年计 m 次利息）：

$$FV = PV\left(1 + \frac{R}{m}\right)^{mn} \tag{1-3}$$

连续复利算法（m 趋向无穷大）：

$$FV = PVe^{Rn} \qquad (1\text{-}4)$$

式（1-2）中的 $(1+R)^n$ 称为复利终值系数，当计息期数较多时，为简化计算，在 n 和 R 已知的情况下，可通过查复利终值系数表求得。

式（1-4）中连续复利的含义是：假设数额为 PV 的本金以年利率 R 投资了 n 年。如果每年支付复利 m 次，当 m 趋近于无穷大时，其终值为：

$$\lim PV \left(1 + \frac{R}{m} \right)^{mn} = PV \times e^{Rn}$$

2．现值方法

与上面相对应：

一年计一次复利： $\qquad PV = \dfrac{FV}{(1+R)^n} \qquad (1\text{-}5)$

一年计 m 次复利： $\qquad PV = \dfrac{FV}{\left(1 + \dfrac{R}{m}\right)^{nm}} \qquad (1\text{-}6)$

连续复利： $\qquad PV = FVe^{-nR} \qquad (1\text{-}7)$

一般将 $\dfrac{1}{(1+R)^n}$ 称为现值系数，记为 P_R^n。在实际工作中，现值系数 P_R^n 可通过查阅现值系数表求得。

从上面的公式可以看出，相同终值下贴现值较小的证券，意味着相同现值下其终值较大，即较少的现在的货币相当于较多的未来的货币量，也即货币的时间价值较大。其他条件既定的情况下，期限越长，货币的时间价值越大；其他条件既定的情况下，市场利率越高，货币的时间价值越大；其他条件既定的情况下，计息次数越多，货币的时间价值越大。

3．序列现金流的时间价值计算

上述公式是对一次性现金流的货币时间价值的计算，下面分析序列现金流的时间价值计算问题。序列现金流是指每隔一定的时间（一年、半年、一季或一月）收入或支出相同或不同数额的一系列现金。其中，间隔的时间称为时期。我们依然可以应用一次性现金流的复利现值和复利终值之间的关系，来讨论序列现金流的现值和终值的一般关系。

现在假设有一序列现金流，第 t 期现金流量为 At（At 可为正，也可为负）。可用图 1-3 表示。

这里，请注意时点和时期的区别。时期是指连续的一段时间，任何一个时期都涉及起始两个时点。比如第一期就起始于 t_0，终止于 t_1。除非特别说明，我们假定现金流均发生在当期的期末，比如现金流 A_1 就发生在 t_1 时刻。

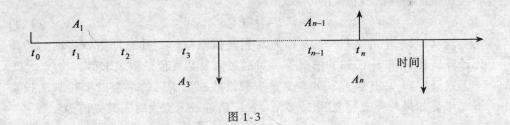

图 1-3

序列现金流在 t_0 时刻的价值（现值）等于该序列现金流量中每一现金流量的现值之和，即：

$$PV = A_1 (1+R)^{-1} + A_2 (1+R)^{-2} + \cdots + A_{n-1} (1+R)^{-(n-1)} + A_n (1+R)^{-n}$$

或：

$$PV = \sum_{t=1}^{n} A_t (1+R)^{-t} \tag{1-8}$$

式中：PV——序列现金流的现值；

A_t——第 t 期的现金流量（$t = 1, 2, \cdots, n$）；

R——贴现利率；

n——期数。

同样，序列现金流在最后一期期末（t_n 时刻）的价值，也就是序列现金流的终值 FV，等于该序列现金流量中每一个现金流量在最后一期期末的价值之和，即：

$$FV = A_1 (1+R)^{(n-1)} + A_2 (1+R)^{(n-2)} + \cdots + A_{n-1} (1+R) + A_n$$

或：

$$FV = \sum_{t=1}^{n} A_t (1+R)^{(n-t)} \tag{1-9}$$

式（1-8）和式（1-9）代表了序列现金流现值和终值计算的一般关系。如果序列现金流具有一定的特征和规律，我们可以找到更有效、更便捷的方法来计算。

4. 年金的计算

年金是指等额定期的系列收支，即每期收付的现金数额相同，流向相同。在序列现金流中，$A_t = A$，$t = 1, 2, \cdots, n$。按照收付的时间和期限，年金又可分为普通年金、预付年金、永续年金和递延年金。年金的计算方法可以用于对某些付息金融资产的定价，例如付息票债券等。我们以永续年金和普通年金为例来说明年金的计算原理。

（1）永续年金。无限期定额定期支付的年金称为永续年金。永续年金收入或支出发生在每期期末，且无限期延续，比如英国的永久公债。英国政府每年向永久公债的购买者支付一定数额的公债利息，但永远不偿还本金。

由式（1-8），永续年金的现值为：

$$PV = \sum_{t=1}^{\infty} A(1+R)^{-t} = \lim_{n \to \infty} A \times \frac{1-(1+R)^{-n}}{R} \qquad (1-10)$$

式中：PV——永续年金的现值；

　　　A——永续年金；

　　　R——利率。

（2）普通年金。普通年金的收入或支出从第一期开始，且发生在每期期末。普通年金的现值计算有两种方法。

方法一：由式（1-10），普通年金的现值为：

$$PV = \sum_{t=1}^{n} A(1+R)^{-t} = A \times \frac{1-(1+R)^{-n}}{R} \qquad (1-11)$$

式中：PV——普通年金的现值；

　　　A——普通年金；

　　　R——贴现利率。

方法二：普通年金的现值等于永续年金 1 和永续年金 2 的现值之差。永续年金 1 在 t_0 时刻的现值为 $\frac{A}{R}$；永续年金 2 在 t_n 时刻的现值为 $\frac{A}{R}$，折合到 t_0 时刻的价值为 $\frac{A}{R} \times (1+R)^{-n}$。因此，普通年金现值的计算公式为：

$$PV = \frac{A}{R} - \frac{A}{R} \times (1+R)^{-n} = A \times \frac{1-(1+R)^{-n}}{R}$$

与方法一结果完全相同。一般将 $\frac{1-(1+R)^{-n}}{R}$ 称为普通年金现值系数，记为 A_R^n。在实际工作中，普通年金现值系数 A_R^n 可通过查阅普通年金现值系数表求得。

二、风险与收益权衡原则

对决策行为的经济学分析，一般是通过成本—收益分析方法进行的，进入金融世界之后，这一法则演化为风险—收益的权衡，主流金融学主要采用均值—方差分析方法，公司理财活动也必须坚持风险—收益的权衡原则。风险与收益对应是金融活动的铁律：要获取较大的收益，往往需要承受较高的风险，而且，如果风险太大，将会减弱公司未来获利的能力；要想承受低风险，预期收益相应会大大减少，而且，如果收益太小，又会增加企业未来的风险。所以，公司理财既不能过于冒险，片面追求最大收益，也不能过于保守，一味强调财务安全。风险过大可能会遭受重大损失，收益太小会使公司逐渐失去发展的机会。所以，公司理财必须进行风险与收益的权衡。由于在公司理财过程的各个方面、各个环节都存在风险，所以风险—收益的权衡原则需要贯穿始终。

与一般的金融学分析一致，公司理财活动中的风险与收益衡量也是以均值—方差分析为基础的。冯·诺伊曼-摩根斯坦的期望效用函数是不确定条件下对金融投资行为的基本描述，是微观金融学的基础，这个函数蕴含了一种对风险与收益进行衡量的原则，即均值—方差分析方法。均值和方差是同一随机变量在同一时期运动轨迹的不同统计值，分别用于对金融活动收益与风险的衡量，相当于经济学中的成本—收益分析。其中，收益以期望收益率来表示，期望收益率则以均值来衡量，是指在未来不确定情况下对投资收益率所有可能的取值的加权平均，其权数为相应的概率值；风险则以方差来衡量，方差是未来收益率的所有可能取值对期望收益率的偏离的加权平均，权数仍然为相应的概率值。

在均值—方差分析的基础上，现代金融学构筑起一个完整的理论体系，包括资本资产定价模型（CAPM）、套利定价理论（APT）、期权定价模型（B-S模型）等。在公司理财的资本成本分析等决策过程中，通常需要一些模型来衡量风险，明确可以得到补偿的风险部分，并把风险指标转化为预期收益，资本资产定价模型和套利定价模型是两个常用的模型。这两个模型都是风险收益衡量的基础性理论，它们认为，由于投资者可以通过分散化投资降低以至于消除非系统风险，所以，持有风险分散化投资组合的投资者比起不进行风险分散化的投资者，可以要求比较低的投资回报率，市场定价的结果将只对系统风险提供风险补偿，而不对非系统风险提供补偿。这些基本定价模型通过均值、方差（包括协方差）等分析工具把风险与收益的衡量对应起来，同时，也使得公司理财理论与其他金融理论分支一样，具有共同的理论基础和分析方法。

三、动态平衡原则

公司理财中的动态平衡原则是指在资金运行的动态过程中保持流动性，即现金的流入与流出在时间和数量上的协调平衡。公司理财以财务报表分析为基本的分析工具，其中，对现金流量的考察尤其关键。现金流入及流出受到许多因素的影响：营业收入与营业支出，投资活动及融资活动等。获取收入和赚取利润以发生支出为前提，投资所需资金源于融资活动。债券利息支付、兑换和股票红利分配，均要求公司经营获利或获得新的资金来源。公司必须在这一系列的复杂业务关系中始终保持现金流入流出的平衡。大体上的平衡公式如下：

期初现金金额＋预算期预期现金流入－预算期预期现金流出
＝期末预期现金金额

非常明显，公司理财所要求的平衡是一个总量上的平衡，并不是每单个部分的机械式的收支平衡。这里有一定的弹性。这主要是因为对于少量的现金余额，公司需要承担的资金成本是有限的，除非有办法弥补出现的短缺，否则现金短缺或缺乏流动性对公司来说是致命的。同时，理财环境的复杂决定了公司理财只能达到一种大致的平衡。总之，公司理财需要在公司运转的动态过程中，保持财务的合理弹性，以实现大体的平衡。

上述货币时间价值分析、风险—收益衡量和保持资金动态平衡是公司理财运作的基本原理，或者说是三个基本原则。这三个原理既体现了公司理财作为一种金融决策活动的一般性，又体现了其特殊性，是对公司理财活动的较为充分和精练的概括。当然，公司理财活动还有其他一些操作层面的、规律性的或原理性的原则，例如财务自理原则、目标统一原则以及权责利结合原则等。

第三节　财务报表分析

一、财务报表分析的作用与局限性

财务报表是企业根据会计准则和会计制度编制的，向有关部门、企业有关单位和个人反映企业经营状况和财务状况等会计信息的总结性文件。财务报表是公司所有资金活动的集中反映。对财务报表进行分析，可以深入了解公司的运营状况，发现一些潜在的问题或潜在的价值。财务报表分析是以企业基本活动为对象，以财务报表为主要信息来源，以比较和综合为主要分析方法的系统认识企业的过程，其目的是评价过去、认识现在和预测未来。因此，它是公司理财决策的基本分析工具。

（一）财务报表分析的作用

（1）报表分析有助于正确地评价公司过去的经营状况。通过系统分析会计报表等资料，可以较为准确地对公司过去经营业绩作出评价，发现经营过程中存在的问题，并分析公司取得较好的绩效或存在较严重问题的各方面的原因。

（2）报表分析有助于全面地认识公司的经营现状。财务报表分析可以根据不同决策主体的需要，从不同的分析角度，采用不同的分析方法，得到各类反映公司运营现状的指标，例如，资产负债结构指标、流动性指标、盈利能力指标等；可以让各类主体对公司经营现状和财务状况有一个全面的认识。

（3）报表分析有助于及时发现公司经营中存在的问题，控制潜在的风险。公司理财活动涉及各类资金运作，存在较大的经营风险。财务报表分析运用结构分析和趋势分析，可以在一定程度上揭示公司经营面临的某些潜在风险，并为制定控制风险的措施提供有价值的具体指导。

（4）报表分析有助于发现公司的潜在价值。财务报表是公司各类经济活动的集中反映，因此，从大量的财务信息背后可能发现公司未来价值增长的方向。通过因素分析、比较分析和趋势分析等方法，财务报表可以发现公司经营管理某些环节中存在的潜力，并为发挥这样的潜力指明方向。

（5）报表分析为各类决策主体提供一个共同的服务平台。与公司经营有关的各类利益相关者对公司发展过程中的关注中心并不完全一致，大股东可能关心公司的盈利能力和发展潜力，债权人可能更关心公司的偿债能力和风险控制能力，中小投资者可能更关注公司的盈利能力和分红能力等。虽然不同决策主体有不同的关注点，但都可以通过财务报表分析获得自己想要的结果，因为财务报表分析提供了各类指标，可以满足不同的需求，而且使得各类主体在获得信息上处于公平的地位。

（二）财务报表分析的局限性

财务报表分析的基础是各类会计报表，有效的分析结果依赖于报表资料的及时性、准确性和完整性，而现实的会计报表资料存在不同程度的局限性。

（1）会计准则的局限性。会计假设与会计准则的制定，使会计学的发展成为可能。但是，随着经济的发展变化，这些准则日益表现出对会计报表功能和表达的限制。例如会计假设中的货币计量原则、权责发生制、历史成本原则等准则，对会计信息充分反映公司经营状况产生了不同程度的制约，特别是造成一些资产的市场价格与账面价值存在差异，严重地影响对公司价值的判断。

（2）会计信息失真。由于人为的或制度的一些因素，会计报表资料可能并没有真实地反映企业经营的实际状况。常见的问题表现在以下几个方面：①虚假信息。这是经营者为了特定的目的故意编造虚假会计信息，例如为了获得贷款虚增利润，为了逃税虚减利润。②信息不完整。这是经营者为了维护公司形象或其他目的刻意隐瞒某些会计信息。③会计信息不及时。定期财务报告制度本来就存在经营的连续性与信息披露的阶段性之间的矛盾，而一些经营者为了特定目的对一些时效性强的信息或交易有意延迟公布，更是加剧了会计信息的滞迟。

（3）财务处理方法的可变通。虽然会计报表的编制有一般会计准则的约束，但是在这些准则下，具体会计方法是可变通的、有选择的，这使得会计处理的人为影响因素增加。正因为如此，不同素质的财务处理人员对同一问题的处理会选择不同的会计方法，不同的处理方式有不同的效果，但是这样的处理即使存在很大的弊端，却都是合法的，由此形成的有意忽略和合法失真也会影响到财务报表分析的准确性。

二、财务报表

财务报表是企业根据会计准则和会计制度编制的反映企业经营状况和财务状况等会计信息的总结性文件。财务报表主要包括资产负债表、利润表和现金流量表等。

（一）资产负债表

资产负债表反映了某一时刻企业所拥有的所有资产的组成状况和资金来源结构，它是根据资产、负债和所有者权益之间的相互关系，按照一定的分类标准和一定的顺序，把企业在某一时刻的资产、负债和所有者权益各项目予以适当排列编制而成的表格。

资产负债表的左边是"资产"项目，反映公司某一日所拥有的总资产；右边项目是"负债"和"所有者权益"，反映了公司这一时点的资金来源。整个资产负债表由三部分组成，即表首、正表和附注。表首是报表的名称、编制日期及货币单位说明；附注是对表的内容中未能详尽解释的事项或明细科目提供辅助说明；正表是资产负债表的主体内容。因为在内容上安排的差异，资产负债表有左右结构的账户式和上下结构的报告式两种。

如表 1-1 所示，这是一个账户式资产负债表。编制原则为：资产＝负债＋所有者权益。表的左边为资产项目，资产一般被分为表中的六类；右边的负债按时期长短分为长期负债与流动负债，右边的下面是所有者权益，包括实收资本、资本公积、盈余公积等项目。

表 1-1　　　　　　　　　　　资产负债表（账户式）①

资产	行次	金额	负债及所有者权益	行次	金额
流动资产			流动负债		
长期投资			长期负债		
固定资产			负债合计		
无形资产			实收资本		
递延资产			资本公积		
其他资产			盈余公积		
			未分配利润		
			所有者权益合计		
资产总计			负债与所有者权益总计		

① 陆正飞主编.财务管理.大连：东北财经大学出版社，2001：63

（二）利润表

利润表又称为收益表或损益表，在我国会计制度中，被统一称为利润表。利润表衡量企业在一个时期内的生产经营成果，是关于收入和费用的财务报表。利润表是一个动态的报告，反映的是两个资产负债表之间企业财务盈利或亏损的变动情况，可以揭示企业获取利润的能力、潜力和发展方向。

利润表属于动态报表，编制的基本会计等式为：收入－费用＝利润。我国的利润表为多步式格式，分为主营业务收入、主营业务利润、营业利润、利润总额和净利润五个步骤，分步反映净利润的形成过程。表1-2反映的就是利润表与企业基本活动的关系。

表 1-2 利润表与企业的基本活动①

利润表项目	企业的基本活动
一、主营业务收入	主要经营活动收入
减：主营业务成本	主要经营活动费用
主营业务税金及附加	主要经营活动费用
二、主营业务利润	主要经营活动毛利
加：其他业务利润	次要经营活动毛利
减：营业费用	经营活动费用
管理费用	经营活动费用
财务费用	筹资活动费用（债权人所得）
三、营业利润	全部经营活动利润（已扣除债权人利息）
加：投资收益	投资活动收益
补贴收入	非经营活动收益
营业外收入	投资和其他非经营活动收益
减：营业外支出	投资和其他非经营活动损失
四、利润总额	全部活动利润（未扣税）
减：所得税	全部活动费用（政府所得）
五、净利润	全部活动净利润（所有者所得）

---

① 陈雨露主编．公司理财．北京：高等教育出版社，2003：25

（三）现金流量表

现金流量表是反映企业一定期间内现金流入和流出的运动过程的会计报表。现金流量表在内容上主要包含三个方面：经营活动中的现金流量、投资活动中的现金流量、融资活动中的现金流量，其中每一种活动产生的现金流又分别揭示其流入和流出的总额。下面的表1-3反映的就是现金流量表与企业基本活动的关系。

表 1-3　　　　　　　　　　现金流量表与企业的基本活动①

现金流量表项目	企业的基本活动
经营现金流入	
经营现金流出	会计期间经营活动的现金流量
经营现金流量净额	
投资现金流入	
投资现金流出	会计期间投资活动的现金流量
投资现金流量净额	
筹资现金流入	
筹资现金流出	会计期间筹资活动的现金流量
筹资现金流量净额	

现金流量表是收益表的一个有益补充：（1）它集中反映公司一段时期内现金头寸的变化及原因。仅仅赚钱不能完全反映公司财务状况，现金流量表反映了短期内公司的现金流动性。（2）现金流量表回避了收益表中对收入与费用的确认，实行的是现收现付制，能说明实际的偿债能力和股利支付能力，而收益表是以权责发生制为基础的。（3）现金流量的不同种类分别代表公司运用控制的经济资源、资金和进行筹资活动来创造或获得现金流量的能力。如果再辅之以其他信息，可以预测未来获取和支付现金的能力。（4）现金流量表能够分析公司投资、融资活动对经营成果的影响。它不仅反映了现金收支的全过程，而且附注中又说明了不涉及现金的投资、融资信息，所以能够说明资产、负债的变动原因，对资产负债表和收益表都有补充作用。

现金流量的确认和预测，需要注意时点的统一、风险的衡量。使用现金流

---

① 陈雨露主编．公司理财．北京：高等教育出版社，2003：27

量表时，一定要注意对现金概念的明确，区分国内外现金流量表的异同；也要注意现金表在分析企业盈利、预测未来现金流量、现金对成本费用和企业价值的影响等问题时的局限。

三、财务报表分析

财务报表分析就是根据财务报表提供的主要信息来源，确定一定的评价标准，选择有效的分析方法，评价过去、认识现在和预测未来，为公司理财的决策者提供科学决策的依据。

（一）财务报表分析的评价标准

财务报表分析需要对公司经营状况和财务状况作出评价，因此，确定一个合理的评价标准非常重要，否则，大量的数据和指标本身并不能说明任何问题。常用的财务报表分析的评价标准主要有如下两类：

1．公司内部标准

公司内部标准包括历史标准和预算标准两类：（1）历史标准。它是指以公司过去某一时点上的实际状况为标准，例如历史最高水平或正常经营条件下的一般水平。这一标准的优点在于比较实际、可靠，可比性高；不足之处是保守、适用范围狭窄、欠缺合理性等。（2）预算标准。它是公司根据自身具体经营条件或经营状况而制定的比较标准。其优点在于综合了公司现状以及外部有关条件等因素，较能全面、实际地反映公司状况，目标引导作用也较好。它是一个用于考核公司各级、各部门经营业绩的好标准。不足之处是容易受到认识因素的影响。

2．公司外部标准

公司外部的评价标准主要有行业标准和经验标准两类：（1）行业标准。它是公司所在的行业制定的标准。行业标准可以是行业财务状况和经营状况的一般水平或平均水平，也可以是该行业的先进水平，不同的具体标准有不同的指导作用。由于不同公司的经营方式、采用的财务处理方法以及是否进行多元化经营等差异，可能使行业标准失去可比性。（2）经验标准。它是通过大量实践经验的检验，从中总结得出的有代表性的标准，如流动比率的经验标准是不低于2∶1等。经验标准源于实践，又不断接受实践检验，并且随着实践的发展不断调整，所以具有客观性、普遍性。当然，经验标准反映的是一般情况。对于具体的公司，出现特殊情况时，不一定适用。

（二）财务报表分析的基本方法

1．比率分析法

（1）短期偿债能力比率或变现能力比率。这是衡量公司承担流动性负债

（即支付账单并保持清偿力）的能力，衡量指标主要有：

$$流动比率＝流动资产÷流动负债$$

$$速动比率＝（现金＋应收账款）÷流动负债$$

$$现金比率＝现金余额÷流动负债$$

（2）长期偿债能力比率。企业长期的偿债能力不仅取决于企业长期盈利能力，还取决于企业的资本结构。衡量指标一般有：

$$资产负债比率＝负债总额÷资产总额$$

$$产权比率＝负债总额÷股东权益$$

$$有形净值债务比率＝负债总额÷（股东权益－无形资产净值）$$

$$利息保障倍数＝息税前利润÷利息费用$$

（3）营运能力比率。这是衡量公司经营管理资产而获得利润的能力。衡量指标主要有：

$$应收账款周转率＝销售收入总额÷平均应收账款净额$$

$$存货周转率＝产品销售成本÷平均存货$$

$$总资产周转率＝销售收入总额÷平均资产总额$$

（4）盈利能力比率。它衡量的角度主要有销售、资产、资本和费用等，通常用以下几个指标来衡量：

$$销售利润率＝净利润÷总销售收入$$

$$销售总利润率＝息税前利润÷总销售收入$$

$$资产净收益率＝净利润÷平均总资产$$

$$资产总收益率＝息税前利润÷平均总资产$$

$$净资产收益率＝净利润÷平均普通股股东权益$$

$$股利支付率＝现金股利÷净利润$$

$$成本费用率＝利润总额÷成本费用总额$$

（5）投资收益率。

$$市盈率＝股票价格÷每股盈利$$

$$市净率＝股票价格÷每股净资产$$

$$股利收益率＝每股股利÷每股市价$$

$$托宾\ q\ 比率＝（企业负债的市场价值＋权益的市场价值）÷账面价值$$

$$可持续增长率＝留存收益率×净资产收益率$$

2．现金流量分析法

对一个公司现金流量的分析，其重要性丝毫不亚于对公司账面利润的分析。通过现金流量的分析，可以了解公司运营资金的管理能力，正确评价各期盈利的质量，还可以发现经营管理中可能存在的问题，并对公司未来的财务状况作出科学的预测。现金流量分析包括结构分析和水平分析。

（1）现金流量的结构分析。现金流量的结构分析是指同一会计期间内，对现金流量表中现金流入、现金流出的不同项目之间进行比较与分析，从而揭示它们在公司现金流量中的相对意义。内容包括流入结构分析、流出结构分析、流入流出比分析。其中，流入结构分析包括总流入结构和经营活动、投资活动、融资活动等三项现金流入的内部结构的分析；流出结构分析包括总流出结构和经营活动、投资活动、融资活动等三项现金流出的内部结构的分析；流入流出比分析则要根据历史标准或行业标准来进行。一般而言，对于一个发展良好的公司，其经营活动的现金净流量应该为正，投资活动的现金净流量应该为负，筹资活动的现金净流量正负相间，总的现金净流量应该为正。

（2）现金流量的水平分析。现金流量的水平分析是对现金流量的质量的分析，通常包括盈利质量分析和筹资与支付能力分析。盈利质量分析是指根据公司经营活动中的现金流量与净利润、资本支出等项目的关系，说明企业保持现有盈利水平，提高未来盈利能力的一种分析方法。具体有以下两个指标：

$$盈利现金比率 = 经营现金净流量 \div 净利润$$

$$再投资比率 = 经营现金净流量 \div 资本性支出$$

筹资与支付能力分析是通过现金流量表中相关项目之间的比较，反映公司在金融市场上的筹资能力和偿付债务的能力。这一分析主要包含以下几个指标：

$$外部融资比率 = （经营性应付项目增减净额 + 筹资现金流入量） \div 现金流入量总额$$

$$强制性现金支付比率 = 现金流入总额 \div （经营现金流入量 + 偿还债务本息付现）$$

$$到期债务本息偿付比率 = 经营活动现金净流量 \div （本期到期债务本金 + 现金利息支出）$$

$$现金偿债比率 = 经营现金净流量 \div 长期债务总额$$

$$现金股利支付率或利润分配率 = 现金股利或分配的利润 \div 经营现金净流量$$

3．趋势分析法

趋势分析法是根据企业连续几个会计报告期的财务报表资料，运用指数或完成率的计算，揭示分析期相关项目的变动情况和趋势的一种报表分析方法。为了提高分析的准确性，相应的数据资料至少应有三个以上的会计期间。趋势分析法的步骤通常有三步：（1）确定趋势比率或指数（定基指数或环比指数），并计算出相应的值；（2）根据指标计算结果，理解与评价企业各项指标变化及其原因;(3)根据以前各期的变动情况,发现变动的趋势或规律,从而预测企业以后的发展变化。由于趋势分析法存在基期选择、数据调整等技术上的缺陷,在运用此方法时,财务分析人员应尽量提高分析的针对性、关联性与可比性。

4.其他分析方法

上面介绍了几种常用的财务报表分析方法,此外还有许多财务分析的方法可以运用,例如因素分析法、图解分析法、垂直分析法等,在此就不一一介绍了。需要说明的是,这些方法并不是孤立的,实际上,在具体分析某个公司理财问题时,完全可以综合运用其他报表分析方法,从而使分析结论更为准确、全面。

【本章小结】

1.公司理财的基本职能就是对公司财务活动进行组织与管理,主要包括财务分析与预测、财务决策与计划、财务组织与控制以及财务评价与考核。财务分析是对公司各项经济活动的结果从财务角度进行的分析和反映,财务预测是根据财务分析的结果,对公司未来的财务状况和发展趋势进行的预测;财务决策是根据财务预测的结果,运用恰当的决策方法,在若干个备选方案中选取最优的方案,财务计划是根据财务决策的要求对财务活动所进行的具体安排;财务组织是按照财务计划的要求具体组织实施的过程,财务控制是保证财务活动按计划要求进行的过程;财务评价是对理财绩效的优劣及其程度进行的总体评价,从而为下期财务计划和以后的财务决策提供参考依据,财务考核是对部门或个人的财务责任完成情况进行考查和核定。

2.公司理财是以公司价值最大化为目标所进行的一系列财务活动,这一系列财务活动就构成了公司理财的基本内容,它主要包括投资决策、融资决策、营运资金管理、股利分配等,这些内容构成了本书的基本框架。

3.金融决策是在不确定的环境中进行资源的跨期配置,对环境的分析自然十分重要,公司理财决策需要对理财环境有一个清醒的认识。公司理财环境就是对公司理财决策有影响作用的局势、氛围、条件等一切要素的总和,这些因素对财务决策有着直接或间接的影响。公司理财环境可以有不同的划分方式:按照环境的层次,可以从国家、行业、公司三个角度分为宏观、中观、微观环境;根据公司对环境因素的控制程度,可分为可控环境因素和不可控环境因素;根据环境因素的稳定性,又可分为相对稳定环境和动态环境。本书按照金融环境、宏观经济环境、法律和税收环境、企业组织及内部环境、社会文化环境等几个角度来分析公司理财的环境。

4．公司理财中的金融决策具有两个特点：一是成本和收益是在时间上分布的；二是成本和收益的值都是不确定的。由此可以衍生出公司理财活动的三个基本原理或者说是重要原则：其一是时间价值原理。理财活动将会在未来的不同时点上发生现金流入和流出，需要衡量货币的时间价值。其二是风险与收益权衡。不确定环境下会产生风险，公司理财活动也要在风险与收益之间进行权衡，而且权衡的原理与主流金融学是一致的。其三是动态平衡原则。

5．财务报表是企业根据会计准则和会计制度编制的，向有关部门、企业有关单位和个人反映企业经营状况和财务状况等会计信息的总结性文件。财务报表是公司所有资金活动的集中反映，对财务报表进行分析，可以深入了解公司的运营状况，发现一些潜在的问题或潜在的价值。财务报表分析是以企业基本活动为对象，以财务报表为主要信息来源，以比较和综合为主要分析方法的系统认识企业的过程，其目的是评价过去、认识现在和预测未来。因此，它是公司理财决策的基本分析工具。财务报表主要包括资产负债表、利润表和现金流量表等。

6．财务报表分析就是根据财务报表提供的主要信息来源，确定一定的评价标准，选择有效的分析方法，评价过去、认识现在和预测未来，为公司理财的决策者提供科学决策的依据。财务报表分析的评价标准主要有公司内部标准和公司外部标准。公司内部标准包括历史标准和预算标准两类；公司外部标准主要有行业标准和经验标准两类。财务报表分析的基本方法主要包括比率分析法、现金流量分析法、趋势分析法以及因素分析法、图解分析法、垂直分析法等其他方法。这些方法需要综合运用，才能使报表分析的结论更为准确、全面。

【思考与练习】

1．名词解释：
（1）货币的时间价值
（2）普通年金现值系数
（3）有效市场假设
（4）年金
（5）资产负债表
（6）利润表
（7）现金流量表
2．简述公司理财有哪些职能。
3．简述公司理财活动包含哪些基本内容。

4. 试述环境对公司理财活动的影响。

5. 简述为什么会存在货币的时间价值。

6. 简述公司理财理论是如何权衡风险与收益的。

7. 简述财务报表分析有哪些基本方法。

8. 简述公司经营活动是如何反映在利润表上的。

9. 某人以按揭方式购买一辆标价为 10 万元的汽车，按揭期限为一年，每月月末支付购车款 11 282 元，问，按揭购车的月利率是多少？

10. 求时期为三年，利率为 10% 的普通年金现值系数 $A_{0.1}^{3}$。

11. 假设年利率为 5%，如果要想在未来 5 年中的每年末获得 5 000 元，试问现在要向银行存入多少元？

12. 某人现在投资 1 000 元，3 年后收回本息 1 300 元，分别按以年计复利，以半年计复利，以季度计复利的方式计算利息时，年收益率分别为多少？

13. 试论述公司理财的基本原理。

14. 论述财务报表分析有哪些作用，其局限性体现在哪些方面？

第二编 企业投资管理

　　企业投资管理是公司理财的重要内容。企业的投资管理是企业长远发展战略的财务体现，是构建企业核心能力和竞争优势的基础。为客观、科学地评价资本投资方案是否可行，需要使用不同的方法从不同角度对拟投资项目进行评估。本编介绍了常用的投资决策方法：净现值法、盈利指数法、内含报酬率法、投资回收期法和会计收益率法，以此作为投资管理的基础。在投资管理过程中，企业的目的是为了追求收益，实现企业价值的最大化，这必然要进行投资过程的风险和收益权衡，因此，理解投资风险与收益的概念，掌握用期望值和方差度量风险和收益的方法，理解现代金融的投资组合理论、资本资产定价模型和套利定价理论对于投资管理有着十分重要的作用。在现代投资活动中，有生产性资产投资和金融性资产投资。把资金用于购买股票、债券等金融资产的金融投资在现代经济生活中越来越重要和普遍。对于金融投资我们将介绍股票和债券的性质、特点、类别以及折现现金流模型，在此基础上推导出确定公司债券、优先股和普通股价值的方法。对于生产性投资我们将介绍利用净现值法进行资本预算的具体步骤、方法以及确定项目现金流量和资本成本的原则和方法，在此基础上建立起对不同类型的投资项目进行资本预算和风险分析的基本模式。

第二章 资本投资分析方法

【学习目标】

为客观、科学地评价资本投资方案是否可行，需要使用不同的方法从不同角度对拟投资项目进行评估。本章将重点介绍五种常用的投资决策方法：净现值法、盈利指数法、内含报酬率法、投资回收期法和会计收益率法。学生学习后应该掌握上述五种方法的用法、特点和局限性。

第一节 资本投资的目标和类型

一、资本投资的重要性

资本投资，通常是指预期收益在一年以后的资本资产的支出，是形成长期资产的投资。资本投资最明显的例子是土地、建筑物、机器设备以及厂房的改建、扩建、新建或购置等有关的资本性支出。这种支出将使公司在未来一定时期内获得长久性的营运资本的追加。由于资本投资通常涉及的投资项目在一年以上，并且对公司将产生较长时期的影响，所以，资本投资对现代公司来说是具有重要影响的长期投资决策。

（一）长期效应

在现代公司理财活动中，资本投资是公司财务中所涉及的最重要的决策，公司的生产经营决策都要受到资本投资决策的影响，并且也直接关系到公司的生存和发展。

1. 资本投资是形成长期生产经营能力的前提

生产经营能力，在很大程度上体现了现代公司的竞争力。如果投资不足，将直接影响到公司的生产经营能力，会因此而失去一部分市场份额给竞争对手。为了重新得到失去的顾客，往往要花费大量的销售费用，以及削减价格和产品改进等，然而这些措施也只能是权宜之计。要真正提高竞争力，扩大市场份额，还必须通过资本投资，采用先进的科学技术来提高生产经营能力。

2．资本投资是长期性追加营运资本的现金流源泉

按照现代公司理财理论分析，公司的价值主要取决于公司未来现金流量产生的能力，即所谓公司的造血功能。而资本投资正是提高和改进公司造血功能的基础。按照马克思再生产理论，再生产过程实质上是扩大的再生产，无论是外延的、还是内涵的扩大再生产，资本投资都将起决定性作用。如果没有资本投资，或者资本投资不足，那么，公司将失去产生未来现金流量的基础。因此，现代公司理财所解决的首要基本问题是公司将采取何种长期投资战略。

3．资本投资的长期性和不确定性影响

通常资本投资涉及较长的未来时期，并且面临着很大的不确定性。例如，购买一项经济寿命为 10 年的资产需要长期的等待才能知道该项投资行为的最终结果。如果一项资本支出的需求预测错误，往往会带来严重的后果，甚至使公司损失多年的积累而陷入困境。因此，公司在准备进行一项资本投资之前，必须对未来市场作充分的调查研究，预测可能变化的情况，分析影响的每一个因素，对该投资项目在未来时期内的现金流量状况作细致详尽的描述和计划，从而保证资本投资决策的科学性。

（二）资本筹措

资产扩张一般涉及大量的支出。为投资支出而融资必须制定合适的计划，包括融资成本、规模、渠道、方式和时间等。一个企业筹划一项大的资本支出也许需要提前几年计划好其融资，以保证得到所需的资本，从而实现资产的有效扩张。

二、资本投资的目标

资本投资对公司理财具有重要的长远影响，所以，科学地制定资本投资的目标显得尤为重要。资本投资的规模和质量直接体现了公司的长期发展战略。我们通常把资本投资中分析正 NPV 来源的过程称为公司的战略分析。在公司资本投资的现金流量分析中，项目的投资报酬率高于资本市场的报酬率经常作为项目可行的前提。只有在这种前提下，项目的净现值（即 NPV）才是正值。相当一部分的公司战略分析就是寻找能产生正 NPV 的投资机会，即寻找净现值为正值的投资项目。

资本预算的实质是对边际收益等于边际成本这一最优经营规则的古典企业经济命题的应用。其中，边际收益可以认为是投资收益率，而边际成本则是企业资本的边际成本（即为进行资本投资支出而获得每增加一元资本的成本）。这一规则在资本预算决策中的正确运用将有助于实现公司价值最大化，从而实现股东财富最大化的公司理财目标。

三、资本投资的类型

资本投资是与公司战略密切相关的决策过程，通过寻求正 NPV 的投资项目来实现公司价值和股东财富最大化。事实上，要发现正 NPV 的资本投资项目并非易事。因为市场的激烈竞争和未来的不确定性，真正能够产生正 NPV 的项目并不多。根据经济常识，竞争性行业比非竞争性行业更难找到正 NPV 的资本投资项目。所以，几乎所有公司都在力求探讨能创造正 NPV 的投资策略。

(一) 公司创造正 NPV 的策略

(1) 率先推出新产品；

(2) 建立以更低成本提供产品或服务的核心竞争力；

(3) 设置其他公司难以有效竞争的进入壁垒；

(4) 革新现有产品以满足市场中尚未满足的需求；

(5) 通过创意广告和强势营销网络以创造产品差别化；

(6) 变革组织结构，以利于上述策略的有效实施。

(二) 资本投资的建设类型

毫无疑问，这里只是列举了部分可能产生正 NPV 的来源。然而不同企业的实际做法各不相同，但就一般而论，现代公司关于资本投资的建设类型大致可以分为以下几类：重置、扩张、增长和其他等。这种划分虽然有些武断性质，但要对具体投资确定合适的分类往往是比较困难的。

1. 重置决策

通常这类决策最容易作出。当资产磨损或过时，如果要保持生产效率，那么它们必须重置。企业十分明白通过更换老资产能获得成本节约，它们也清楚不替换的后果。总之，大多重置决策的效果可以乐观地估计。

2. 扩张决策 (或扩充决策)

这类决策涉及现有生产线的生产能力的扩充，例如增加正在使用中的机器或再开一家连锁商店等都属于这种决策。扩充决策常常包含于重置决策中，例如一台旧的效率低的机器可能被一台较大的效率高的机器取代。在扩充的决策中，有一定的不确定性，不过企业对同类的设备或商店已有一定的经验，这对扩充决策是有利的。

3. 增长决策

当我们考虑第三种投资——新生产线增加时，几乎没什么经验可拿来作决策基础。举例来说，如果联合碳化物公司 (Union Carbide) 决定开发激光的商业性应用。它既不知道开发成本，也不清楚激光具体的应用。在这种条件下，任何估计最多只能算是粗略的估计，因而面临着很大的风险和不确定性。所以在该类决策中，应作充分的市场调查研究，对未来可能出现的情况作充分的估计，并制定出相应的应对策略，以此来降低其决策风险。

4. 其他决策

其他类是杂项，包括无形的投资。一个例子就是通过安装音乐系统来激励职员士气和提高生产效率；另一个例子是强制性的污染控制设备。这些设备虽然产生不出什么销售收入，但必须购置。重大的战略决策，如海外扩张或合并计划也可能要包括在这儿，但是更常见的是将它们与常规的资本预算分开处理。

第二节 净现值法

一、净现值法的基本概念

投资决策中的净现值法是以项目的净现值为决策依据，对投资项目进行分析、比较和选择的方法。所谓净现值是指把项目整个经济寿命期内各年的净现金流量，按照一定的贴现率折算到项目建设初期（第一年年初）的现值之和。

项目净现值可以用公式表示为：

$$NPV = \sum_{t=0}^{n} \frac{CF_t}{(1+R)^t} \tag{2-1}$$

式中：NPV——项目的净现值；

CF_t——第 t 年的净现金流量（$t=0, 1, 2, \cdots, n$）；

R——贴现率；

n——项目的经济寿命期（年）。

净现金流量 CF_t 的数值可以为正，也可以为负。除非特别说明，在本书中，$CF_t > 0$ 表示现金流入，$CF_t < 0$ 表示现金流出，项目每期的现金流都发生在当期期末。CF_0 为项目建设期初的净投资额，一般为负。

例 2.1，某项目的经济寿命期为 10 年，初始净投资额为 10 万元，随后的 9 年中，每年现金流入量为 1.2 万元，第 10 年末现金流入量为 3 万元，贴现率为 10%，该项目的净现值为：

$$NPV = -10 + 1.2 \times A_{0.1}^{9} + 3 \times P_{0.1}^{10}$$
$$= -10 + 1.2 \times 5.7590 + 3 \times 0.3855$$
$$= -1.9327 \text{（万元）}$$

利用净现值法决策的基本原则是：

对于独立项目，

当 $NPV > 0$ 时，接受投资项目；当 $NPV < 0$ 时，拒绝投资项目。

对于互斥项目，

在 $NPV > 0$ 的情况下，接受 NPV 较大的项目。

净现值法的经济含义可以从两方面来理解。

从投资收益率的角度看，净现值法首先确定了一个预期收益率作为项目的最低期望报酬率，以该报酬率作为贴现率对项目的预期现金流量折现。贴现率 K 在数值上相当于项目的融资成本或金融市场中相同风险等级金融资产的收益率。如果 $NPV = 0$，说明投资该项目的收益率与投资于金融市场相同风险等级的金融资产的收益率相同，或者说收益率与资本成本相同；当 $NPV > 0$ 时，说明项目的投资收益率大于资本成本，高于对金融资产的投资收益，因而接受该投资项目；当 $NPV < 0$ 时，投资项目的收益率低于投资于相同风险等级的金融资产的收益，投资于该项目不如投资于金融资产，故拒绝该项目。

从收益和成本角度来看，只有总收入大于总支出（成本）的项目，才有投资价值。由于资金具有时间价值，项目经济寿命期内不同时点上的收入和支付的资金价值不同，无法进行比较，因而，投资决策分析首先要将项目在不同时点上收付的资金统一折算到同一个时点。为了计算方便，我们以项目期初作为参考时点，资金在期初的价值称为现值。当 $NPV > 0$ 时，说明项目带来的现金流入总量（总收入）在弥补全部投资成本后还有一定的剩余，有利于改善公司财务状况。NPV 越大，股东财富增加越多；反之，当 $NPV < 0$ 时，说明项目带来的总收入无法弥补投资成本，收入低于成本，项目不值得投资；如果项目的收入与支出相等，即 $NPV = 0$ 时，该投资项目对企业价值没有影响。因此，可以认为净现值法就是以项目期初为参考时点来比较项目收益和成本，进而判断项目是否可行的方法。

事实上，参考时点既可以是投资期初，也可以是期末或者期中的任一时刻，参考时点的选择对于投资决策并没有影响。如果选择的参考时点不是期初，而是其他时点，如第 i 期末，则计算的数值将是 NPV 的 $(1 + R)^i$ 倍，但结果的正负号不会改变，因而也不会影响对项目的判断。

二、净现值法的局限性

净现值法以项目经济寿命期内的现金流为评估对象，同时充分考虑了资金的时间价值。理论上讲，净现值法是较为科学的投资决策方法，但是，在实际运用中，净现值法也存在一定的局限性。

首先，净现值法的假设前提不完全符合实际。净现值法的一个假设前提是投资者要求的收益率（贴现率）等于投资方案各年净现金流量的再投资收益率。但由于各个再投资项目的性质不同，各自的再投资收益率也不相同，假定一个统一的再投资收益率不符合实际情况。同时，各年的经济形势不同，资本市场又在不断变化，因此，社会平均投资收益率以及投资者要求的收益率也会相应发生变动。一般来讲，投资者在投资分析时对项目所要求的收益率，与项目建成后各年实际净现金流量的再投资报酬率并不完全相同，因此，净现值法的假设前提并不总是符合实际状况，致使净现值指标缺乏一定的客观性。

其次，净现值法不能揭示项目本身可能达到的实际投资收益率。从式(2-1)可以看出，项目净现值与预期收益率（贴现率）密切相关，随着贴现率的增加而降低。净现值法只能将实际的投资收益率与事先设定的预期收益率作比较，得出实际投资收益率大于、小于或是等于预先设定收益率的结论。如果投资分析时所选择的预期收益率不符合实际，过高或过低都会影响投资决策。

最后，净现值反映的是一个绝对数值，没有考虑资本限额的影响。在只存在独立项目或互斥项目且没有资本限额的投资评价中，净现值法的评价原则简单明确。但在二者同时存在且有资本限额的情况下，单纯采用净现值这个绝对指标进行投资评价，可能会发生偏差。比如，某企业现有 400 万元资金，计划投资 A、B、C 三个项目，其中 C 项目为独立项目，A、B 为互斥项目。假定三个项目的现金流出都发生在项目期初，A、B、C 的初始投资额、净现值如表2-1。

表 2-1   **A、B、C 项目初始投资、净现值比较**

项　　目	A	B	C
初始投资（万元）	100	400	300
净现值（万元）	10	20	15
$\dfrac{净现值}{初始投资}$（％）	10	5	5

如果没有资本限额，按净现值法，A、B 为互斥项目，B 项目净现值高于A，选择 B；项目 C 为独立项目，净现值为正，选择 C，因此，企业可以同时投资项目 B 和 C。但是，由于预算约束，接受了 B 项目就要放弃 C 项目，此时投资净收益为 20 万元。相反，如果接受 A 项目，用去 100 万元初始投资，剩下 300 万元投资于 C 项目，则 A、C 项目净收益总和为 25 万元，大于项目 B的收益。因此，企业应该投资项目 A 和 C。这是因为，A 项目的单位初始投资

所带来的净收益，即收益率为 10％，高于 B 项目的投资收益率（5％）。可见，在可使用资金受到限制的情况下，不能简单地根据净现值的高低来选择投资项目。

为克服净现值指标的上述缺陷，我们引入盈利指数和内含报酬率两个评估指标来帮助分析判断。

第三节　盈利指数法

一、盈利指数法的基本概念

盈利指数法又称为现值指数法。盈利指数是指项目的现金流入量现值之和与现金流出量现值之和的比值。用公式表示为：

$$PI = \frac{\sum_{t=0}^{n} \frac{CIF_t}{(1+R)^t}}{\sum_{t=0}^{n} \frac{COF_t}{(1+R)^t}} \tag{2-2}$$

式中：PI——盈利指数；

CIF_t——第 t 年的现金流入量（$t=0, 1, 2, \cdots, n$）；

COF_t——第 t 年的现金流出量（$t=0, 1, 2, \cdots, n$）；

R——贴现率；

n——项目的经济寿命期（年）。

在例 2.1 中，项目的盈利指数为：

$$PI = \frac{1.2 \times A_{0.1}^9 + 3 \times P_{0.1}^{10}}{10} = 0.806\,7$$

与净现值正好相反，盈利指数是一个相对指标，说明每一元现值投资可以获得的现值收入是多少，反映了单位投资的盈利能力，从而使不同投资规模的项目有了一个可比基础。盈利指数与净现值密切相关。读者可以自己推导，当现金流出只发生在项目期初时，二者的关系可用下式表示：

$$PI = \frac{NPV}{|CF_0|} + 1$$

利用盈利指数进行投资决策的基本准则是：

当 $PI > 1$ 时，接受项目；当 $PI < 1$ 时，拒绝项目。

注意，$PI > 1$ 是接受项目的前提条件。这是因为，如果 $PI > 1$，说明该项目未来现金流入量的现值大于现金流出量的现值，项目净现值为正；反之，如

果 $PI<1$，则项目净现值为负。

在没有资本限额约束的条件下：（1）对于独立项目，当 $PI>1$ 时，接受项目；$PI<1$ 时，拒绝项目。（2）对于互斥项目，如果初始投资规模相同，选择 PI 较大的项目；如果初始投资规模不同，不能按照 PI 的大小进行决策，选择净现值最大的项目。

如果初始投资金额有限制：（1）对于互斥项目，选择投资金额允许范围内净现值最大的项目；（2）对多个独立项目或独立互斥混合项目，参考 PI 的大小顺序，选择投资金额允许且净现值总和最大的项目组合。

二、实例分析

（一）初始投资金额无限制条件下的决策分析

例 2.2，新时代公司有 A、B、C 三个互斥项目，其中，项目期限均为五年，贴现率为 10％，各年的现金流如表 2-2。

表 2-2 互斥项目 A、B、C 的 PI、NPV 比较 单位：万元

项目	期初	第 1 年	第 2 年	第 3 年	第 4 年	第 5 年	PI	NPV
A	−1 000	200	200	300	350	400	1.06	59.92
B	−1 000	400	350	300	200	200	1.14	139.07
C	−2 500	960	840	720	480	480	1.09	233.78
C−B	−1 500	560	490	420	280	280	1.06	94.71

从表中可以看出，A 项目和 B 项目的初始投资规模相同，B 项目的盈利指数大于 A 项目的盈利指数，同时 B 项目的净现值也高于 A 项目的净现值，因此，A、B 项目相比较，无论依据净现值还是盈利指数，都优先选择 B 项目，决策的结论一致。

对于 B 项目和 C 项目，C 项目的净现值大于 B 项目的净现值，但 B 项目的盈利指数大于 C 项目的盈利指数。按照净现值法，应该优先选择 C；按照盈利指数法，应该优先选择 B。那么，在 B、C 项目之间如何决策呢？按照前述结论，没有资本限额约束的互斥项目，根据净现值大小进行决策，因此选择项目 C。下面两种分析可以帮助我们理解。

从净现值的角度来看，项目净现值越大，股东财富增加越多。本例中，在没有其他投资机会的前提下，如果接受项目 B，企业就节约了 1 500 万元资金，但由于没有其他投资机会，这笔资金也就闲置起来了，项目 B 最终导致

股东财富增加 139.07 万元。相反，虽然项目 C 单位投资的盈利能力低于项目 B，但项目 C 的投资规模大于项目 B，因此项目 C 的总收益大于项目 B 的总收益，投资项目 C 将使股东财富增加 233.78 万元，大于项目 B 对股东财富的贡献，因此，应该接受项目 C。

用增量法进行比较。增量法是将对两个项目的比较转化为对一个简单的投资型方案的评估，也就是将两个项目中的一个作为参考对象，看增量投资能否被其增量收益抵消，即对增量净现金流量的经济性作出判断。本例中，B 项目和 C 项目的差异在于，C 项目的初始投资额比 B 项目多 1 500 万元，以后各年的现金流入量大于 B 项目的现金流入量。将 C 项目各年的现金流量与 B 项目相应年份的现金流相减（C-B），可以得出放弃 B 接受 C（即 C-B）的现金流（见表 2-2 最后一行）。那么企业是否愿意增加 1 500 万元投资获得连续 5 年的现金增量呢？现在的问题就转化为对（C-B）方案进行评估。计算表明，（C-B）方案的净现值为 94.71＞0，同时，（C-B）方案的盈利指数为 1.06＞1，说明（C-B）方案可行。因此，放弃 B 项目接受 C 项目。

（二）初始投资金额有限制条件下的决策分析

例 2.3，某企业现有 400 万元资金，计划投资 A、B、C、D 四个相互独立的项目，其初始投资额、净现值如表 2-3。

表 2-3　　　独立项目 A、B、C、D 的初始投资额、*NPV*、*PI* 比较

项　　目	A	B	C	D
初始投资（万元）	150	50	100	250
净现值（万元）	15	10	12	40
PI	1.1	1.2	1.12	1.16

按照 *PI* 的大小将四个项目排序为 B、D、C、A，企业优先选择 B 项目，其次为 D、C，即 BDC 项目组合，这三个项目的投资总额为 400 万元，总收益为 10＋40＋12＝62（万元）。如果按净现值大小将所有项目排序为 D、A、C、B，企业优先选择 DA 项目组合，投资总额也为 400 万元，总收益为 40＋15＝55（万元），企业没有资金再投资 C、B 项目。根据使项目组合总收益（净现值和）最大的选择原则，此例应选 BDC 组合。

如果上例中企业资金为 350 万元，其余条件不变，按照 *PI* 的大小选择，企业优先选择 BD 项目组合，投资总额为 300 万元，总收益为 10＋40＝50（万元），闲置资金 50 万元。如果按净现值大小选择，受投资总额限制，选 D 后

不能选 A，只能选 C，此时总收益为 $12 + 40 = 52$（万元），无资金闲置。因此，DC 是总收益（净现值和）最大的项目组合，应选 DC 项目。

这说明在初始投资金额有限且面临许多独立投资机会时，不能简单使用 *PI* 或净现值指标，要综合进行评估。

第四节　内含报酬率法

内含报酬率法是根据投资项目自身的报酬率高低来评价投资方案优劣的一种方法。内含报酬率（Internal Rate of Return，IRR）又称内部收益率，数值上等于使项目净现值等于 0 的贴现率。计算公式为：

$$\sum_{t=0}^{n} \frac{CF_t}{(1 + IRR)^t} = 0 \tag{2-3}$$

式中：CF_t——第 t 年的现金流量（$t = 0$，1，2，$\cdots$，n）；

　　　n——项目的经济寿命期（年）。

从式（2-3）可以看出，*IRR* 的大小完全取决于项目的现金流量 CF_t，与金融市场利率、融资成本等外部因素无关，因此，*IRR* 反映了项目本身的收益能力和内在的获利水平。内含报酬率越高，项目本身的收益能力和内在的获利水平越高。

一、内含报酬率的计算

由式（2-3）可知，计算内含报酬率就是要对一个一元高次方程进行求解。目前已有较多的计算机软件能够用来进行这项工作，但采用试差法加内插法一般也能求出内含报酬率的近似值。所谓试差法是指将不同贴现率代入式（2-3）不断试算，以求得 *IRR* 近似值的方法。

具体计算步骤为：

（1）估算出拟建项目计算期内各期的现金流量；

（2）用试差法逐次测试，求出净现值由正到负的两个相邻贴现率 R_1，R_2（$R_1 < R_2$）。

由于投资项目的净现值将随着贴现率的增加而降低，因此，先任意估算一个的贴现率，计算项目的净现值，如果净现值为正，根据计算精度的要求，逐步提高贴现率，计算不同贴现率下项目的净现值，直到 *NPV* < 0 为止。反之，如果净现值为负，则逐步降低贴现率，直到 *NPV* > 0 为止。

如例 2.1，当贴现率 $R = 10\%$ 时，$NPV = -1.9327 < 0$，以 1% 为步距逐步降低 R 值，计算 *NPV*，结果如表 2-4。

表2-4   不同贴现率下的净现值

贴现率（%）	10	9	8	7	6	5
净现值 NPV	-1.9327	-1.53856	-1.11412	-0.65686	-0.16336	0.37076

则净现值由正到负的两个相邻贴现率为 5% 和 6%，即 $R_1 = 5\%$，$R_2 = 6\%$。

（3）使用内插法计算内含报酬率的近似值。假定在 R_1 和 R_2 之间，NPV 按比例减少，则 $NPV = 0$ 时的贴现率（$IRR*$）的计算公式为：

$$IRR* = R_1 + (R_2 - R_1)\frac{NPV_1}{NPV_1 - NPV_2} \tag{2-4}$$

式中，NPV_1、NPV_2 分别是贴现率 R_1、R_2 对应的净现值。当 R_1 和 R_2 相差较小时，可以近似认为 $IRR* = IRR$。

用线性内插法求 IRR 近似值 $IRR*$ 的方法如图 2-1 所示。

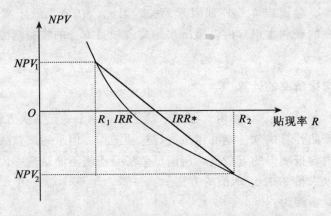

图 2-1 用线性内插法求解内含报酬率近似值 $IRR*$

例 2.1 中项目的内含报酬率近似等于：

$$IRR* = 5\% + (6\% - 5\%) \times \frac{0.37076}{0.37076 - (-0.16336)} = 5.69\%$$

内含报酬率的经济含义可以直观地解释为，在保证投资项目不发生亏损的条件下，投资者能够承担的最高利率或资本成本。也就是说，如果用于项目投资的资金全部为借入资金，以内含报酬率作为利率计息，则项目投资所得的净收益刚好全部用于偿还借款的本金和利息。如果借款利率高于内含报酬率，则项目将发生亏损。

由于内含报酬率反映了项目本身的实际盈利能力，因此，当内含报酬率大于或等于企业确定的最低期望收益率时，可以考虑接受项目；否则就认为项目不可行。比如例 2.1 中，项目的内含报酬率近似等于 5.69％，如果项目的资本成本或企业确定的最低期望收益率大于 5.69％，则该项目不可行。

二、内含报酬率法存在的问题

尽管内含报酬率解决了净现值法不能揭示项目本身可能达到的实际投资收益率的缺陷问题，但在具体应用内含报酬率进行投资决策时，仍需要注意以下几个方面的问题。

（一）区分融资型与投资型项目

大多数投资决策项目是先投入资金形成固定资产，随后逐步收回投资，即先发生现金流出，后发生现金流入，我们称这类项目为投资型项目。还有一类项目，如保险公司卖给退休人员的终身年金，从保险公司的角度看，项目开始时收到资金，然后每月向年金所有人支付一笔金额直到此人去世为止。我们将这类先有现金流入，后发生现金流出的项目称为融资型项目。

比如有 A、B 两个项目，其现金流量见表 2-5，可以看出，A 为投资型项目，B 为融资型项目。

表 2-5   **A、B、C 三个项目的现金流量表**   单位：万元

项目	现金流量			*IRR*	*NPV*		项目类型
	期初	第 1 年	第 2 年		$R=15\%$	$R=40\%$	
A	-200	260		30％	26.09	-14.29	投资型
B	200	-260		30％	-26.09	14.29	融资型
C	-200	460	-264	10％和 20％	0.378	-6.12	混合型

A、B 两个项目的内含报酬率均为 30％，但是，A 项目净现值随着贴现率的增加而降低；B 项目净现值随着贴现率的增加而增加，如图 2-2 所示。可以看出，对投资型项目 A，当实际贴现率大于 *IRR* 时，*NPV* < 0，拒绝项目，当实际贴现率小于 *IRR* 时，*NPV* > 0，接受项目。对融资型项目 B，当实际贴现率大于 *IRR* 时，*NPV* > 0，接受项目，当实际贴现率小于 *IRR* 时，*NPV* < 0，拒绝项目。这与投资型项目正好相反。

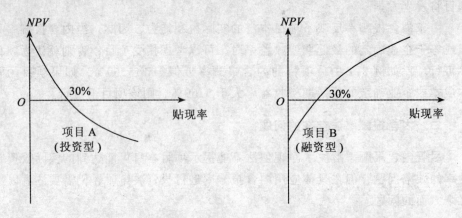

图 2-2　投资型和融资型项目净现值与贴现率的关系

（二）多个内含报酬率

如果项目现金流量的流向只改变一次，如前例中项目 A 和 B，则项目只存在一个内含报酬率。但实际中有些项目在其经济寿命期内，现金流向会多次改变。如采掘类等需要进行环境清理的投资项目，企业通常在期初进行资本投入（现金流出），随后通过出售产品获得收入（现金流入），开采结束后，企业往往还要投资恢复被破坏的植被（现金流出），在这个项目中，现金的流向改变了两次。假定有这样一个项目 C，其现金流量如表 2-5。项目 C 的净现值与贴现率之间的关系如图 2-3。

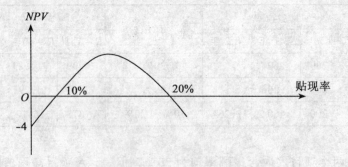

图 2-3　项目 C 的净现值与贴现率的关系

从图中可以看出，净现值曲线在贴现率为 10% 和 20% 处与横轴相交，说明项目 C 的内含报酬率有两个，分别为 10% 和 20%。但到底哪一个代表项目的实际收益率却不得而知。这就不能根据内含报酬率大小来进行投资决策。此时只能采用净现值法来判断。对项目 C，当贴现率在 10%～20% 之间时，净现值为正，项目可行；当贴现率小于 10％或大于 20％时，净现值为负，项目不可行。

有些项目，如使用期内需要进行一次或多次大修理的项目，其现金流向将多次改变。一般来讲，项目现金流向改变的次数与项目内含报酬率的个数相同。对这类项目就不能依据内含报酬率进行评估，但净现值法仍然适用。

（三）投资项目的规模问题

一般来讲，对于投资规模相同的投资型互斥项目，采用净现值法和内含报酬率法得出的评估结果是一致的，即项目的内含报酬率越高越好，净现值越大越好。如果投资规模不同，采用内含报酬率法和净现值法往往会得出不一致的结论。比如在例 2-2 中，A、B、C 三个项目的内含报酬率和净现值（假定贴现率为 10％）如表 2-6 所示。

表 2-6 　　　　　　　　**A、B、C 三个项目的内含报酬率和净现值表**　　　　单位：万元

项目	期初	第 1 年	第 2 年	第 3 年	第 4 年	第 5 年	*IRR*	*NPV*
A	− 1 000	200	200	300	350	400	12％	59.92
B	− 1 000	400	350	300	200	200	16％	139.07
C	− 2 500	960	840	720	480	480	14％	233.78
C − B	− 1 500	560	490	420	280	280	12.8％	94.71
A − B	0	− 200	− 150	0	150	200	0.01％	− 79.15

A、B 项目投资规模相同，但 B 项目的内含报酬率和净现值均高于 A 项目，因此，优先选择 B 项目，依据净现值和内含报酬率对投资项目的判断是一致的。

比较初始投资规模不同的 B 项目和 C 项目，C 项目的净现值大于 B 项目的净现值，但 C 项目的内含报酬率小于 B 项目的内含报酬率。那么，在 B、C 项目之间如何选择呢？与盈利指数法相似，用两种方法进行判断。

一种方法是以净现值为依据，选择净现值较大的项目，本例中应该接受项目 C。

二是采用增量方法，对（C−B）这个方案进行评价。（C−B）是现金流向只改变了一次的投资型项目，因此，当（C−B）方案的内含报酬率大于实际贴现率（资金成本）时，方案可行。计算表明，（C−B）方案的内含报酬率为 12.8％，高于资金成本（10％），方案可行，即接受 C 项目放弃 B 项目。

增量法可以用来对任何两个项目进行相对比较。究竟以哪个项目作为参考

对象并不影响比较的结果，也就是说，在上例中，到底是转化为（C－B）还是（B－C），结果是一样的。实践中，为方便决策，最好构造一个投资型方案，即，通常选择使第一笔非零现金流为负的方式。本例中B、C初始投资不同，选择（C－B）就是使第一期现金流为－1 500万元。假如初始投资相同，第一期现金流为0，同样可遵循这个原则，构造一个第一笔非零现金流为负的方案。比如，用增量法来比较A、B项目，A、B项目初始投资额相同，相减后第一笔现金流为0，第二笔现金流不等于0。为构造一个投资型方案，选择（A－B）方案。（A－B）方案的现金流如表2-6最后一行。（A－B）方案的净现值为负，内含报酬率为0.01%，小于项目的资金成本10%，因此否定（A－B）方案，接受B项目，拒绝A项目，与净现值法得出的结论一致。可见增量法可用来比较各种规模的互斥项目。

（四）现金流量的时间问题

由于资金的时间价值，对现金流入模式不同的互斥项目进行选择，不能只依据项目的内含报酬率，必须结合资金成本（贴现率）来综合考虑。

例2.4，某企业现有一台设备，可以用来生产产品A（方案A）和产品B（方案B），两个生产方案带来的现金流如表2-7。

表2-7 产品A（方案A）和产品B（方案B）两个生产方案带来的现金流

单位：万元

方案	0	1	2	3	NPV			IRR
					0%	10.55%	15%	
A	－10 000	10 000	1 000	1 000	2 000	604	109	16.04%
B	－10 000	1 000	1 000	12 000	4 000	604	－484	12.94%
B－A	0	－9 000	0	11 000	2 000	0	－593	10.55%

两个方案的初始投资额相同，但方案A的内含报酬率高于方案B，那么企业是否应该选择方案A呢？答案必须根据资金成本来具体分析。图2-4表示了两个方案的净现值与贴现率之间的关系。当贴现率为10.55%时，两个方案的净现值相同。当贴现率小于10.55%时，B方案的净现值较高，优先选择B方案；当贴现率大于10.55%时，A方案的净现值较高，优先选择A方案。

这是因为净现值法假定，项目先流入的资金将再进行投资并按照投资者要求的收益率（即贴现率）增值，贴现率越大，资金越早流入，价值越高。本例中，A方案的大部分现金在第一期流入，B方案的大部分现金在最后一期流

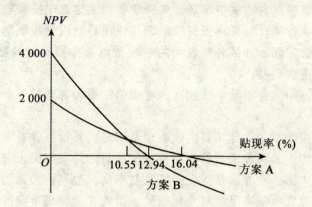

图 2-4　A、B 两个方案的净现值与贴现率之间的关系

入，贴现率越高，先期流入的资金价值越大，因此，当贴现率超过一定数值（10.55%）时，A 方案优于 B 方案。

对现金流入时间不同的互斥项目，同样也可以使用增量法进行比较。将 B 方案现金流减去 A 方案，构造一个投资型的（B－A）项目，其现金流量见表 2-7 最后一行。（B－A）的内含报酬率为 10.55%，当资金成本（贴现率）小于 10.55% 时，（B－A）可行，接受 B 方案，拒绝 A 方案；反之，当资金成本大于 10.55% 时，（B－A）不可行，接受 A 方案，拒绝 B 方案，与前面的结论一致。

三、内含报酬率法与净现值法比较

净现值法和内含报酬率法都是评价投资方案的主要经济指标，在运用中容易将两种方法混淆起来。实际上，二者既有区别又密切联系。

净现值法和内含报酬率法的共同之处在于：

（1）考虑了资金的时间价值；

（2）对项目整个期间内的现金流量进行分析；

（3）对独立的投资型项目，两种方法的评估结果一致，即：当 $NPV > 0$ 或 $IRR > $ 贴现率时，接受项目；当 $NPV < 0$ 或 $IRR < $ 贴现率时，拒绝项目。

净现值法和内含报酬率法的不同之处在于对投资方案各年的现金流量的时间价值有不同的假设和理解。净现值法假定项目投资期内各年的净现金流以确定的贴现率为再投资收益率；内含报酬率法则假定，各年净现金流量以项目本身的内在收益率为再投资收益率来计算增值。这就使得两种方案在分析互斥项目时产生矛盾。

那么，究竟哪一种方法更客观、更科学呢？关键在于投资项目各年现金净流量的再投资收益率。如果再投资收益率与该项目的内含报酬率一致，则内含报酬率法更符合实际；如果各年收回的净现金流量按照确定的贴现率再投资，净现值法显然更客观些。

一般认为，与内含报酬率法相比，净现值法更为客观科学一些，主要有两个方面原因：

（1）内含报酬率法假定项目回收的现金流量的再投资收益率为该项目的内含收益率。事实上，再投资收益率与再投资项目的性质有关，与原投资项目关系不大。一般来讲，企业总是优先投资收益率高、盈利能力强的项目，在一定时间期限内，投资收益率呈递减变化趋势，因此，项目现金流的再投资收益率将随着时间推移不断降低，不可能始终等于（很可能低于）初始项目的内含报酬率。相反，净现值法假定项目流入现金的再投资收益率为投资者要求的收益率，对每个再投资项目都相同。投资者要求的收益率可以通过各种科学的预测方法（以后章节将专门介绍）来测定，能够较为客观地体现再投资率的实际水平。

（2）净现值法假定各个投资方案的再投资收益率相同，具有统一的计算标准，而内含报酬率法对不同方案采用不同的再投资收益率，缺乏统一的计算标准，其结果必然带有更大的片面性，不能用于不同项目之间的比较和评价。

第五节　投资回收期法

投资回收期法是最早使用的投资评估方法。按照是否考虑资金的时间价值，投资回收期可分为一般回收期和折现回收期。

一般回收期是指一个项目所产生的累计未折现现金流量足以抵消初始投资额所需要的时间，即：

$$PB = n + \frac{I - \sum_{t=1}^{n} CF_t}{CF_{n+1}} \qquad (2\text{-}5)$$

式中：PB——一般回收期（年）；

I——初始投资额；

CF_t——第 t 年的现金流入量。

n 满足 $\sum_{t=1}^{n} CF_t \leqslant I \pi \sum_{t=1}^{n+1} CF_t$，即第 n 年的累计净现金流入量小于初始投资额 I，但随后一年（第 $n+1$ 年）的累计净现金流入量将超过初始投资额。

折现回收期是指在考虑了资金时间价值的条件下，以项目的净收益抵偿全部初始投资所需要的时间。用公式表示为：

$$DPB = n + \frac{I - \sum_{t=1}^{n} CF_t(1+R)^{-t}}{CF_{n+1}(1+R)^{-(n+1)}} \tag{2-6}$$

式中：DPB——折现回收期；

$\quad\quad I$——初始投资额；

$\quad\quad CF_t$——第 t 年的现金流入量。

n 满足 $\sum_{t=1}^{n} CF_t(1+R)^{-t} \leqslant I \pi \sum_{t=1}^{n+1} CF_t(1+R)^{-t}$，即第 n 年的累计净现金流入量现值小于初始投资额 I，但随后一年（第 $n+1$ 年）的累计净现金流入量现值将超过初始投资额。

例 2.5，有 A、B 两个项目，初始投资额均为 10 万元，贴现率为 10%，两项目在 5 年内的现金流量如表 2-8。

表 2-8　　　　　　　　A、B 两个项目 5 年内的现金流量表　　　　　　单位：万元

		第一年	第二年	第三年	第四年	第五年	一般回收期（年）	折现回收期（年）
	折现系数	0.909 1	0.826 4	0.751 3	0.683 0	0.620 9		
A项目	现金流入	4	4	3	3	2	2.67	3.39
	累计现金流入	4	8	11	14	16		
	现金流现值	3.64	3.31	2.25	2.05	1.24		
	累计现值	3.64	6.95	9.20	11.25	12.49		
B项目	现金流入	2	3	3	4	4	3.5	4.29
	累计现金流入	2	5	8	12	16		
	现金流现值	1.82	2.48	2.25	2.73	2.48		
	累计现值	1.82	4.30	6.55	9.28	11.76		

A 项目两年累计的现金流入为 8 万元，小于初始投资额 10 万元；三年累计的现金流入为 11 万元，大于初始投资额 10 万元，因此 $n=2$，A 项目的一般投资回收期 $PB_A = 2 + \frac{10-8}{3} = 2.67$（年）。

B 项目三年累计的现金流入为 8 万元，小于初始投资额 10 万元；四年累计的现金流入为 12 万元，大于初始投资额 10 万元，因此 $n=3$，B 项目的一

般投资回收期 $PB_B = 3 + \dfrac{10-8}{4} = 3.5$ （年）。

如果考虑资金的时间价值，则 A 项目的折现投资回收期 $DPB_A = 3 + \dfrac{10-9.2}{2.05} = 3.39$ （年）；B 项目的折现投资回收期 $DPB_B = 4 + \dfrac{10-9.28}{2.48} = 4.29$ （年）。

可以看出，无论 A 项目还是 B 项目，其折现回收期均大于一般回收期，这是由于资金具有时间价值的缘故，致使未来现金流入量的现值小于实际的现金流入量。事实上，折现回收期总是大于一般回收期的。

投资回收期是对一个投资项目回收其全部投资所需时间的粗略估算，是反映项目投资回收能力的重要指标。由于企业的资金是有限的，充分利用现有的资金，加速资金周转，是企业获利和增长的重要途径，因此，投资回收期越短越好。在上例中，如果其他条件相同，A 项目的投资回收期小于 B 项目，说明 A 项目能够比 B 项目更快收回投资，A 项目优于 B 项目。

对于独立的投资项目，利用投资回收期法的决策规则是，首先确定一个标准年限或最高回收年限，然后将项目的回收期与标准年限比较，如果投资回收期大于标准年限，则拒绝该项目，反之，接受该投资项目。

尽管折现回收期法考虑了资金的时间价值，克服了一般回收期的缺陷，但两种投资回收期法仍存在以下共有的局限性：

（1）投资回收期反映的是项目的流动性，不能反映项目的投资收益和获利程度。

（2）投资回收期只考虑了回收期内的现金流量，没有考虑项目经济寿命期内的所有现金流量。

（3）用于决策比较的标准年限不易确定，往往根据企业的自身因素以及投资项目的行业特点来确定，没有一个统一的标准，在实际操作中具有较大的主观性和随意性。

尽管如此，投资回收期法因其简单、直观、容易计算、方便应用的特点，在实践中为许多公司理财人员所推崇。作为项目流动性的衡量指标，投资回收期特别适合下列情况的项目和企业：

（1）对投资环境不稳定、投资风险较大且不易衡量的项目，投资回收期可以作为衡量项目的流动性和提示投资风险的指标。使用投资回收期作为决策标准，有利于早日收回投资，避免政治、经济等不利因素的影响。

（2）对流动资金短缺，而又面临许多投资机会的企业，投资于回收期短的项目，可以快速收回投资成本，重新投资到新的项目。

（3）使用投资回收期法的决策效果可以在项目建成后的最初几年显示出

来，有利于企业考察和评价其经理人员的投资分析能力。

第六节　会计收益率法

会计收益率是一种会计形式的投资收益指标，根据对投资的理解不同，分为投资利润率和平均会计收益率。

投资利润率是指项目达到设计生产能力后年平均利润额与项目总投资的比率。计算公式为：

$$投资利润率 = \frac{年平均税后利润}{总投资} \times 100\% \tag{2-7}$$

平均会计收益率（Average Accounting Return，AAR）又称为年平均投资报酬率，它是指一个项目的年平均税后利润与年平均投资额的比值。计算公式如下：

$$AAR = \frac{年平均税后利润}{年平均投资额} \times 100\% \tag{2-8}$$

两个公式中分子表示的都是会计收益，不是现金流量，没有包括折旧在内。二者的区别主要在分母上，投资利润率的分母为投资总额，平均会计收益率的分母为年平均投资额。在折旧被看做投资的回收、且采用直线折旧法折旧时，年平均投资额等于期初总投资与期末固定资产残值之和的一半。

投资利润率和平均会计收益率从不同角度反映了投资与收益之间的关系。前者侧重反映项目在正常生产年份每一元投资所产生的年利润，而后者侧重反映在整个项目计算期内年平均占用一元投资所带来的平均利润。

例 2.6，某企业计划购入一发电厂的全部固定资产，买价为 800 万元。该电厂使用 5 年后全部报废，期末无残值，企业的所得税率为 33%。预计发电厂每年的收益和成本如表 2-9，采用直线折旧法折旧。

表 2-9　　　　　　　　　　　发电厂每年的收益和成本表　　　　　　　　单位：万元

序号	项目	第 1 年	第 2 年	第 3 年	第 4 年	第 5 年
①	收入	680	700	650	450	300
②	付现成本	450	350	250	130	100
③	年折旧	160	160	160	160	160
④	税前利润	70	190	240	160	40
⑤	所得税	23.1	62.7	79.2	52.8	13.2
⑥	净利润	46.9	127.3	160.8	107.2	26.8

③年折旧 $= \dfrac{800}{5} = 160$

④ $=$ ①$-$②$-$③

⑤ $=$ ④$\times 33\%$

⑥ $=$ ①$-$②$-$③$-$⑤

$$年平均税后利润 = \frac{46.9 + 127.3 + 160.8 + 107.2 + 26.8}{5}$$

$$= \frac{469}{5} = 93.8（万元）$$

$$投资利润率 = \frac{93.8}{800} \times 100\% = 11.725\%$$

已知项目初始投资总额为 800 万元，采用直线折旧法，每年折旧 160 万元，因此第一年年初的投资额为 800 万元，年末的投资额为 640 万元（800－160），第一年年平均投资额为：（800＋640）÷2＝720（万元）。第二年年初的投资额为 640 万元，年末的投资额为 480 万元（640－160），第二年年平均投资额为：（640＋480）÷2＝560（万元）。依此类推，第三、四、五年的年平均投资额分别为：400 万元、240 万元和 80 万元。

$$五年内的年平均投资额 = \frac{720 + 560 + 400 + 240 + 80}{5} = 400（万元）$$

上述计算过程可以用图 2-5 表示：

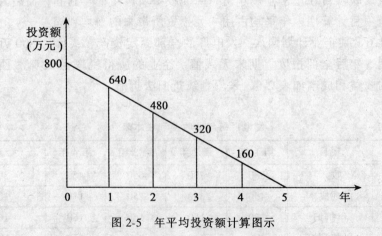

图 2-5　年平均投资额计算图示

从图中可以看出，项目生产期内的年平均投资额就等于初始总投资额的一半，即：

$$年平均投资额 = \frac{800}{2} = 400（万元）$$

$$平均会计收益率\ AAR = \frac{93.8}{400} \times 100\% = 23.45\%$$

会计收益率法就是以会计收益率为依据来评价投资项目的一种方法。具体方法是首先确定一个目标会计收益率，再将项目的会计收益率与设定的标准比较，如果项目的会计收益率高于设定的目标收益率，则接受项目，反之，拒绝该项目。如上例中，如果企业期望的最低平均会计收益率为 20%，则购买该发电厂；如果期望的最低平均会计收益率为 25%，企业放弃购买该发电厂。

会计收益率法的优点是简单、明了，易于理解和掌握。其局限性在于：

（1）没有考虑资金的时间价值；

（2）以会计收益代替现金流量；

（3）目标会计收益率的确定具有一定的主观性，容易受企业内外部诸多因素影响。

【本章小结】

1. 净现值（NPV）是指把项目整个经济寿命期内各年的净现金流，按照一定的贴现率折算到项目建设初期的现值之和。对于独立项目，当 NPV＞0 时，接受投资项目，当 NPV＜0 时，拒绝投资项目。对于互斥项目，在 NPV＞0 的情况下，接受 NPV 较大的项目。净现值反映的是一个绝对数值，在存在资本限额时，不能只用净现值法来选择投资项目。

2. 盈利指数（PI）是指项目的现金净流入量现值与现金净流出量的现值之比。当 PI＞1 时，接受项目；当 PI＜1 时，拒绝项目。盈利指数是一个相对指标，反映了项目单位投资的盈利能力。

3. 内含报酬率（IRR）又称内部收益率，数值上等于使项目净现值等于 0 的贴现率。内含报酬率反映了项目本身的收益能力，IRR 越高，项目的获利水平越高。应用内含报酬率进行投资决策时，要注意区分融资型与投资型项目、多个内含报酬率、投资项目规模以及现金流量的时间等几个方面的问题。

4. 投资回收期是对一个投资项目回收其全部投资所需时间的粗略估算，是反映项目流动性和投资回收能力的重要指标。按照是否考虑资金的时间价值，投资回收期可分为一般回收期和折现回收期。折现回收期总是大于一般回收期。投资回收期法具有简单、直观、容易计算、方便应用的特点。

5. 会计收益率法是以会计收益率为依据来评价投资项目的一种方法，分为投资利润率和平均会计收益率。会计收益率法具有简单、明了、易于掌握的优点，但没有考虑资金的时间价值。

【思考与练习】

1．什么是净现值法和内含报酬率法？二者有什么区别和联系？

2．使用内含报酬率法进行投资决策时，应该注意哪些问题？

3．投资回收期法有哪些局限性？举例说明在哪些情形下可以使用该方法进行决策分析？

4．三星公司拟投资500万元修建一停车楼，预计停车楼每年可带来75万元的现金，50年后停车楼报废，残值为0。该项目的最低期望报酬率为10%，公司要求在10年内收回投资。试计算：项目的净现值、盈利指数、内含报酬率、一般投资回收期和折现投资回收期分别是多少？根据不同的投资决策准则，分析三星公司是否应该投资该项目。

5．四达公司现有A、B、C三个项目可以投资，三个项目的初始投资额和各年的现金流分别如下表，贴现率为13%。

单位：元

年	A	B	C
0	−100 000	−200 000	−100 000
1	71 000	130 000	76 000
2	71 000	130 000	66 000

（1）试分别计算每个项目的盈利指数和净现值。

（2）如果三个项目相互独立，根据盈利指数法，应该投资哪些项目？

（3）如果三个项目相互排斥，应该投资哪个项目？

（4）如果公司只有300 000元可以投资，又应该如何决策？

6．假定有两个互斥性投资项目A和B，项目现金流量如下，最低期望报酬率均为15%。

年	项目A（万元）	项目B（万元）
0	−700	−2 000
1	330	1 000
2	350	700
3	300	1 200

（1）根据投资回收期法，应该投资哪个项目？

（2）两个项目的内含报酬率分别是多少？根据内含报酬率法，应该投资哪个项目？

（3）试用增量分析的方法，确定应该投资哪个项目？

第三章 风险收益权衡与资产定价

【学习目标】

通过本章的学习，学生应理解投资风险与收益的概念，掌握用期望值和方差度量风险和收益的方法，掌握投资组合理论推导过程和基本理论观点，能够运用资本资产定价模型和套利定价理论。

理财的目的在于实现预期公司市场价值的最大化。而企业价值的最大化是与经济活动的风险、收益密切相关的。收益意味着更多的财富，更多的财富意味着更大的价值。收益越高，公司的价值就越大。但是由于公司理财环境充满了不确定性，公司在实现理财目标的过程中，收益的取得也必然面临着各种不确定性，致使实际收益与预期要取得的收益不一致，这就是风险。收益和风险是理财的两个核心概念，同时收益和风险又是孪生兄弟。凡是市场上的参与者都不得不对收益和风险作统一的考虑，公司理财人员更应如此。

风险与收益通过市场供求双方的竞争，反映到资产的价格中。即资产的市场价格包含了资产的风险、收益因素。资产的风险、收益的变化会引起资产均衡价格的变化。因此，公司为了实现自身价值的最大化，必然要权衡经济活动的收益与风险状况，通过对风险、收益的计量、分析与比较，判断资产价格的合理性，从而决定自己的经济行为。

第一节 单项资产的投资风险与收益

一、收益

投资的目的在于获得收益。所谓收益，从理论上讲，是投资者投资于某种资产，在一定时期内所获得的总利得或损失。资产投资收益可以用绝对量收益来度量，它表示为投资期末由投资带来的货币数与投资期初为获取投资而花费的货币数之差。一般地讲，投资者投资的预期收益主要来源于三个部分：一是投资者所得的现金收益，如股票的现金红利和债券的利息支付等；二是资本损益，即从资产价格上升中得到的利得或价格下降产生的损失；三是在投资期中所得到的现金收益进行再投资时所获得的再投资收益。

例如，投资者甲拥有数千股 A 公司股票，本年末全部卖出，该投资者的收益就包括：①作为公司财产的部分拥有者，如果公司盈利，一般会予以分红，这就是红利收益；②年末卖出股票时由于股票价值变动而产生的资本损益；③红利的再投资收益。这样该投资者的总收益用公式表示为：

股票收益＝红利＋资本损益＋红利再投资收益

　　　　＝分红时持有股数×每股分红数＋（出售单价－投资单价）

　　　　×出售股数＋红利再投资收益

（一）收益率

收益指标较直观地反映了投资收益的情况，但是它忽视了赚取收益而进行的投资规模；忽视了赚取收益而进行的投资的期限长短；忽视了会计规定（折旧、折耗、摊销）对现金流价值的影响。

因此，我们更经常的是用收益率指标来衡量单项投资的收益情况。在某一段时间内投资某项资产所获的收益率是指期末资产价格与期初资产价格之差除以期初资产价格，即投资期或持有期的总收益与初始总投资的比值。它表示成投资期末由投资带来的货币数占投资期初为获取投资而花费的货币数的百分比（时间以年度为基准），可按以下公式计算：

$$投资收益率 = \frac{期末资产价格 - 期初资产价格}{期初资产价格} \tag{3-1}$$

这里的期初资产价格是第 $t-1$ 期期末时资产的购置价格，期末资产价格是第 t 期期末所投资资产的市场价格与在第 t 期期间投资者所获股息或利息等现金流入之和。

对于普通股而言，我们可定义其在第 t 期的投资收益率为：

$$R_t = \frac{D_t + (P_t - P_{t-1})}{P_{t-1}} = \frac{D_t}{P_{t-1}} + \frac{P_t - P_{t-1}}{P_{t-1}} \tag{3-2}$$

式中：R_t——第 t 期的实际（或期望）投资收益率；

　　　D_t——第 t 期期末获得的现金股利；

　　　P_t——第 t 期期末股价；

　　　P_{t-1}——第 $t-1$ 期期末的股价。

对于股票，上式中 D_t/P_{t-1} 为股票股利率；$(P_t - P_{t-1})/P_{t-1}$ 就是股票的资本损益率。两者之和的股票收益率代表在该投资期的投资增值程度。这里需要说明的是，公式假定现金收益和资本损益都发生在投资期末，且未考虑股票的送股和配股。

注意，如果代入这一公式的数据是历史数据，可用于确定单周期的实际投资收益率；如果代入的是期望或未来的数据，可以计算单周期的期望投资收益率。当股票价格变化的括号内数值为正值时，表示该期取得了资本收益，若为负值则表示该期发生了资本亏损。

例如，你花100元买入一种预期在一年后可得现金股息7元和期末价格上升为116元的普通股股票。如果你持有一年后准备按市场价格116元抛出，你在下一年将期望取得资本收益16元（116－100）和现金股息7元。所以，你所期望取得的年投资收益率为：[7＋（116－100）] /100＝23%。一年期的投资期望收益率23%由年期望股息收益率7%和年期望资本收益率16%组成。

（二）内部收益率

任何投资的内部收益率都是能使来自投资的现金流量的现值等于初始投资额的利率。从数学上讲，任何投资的收益率 R，都是满足如下方程式的利率：

$$P = \frac{C_1}{1+R} + \frac{C_2}{(1+R)^2} + \cdots + \frac{C_n}{(1+R)^n} = \sum_{t=1}^{n} \frac{C_t}{(1+R)^t} \qquad (3\text{-}3)$$

式中：C_t——t 时期的现金流量；

n——时期数；

P——投资的价格。

有多种方法可以解出上述公式中的 R，最常用的是迭代法。利用迭代法解出 R 需要一个试错的程序，目标是寻求能使现金流量的现值等于价格的利率。

例如，某资产以903.10元的价格买入，预期在今后四年内，前三年每年支付100元，第四年以1 000元的价格卖出。为了计算收益率，首先以10%的利率计算，得出现值为931.69元，超过了903.10元；再用一较高的利率如12%计算，现值为875.71元，低于903.10元；试用一个低于12%且高于10%的利率比如11%计算，得出现值为903.10元，正好等于该资产目前的价格。因此，该资产的内部收益率为11%。

（三）平均收益率

投资者的投资期可以划分为若干个时期。在这种情况下，我们要计算的是平均收益率。设 R_1，R_2，$\cdots$，R_n 分别代表第1期，第2期，$\cdots$，第 n 期的收益率，则投资的平均收益率可通过对各期收益率的算术平均或几何平均求得，用公式表示为：

$$平均收益率 = \frac{R_1 + R_2 + \cdots + R_n}{n} = \frac{\sum_{t=1}^{n} R_t}{n} \qquad (3\text{-}4)$$

或者：

$$平均收益率 = \sqrt{(1 + R_1)(1 + R_2) \cdots (1 + R_n)} - 1 \qquad (3-5)$$

（四）名义收益率与实际收益率

投资活动是现行货币交换未来货币。这一交换比率就是名义收益（也叫做名义利率）。当价格发生变化时，一种投资的名义收益就不能确切地反映投资者所获得的实际收益（也叫做实际收益率）。这是因为投资收益中的一部分价值必须被用于补偿在通货膨胀时期投资者所丧失的那部分购买力。因此，必须调整名义收益，扣除因通货膨胀而造成的购买力损失的部分，所计算出的收益就是实际收益。

设 NR 代表名义收益，RR 代表实际收益，d_p 表示通货膨胀率（通常用消费物价指数的变动率表示），如用 C_0 表示期初的消费物价指数，C_1 表示期末的消费物价指数，则实际收益的计算公式可表示为：

$$RR = \left[\frac{C_0 \times (1 + NR)}{C_1} \right] - 1$$

或者：

$$(1 + NR) = (1 + RR)(1 + d_p) \qquad (3-6)$$

上式称为费雪效应，它是以首先提出该式的美国经济学家欧文·费雪的名字命名的。由上式可推出：

$$NR = RR + d_p + RR \times d_p$$

式中的 $RR \times d_p$ 反映了通货膨胀效应对名义收益率的调整度，数值一般很小，可忽略不计。这样就有：

$$NR = RR + d_p$$

或：

$$RR = NR - d_p \qquad (3-7)$$

它表明，名义收益率等于实际收益率加通货膨胀率，或者实际收益率等于名义收益率减通货膨胀率。

例如，假设某一年的开端消费价格指数为110，年末该指数是113，这一年名义收益率是12%，实际收益率为：

$$RR = [110 \times (1 + 12\%) / 113] - 1 = 0.0903 = 9.03\%$$

或者：

$$通货膨胀率 \ d_p = 113/110 - 1 = 0.0273 = 2.73\%$$

$$RR = 12\% - 2.73\% = 9.27\%$$

二、单项资产的风险

理财活动是一种高度复杂而又充满风险的金融活动。一方面，这可以给公司带来一定的利益；另一方面，它也可能使公司承担破产的风险。无论是筹资活动，还是投资活动，都是如此。因此，在理财活动中，为了回避各种风险，获得最大收益，理财人员必须对筹资与投资的风险与收益有充分的认识，以便综合权衡利弊得失，最合理地筹资与投资，达到风险小、收益高的目标。

（一）风险的含义

一般而言，风险是指遭受损失的可能性；或者广义地说，风险是指在特定时期的环境条件下，某一事件未来结果的不确定性，产生的实际结果与预期结果之间的差异程度。在理财学中，风险被精确定义为实际现金流收益对其预期现金流收益的背离。例如所期望的收益率为20%，但实际获得的是16%，两者的差别即反映了风险。

设投资者购买了期望收益率为4%的一年期国库券，我们可以相当精确地估计出这一投资的收益率为4%，这一投资基本上可视为无风险投资。可是，如果投资者购买某家公司股票并持有一年，投资收益率就很难精确地估计。首先，预期得到的现金股利并不一定会实现；其次，一年后股价可能远低于期望的股价，甚至也可能低于目前的购入价格。考虑到投资股票的实际收益率可能与期望收益率有很大的差异，对股票的投资具有较大的风险。因此，倘若对公司股票的期望投资收益率与国库券的期望投资收益率相同，公司股票则很少有人会去问津。

（二）风险的分类

投资的目标在于追求收益最大化和风险最小化。要想在这对矛盾统一体中寻求平衡，以实现预期目标，就必须有效地控制和回避风险。下面我们对金融市场的风险作一简单介绍。

金融市场风险主要分为系统风险和非系统风险两大类。

1. 系统风险

系统风险是指由于某种全局性的因素而对所有证券收益都产生作用的风险。这种风险来源于宏观方面的变化并对金融市场总体发生影响，又称为宏观风险。对系统风险不可能通过证券投资组合来加以分散，因此，又称其为不可分散风险。系统风险具体包括市场风险、利率风险、汇率风险、购买力风险、政策风险等。

（1）市场风险。市场风险是指由于证券市场行情变化而引起的风险。引起证券市场行情变化的因素很多，比如政治局势、经济周期、股市中的操纵等，都可能带来整个行情的大起大落。这类风险的一个共同点是不易被市场中的投资者事先预料，所以对投资人造成的损失也是巨大的。

（2）利率风险。利率变动是影响股市价格的重要因素。利率变动会使货币供应量发生变化，从而带来股市供求关系的变化导致价格波动，形成风险。一般来说，利率下调，股市资金流入，价格上涨；利率上调，股市资金流出，价格下跌。利率调整属于管理层的政策范畴，其调整的时间、方向和幅度，一般投资人事先无从得知，因而是一个现实的系统风险。

（3）汇率风险。外汇汇率由于受制于各国政府货币政策、财政政策以及国际市场上外汇供给与需求平衡而频繁变动。因此，当投资者投资于以外币为面值发行的有价证券时，就要承担货币兑换的汇率风险。

（4）购买力风险。它又称通货膨胀风险，是由通货膨胀、货币贬值给投资人带来的实际收益水平下降的风险。在通货膨胀条件下，随着商品价格的上升，证券价格在一段时期内也是不断上涨的，投资人的货币收入变化比以往要多，而实际上由于货币的贬值，投资人收益可能并没有增加或反而下降了。通货膨胀可分为期望型和意外型两种，前者是投资者根据以往的数据资料对未来通货膨胀的预测，也是他们对未来投资索求补偿的依据和基础，而后者则是他们始料不及的，也不可能得到任何补偿。

（5）政策风险。这是指由于国家政策变动而引起的投资人的损失。前面提到的利率调整也是一种政策。类似的政策还有股票市场扩充规模和速度的政策，国家关于抑制过度投机规范市场的有关政策，关系到财政收支的有关政策，等等。

2．非系统风险

非系统风险也称微观风险，是因个别上市公司特殊状况造成的风险，这类风险只与上市公司本身相联系，而与整个市场没有关联。投资人可以通过投资组合弱化甚至完全消除这类风险。非系统风险具体包括财务风险、信用风险、经营风险、偶然事件风险等。

（1）财务风险。财务风险是与企业的融资方式相联系的风险，是由企业的不同的筹资方式带来的风险。公司所需资金一般来自发行股票和债务两个方面。其中债务的利息负担是一定的，如果公司债务过大就会因公司资本利润率低于利息率而使股东可分配的股息减少。也就是说，当融资产生的利润大于债息率时，债务给股东带来的是收益增长；而当资本利润率小于债务利息率时，债务越大，股东的风险就越大。

（2）信用风险。信用风险又称违约风险，是指企业在债务到期时无力还本付息而产生的风险。作为股票投资人所承担的信用风险，一个是上市公司债务过重，不能还本付息而对公司所造成的恶劣影响，这种影响将涉及股价；另一个就是因公司信用方面的危机而带来的不能或减少分红对股价产生的直接影响；更严重的是公司因债务问题而破产，那么股票将一钱不值，风险就更大了。

（3）经营风险。经营风险是指由于公司经营方面的问题而带来的盈利水平的下降而给股票投资人带来的风险。在市场竞争中，上市公司的经营方针、管理水平、市场占有率等无不经受着严峻的考验。或是由于产品陈旧、质量下降，或是由于管理混乱、人浮于事、铺张浪费，或是由于市场定位不准、产品积压，等等，都可以导致盈利水平的下降。对这些问题，股票持有人往往直到公司的财务报告披露时才能知道，而这时股价已经不能保持原有水平了，自然会给投资人带来风险。

（4）偶然事件风险。这种突发性风险是绝大多数投资者必须承担的，且其剧烈程度和时效性因事而异。如自然灾害、异常气候、战争危险的出现可能影响期货的价格；政府的货币政策和外汇政策可能会导致汇率、利率波动；法律诉讼、专利申请、兼并重组、信用等级下降会引起证券价格急剧变化，等等。这些偶然事件是投资者在进行投资决策时无法预料的。

三、风险的衡量

风险是实际现金流收益对其预期现金流收益的背离，背离程度愈大，风险也就愈大。因此，风险可用实际值与预期值的差额来度量。同时，还可用收益的方差或标准差来测定风险。这里我们首先讨论单项资产风险的衡量。

（一）概率分布

我们在进行风险衡量时，首先要对企业投资的收益状况进行分析。收益率是个随机变量，因此，我们在分析时需要运用概率相关知识。

所谓概率就是某一特定事件发生的可能性，用百分比表示。概率分布就是某一特定事件各种结果发生可能性的概率分配。

注意，概率 P_i 必须符合以下两条规则：

（1）$0 \leqslant P_i \leqslant 1$；

（2）$\sum_{i=1}^{n} P_i = 1$。

现有 S 和 U 两项资产的收益率概率分布情况如表 3-1 所示。

表 3-1   **S 和 U 两项资产的收益率概率分布**[①]

资产的收益状况		资产的收益率	
经济状况	概率	S	U
繁荣	0.2	0.25	0.05
适度增长	0.3	0.20	0.10
缓慢增长	0.3	0.15	0.15
衰退	0.2	0.10	0.20

---

① 本表转引自张鸣，王蔚松，陈文浩主编．财务管理学．上海：上海财经大学出版社，2002：35

（二）期望值

期望值是一种统计指标。期望收益率就是各种可能的收益率按其概率进行的加权平均，权数为所对应事件发生的概率。如果一个随机变量 R 有 n 个可能的结果 R_i，这里 $i = 1, 2, \cdots, n$，每个结果出现的概率为 P_i，那么 R 的期望值由下式给出：

$$E(R) = \sum_{i=1}^{n} P_i \times R_i \tag{3-8}$$

S、U 两项资产的期望收益率分别为：

$$\begin{aligned}
E(R_S) &= 0.2 \times 0.25 + 0.3 \times 0.20 + 0.3 \times 0.15 + 0.2 \times 0.10 \\
&= 17.5\%
\end{aligned}$$

$$\begin{aligned}
E(R_U) &= 0.2 \times 0.05 + 0.3 \times 0.10 + 0.3 \times 0.15 + 0.2 \times 0.20 \\
&= 12.5\%
\end{aligned}$$

（三）方差和标准差

我们把一个随机变量的风险定义为实际结果偏离期望结果的可能性。偏离程度越大，随机变量的风险越大；偏离程度越小，随机变量的风险越小。换言之，风险是与可能结果的离散性有关的。实际收益率与期望收益率的差异可用方差和标准差来衡量。方差记作 σ^2。由于投资收益率 R 是一个随机变量，投资收益率方差 σ^2 的表达式如下：

$$\sigma^2 = \sum_{i=1}^{n} P_i [R_i - E(R)]^2 \tag{3-9}$$

S、U 两项资产收益率的方差分别计算如下：

$$\begin{aligned}
\sigma_S^2 &= 0.2 \times (0.25 - 0.175)^2 + 0.3 \times (0.20 - 0.175)^2 + 0.3 \\
&\quad \times (0.15 - 0.175)^2 + 0.2 \times (0.10 - 0.175)^2 \\
&= 0.002\,6
\end{aligned}$$

$$\begin{aligned}
\sigma_U^2 &= 0.2 \times (0.05 - 0.125)^2 + 0.3 \times (0.10 - 0.125)^2 + 0.3 \\
&\quad \times (0.15 - 0.125)^2 + 0.2 \times (0.20 - 0.125)^2 \\
&= 0.002\,6
\end{aligned}$$

标准差是方差的算术平方根，记作 σ。其表达式如下：

$$\sigma = \sqrt{\sigma^2} \tag{3-10}$$

由此，S、U 两资产收益率的标准差分别为：$\sigma_S = \sqrt{0.002\,6} = 0.051$ 和 $\sigma_U = 0.051$

方差和标准差衡量了资产或证券所涉及的风险。方差或标准差越大，投资收益率越不确定，投资的风险越大。方差或标准差为零表示投资没有不确定性，即不存在风险。

（四）标准离差率

虽然标准差是衡量风险的重要指标之一，但标准差在比较两个规模不同方案的风险时则存在不足。以 S、U 两项资产为例，从 σ_S 和 σ_U 均为 0.051 的情况是否就可认为资产 S 与 U 具有同样的风险呢？事实上，相对于各自的期望收益规模，资产 U 有着比资产 S 更大的离散性，因为 10 万元对于一个年收益逾千万元规模的大公司来说和对于一个年收益仅为几十万元的小公司来说，其重要性是完全不同的。为了反映这一规模问题，在此引入标准离差率。标准离差率是指资产收益率的标准差 σ 与其期望值 $E（R）$ 之比，用 CV 表示：

$$CV = \frac{\sigma}{E(R)} \tag{3-11}$$

标准离差率是衡量相对风险的一个指标，即每单位期望收益率承受的风险。CV 越大，投资的相对风险越大。

$$CV_S = 0.051/0.175 = 0.291$$
$$CV_U = 0.051/0.125 = 0.408$$

按标准离差率指标，标准离差率为 0.408 的资产 U 比标准离差率为 0.291 的资产 S 风险更大。

第二节 投资组合的收益和风险

实际上，公司在进行投资理财时，并不会把所有资本都集中于一种实物资产或金融资产上。公司的投资行为是多方位的，通常总是同时在两种或多种资产上投资，即进行组合投资，因为组合投资可以分散风险。本节的主题就是讨论投资组合与风险分散的关系，找出能满足各种投资者目的的各种最佳资产组合，在这方面作出开拓性贡献的是美国经济学家马柯威茨（Markowitz），他因此荣获 1990 年度诺贝尔经济学奖。

一、证券投资组合收益率的测定

投资于两种或两种以上的证券，形成投资组合，组合的收益并不是组合中各种证券的收益的简单相加，各种证券在组合中所占的比重对组合的最终收益产生重要影响。

（一）两种证券形成的投资组合的收益率的测定

投资者将资金投资于 A、B 两种证券，其投资比重分别为 X_A 和 X_B，$X_A + X_B = 1$，则两证券投资组合的预期收益率 R_P 等于每个预期收益率的加权平均数，用公式表示如下：

$$R_P = X_A R_A + X_B R_B \tag{3-12}$$

式中：R_P 代表两种证券投资组合预期收益率；R_A、R_B 分别代表 A、B 两种证券的预期收益率。

例 3.1，表 3-2 是国库券、股票两种证券的有关资料，假定其投资比例各占一半，计算两种证券投资组合的收益率。

表 3-2　　　　　　　　　　　国库券和股票收益率资料①

项目	国库券		股　票	
	牛　市	熊　市	牛　市	熊　市
收益率（%）	8	12	14	6
概率（%）	0.5	0.5	0.5	0.5
期望值（%）	$8 \times 0.5 + 12 \times 0.5 = 10$		$14 \times 0.5 + 6 \times 0.5 = 10$	

$$R_P = 1/2 \times 10\% + 1/2 \times 10\% = 10\%$$

计算结果表明，两种证券投资组合的期望收益率同国库券期望收益率和股票期望收益率一样均为 10%。

（二）多种证券投资组合收益率的测定

证券投资组合的预期收益率就是组成该组合的各种证券的预期收益率的加权平均数，权数是投资于各种证券的资金占总投资额的比例，用公式表示如下：

$$R_P = \sum_{i=1}^{n} X_i R_i \tag{3-13}$$

式中：R_P——证券投资组合的预期收益率；

　　　X_i——投资于 i 证券的资金占总投资额的比例或权数；

　　　R_i——证券 i 的预期收益率；

　　　n——证券组合中不同证券的总数。

例 3.2，利用表 3-3 中的数据计算证券投资组合的预期收益率。

---

① 本例转引自张亦春主编．现代金融市场学．北京：中国金融出版社，2002：322

表 3-3 相 关 数 据[①]

证券组合	期初投资值（元）	预期期末值（元）	数量（%）
第一种证券	1 000	1 400	18
第二种证券	400	600	6
第三种证券	2 000	2 000	39
第四种证券	1 800	3 000	37

（1）计算各种证券的预期收益率如下：

$$E(R_1) = \frac{1\ 400 - 1\ 000}{1\ 000} = 40\%$$

$$E(R_2) = \frac{600 - 400}{400} = 50\%$$

$$E(R_3) = \frac{2\ 000 - 2\ 000}{2\ 000} = 0$$

$$E(R_4) = \frac{3\ 000 - 1\ 800}{1\ 800} = 67\%$$

（2）计算各种证券投资组合的预期收益如下：

$$R_P = \sum_{i=1}^{4} X_i R_i$$
$$= 18\% \times 40\% + 6\% \times 50\% + 39\% \times 0 + 37\% \times 67\%$$
$$= 34.99\%$$

二、组合投资的风险测定

投资于证券组合，组合的风险不是组合中各种证券的风险的简单相加，各种证券在组合中所占的比重以及证券之间的相互关系对组合的风险都有重要影响。

（一）两种证券组合的风险测定

假定现在有一个两种证券构成的资产组合。投资这个组合的风险不能简单地等于单个证券风险以投资比重为权数的加权平均数，因为两个证券的风险具有相互抵消的可能性。这就需要引进协方差和相关系数的概念。

1. 协方差

协方差是表示两个随机变量之间关系的变量，它是用来确定证券投资组合

———————————

① 本例转引自张亦春主编 . 现代金融市场学 . 北京：中国金融出版社，2002：323。

收益率方差的一个关键性指标。若以 A、B 两种证券组合为例，则其协方差为：

$$COV(R_A, R_B) = \frac{1}{m} \sum_{i=1}^{m} [R_{Ai} - E(R_A)][R_{Bi} - E(R_B)] \qquad (3\text{-}14)$$

式中：R_A——证券 A 的收益率；

　　　R_B——证券 B 的收益率；

　　　$E(R_A)$——证券 A 的收益率的期望值；

　　　$E(R_B)$——证券 B 的收益率的期望值；

　　　m——证券种类数；

　　　$COV(R_A, R_B)$——A、B 两种证券收益率的协方差。

$COV(R_A, R_B)$ 在此处的含义在于：如果 $COV(R_A, R_B)$ 得到的是正值，则表明证券 A 和证券 B 的收益有相互一致的变动趋向，即一种证券的收益高于预期收益，另一种证券的收益也高于预期收益；一种证券的收益低于预期收益，另一种证券的收益也低于预期收益。如果 $COV(R_A, R_B)$ 得到的是负值，则表明证券 A 和证券 B 的收益有相互抵消的趋向，即一种证券的收益高于预期收益，则另一种证券的收益低于预期收益，反之亦然。

2．相关系数

相关系数也是表示两种证券收益变动的相互关系的指标。它是协方差的标准化，用 r_{AB} 表示 A、B 的相关系数，其公式为：

$$r_{AB} = COV(R_A, R_B) / \sigma_A \sigma_B \qquad (3\text{-}15)$$

或：

$$COV(R_A, R_B) = r_{AB} \sigma_A \sigma_B \qquad (3\text{-}16)$$

从式中可以看出，协方差除以 $\sigma_A \sigma_B$，实际上是对 A、B 两种证券各自平均数的离差，分别用各自的标准差进行标准化。这样做的优点在于：（1）A、B 的协方差是有名数，不同现象变异情况不同，不能用协方差大小进行比较。标准化后，就可以比较不同现象的大小了。（2）A、B 的协方差的数值是无界的，可以无限增多或减少，不便于说明问题，经过标准化后，绝对值不超过 1。

相关系数的取值范围介于 -1 与 $+1$ 之间，即当取值为 -1 时，表示证券 A、B 的收益变动完全负相关；当取值为 $+1$ 时，表示完全正相关；当取值为 0 时，表示变动完全不相关；当 $0 < r_{AB} < 1$ 时，表示正相关；当 $-1 < r_{AB} < 0$ 时，表示负相关（见图3-1）。

3．组合的方差

组合的方差是表示组合的实际收益率偏离组合期望收益率的程度，以此来反映组合风险的大小。其公式为：

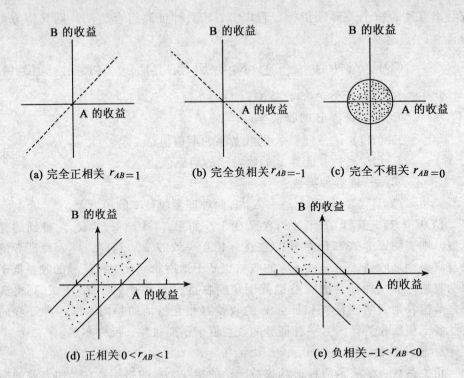

(a) 完全正相关 $r_{AB}=1$ **(b) 完全负相关** $r_{AB}=-1$ **(c) 完全不相关** $r_{AB}=0$

(d) 正相关 $0 < r_{AB} < 1$ **(e) 负相关** $-1 < r_{AB} < 0$

图 3-1　相关系数的五种情况

$$\sigma_P^2 = x_A^2\sigma_A^2 + x_B^2\sigma_B^2 + 2x_A x_B\, COV\,(R_A,\ R_B) \tag{3-17}$$

由此公式我们可以看到，组合投资的风险不仅与组合中各个证券的风险有关，还与各证券在组合中所占的比重以及证券之间的相互关系有关。正是因为如此，我们可以通过选择组合中的证券和调整组合中证券的比重来改变组合的风险状况。

4．几种特殊证券组合的讨论

根据相关系数的性质，就 A、B 两种证券所构成的投资组合在两种证券的相关系数分别为 +1、0 和 −1 三种情况时，讨论其组合的风险状况。

例 3.3 [①]，假设，$\sigma_A = 3\%$，$\sigma_B = 5\%$，投资于这两种证券的比例为 x_A、x_B，证券组合的方差可由下式求得：

$$\sigma_P^2 = x_A^2\sigma_A^2 + x_B^2\sigma_B^2 + 2x_A x_B\, COV\,(R_A,\ R_B)$$

由 $COV\,(R_A,\ R_B) = r_{AB}\sigma_A\sigma_B$ 可得：

---

① 本例转引自张亦春主编．现代金融市场学．北京：中国金融出版社，2002：325

$$\sigma_P^2 = x_A^2\sigma_A^2 + x_B^2\sigma_B^2 + 2x_A x_B r_{AB}\sigma_A\sigma_B \tag{3-18}$$

（1）完全正相关（$r_{AB} = +1$）：

$$\sigma_P^2 = x_A^2\sigma_A^2 + x_B^2\sigma_B^2 + 2x_A x_B r_{AB}\sigma_A\sigma_B = (x_A\sigma_A + x_B\sigma_B)^2$$
$$= (50\%)^2 \times (3\%)^2 + (50\%)^2 \times (5\%)^2 + 2 \times 50\% \times 50\% \times 1 \times 3\% \times 5\%$$
$$= 0.16\%$$

$$\sigma_P = x_A\sigma_A + x_B\sigma_B$$
$$= 50\% \times 3\% + 50\% \times 5\% = 4\%$$

（2）完全负相关（$r_{AB} = -1$）：

$$\sigma_P^2 = x_A^2\sigma_A^2 + x_B^2\sigma_B^2 + 2x_A x_B r_{AB}\sigma_A\sigma_B = (x_A\sigma_A - x_B\sigma_B)^2$$
$$\sigma_P = |x_A\sigma_A - x_B\sigma_B|$$
$$= 50\% \times 3\% - 50\% \times 5\% = 1\%$$

由此可以看出，在完全负相关的情况下，风险可以大大降低，甚至可以通过改变 x_A 和 x_B 的值，使风险达到最小 0。在本例中，当 $x_A = 62.5\%$，$x_B = 37.5\%$ 时，$\sigma_P = 0$。

（3）完全不相关（$r_{AB} = 0$）：

$$\sigma_P^2 = x_A^2\sigma_A^2 + x_B^2\sigma_B^2 - 0 = x_A^2\sigma_A^2 + x_B^2\sigma_B^2$$
$$\sigma_P = (x_A^2\sigma_A^2 + x_B^2\sigma_B^2)^{1/2}$$
$$= (50\%^2 \times 3\%^2 + 50\%^2 \times 5\%^2)^{1/2}$$
$$= 2.9\%$$

由此可见，在证券投资组合中，证券间的相关系数为 0，投资组合的风险可以因此而降低。

例 3.4[1]，利用表 3-2 的资料计算两种证券投资组合的风险。具体步骤如下：

（1）计算单一证券的标准差：

$$\sigma_{国库券} = \sqrt{\frac{1}{n}\sum_{i=1}^{n}[R_i - E(R)]^2}$$
$$= \sqrt{\frac{1}{2} \times [(8-10)^2 + (12-10)^2]}$$
$$= 2$$

$$\sigma_{股票} = \sqrt{\frac{1}{2}[(14-10)^2 + (6-10)^2]}$$
$$= 4$$

---

[1]　本例转引自张亦春主编．现代金融市场学．北京：中国金融出版社，2002：326

（2）计算两种证券投资组合的协方差：

$$COV(R_A, R_B) = \frac{1}{m} \sum_{i=1}^{m} [R_{Ai} - E(R_A)][R_{Bi} - E(R_B)]$$

$$= \frac{1}{2} \times [(8-10) \times (14-10) + (12-10) \times (6-10)]$$

$$= -8$$

（3）计算相关系数：

$$r_{AB} = \frac{COV(R_A, R_B)}{\sigma_A \sigma_B} = \frac{-8}{2 \times 4} = -1$$

（4）计算两种证券投资组合的方差和标准差：

$$\sigma_P^2 = x_A^2 \sigma_A^2 + x_B^2 \sigma_B^2 + 2 x_A x_B r_{AB} \sigma_A \sigma_B$$

$$= \left(\frac{1}{2}\right)^2 \times 2^2 + \left(\frac{1}{2}\right)^2 \times 4^2 + 2 \times \frac{1}{2} \times \frac{1}{2} \times (-1) \times 2 \times 4$$

$$= 1$$

$$\sigma_P = 1$$

计算结果表明，国库券的收益率与股票的收益率之间存在着完全的负相关关系，即国库券收益率降低，股票的收益率就上升。

5. 影响证券投资组合风险的因素

从 σ_P 的计算公式中，得出影响证券投资组合风险大小的三个因素。

（1）每种证券所占的比例：

当 $r_{AB} = -1$ 时，由例3.3第二种情况推出 A 证券的最佳结构为：

$$x_A = \frac{\sigma_B}{\sigma_A + \sigma_B}$$

例 3.4 中国库券的投资比例如果为：

$$x_A = \frac{4}{2+4} = \frac{2}{3}$$

代入两种证券投资组合标准差的计算公式中，得：

$$\sigma_P = \left[\left(\frac{2}{3}\right)^2 \times 2^2 + \left(\frac{1}{3}\right)^2 \times 4^2 + 2 \times \frac{2}{3} \times \frac{1}{3} \times (-1) \times 2 \times 4\right]^{\frac{1}{2}} = 0$$

在这种比例的配置下，两种证券投资组合的风险为 0，即完全消除了风险。

（2）证券收益率的相关性。当证券投资组合所含证券的收益完全相关，即 $r_{AB} = +1$ 时，证券组合并未达到组合效应的目的；当证券投资组合所含证券的收益负相关，即 $r_{AB} = -1$ 时，证券组合通过其合理的结构可以完全消除风险。

（3）每种证券的标准差。各种证券收益的标准差大，那么组合后的风险相应也大一些。组合后的风险如果还是等同于各种证券的风险，那么就没有达到组合的目的。一般来说，证券组合后的风险不会大于单个证券的风险，起码是持平。

在图 3-2 中，纵轴 R 表示两证券组合的收益，横轴 σ 表示两证券组合的风险大小。当 $r_{AB} = +1$ 时，两证券投资组合的收益和风险关系落在图 3-2 中的 AB 直线上（具体在哪一点决定于投资比重 x_A 和 x_B）；当 $r_{AB} < 1$ 时，代表组合的收益和风险所有点的集合是一条向后弯的曲线，表明在同等风险水平下收益更大，或者说在同等收益水平下风险更小，r_{AB} 越小，往后弯的程度越大；当 $r_{AB} = -1$ 时，是一条后弯的折线。

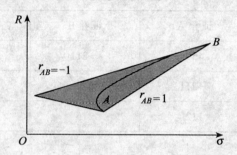

图 3-2 两证券投资组合收益、风险与相关系数的关系

（二）多种证券投资组合风险的测定

计算多种证券投资组合风险的基本原理同两种证券的组合一样，可用公式来表示，也可以用矩阵的形式表示。证券组合方差的计算公式为：

$$\sigma_P^2 = \sum X_i^2 \sigma_i^2 + 2 \sum_{i=1}^{n} \sum_{j=1}^{n} X_i X_j COV_{ij}$$

式中：X_i、X_j 代表第 i 种和第 j 种证券在证券投资组合中所占的比重；COV_{ij} 代表第 i 种和第 j 种证券的协方差；r_{ij} 代表第 i 种和第 j 种证券的相关系数。用矩阵表示如下：

$$\sigma_P^2 = X' \sum X$$

其中 $\sum$ 称为方差—协方差矩阵。

$$\sum = \begin{bmatrix} \sigma_1^2 & \sigma_{12} & \cdots & \cdots & \sigma_{1n} \\ \sigma_{21} & \sigma_2^2 & & & \\ \vdots & & \ddots & & \\ \vdots & & & \ddots & \\ \sigma_{n1} & & & & \sigma_n^2 \end{bmatrix}$$

随着组合中证券数目的增加，在决定组合方差时，协方差的作用越来越大，而方差的作用越来越小。这一点可以通过考察方差—协方差矩阵得知。在一个由两个证券组成的组合中，有两个加权方差和两个加权协方差。但对一个大的组合而言，总方差主要取决于任意两种证券间的协方差。若一个组合进一步扩大到包括所有的证券，则协方差几乎就成了组合标准差的决定性因素。

例3.5，给定三种证券的方差—协方差矩阵以及各证券占组合的比例如下，计算方差和标准差（见表3-4）。

表3-4 方差—协方差矩阵①

	证券 A	证券 B	证券 C
证券 A	459	−211	112
证券 B	−211	312	215
证券 C	112	215	179

$$X_A = 0.5, \quad X_B = 0.3, \quad X_C = 0.2$$

计算如下：

已知：$\sigma_A^2 = 459 \quad \sigma_B^2 = 312 \quad \sigma_C^2 = 179$

$\quad \sigma_{AB} = -211 \quad \sigma_{BC} = 215 \quad \sigma_{AC} = 112$

计算总方差如下：

$$\sigma_P^2 = X_A^2\sigma_A^2 + X_B^2\sigma_B^2 + X_C^2\sigma_C^2 + 2X_AX_B\sigma_{AB} + 2X_cX_B\sigma_{BC} + 2X_AX_C\sigma_{AC}$$

$$= (0.5)^2 \times 495 + (0.3)^2 \times 312 + (0.2)^2 \times 179 + 2 \times 0.5 \times 0.3$$

$$\times (-211) + 2 \times 0.3 \times 0.2 \times 215 + 2 \times 0.5 \times 0.2 \times 112$$

$$= 143.89$$

计算标准差如下：

$$\sigma_P = (143.89)^{1/2} = 12$$

第三节　资产组合理论

一个理性的投资者不仅追求收益最大化，同时也追求风险最小化。但是由于风险与收益是相互制约的，投资者只能兼顾风险与收益，尽量使风险与收益

———————————

① 张亦春主编．现代金融市场学．北京：中国金融出版社，2002：329

达到某种平衡。对于一个投资者来讲，只有在风险一定，收益最大时；或者收益一定，风险最小时的投资才是有效投资。

对证券风险的关注和研究导致了现代证券组合理论的产生和发展。证券投资组合理论是根据不同证券的收益水平和风险等级各异的特点，运用一系列方法求证出最优证券组合。美国经济学家马柯威茨是证券组合理论公认的创始者。1952 年他发表的《证券组合选择》是现代证券组合理论的开端。他利用期望收益率和收益方差来衡量投资者的预期收益和投资风险，在此基础上建立起均值方差模型，以阐述如何通过证券组合的选择来实现收益与风险之间的最佳平衡，达到减少投资风险，选择最优资产组合的目的。

一、模型的假设

马柯威茨的均值方差模型中，期望收益率是在未来不确定情况下对投资收益率所有可能的取值的加权平均。其权数为相应的概率值。所以，期望收益率也就是收益率的均值。方差是未来收益率的所有可能取值对期望收益率的偏离的加权平均。权数仍然为相应的概率值。标准差是方差的算术平方根，反映的是未来收益率的所有可能取值对期望收益率的偏离程度。

为了问题研究的简化，马柯威茨的均值方差模型对投资者行为作了如下合理假设，并在此基础上讨论有效集和最佳投资组合：

（1）投资者认为，每一个投资选择都代表一定持有期内预期收益的一种概率分布。

（2）投资者追求一个时期的预期效用最大化，而且他们的效用曲线表明财富的边际效用递减。

（3）投资者根据预期收益的变动性，估计资产组合的风险。

（4）投资者完全根据预期收益率和风险作决策，这样他们的效用曲线只是预期收益率和预期收益率方差（或标准差）的函数。

（5）在特定的风险水平上，投资者偏好较高的收益。与此相似，在一定预期收益率水平上，投资者偏好较小的风险。

以上假设可归纳为：（1）投资者以期望收益率来衡量未来的实际收益水平，以收益率的方差来衡量未来实际收益的不确定性。也就是说，投资者在投资决策中只关心投资的期望收益率和方差。（2）投资者是不知足的和厌恶风险的，即总是希望收益率越高越好，方差（风险）越低越好。

根据（1），一种证券和证券组合的特征可以由期望收益率和标准差（或方差）提供完整的描述，即建立一个以期望收益率为纵坐标、标准差（或方差）为横坐标的坐标系，那么任何一种证券或证券组合都可由坐标系中的一个点来表示。根据（2），当给定期望收益率时，投资者会选择标准差（或方差）最小的组合；而当给定标准差（或方差）时，投资者会选择期望收益率最高的组合，这种选择规则称为投资者的共同偏好规则。

二、资产组合理论

（一）有效组合边界

任何一种证券或证券组合都可以用期望收益率—标准差的坐标系中的一个点表示出来。我们用 R_P 表示证券组合的期望收益率，用 σ_P 表示证券组合的标准差。如果任意给定 n 种证券，那么所有这些证券及由这些证券构成的证券组合将形成坐标平面上的一个区域，这个区域通常是开口向右的一支双曲线所围的部分，这个区域即是投资者进行投资能够取得的点，称为可行域，如图3-3中 ANBH 所围区域。

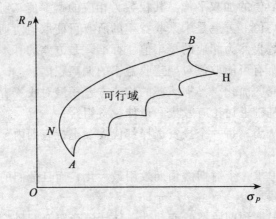

图 3-3　可行域与有效集

可行域上的各点，其风险收益状况的组合是各不相同的。作为理性人的投资者会根据投资者共同偏好规则在可行域中选择最佳的投资组合，这些最佳投资组合形成了一条有效边界。这条边界即是可行域边界的那支双曲线顶点以上的 NB 部分，称为有效集曲线，也称为组合投资的有效边界。它有以下特点：有效集是一条向右上方倾斜的曲线，它反映了"高收益，高风险"的原则；有效集是一条向上凸的曲线；有效集曲线上不可能有凹陷的地方。

投资者在进行投资时既可以投资于单个证券，也可以投资于证券组合，但是投资者只有投资于多种证券，构筑有价证券的头寸（包括多头和空头）组合，才可能选择到有效证券组合，最好地满足投资者的风险收益偏好，这是因为组合投资有保持收益不变同时降低风险的功能。

（二）组合投资的特点

马柯威茨证明了将多项风险资产组合到一起，组合的标准差不会大于标准差的组合，事实上，组合中的证券之间一般不会是完全正相关的，这时组合的标准差小于标准差的组合。这是因为当投资组合含有多种有风险资产时，组合的方差等于组合中个别证券的方差加权和加上每两种证券的协方差的加权和。当组合中证券的数目很大时，个别证券方差的加权和将趋于零，对组合的风险不起作用。各项证券资产之间的协方差有正有负，它们会起互相对冲抵消的作用，但不会完全对冲抵消，这部分近似等于平均的协方差（即未被抵消的部分），因而整个组合的方差就近似等于平均的协方差。这说明组合确实能冲掉部分风险，起到降低风险，但不降低平均的预期收益率的作用。

从金融意义上看，组合中个别证券的方差是代表证券的非系统风险，即该企业特有的风险，诸如企业财务风险、经营管理风险、企业的法律纠纷、罢工、新产品的开发失败等。我们通过增加投资中所包含证券的种类，扩大投资组合，可以消除非系统风险。每两种证券的协方差的加权和，反映的是对所有证券都有影响的因素，即系统风险。由于系统风险存在某种"同向性"，是不能由组合投资的方式来分散这种风险的，即组合投资不能消除系统风险。

因为投资者可以通过分散化投资降低以至于消除非系统风险，所以，持有风险分散化投资组合的投资者比起不进行风险分散化的投资者，可以要求比较低的投资回报率。这样，投资者就可以在市场交易中处于比较有利的竞争地位。市场的均衡定价将根据竞争优势者的行为来确定。因此，市场定价的结果，将只对系统风险提供风险补偿，而不对非系统风险提供补偿。只有系统风险才是市场所承认的风险。

所有风险资产的可能组合有很多种，但只有有效边界上的点所代表的投资组合，才是通过充分的风险分散而消除掉非系统风险的投资组合。

（三）风险偏好与无差异曲线

不同的投资者对收益的偏好和对风险的厌恶程度是有差异的，这一差异的存在无疑会影响到他们对于投资对象的选择。因此，在寻找最优投资策略时，必须把投资风险、收益和投资者偏好同时加以考虑。

我们用投资者的无差异曲线来反映投资者的风险收益偏好特点。投资者无差异曲线是指能够给投资者带来相同满足程度的收益与风险的不同组合。图3-4 给出了三种不同程度风险厌恶者的无差异曲线。

从图 3-4 中我们看到大多数投资者同时兼顾收益和风险两个方面，无差异曲线的斜率表示风险和收益之间的替代率，斜率越高，表明为了让投资者多冒同样的风险，给他提供的收益补偿也应越高，说明该投资者越厌恶风险，如图

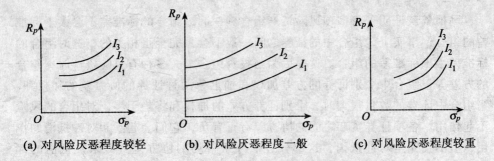

(a) 对风险厌恶程度较轻　　　　(b) 对风险厌恶程度一般　　　　(c) 对风险厌恶程度较重

图 3-4　不同程度厌恶风险者的无差异曲线

（c）。同样，斜率越低，表明该投资者厌恶风险的程度越轻，如图（a）。

　　投资者投资效用最大化的最优投资组合，是位于无差异曲线与有效集的相切点。

　　如图 3-5 所示，虽然投资者更偏好 I_3 上的组合，然而可行集中找不到这样的组合，因而是不可实现的。I_1 上的组合，虽然有一部分在可行集中，但由于 I_1 的位置位于 I_2 的右下方，即 I_1 所代表的效用低于 I_2，因此 I_1 上的组合都不是最优组合。I_2 代表了可以实现的最高投资效用，因此 O 点所代表的组合就是最优投资组合。

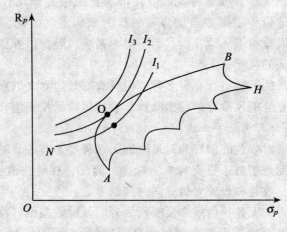

图 3-5　最优投资组合

　　有效集向上凸的特性和无差异曲线向下凹的特性决定了有效集和无差异曲线的相切点只有一个，也就是说最优投资组合是惟一的。

　　对于投资者而言，有效集是客观存在的，它是由证券市场决定的，而无差异曲线则是主观的，它是由投资者的风险—收益偏好决定的。厌恶风险程度越高的投资者，其无差异曲线的斜率越陡，因此其最优投资组合越接近 N 点。厌恶风险程度越低的投资者，其无差异曲线的斜率越小，因此其最优投资组合越接近 B 点。

（四）引入无风险证券后的有效集

前面讨论的有效集的证券组合是由风险资产构成的。现在我们引入无风险证券，投资者不仅投资于风险资产，而且投资于无风险资产，就是说投资者购买的证券组合由 n 个风险证券和 1 个无风险证券组成。或者说，包含 n 个风险证券组成的组合 P 和 1 个无风险证券 F，同时还允许投资者支付一定的利率借款购买证券。

无风险资产是有确定的预期收益率和方差为零的资产。每一个时期的无风险利率等于它的预期值，$E_F = E(R_F)$。因为：$COV(R_F, R_i) = E[R_F - E(R_F)][R_i - E(R_i)] = 0$，即无风险资产和任何风险资产 i 的协方差是零，故无风险资产与风险资产不相关。

引入无风险资产后对有效集进行改进。图 3-6 中曲线 AB 是证券组合 P 的有效集，对于无风险证券，因为它的风险是零，所以 R_F 在纵轴上。当引入无风险证券后，经过代表无风险证券 R_F 的点向风险资产的有效曲线引切线，切点为 M。M 点是一个非常特殊的风险证券有效组合，它包含所有市场上存在的资产种类，各种资产所占的比例和每种资产的总市值占市场所有资产的总市值的比例相同。这个组合称为市场组合。$R_F M$ 线是引入了无风险证券后的有效投资组合，它是由有风险的证券的市场组合 M 和以 R_F 为利率的无风险证券的线性组合构成的。每个投资者根据自己的偏好在 $R_F M$ 线上选择需要的证券组合。而有效集 AB 上除 M 点外不再是有效的，比如 C 点在 AB 上，可以在直线 $R_F M$ 上找到比 C 更有效的证券组合 D。同样，总能在直线 $R_F M$ 上找到比 C 和 R_F 组成的证券组合更有效的证券组合。

如果在直线 $R_F M$ 上任何一点，投资于无风险资产的权重为 X_F，那么投资于证券组合 P 的权重为 $1 - X_F$，证券组合的预期收益率 $E(R)$ 为：

$$E(R) = X_F R_F + (1 - X_F) E(R_P) \tag{3-19}$$

假定以 $E(R_{P0})$ 表示风险资产组合的预期收益率，σ_{P0} 表示风险资产组合的预期收益率的标准差。

由于 $\sigma_F = 0$ 和 $COV(R_F, R_i) = 0$，因此，无风险资产与风险证券组合的标准差就是风险证券组合的加权标准差。

$$\sigma = (1 - X_F) \sigma_{P0} \tag{3-20}$$

其中 σ_{P0} 是风险证券组合的标准差。

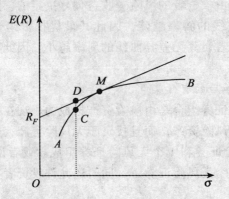

图 3-6　无风险资产和有效集上的证券组合

如果投资者把资金完全投资于无风险资产上，则预期收益率为 R_F，风险为零；完全投资在风险资产组合的证券上，则预期收益率为 $E(R_{P0})$，风险为 σ_{P0}；投资在这两种资产组合上，则预期收益率和风险的大小决定于投资无风险资产的权重 X_F。

如果一个投资者投资在图 3-7 的 C 点上，他资金中的 X_F 投资在无风险资产上，$(1-X_F)$ 投资在风险证券组合上，这个投资者以无风险利率贷出资金，如购入国库券（贷款给政府收取无风险利息）。C 越靠近 R_F，风险越小。当 $X_F=1$ 时，即投资者把所有资金都投资在无风险资产上；相反，当 $X_F=0$ 时，投资者把所有资金投资在风险证券组合上。

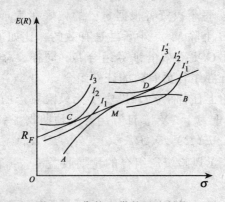

图 3-7　贷款和借款的有效集

如果一个投资者投资在 D 点，X_F 是负值，表示他用出售（或发行）证券或以无风险利率从银行借款或卖空来筹集资金用于购买风险证券组合。若

$X_F = -1$，那么 $1 - X_F = 2$，就是投资者借到和他自有可投资金额相等的资金投资于风险证券组合 P（即图中的 M 点）。这时投资者证券组合的预期收益率 $E(R)$ 为：

$$E(R) = X_F R_F + (1 - X_F) E(R_{P0}) = -R_F + 2E(R_{P0}) \quad (3-21)$$

当借款增加时，预期收益率线性地增加。它的标准差是：

$$\sigma_P = (1 - X_F) \sigma_{P0} = 2\sigma_{P0} \quad (3-22)$$

可见，当借款增加时，风险将增大。

投资者根据自己的偏好在直线 $R_F M$ 上选择最优证券组合。图 3-7 中投资者的无差异曲线和直线 $R_F M$ 的切点 C 和 D 是不同投资者的最优证券组合。

三、两基金分离定理

两基金分离定理告诉我们：在所有有风险的资产组合的边界上，任意两个分离的点都代表两个分离的有效投资组合；而有效组合边界上任意其他的点所代表的有效投资组合，都可以由两个分离的点所代表的有效投资组合的线性组合生成。

投资者在进行投资时，肯定是希望投资于有效组合。而证券组合只有在组合中的证券数目达到一定数量的情况下，才可能起到分散风险的作用。一般的投资者由于资金规模、交易制度、交易费用等多种因素影响，进行高度分散化的投资，化解非系统风险是不现实的。

两基金分离定理给出了一个投资者投资于有效组合的现实途径。由于市场上存在一方面发行小面额的受益凭证作为自己的负债，另一方面把筹集到的大笔资金进行分散化投资，构筑自己投资组合的众多基金。投资者希望获得的任意有效投资组合，都可以通过在市场上选择两支投资于风险资产，而且经营良好（即选取了有效组合边界上的投资）的不同基金，把自己的资金按一定比例投资于这两家基金，形成这两个基金的某一线性组合的组合投资，实现自己投资某一有效组合的目的。

在引入无风险证券后，投资者可以通过构筑无风险证券与市场组合的线性组合获得自己偏好的投资。因为市场上有反映市场所交易的各种资产构成比例的金融市场指数，以此类指数为基础开发的指数产品，可以作为有风险市场组合的替代品。这样就引出了被动的，但是有效的指数化投资策略。这种策略分为两步：第一步是投资于市场的指数化产品，实现风险的分散化。第二步是将资金按照投资者的风险—收益偏好分别投到无风险证券和所构筑的有风险市场组合中去。如果觉得风险偏大，则可适当增加投资于无风险证券的比例，否则反之。如图 3-8 所示，投资者可以选择有效组合 AM 上的任意点（投资组合）。在点 M 左端的点如 O_2 表示投资到收益率为 R_F 的无风险证券和风险证券组合 M 的组合。它适宜较保守的投资者。在点 M 右端的点如点 O_1 表示以收益率 R_F 的借款和自有资金一起投资风险证券组合 M。它适宜比较喜好风险的投资者。

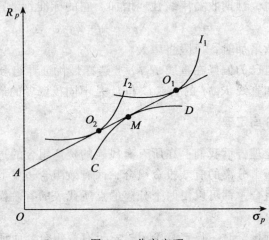

图 3-8　分离定理

　　分离定理表示风险资产组成的最优证券组合的确定与个别投资者的风险偏好无关。最优证券组合的确定仅取决于各种可能的风险证券组合的预期收益率和标准差。投资者可以利用利率 R_F 自由地借入或贷放款项，但他们都选择相同的风险证券组合 M。就是说，个人投资者的效用偏好与风险资产组成的证券组合无关。人们在高风险高收益和低风险低收益之间，按照自己的收益风险偏好进行权衡和优化，但市场的均衡却会导致与个体的收益风险偏好无关的结果，这是市场对市场参与者个体行为整合的结果。

第四节　资本资产定价模型

　　资本资产定价模型（CAPM）是以马柯威茨的证券投资组合理论为基础，说明资本资产的价格，向使用马柯威茨证券投资组合理论的投资者提供在市场中如何定价的模型。资本资产定价模型的主要特点是一种资产的预期收益率可以用这种资产的风险相对测度 β 值来测量。它刻画了均衡状态下资产的预期收益率及其与市场风险之间的关系。资本资产定价模型需要很多假设。

一、资本资产定价模型的假设

由于资本资产定价理论建立在证券投资组合理论基础上，这就需要把个别投资者的假设扩展到所有的投资者。假设如下：

（1）投资者通过投资组合在单一投资期内的预期收益率和标准差来评价这些投资组合。

（2）投资者永不满足，当面临其他条件相同的两种选择时，他们将选择具有较高预期收益率的那一种。

（3）投资者是厌恶风险的，当面临其他条件相同的两种选择时，他们将选择具有较小标准差的那一种。

（4）每种资产都是无限可分的。

（5）投资者可按相同的无风险利率借入或贷出资金。

（6）税收和交易费用均忽略不计。

（7）所有投资者的投资期限均相同。

（8）对于所有投资者来说，无风险利率相同。

（9）对于所有投资者来说，信息都是免费的，并且是立即可得的。

（10）投资者对于各种资产的收益率、标准差、协方差等具有相同的预期。如果每个投资者都以相同的方式投资，根据这个市场中的所有投资者的集体行为，每个证券的风险和收益最终可以达到均衡。

以上假设可以归纳为：（1）投资者都依据期望收益率与标准差（方差）来选择证券组合；（2）投资者对证券的收益和风险及证券间的关联性具有完全相同的预期；（3）资本市场没有摩擦。

假设（1）意味着任何一种证券和证券组合都可以用预期收益率—标准差坐标系中的一个点来表示。假设（2）意味着在任意给定 n 种证券后，投资者都将在同一条有效边界上选择各自的证券组合。假设（3）中的"摩擦"是指对整个市场资本和信息自由流通的阻碍，所以该假设意味着不考虑交易成本及对红利、股息和资本收益率的征税，信息向市场中的每一个人流动，在借贷和卖空上没有限制以及市场只有一个无风险利率。

二、资本资产定价模型

（一）资本市场线

资本市场线（CML）是由无风险收益为 R_F 的证券和市场证券组合 M 构成的。所有有效投资组合都位于这条射线上，如图 3-9 所示。

投资者可以以收益率 R_F 任意地借款或贷款。如果投资者准备投资于风险

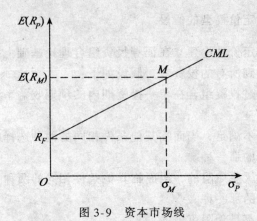

图 3-9 资本市场线

资产，他们就需要一个风险报酬来补偿增加的风险。风险报酬是一个证券组合的收益与无风险收益之差。图中证券组合 M 的风险报酬为：$E(R_M) - R_F$。

通常 CML 线总是向上倾斜的，因为风险报酬总是正的。根据假设，投资者都不喜爱风险，除非未来的风险得到补偿才会投资。因此，风险愈大，预期收益愈大。但这不等于说永远如此，CML 线有时可能向下倾斜，也就是风险报酬低于无风险收益。这表明投资者的预期收益不是总能实现，否则就不会有风险了。因此，虽然 CML 在事前必然向上倾斜，但事后有可能向下倾斜。

由点 R_F（0，R_F）和 M（σ_M，$E（R_M）$）得到资本市场线 CML 的斜率为：

$$CML\ 的斜率 = \frac{E（R_M）- R_F}{\sigma_M} \tag{3-23}$$

CML 的斜率是有效证券组合的风险市场价格，表示一个证券组合的风险每增加 1% 需要增加的收益。在了解 CML 的斜率和截距 R_F 后，在 CML 上的任意有效证券组合中的预期收益可用它的风险表示，因此，CML 的表达公式为：

$$E(R_P) = R_F + \frac{E(R_M) - R_F}{\sigma_M}\sigma_P \tag{3-24}$$

式中：$E(R_P)$代表 CML 上任意有效证券组合的预期收益率；σ_P 代表 CML 上任何有效证券组合的标准差；CML 根据证券组合 P 的不同风险水平决定它的预期收益。

由此可见，有效组合的期望收益率与标准差之间存在着一种简单的线性关系，它由资本市场线提供完整的描述。这种描述实际上给出了对有效组合的定价。有效组合的期望收益率由两个部分构成：第一部分是 R_F，它是无风险利率，是资金的时间价值。第二部分是 $[E(R_M) - R_F]\,\sigma_P/\sigma_M$。其中 $[E(R_M) - R_F]/\sigma_M$ 为资本市场的斜率。它指出了有效组合的期望收益率与风险之间的比例关系，即表示风险增加能获得多少期望收益奖励，或者说降低风险必须放弃多少期望收益。所以，该斜率可以视为风险减少的代价，通常称为风险价格。那么 $[E(R_M) - R_F]\,\sigma_P/\sigma_M$ 就是：风险的价格×风险，它是对所承担的风险的奖励，即风险溢价。因此，有效组合的预期收益率等于时间价值加上风险溢价。

（二）证券市场线

资本市场线只用于有效证券组合的预期收益和标准差的均衡状态的关系，但个别风险证券本身可能是非有效的证券组合，因此，就要进一步测定个别证券的预期收益与总风险之间的关系。

在考虑市场组合风险时，重要的不是各种证券自身的风险，而是其与市场组合的协方差。也就是说，自身风险较高的证券，并不意味着其预期收益率也应较高，同样，自身风险较低的证券，也并不意味着其预期收益率就较低。市场组合 M 所承担的风险 σ_M 是由其中各单个证券共同贡献的，得到的补偿 $E(R_M) - R_F$ 可视为对各个证券承担风险补偿的总和。个别证券 i 承担风险的补偿 $E(R_i) - R_F$ 与这个证券对市场组合的风险贡献大小（贡献率 σ_{iM}/σ_M^2）成正比。因此，当市场风险一定时，个别证券的预期收益率取决于其与市场组合的协方差 σ_{iM}。在均衡状态下，个别证券风险与收益的关系可以写成：

$$E(R_i) = R_F + \frac{E(R_M) - R_F}{\sigma_M^2} \sigma_{iM} \qquad (3\text{-}25)$$

上式所表达的就是著名的证券市场线，它反映了个别证券与市场组合的协方差和其预期收益率之间的均衡关系。

证券市场线的另一种表达式形式可以用 β 系数来表示。β_i 表示证券与市场组合的协方差与市场组合的才差之比，即：

$$\beta_i = \frac{\sigma_{iM}}{\sigma_M^2} \qquad (3\text{-}26)$$

公式为：

$$E(R_i) = R_F + [E(R_M) - R_F]\beta_i \qquad (3\text{-}27)$$

该方程表明：单个证券 i 的期望收益率与这种证券对市场组合的风险（方差）的贡献率 β_i 之间存在着线性关系。也就是说，当我们把 β_i 作为衡量一种证券风险的尺度时，任意一种证券的期望收益率与风险之间都存在着线性关系。β_i 通常被称为证券 i 的 β 系数。

如果一项有价证券 $\beta > 1$，该项资产的风险补偿就大于市场组合的风险补偿。这意味着这项资产在市场上的价格波动会大于市场的平均价格波动。如果证券 $0 < \beta < 1$，该项资产的风险补偿就小于市场组合的风险补偿，它的价格波动也会小于市场的平均价格波动。如果 $\beta < 0$，意味着该项证券的收益与整个市场存在负相关的关系。如果 $\beta = 0$，其预期收益率应等于无风险利率，这时证券与无风险证券一样，对市场组合的风险没有影响。当 $\beta = 1$ 时，风险补偿与市场组合的风险补偿一致。

β 系数的一个重要特征是，一个证券组合的 β 值等于该组合中各种证券 β 值的加权平均数，权数为各种证券在该组合中所占的比例，即：

$$\beta_P = \sum X_i \beta_i \tag{3-28}$$

式中：β_P 表示组合的 β 值。

由于任何组合的预期收益率和 β 值都等于该组合中各个证券预期收益率和 β 值的加权平均数，其权数也都等于各个证券在该组合中所占比例。因此，既然每一种证券都落在证券市场线上，那么由这些证券构成的证券组合也一定落在证券市场线上。在市场组合点上，β 值为1，预期收益率为 $E(R_M)$；在无风险资产点上，β 值为0，预期收益率为 R_F。证券市场线反映了在不同的 β 值水平下，各种证券及证券组合应有的预期收益率水平，从而反映了各种证券和证券组合的系统性风险与预期收益率的均衡关系，如图 3-10 所示。

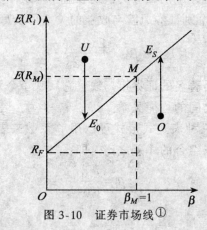

图 3-10　证券市场线 [1]

可见，无论单个证券还是任意的证券组合，均可将其 β 系数作为测量风险的适当尺度，其期望收益率与由 β 系数测定的风险之间存在着线性关系，

───────────────

[1]　张亦春主编．现代金融市场学．北京：中国金融出版社，2002：351

这种线性关系由证券市场线提供完整描述。

（三）贝塔（β）的估算

在实践中，β 的估算可以根据 β 的计算公式：

$$\beta_i = \frac{\sigma_{iM}}{\sigma_M}$$

通过计算证券收益率和市场组合收益率的协方差与市场收益率方差的商来确定。

例3.6，通达公司股票四年的收益率和相应的标准普尔 500 指数收益率如表 3-5。

表 3-5　　　通达公司股票四年的收益率和相应的标准普尔 500 指数收益率

年份	通达公司的收益率 R_i（%）	标准普尔 500 指数收益率 R_M（%）
1	−10	−40
2	3	−30
3	20	10
4	15	20

知道以上数据，可以通过以下六步计算 β 系数（表 3-6）：

（1）计算通达公司的平均收益率和市场组合的平均收益率：

通达公司的平均收益率：

$$\frac{-0.10 + 0.03 + 0.20 + 0.15}{4} = 0.07 = 7\%$$

市场组合的平均收益率：

$$\frac{-0.40 - 0.30 + 0.10 + 0.20}{4} = -0.10 = -10\%$$

表 3-6　　　　　　　　　　　　　　　β 系数的计算

(1) 年份	(2) 通达公司 收益率	(3) 通达公司 收益率的 方差	(4) 市场组合的 收益率	(5) 市场组合 收益率的 方差	(6) (3) × (5)	(7) 市场组合 方差 (5) 的 平方
1	−0.10	−0.17	−0.40	−0.30	0.051	0.090
2	0.03	−0.04	−0.30	−0.20	0.008	0.040
3	0.20	0.13	0.10	0.20	0.026	0.040
4	0.15	0.08	0.20	0.30	0.024	0.090
	平均=0.07		平均=−0.10		总和 0.109	总和 0.260

(2) 分别计算二者每年收益率及其平均收益率的方差（表3-6第3栏和第5栏）。

(3) 将通达公司的收益率方差与其市场组合收益率方差相乘（表3-6第6栏）。这一步实际上是协方差的计算，其计算结果作为 β 计算公式的分子。

(4) 计算市场组合收益率方差的平方（表3-6第7栏），这一步实际上是方差的计算，其计算结果作为 β 计算公式的分母。

(5) 计算第6栏和第7栏的合计数，通达公司的方差与市场组合的方差的乘积之和。

通达公司的方差之和为：

$$0.051 + 0.008 + 0.026 + 0.024 = 0.109$$

市场组合的方差的乘积之和为：

$$0.090 + 0.040 + 0.040 + 0.090 = 0.260$$

(6) 用第6栏的合计数除第7栏的合计数，得到 β 值，即通达公司的 β 值为：

$$\beta = \frac{0.109}{0.260} = 0.419$$

（四）证券市场线与资本市场线的联系与区别

1. 在市场均衡时，证券市场线与资本市场线两者是一致的

2. 证券市场线与资本市场线的区别

(1) 资本市场线用标准差衡量，反映整个市场的系统风险，证券市场线用协方差衡量，反映个别证券在市场系统风险中的程度及该证券对投资组合的贡献。

(2) 资本市场线表示的是有效组合期望收益与方差之间的关系，因此，在资本市场线上的点都是有效组合；证券市场线表示的是单个资产或组合的期望收益与其系统风险之间的关系，因此，证券市场上的点不一定在资本市场线上。

(3) 证券市场线包括了所有证券和所有组合，无论有效组合还是非有效组合都落在线上。资本市场线实际上是证券市场线的一个特例，当一个证券或一个证券组合是有效率的时候，该证券和证券组合的相关系数等于1，此时，证券市场线与资本市场线就是相同的。

第五节　套利定价理论

一、因子模型

（一）因子模型的假设

因子模型假设两种类型的因素造成证券收益率各个时期之间的差异：

（1）宏观经济环境的变化，如通货膨胀、存款利率的变化等。宏观经济变化会影响市场股价指数的变化，并通过市场的驱动影响到每一个证券收益率的变化。证券的不同预期收益率是市场不同时期受不同影响所形成的。

（2）微观因素的影响。具体表现为股份公司内部环境的变化，如新产品的开发、公司内部的人事变动等。它只对个别证券产生影响，而没有普遍作用。在一定时间内，在股价指数一定的条件下，微观因素的影响能使证券收益率偏离正常水平。微观因素的变动对其他证券没有影响。

（二）因子模型的特点

因子模型，也称指标模型，是一种假设证券的收益率只与不同的因子或者指标的运动有关的经济模型。证券的价格变化受多种因素的影响，只要我们找出影响证券价格的因子，就可以构造出因子模型来估计每个证券的预期收益率。因子可以取一个，也可以取很多，如 GDP、利率、通货膨胀率等影响因素。

因子模型反映了收益率产生的过程，该模型有以下几个特点：

（1）模型中的因子是对所有的证券的价格都有影响的系统性经济因素；

（2）两种证券收益率变动的相关性来源于它们对因子运动的共同反应；

（3）在证券收益率中，除了因子变动所产生的部分，其余是该种证券特有的、并且与别的证券的特有部分无关的部分。

正是由于以上特点，因子模型成为了证券组合管理中的有力工具。它提供了计算证券的期望收益率、方差以及协方差的信息，为进一步确定有效证券组合奠定了基础。

（三）单因子模型

单因子模型的基本思想是认为证券收益率只与一个影响因素有关。假定每种证券或多或少地受股价指数的影响，当投资者观察证券市场时可以发现，当股价指数上升时，大部分股票的价格也上升；当股价指数下跌时，大部分股票的价格也下跌。这说明，各种证券对市场变化有共同的反应。因此，可以用一种证券的收益率和股价指数的收益率的相关关系得出以下模型：

$$R_i = a + bR_M + \varepsilon_i \tag{3-29}$$

式中：R_i 代表第 i 种证券的收益率；R_M 代表股票市场股价指数收益率；a 代表证券收益率中独立于市场的部分；b 代表证券收益率对股价指数收益率的敏感程度，即测定 R_M 既定变化情况下 R_i 预期变化的常数；ε_i 代表剩余收益，它是一个随机变量，测度 R_i 相对于平均收益率的偏差。

1. 单因子模型中有两个基本假设

（1）ε_i 的均值 $E(\xi_i) = 0$，一切 ε_i、ε_j 不相关，即 $E(\varepsilon_i, \varepsilon_j) = 0$。

(2) 市场股票指数和独立的证券收益率不相关，即协方差等于0。

$$COV\ (\varepsilon_i,\ R_M) = E\ [\ (\varepsilon_i - 0)\ (R_M - E\ (R_M))]\ = 0$$

同时，市场股票指数收益率方差为：

$$E\ [R_M - E\ (R_M)]^2 = \sigma_M^2$$

剩余收益率的方差为：

$$E\ (\varepsilon_i)\ = \sigma_{\delta i}^2$$

2. 单因子模型中某种证券的预期收益率、方差和协方差

(1) 某种证券的预期收益率公式为：

$$E(R_i) = E(a + bR_M + \varepsilon_i)$$

由于随机变量的期望值等于期望值的和，故：

$$E(R_i) = E(a) + E(bR_M) + E(\varepsilon_i)$$

又由于 a，b 都是常数，而且 ε_i 的期望值 $E\ (\varepsilon_i)\ = 0$，故：

$$E(R_i) = a + bE(R_M) \tag{3-30}$$

(2) 任何证券收益率的方差公式为：

$$\begin{aligned}
\sigma_i^2 &= E[R_i - E(R_i)]^2 \\
&= E\{(a + bR_M + \varepsilon_i) - [a + bE(R_M)]\}^2 \\
&= E\{b[R_M - E(R_M)] + \varepsilon_i\}^2 \\
&= b^2 E[R_M - E(R_M)]^2 + 2bE\varepsilon_i[R_M - E(R_M)] + E(\varepsilon_i)^2 \\
&= b^2 E[R_M - E(R_M)]^2 + E(\varepsilon_i)^2
\end{aligned}$$

所以有：
$$\sigma_i^2 = b^2 \sigma_M^2 + \sigma_{\varepsilon i} \tag{3-31}$$

由上式可知，我们可以把某种证券收益率的方差分为两个部分：系统风险方差 $b^2 \sigma_M^2$（主要由宏观因素影响产生）和非系统风险方差 $\sigma_{\varepsilon i}^2$（主要由微观因素影响产生）。在单因子模型的假设条件下，$b^2 \sigma_M^2$ 反映了不能分散的风险，$\sigma_{\varepsilon i}^2$ 表示投资者只要通过分散化投资就可以消除这项风险。

(3) 任何两种证券间的协方差公式为：

$$\begin{aligned}
\sigma_{ij} &= E[R_i - E(R_i)][R_j - E(R_j)] \\
&= E\{b_i[R_M - E(R_M)] + \varepsilon_i\}\{b_j[R_M - E(R_M)] + \varepsilon_j\} \\
&= b_i b_j E[R_M - E(R_M)]^2 + b_i E\{\varepsilon_j[R_M - E(R_M)]\} \\
&\quad + b_j E\{\varepsilon_i[R_M - E(R_M)]\} + E(\varepsilon_j, \varepsilon_i)
\end{aligned}$$

根据假设，最后三项等于0，所以：

$$\sigma_{ij} = b_i b_j \sigma_M \tag{3-32}$$

由上式可知，协方差只取决于市场风险。

3．证券组合的预期收益方差

如果一种证券的单因子模型成立，证券组合的预期收益方差为：

$$E(R_P) = a_P + b_P E(R_M) \tag{3-33}$$

其中，a_P、b_P 分别为 a_i、b_i 的加权平均，即：

$$a_P = \sum X_i a_i$$

$$b_P = \sum X_i b_i$$

则 $E(R_P)$ 又可以表示为：

$$E(R_P) = \sum_{i=1}^{n} X_i a_i + \sum_{i=1}^{n} X_i b_i E(R_M) \tag{3-34}$$

证券组合的方差可写为：

$$\sigma_P^2 = \sum_{i=1}^{n} X_i^2 b_i^2 \sigma_i^2 + \sum_{i=1}^{n} X_i^2 \sigma_{\varepsilon i}^2 + \sum_{i=1}^{n} \sum_{j=1}^{n} X_i X_j b_i b_j \sigma_M^2 \tag{3-35}$$

如果我们估计出每股股票的 a_i、b_i、$\sigma_{\varepsilon i}^2$ 以及市场预期收益率 $E(R_M)$ 和方差 σ_M^2，那么，我们就能估计出任何证券组合的预期收益率和方差。这比之于马柯威茨方法选择最佳证券组合是大大简化了。

（四）多因子模型

影响证券收益的因子不止一个，它是由多种因子共同影响的结果，这些因素的变动会引起证券价格的不同变化，根据其影响程度，可以得出证券收益率与这些因素的关系式，从而导出最佳证券组合。

1．多因子模型的假设条件

（1）在多因子模型中，各因子 I_1，I_2，$\cdots$，I_j 之间不存在相关关系，即 I_i 与 I_j 之间的协方差为 0；

（2）剩余收益与因子之间的协方差为 0，市场股票指数和独立的证券收益率不相关，即协方差等式为 0。

$$COV(\varepsilon_i, R_M) = E[(\varepsilon_i - 0)(R_M - E(R_M))] = 0$$

同时，市场股票指数收益率方差为：

$$E[R_M - E(R_M)]^2 = \sigma_M^2$$

剩余收益率的方差为：

$$E(\varepsilon_i) = \sigma_{\delta i}^2$$

（3）两种证券收益率 ε_i 和 ε_j 之间的协方差为 0。

ε_i 的均值 $E(\xi_i) = 0$，一切 ε_i、ε_j 不相关，即 $E(\varepsilon_i, \varepsilon_j) = 0$。

2．多因子模型

多因子模型的一般表现形式为：

$$R_i = a_i + b_{i1}I_1 + b_{i2}I_2 + \cdots + b_{ij}I_j + \varepsilon_i \qquad (3-36)$$

式中：R_i 表示某种证券的收益率与因子 I_1，I_2，…，I_j 变动的相关关系式，如 I_1 代表市场指数收益率，I_2 代表 GDP 增长水平，I_3 代表利率水平等；a_i 代表证券收益率中独立于各指数的变化，即独立收益率的预测值；b_{ij} 代表证券收益率对各指数的敏感程度；ε_i 代表剩余收益部分，是一个随机变量。

3. 多因子模型中某种证券的预期收益率、方差和协方差

（1）证券 i 的预期收益率为：

$$E（R_i）= a_i + b_{i1}E（I_1）+ b_{i2}E（I_2）+ \cdots + b_{ij}E（I_j） \qquad (3-37)$$

（2）证券 i 收益率的方差为：

$$\sigma_i^2 = b_{i1}^2 \sigma_{11}^2 + b_{i2}^2 \sigma_{12}^2 + \cdots + b_{ij}^2 \sigma_{ij}^2 + \sigma_{\varepsilon i}^2 \qquad (3-38)$$

（3）证券 i 和 j 的协方差：

$$\sigma_{ij} = b_{i1}b_{j1}\sigma_{11}^2 + b_{i2}b_{j2}\sigma_{22}^2 + b_{i3}b_{j3}\sigma_{33}^2 + \cdots + b_{ij}b_{jj}\sigma_{jj}^2 \qquad (3-39)$$

（五）因子模型的作用

现代证券组合理论的目标就是，当面对无数个可能的机会时，为投资者提供选择最优的证券组合的方式。如果利用均值—方差分析，投资者必须首先估计所要投资的证券组合所包含的证券的期望收益率、标准差以及相互之间的协方差，然后利用这些估计来确定有效证券组合。

在计算相关的协方差时，当组合中证券数量增加，其计算量将以指数增加，这在实际应用中是一个无法克服的困难。当证券的数量很大时，即使是计算速度最快的计算机，也是一筹莫展的。正因为如此，为了得到有效的证券组合，其解决问题的关键是要进行必要的简化和抽象。因子模型就是这种简化和抽象，它为投资者提供了一种分析框架，用来辨别经济中的重要因素，以及不同证券和证券组合对这些因素变化的敏感程度。如果证券收益满足因子模型，那么，证券分析就是要辨别这些因子以及证券收益率对这些因子的敏感度，从而确定其预期收益率。

由上面分析可知，利用多因子模型进行证券分析，假设是一个有 n 种证券和 j 种因子的证券组合，则需要输入：

（1）n 个与各因子无关的独立收益率预期值 a_i；

（2）jn 个证券收益率对因子的敏感度的值 b_{ij}；

（3）n 个剩余收益 ε_i 和方差 $\sigma_{\varepsilon i}^2$；

（4）j 个指数收益 $E（I_j）$；

（5）j 个指数收益的方差 σ_{ij}^2。

因此，对多因子模型进行证券组合分析，需要输入（$2n + 2j + jn$）个数据，显然比原始方法要少得多。

二、套利定价理论

套利是指利用一个或多个市场存在的各种价格差异，在不冒风险或冒较小风险的情况下赚取较高收益率的交易活动。换句话说，套利是利用资产定价的错误，价格联系的失常以及市场缺乏有效性等其他机会，通过买进价格被低估的资产，同时卖出价格被高估的资产，来获取无风险利润的行为。套利是市场无效率的产物，而套利的结果则促使市场效率提高，因此，套利对社会的正面效应远超过负面效应，应予以鼓励和肯定。

（一）套利定价理论（APT）的假设条件

20 世纪 70 年代中期由罗斯（Ross）发展的套利定价理论是一种比资本资产定价模型理论要简单的资产定价模型，其主要假设有：

（1）资本市场处于竞争均衡状态；

（2）投资者是非满足的，喜爱更多财富；当投资者面临套利机会时，他们会构造套利证券组合来增加自己的财富；

（3）所有投资者有相同的预期；任何证券 i 的预期收益率可用因子模型表示；

（4）不同证券的剩余收益之间不相关，且协方差为 0；

（5）市场上证券的种类远远大于因子的数目。

（二）套利证券组合

根据一价定律，同一种资产不可能在一个或几个市场中以两种不同的价格出售。否则，就会出现套利机会。

套利定价理论假设证券收益率可以用因子模型来解释，现在我们假设它是单因子模型，公式为：

$$R_i = E(R_i) + b_i I + \varepsilon_i \tag{3-40}$$

式中：R_i 是证券 i 的收益率；$E(R_i)$ 是证券 i 的预期收益率；I 是证券 i 的公共因子，并且其期望值为 0；b_i 是因子 I 的敏感度；ε_i 是随机误差项，并且 $E(\varepsilon_i) = 0$，方差为 $\sigma_{\varepsilon i}^2$ 且与 I 不相关。

套利证券组合是预期收益增加而风险没有增加，因而套利证券组合要满足三个条件：

（1）不需要投资者增加任何投资。如果 X_i 表示在套利证券组合中证券 i 的权重的变化，那么要求：

$$X_1 + X_2 + X_3 + \cdots + X_n = 0$$

（2）套利证券组合的因子 I 的敏感程度为 0，就是它不受因子风险影响，它是证券敏感度的加权平均数，公式为：

$$b_1 X_1 + b_2 X_2 + \cdots + b_n X_n = 0$$

（3）套利组合的预期收益率必须是正数。

$$X_1 E(R_1) + X_2 E(R_2) + \cdots + X_n E(R_n) > 0$$

严格地说，套利证券组合应该非因子风险为 0，但是 APT 假设这种风险非常小，以至于可以忽略。

对于任何只关心高收益率而忽略非因子风险的投资者而言，这种套利组合是相当具有吸引力的。它不需要成本，没有因子风险，却具有正的期望收益率。

（三）套利定价线

一般地，一个套利证券组合由 n 种资产组成的证券组合 P，权重为 X_i（$i = 1, 2, \cdots, n$），投资者没有使用其财富进行套利，因此，套利证券组合要求无净投资，即：

$$\sum X_i = 0$$

同样，还要求套利证券组合充分多样化。这时，组合 P 的收益率 r_P 为：

$$r_P = \sum X_i R_i = \sum X_i E(R_i) + \left(\sum X_i b_i\right) I + \sum X_i \varepsilon_i$$
$$\approx \sum X_i E(R_i) + \left(\sum X_i b_i\right) I$$

$(i = 1, 2, \cdots, n)$

当 n 很大时，因为随机项是独立的，由大数定律，随机项的加权和趋于 0。通过分散化，不需要任何成本就能消去非因子风险。

如果还要求套利证券组合不受因子风险的影响，那么：

$$\sum X_i b_i = 0$$

这样，组合 P 的收益率为：

$$r_P = \sum X_i R_i = \sum X_i E(R_i)$$

如果说这个收益率不为 0，组合 P 就是一个套利组合。当市场均衡时，没有套利机会。因此，证券组合 P 的收益率必须有：

$$r_P = \sum X_i E(R_i) = 0$$

根据代数知识，套利定价理论的单因子模型如下：

$$E(R_i) = \lambda_0 + \lambda_1 b_i \tag{3-41}$$

式中：λ_0 和 λ_1 是常数。它表示在均衡状态下预期收益率和影响因素敏感度的线性关系。这条直线叫做套利定价线，或叫做 APT 资产定价线。

λ_0 是资产没有因子敏感度时（$b_i = 0$）的收益，它是无风险收益，记作 R_F，上式可记为：

$$E(R_i) = R_F + \lambda_1 b_i \tag{3-42}$$

λ_1 可以记作因子敏感度为 1 的证券组合 P，即：

$$E\ (R_P) = R_F + \lambda_1 b_P$$

其中，$b_P = 1$ 则：

$$\lambda_1 = E(R_P) - R_F$$

因此，λ_1 是因子敏感度为 1 的一个证券组合的超额收益，叫做因子风险报酬。令 $\delta_1 = E\ (R_P)$，则：

$$\lambda_1 = \delta_1 - R_F$$

$$E(R_i) = R_F + (\delta_1 - R_F)b_i \tag{3-43}$$

根据套利定价理论，任何具有一个因子的敏感度和预期收益率的资产不在套利定价线上，那么投资者就有构造套利证券组合的机会。如图 3-11 中资产 U 表示资产价格被低估，预期收益率比资产 A 高，投资者可以购买资产 U 出售资产 A 构成一个套利证券组合。同样可以出售资产 O 购买资产 B 构成一个套利证券组合。因为套利不增加风险，投资者没有使用任何新的资金。同时，资产 U 和 A 以及资产 O 和 B 都有相同的因子敏感度，这就使得构成的套利证券组合的因子敏感度为 0，而且套利证券组合都有正的预期收益率。由于买压使得资产 U 价格上升，卖压使得资产 O 价格下降，最后分别达到 A 和 B，套利机会消失。

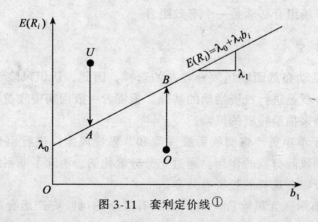

图 3-11　套利定价线[1]

---

[1]　张亦春主编．现代金融市场学．北京：中国金融出版社，2002：361

一般地，在多个因子的情况下，组合的收益率可以表示为：

$$E(R_i) = \lambda_0 + \lambda_1 b_{i1} + \cdots + \lambda_k b_{ik} \tag{3-44}$$

其中：$\lambda_0 = R_F, \lambda_j = \quad_j - R_F(j = 1, 2, \cdots, k)$。

套利理论可以表示为：

$$E(R_i) = R_F + (\delta_1 - R_F)b_{i1} + \cdots + (\delta_k - R_F)b_{ik} \tag{3-45}$$

（四）套利定价理论与资本资产定价模型的一致性

根据套利定价理论得知证券的预期收益率等于无风险利率加上 R 个因子报酬分别乘以这个证券的 R 个因子敏感度之和。在只有一个因子时，模型为：

$$E(R_i) = R_F + (\delta_1 - R_F)b_i$$

在资本资产定价模型中没有要求预期收益率满足因子模型：

$$E(R_i) = R_F + [E(R_M) - R_F]\beta_i$$

如果 $\delta_1 = E(R_M)$，同时 b_i 代表 β_i，那么套利定价理论将与资本资产定价模型一致，资本资产定价模型只是套利定价理论的一个特例。

然而一般情况下，δ_1 不一定等于市场证券组合的预期收益，两者仍有区别，主要表现在：

（1）套利定价理论仅假定投资者偏好较高收益，而没有对他们的风险类型作出严格的限制。

（2）套利定价理论认为达到均衡时，某种资产的收益取决于多种因素，而并非像资本资产定价模型那样只有一种市场组合因素。

（3）在套利定价理论中，并不特别强调市场组合的作用，而资本资产定价模型则强调市场组合必须是一个有效组合。

【本章小结】

1. 投资活动必然面临风险—收益的选择，因此，认识风险和收益以及对其进行量化分析是进行投资活动的基础。投资者一般用期望收益率来反映收益水平，用方差来描绘投资的风险。

2. 投资于单项资产将面临系统风险和非系统风险。进行组合投资可在一定程度上起到风险分散的作用。通过充分分散化的、消除了非系统风险的投资组合是可供投资者选择的投资有效集。

3. 在没有引入无风险资产时，组成有效集的风险资产组合是在期望收益率—标准差坐标系中形成的双曲线的第一象限中的一支向上伸展的部分。在引入了无风险资产后，有效集是从纵轴上的表示无风险资产的点出发，经过市场组合的一条射线。

4. 投资者有不同的收益—风险偏好，收益与风险的组合给投资者带来的满足程度用投资者的无差异曲线反映。投资者投资效用最大化的最优投资组合位于无差异曲线与有效集曲线的切点。

5. 资本资产定价模型刻画了均衡状况下资产的预期收益率及其与市场风险之间的关系。其中的资本市场线反映了有效组合的预期收益率特点，它由时间价值加上风险溢价构成。证券市场线反映了一般证券（或证券组合）的收益特点，说明了证券与市场组合的协方差和其预期收益率之间的均衡关系。资产的预期收益率可以用这种资产的风险相对测度 β 值来测定。

6. 因子模型，也称指标模型，是一种假设证券的收益率只与不同的因子或者指标的运动有关的经济模型。证券的价格变化受多种因素的影响，只要我们找出影响证券价格的因子，就可以构造出因子模型来估计每个证券的预期收益率。因子可以取一个，也可以取很多，如 GDP、利率、通货膨胀率等影响因素。

7. 套利定价理论假设所有证券的回报率服从多因子模型。一个证券组合，如果它的初始价格为 0，且期望报酬率为正，这种证券组合我们称为套利证券组合。在一个有效证券市场里，不可能存在套利的机会，从而我们得到了证券的套利定价理论。

【思考与练习】

1. 金融市场的投资者面临哪些风险？
2. 试论马柯威茨有效集的特点。
3. 投资者是如何选择自己的最优投资组合的？
4. 假设有一个由两个证券形成的证券组合，它们的标准差和权重分别为 25%、30% 和 0.45、0.55。这两个证券可能有不同的相关系数。什么情况使这个证券组合的标准差最小？
5. 某股票收益的概率分布如下表，计算其预期收益率和标准差。

收益率	-10%	0	10%	15%	25%
概率	0.01	0.25	0.35	0.25	0.05

6. 有三种股票收益率的概率分布如下表，假定这三种证券的权重分别为 20%、35%、45%，并且它们两两不相关。计算这三种证券组成的证券组合的预期收益率和标准差。

概率	股票甲收益率	股票乙收益率	股票丙收益率
0.30	−10%	10%	2%
0.15	0	9%	10%
0.30	15%	5%	15%
0.25	25%	−10%	5%

7. 在证券市场上，现有三种证券，它们在不同经济状况下的收益分布如下表：

经济状况	概率	证券1的收益率	证券2的收益率	证券3的收益率
1	0.10	0.25	0.25	0.10
2	0.40	0.20	0.20	0.15
3	0.40	0.15	0.15	0.20
4	0.10	0.10	0.10	0.25

(1) 每种证券的期望收益率是多少？

(2) 每两种证券收益之间的协方差和相关系数是多少？

(3) 如果50%的资金投资于第一种证券，50%的资金投资于第二种证券，求组合的期望收益和标准差。

(4) 如果50%的资金投资于第一种证券，50%的资金投资于第三种证券，求组合的期望收益和标准差。

(5) 如果50%的资金投资于第二种证券，50%的资金投资于第三种证券，求组合的期望收益和标准差。

8. 假设市场的风险溢价是7.5%，无风险利率是3.7%，某股票的期望收益率是14.2%。求该股票的 β 系数。

9. 假设现有两种股票，股票甲的 β 系数为1.4，期望收益率为25%；股票乙的 β 系数为0.7，期望收益率为14%。如果资本资产定价模型成立的话，请用该模型求出市场的收益和无风险利率。

10. 根据有关估计，与康宏公司股票有关的数据如下：

市场收益的方差为0.043 26；康宏公司股票收益与市场收益的协方差为0.063 5；市场的风险溢价为9.4%；国库券的期望收益率为4.9%。

（1）写出证券市场线的模型。

（2）康宏公司的期望收益率是多少？

11. 假设每种证券的收益可以写做如下二因素模型：

$$R_{it} = E(R_{it}) + \beta_{i1}F_{1t} + \beta_{i2}F_{2t}$$

式中，R_{it} 为第 i 种证券在 t 时间的收益；F_{1t} 和 F_{2t} 表示市场因素，其数学期望值为 0，协方差等于 0。

此外，市场上有四种证券，每种证券的特征如下表：

证券	$E(R_{it})$ (100%)	β_1	β_2
1	20	1.0	1.5
2	20	0.5	2.0
3	10	1.0	0.5
4	10	1.5	0.75

对于这四种证券来说，没有交易费用，资本市场臻于完善。

（1）建立一个包括证券 1 和证券 2 的投资组合，可以买空或卖空，但是其收益与市场因素 F_{1t} 无关。计算该投资组合的期望收益和 β 系数。

（2）按照（1）的程序，建立一个包括证券 3 和证券 4 的投资组合，但是其收益与市场因素 F_{1t} 无关。计算该投资组合的期望收益和 β 系数。

（3）设有一个无风险资产，其期望收益等于 5%；$\beta_1 = 0$；$\beta_2 = 0$。详细描述投资者可以实施的各种套利机会。

第四章　债券和股票定价

【学习目标】

通过学习本章，学生首先应该了解股票和债券的性质、特点与类别以及折现现金流模型；在此基础上，进一步掌握确定公司债券、优先股和普通股价值的方法。

前面已经讨论了资金的时间价值以及证券风险与收益率的关系。本章将在这些概念的基础上，进一步讨论确定债券和股票价值的基本方法。我们将在第一节简单介绍债券和股票的特点，第二节介绍一个用来估算基础债券价值的一般模型——折现现金流模型，最后两节分别讨论债券和股票（优先股和普通股）的定价方法。

第一节　股票和债券

企业在生产经营过程中，由于种种原因可能会需要使用大量资金，如扩大业务规模、筹建新项目、兼并收购其他企业以及弥补亏损等。在企业自有资金不能完全满足其资金需求时，便需要向外部筹资。通常，企业对外筹资有三个渠道：发行股票，发行债券和向银行等金融机构借款。本节将重点介绍股票和债券的性质、特点和类别。

一、股票

股票是股份有限公司根据公司法规定，为筹集自有资金而发行的一种所有权证券。它既是股东投资入股的证书，又是股东索取股息（或红利）和财产分配的凭证，代表了股东对公司的部分所有权。

按照股票的法律意义，可以将股票分为普通股和优先股两种。

普通股是指股份有限公司发行的，代表持有人在公司中的所有者权益的证券。普通股股东是公司的所有者，享有公司盈利和财产分配权、剩余索取权、优先认购新股权、投票表决权等各种基本权利，但同时也是经营风险的最后承担者。普通股没有明确规定股东的股利，公司在支付贷款、债券利息以及优先股股息后才对普通股分配股息。股息的高低视公司经营状况、发展方向和董事会的决策而定。公司亏损时可能连续几年不分配股息；盈利丰厚时，股息可能是优先股的好几倍。公司解散或破产清算时，只有在公司还清一切应付债务及优先股股东收回股本之后，普通股股东才能对剩余的财产进行分配。普通股没有到期日。在公司未发行优先股的情况下，普通股与股本常常可以互换使用。发行普通股是股份公司筹集资金的基本方法。

优先股是一种特殊类型的股票。与普通股一样，优先股代表了对公司财产的所有权，但是，优先股股东享有股利分配优先和剩余财产分配优先的权利。企业只有在支付优先股股利之后，才能支付普通股股利。在公司解散、改组或破产时，相对普通股股东，优先股股东对被清理的财产享有优先分配权。优先股股利一般是固定的，不参与公司的红利分配，也不随公司经营状况的好坏而改变。然而，如果公司不能支付优先股利，它不会被强制破产。优先股一般没有表决权，不参与公司的经营管理。公司发行优先股的目的主要在于，在公司筹集资金的同时，不影响普通股股东的既得利益，并避免公司控制决策权的分散化。

二、债券

债券是债券发行人依照法定程序发行的，约定在一定期限内还本付息的有价证券。

(一) 债券与股票的不同之处

1. 二者体现的法律关系不同

债券体现的是债权债务关系，也就是说，债券发行人必须按照事先约定无条件偿还本金并支付利息，否则，债权人有权对企业资产进行清算或强制要求破产以偿还债务；相反，股票体现的是所有权关系，企业没有义务支付股利，也不会因此而破产。

2. 股东和债权人对自身权利的保护手段不同

前者是通过行使投票权对公司经营进行控制，后者是通过借款合同来保护自身权利。

3. 税收待遇不同

在大多数国家，债券利息被视为经营成本，在公司税前支付，具有降低公司税负的作用；相反，股利是对投资公司股本的回报，不是经营成本，因而在公司税后支付。

（二）债券分类

一般而言，债券发行时明确规定债券的发行条件，如发行额、面值、期限、偿还方式、票面利率、付息方式、有无担保等。比如，2003 年 8 月 1 日发行的 03 三峡债（债券代码 120303），计划发行量 30 亿元，付息方式为固定利率，付息频率为 12 个月，票面利率 4.86％，起息日 2003 年 8 月 1 日，到期日 2033 年 7 月 31 日。由于公司债券通常是以发行条件进行分类的，所以，确定发行条件的同时也就确定了所发行债券的种类。

1.按计息方式的不同，债券可分为单利债券、复利债券、贴现债券和累进利率债券等

单利债券是指在计算利息时，不论期限长短，仅按本金计息，所生利息不加入本金计算下期利息的债券。复利债券与单利债券相对应，它是指计算利息时，按一定期限将所生利息加入本金再计算利息，逐期滚算的债券。贴现债券是指在票面上不规定利率，发行时按某一折扣率，以低于票面金额的价格发行，到期时仍按面额偿还本金的债券。累进利率债券是指以利率逐年累进的方法计息的债券。

2.按照债券的票面利率是否固定不变，可将债券分为固定利率债券和浮动利率债券

固定利率债券是指企业在发行时，券面载有确定利率的债券。在债券有效期内，不论周围环境如何变化，债券利率始终不变。浮动利率债券是指发行时不确定债券利率的债券。在债券有效期内，其利率可能根据有关利率（如银行存款利率或国库券利率）的变动作为参照进行浮动的债券。大多数传统债券均为固定利率，因此，本章主要讨论固定利率债券。

3.有的债券在发行时还附有一些选择性条款，如可转换债券和可赎回债券

可转换债券可以按照预先确定的价格转化为一定数量的普通股票，从而为投资者提供高于普通股收入同时又比普通债券具有更高升值潜力的投资工具。可赎回债券规定发行人有权在债券到期之前以赎回价格提前偿清债券。随后可以看到，选择性条款将改变债券的投资价值。

三、债券和股票的价值

债券和股票的价值来源于与之相伴的预期现金流的价值，如果债券、股票仅仅是一张纸，不能带来任何收益，没有人愿意以超过纸张价值的价格来购买。比如，投资者购买公司债券是预期可以获得利息和本金，购买股票是预期可以获得现金红利和未来卖出股票的收益。我们将在本章后面几节通过建立模

型来确定债券、股票的价值。这里，我们需要明确债券和股票的价值与其市场价格的关系。

与实物商品价值相似，债券和股票的价值表现为投资者在考虑当前各种因素的条件下，投资债券或股票时愿意支付的价格。显然，由于个人偏好以及获得的信息差异，不同投资者愿意支付的价格各不相同，不能反映债券的真实价值。但是，所有投资者作为一个整体，总是存在一个期望价格，即所有投资者愿意支付的价格的平均值。可以认为，这个期望价格代表了所有投资者对某证券的评价，即证券的价值。在完善的金融市场，市场价格反映了当前所有可能获得的信息，期望价格与实际市场价格相等，因此，可以认为，市场价格就代表证券的真实价值。

值得注意的是，理论研究表明，由于投资者投机炒作，信息流通不畅甚至心理因素的影响，大多数市场并不总是有效的，市场价格可能高于或低于股票价值，因此，不能简单地认为，现实中证券市场价格就等于其价值。

从理论上掌握债券、股票定价方法对公司理财具有重要的意义。首先，债券、股票的价值与公司的价值密切相关。公司价值主要由公司发行的债券、股票的价值组成，证券的合理定价有助于正确估算公司价值。其次，债券、股票定价是公司维持最佳资本结构，控制融资成本的基础。在完善的金融市场中，证券价格反映了证券的价值且随时可以从交易中获得，因此，可以通过证券的价值来计算每种融资方式的融资成本，为企业调整资本结构提供依据。最后，掌握债券、股票定价方法有助于公司融资成功。公司主要通过发行债券、股票进行融资，发行价格的确定对融资活动的成败至关重要。发行价格越高，其融资成本越低，对公司越有利。但从投资者的角度看，如果发行价格过高，投资者不能获得其要求的投资收益率，就不会购买该公司发行的证券。尽管实践中证券发行价格的确定受多种因素影响，但证券的内在价值仍然是确定发行价格的基础。

第二节　折现现金流模型

根据现代金融理论，证券定价具有两种截然不同的基本模型。一种是折现现金流模型（Discounted Cash Flow Models），主要适用于对公司现金流具有直接要求权的基础金融工具，如股票、股票价格指数、固定利率债券等。这类证券的价值来源于预期的现金流，与现金流多少和产生时间直接相关。另一种是期权定价模型（Option Pricing Models），主要适用于衍生金融工具类型（如期权和权证）。这类证券对企业未来现金流没有直接的要求权，其价值来源于基础金融工具。本节主要介绍折现现金流模型。

一、折现现金流模型

在折现现金流模型中，为了确定某项资产的价值，先将该项资产未来预期的每笔现金流量按照一定的折现系数折为现值，并将所有现值相加，求得该项资产的价值。这里的折现系数是指人们愿意投资某项资产所必须赚得的最低收益率（又称为必要报酬率）。折现现金流模型用公式表示为：

$$V_0 = \frac{CF_1}{(1 + R_1)^1} + \frac{CF_2}{(1 + R_2)^2} + \cdots + \frac{CF_n}{(1 + R_n)^n} = \sum_{t=1}^{n} \frac{CF_t}{(1 + R_t)^t} \qquad (4-1)$$

式中：V_0——资产价值；

CF_t——第 t 期现金流量；

R_t——第 t 期现金流量对应的折现系数；

n——期数。

折现现金流模型也可用图 4-1 表示。

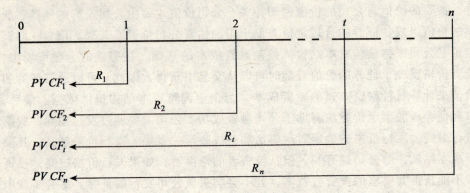

图 4-1　折现现金流模型

折现现金流模型适用于任何对现金流具有直接要求权的基本资产定价。理论上讲，任何能够在未来带来现金收益的资产，包括有价证券（如债券、股票和其他权证）、实物资产（如机器、设备和建筑物等）和投资项目，都可以采用这种方法来确定其市场价值，应用十分广泛。第五章的资本预算实际上就是利用该模型进行投资决策。

例 4.1，市政府打算拍卖市中心停车场 10 年经营权。预计该停车场年平均停车收入为 50 万元，假定投资者要求的必要报酬率为 10%，且每年收入发生在年末，问拍卖价不得高于多少？

这项经营权代表了对停车收入的直接要求权，因此可以用折现现金流模型来计算其价值。已知 $CF_1 = CF_2 = \cdots = CF_{10} = 50$，$R_1 = R_2 = \cdots = R_{10} = 10\%$，$n = 10$，代入公式 (4-1)，即：

$$V_0 = \sum_{t=1}^{10} \frac{50}{(1 + 10\%)^t}$$
$$= 307 \text{（万元）}$$

因此，在不考虑其他因素的情况下，拍卖价不得高于 307 万元，否则就不会有人购买。[①]

例 4.2，一幢旧公寓楼已经使用了 30 年，预计还可以使用 10 年，10 年后公寓拆除，残值为 0，土地可以再出售 400 万元。在未来 10 年中，预计公寓租金收入每年增长 2%，目前租金收入为 100 万元/年。投资者要求的必要报酬率为 12%。该公寓的建造成本为 1 000 万元，采用直线折旧法折旧，折旧年限 40 年。问，公寓楼目前的价值是多少？

公寓楼属于实物资产，显然，该公寓楼目前的账面价值为：

$$1\,000 - \frac{1\,000}{40} \times 30 = 250 \text{（万元）}$$

但是，由于该公寓楼可以出租，获得一定的租金收入，因此也可以用折现现金流模型来计算其价值。已知：

$$CF_1 = 100 \times (1 + 2\%)$$
$$CF_2 = 100 \times (1 + 2\%)^2$$
$$\vdots$$
$$CF_{10} = 100 \times (1 + 2\%)^{10} + 400$$
$$R_1 = R_2 = \cdots = R_{10} = 12\%$$

$n = 10$，代入公式得：

$$V_0 = \sum_{t=1}^{9} \frac{100(1 + 2\%)^t}{(1 + 12\%)^t} + \frac{100 \times (1 + 2\%)^{10} + 400}{(1 + 12\%)^{10}}$$
$$= 748.46 \text{（万元）}$$

该公寓楼的市场价值为 748.46 万元，远远高于公寓的账面价值。可见，由于该公寓能够带来潜在租金收益，其价值评估就不能以其账面价值为依据，而应该采用折现现金流模型进行评估。

二、使用折现现金流模型确定资产价值的具体步骤

(1) 预测每个时期的现金流量大小及其风险；

---

① 假定收入发生在年末并不现实。实际上，停车收入来自于每天，如果考虑资金的时间价值，拍卖价格应该高于例中计算结果。

（2）根据每笔现金流的风险水平和其他相关的投资回报率，确定必要报酬率；

（3）将每笔现金流按照必要报酬率折为现值，并将所有现值相加，即得到资产的价值。

三、折现现金流模型的难点

折现现金流模型的步骤虽然简单，实际运用中仍然存在一定难度，需要特别注意以下两点：

首先是对每个时期的现金流量的预测。现金流量发生在未来，具有一定的风险，风险大小与资产类别有关。有些资产的现金流比较确定，比如债券，发行时明确规定了债券期限、面值、利息及其支付方式，现金流预测相对容易；相反，有些资产的现金流具有很大的不确定性，预测起来比较困难，比如股票，股息多少取决于公司的经营业绩、发展战略以及董事会的决定，具有很大的不确定性，因此，某一个时期的现金流大小有多种可能性。在这里，我们需要预测的是每个时期的现金流量的期望值。比如，要预测某股票第五年的股息，假定股息为2元、4元、6元的概率分别为20％、60％和20％，则预计第五年的股息期望值为4元（2×20％＋4×60％＋6×20％）。因此，无论资产的风险如何，每个时期现金流量的期望值却只有一个。

其次是必要报酬率的确定。必要报酬率取决于主客观两个方面因素。主观上讲，必要报酬率与投资者个人的心理预期、税收待遇以及所面临的其他相关投资机会有关。客观上讲，必要报酬率与资产的风险密切相关，反映了所对应现金流的风险水平。在发达的金融市场中，必要报酬率等于金融市场中与该资产风险等级相同的金融债券的收益率。此外，必要报酬率在资产的有效期内可以保持不变，也可能随时间而改变。因此，必要报酬率的确定十分困难，一般通过机会成本法进行估算。[①]

总之，运用折现现金流模型的关键和难点是准确预测各个时期现金流的大小和风险。本节的例子都对模型作了不同程度的简化，特别是没有说明各个时期现金流量的预测过程和必要报酬率的确定过程。希望不要因此误导读者。

第三节　债券定价

债券的种类很多，但无论哪种类型的债券，通常都明确规定了债券面值、

---

① 由于侧重点不同，本章将忽略必要报酬率的确定过程。

票面利率和偿还方式，就是说，债券具有现金流事先确定的特点。投资者现在购买债券时愿意支付的价格等于未来所获得收益的价值，即，未来现金收益是按投资者要求的投资回报率折现后的现值之和。如果已知投资者要求的最低投资收益率，我们就可以利用折现现金流模型来估算债券的价值。接下来我们分别讨论贴现债券和一般债券的定价。

一、债券定价

（一）贴现债券

贴现债券（Zero-Coupon Bonds，Pure Discount Bonds）又称零息票债券。债券发行人承诺在到期日按债券面值偿还投资者，在到期前不支付利息和本金。贴现债券的期限可以是一年，也可能是数年，但无论期限如何，到期前不作任何支付。因此，贴现债券的现金流最为简单，即只在期末发生一次。

如果贴现债券的面值为 F，期限为 n 年，投资者要求的最低年投资收益率为 R，且 n 年内保持不变，则贴现债券的价值为：

$$V = \frac{F}{(1 + R)^n} \tag{4-2}$$

由于贴现债券的现金流只在期末发生一次，在整个投资期限内不存在收益再投资的风险，因此，贴现债券的年投资收益率 R 通常又称为市场利率。

例 4.3，一面值为 10 000 元的 10 年期贴现债券，当前的市场利率为 6%，且保持不变。利用公式（4-2），该贴现债券的价值为：

$$V = \frac{10\ 000}{(1 + 6\%)^{10}}$$
$$= 5\ 584(元)$$

该贴现债券将以 5 584 元的折扣价出售，远远低于债券面值。事实上，所有贴现债券的售价均低于面值，相当于在出售债券时预先扣除了利息（将利息贴现），故名贴现债券。

（二）一般债券

贴现债券虽然具有现金流单一的特点，但并不常见。大多数政府和公司债券都是在发行后定期（每年、每半年）支付利息的，[①] 每次支付的利息数额固定，支付的时间间隔相同，并在到期日按债券面值偿还本金。我们称这类债券

———————————

① 在西方国家，公司债券发行时附有一系列记载有日期和利息数额的票据，称为息票（coupon）。息票的时间间隔一般为半年。投资者只需将到期的息票撕下来存入银行，即获得相应的利息支付。

为一般债券。我国近年来发行的企业债券大多属于这种类型。

假定每次支付的利息为 C，债券面值为 F，利息支付期数为 n，如果利息每年支付一次，必要报酬率保持不变，利用折现现金流模型很容易确定一般债券的价值。

$$\dot{V} = \frac{C}{1+R} + \frac{C}{(1+R)^2} + \cdots + \frac{C+F}{(1+R)^n}$$

即：

$$V = \sum_{t=1}^{n} \frac{C}{(1+R)^t} + \frac{F}{(1+R)^n} \qquad (4\text{-}3)$$

式中：V——债券的价值；

F——债券面值；

C——年利息；

R——必要报酬率；

n——债券期限（年）。

可以看出，一般债券的价值由 $\sum_{t=1}^{n} \frac{C}{(1+R)^t}$ 和 $\frac{F}{(1+R)^n}$ 两部分组成，其中，$\sum_{t=1}^{n} \frac{C}{(1+R)^t}$ 是数额为 C 的 n 年期年金现值，$\frac{F}{(1+R)^n}$ 是面值为 F 的 n 年期贴现债券的价值。

例4.4，某公司拟发行面值1 000元，票面利率为6%，期限为10年的债券，每年支付一次利息，根据该债券的期限、风险和流动性确定最低投资收益率为8%。问该债券的发行价为多少？

首先计算该债券的年利息 $C = 1\,000 \times 6\% = 60$（元）

其次，将 $C = 60$，$n = 10$，$F = 1\,000$，$R = 8\%$ 代入公式（4-3），得债券的发行价为：

$$
\begin{aligned}
V &= \sum_{t=1}^{10} \frac{60}{(1+8\%)^t} + \frac{1\,000}{(1+8\%)^{10}} \\
&= 60 \times A_{0.08}^{10} + 1\,000 \times P_{0.08}^{10} \\
&= 60 \times 6.710\,1 + 1\,000 \times 0.463\,2 \\
&= 865.8 (元)
\end{aligned}
$$

该债券的价值由每年60元利息的现值（402.6元）和1 000元本金的现值（463.2元）两个部分组成。

下面我们进一步讨论每半年支付一次利息的债券价值。如果债券的年利息为 C，面值为 F，期限为 n 年，半年支付一次利息，则每次支付的利息为 $C/2$，共支付 $2n$ 次。假定年投资收益率为 R，则半年期投资收益率为 $R/2$，债券的价值为：

$$V = \frac{C/2}{1 + R/2} + \frac{C/2}{(1 + R/2)^2} + \cdots + \frac{C/2 + F}{(1 + R/2)^{2n}}$$

$$V = \sum_{t=1}^{2n} \frac{C/2}{(1 + R/2)^t} + \frac{F}{(1 + R/2)^{2n}} \tag{4-4}$$

在例 4.4 中，如果债券每半年支付一次利息，其他条件不变，则债券的价值为：

$$V = \sum_{t=1}^{20} \frac{30}{(1 + 0.04)^t} + \frac{1\,000}{(1 + 0.04)^{20}}$$

$$= 407.7 + 456.4$$

$$= 864.1 \text{（元）}$$

二、债券价格与利率

由于债券的票面利率事先确定，且在债券期限内保持不变，当市场利率①，即投资者要求的必要报酬率发生变化，债券价格也会随之改变。根据债券的定价模型，必要报酬率上升，债券利息和本金的现值下降，从而债券价格下降；反之，必要报酬率下降，债券价格上升。

在例 4.4 中，假如市场利率为 6%，债券价格为：

$$V = \sum_{t=1}^{10} \frac{60}{(1 + 6\%)^t} + \frac{1\,000}{(1 + 6\%)^{10}}$$

$$= 60 \times A_{0.06}^{10} + 1\,000 \times P_{0.06}^{10}$$

$$= 60 \times 7.360\,1 + 1\,000 \times 0.558\,4$$

$$= 1\,000 \text{（元）}$$

此时，债券的发行价格与债券面值相同，称为平价发行。

假如市场利率为 4%，债券价格为：

$$V = \sum_{t=1}^{10} \frac{60}{(1 + 4\%)^t} + \frac{1\,000}{(1 + 4\%)^{10}}$$

$$= 60 \times A_{0.04}^{10} + 1\,000 \times P_{0.04}^{10}$$

$$= 60 \times 8.110\,9 + 1\,000 \times 0.675\,6$$

$$= 1\,162 \text{（元）}$$

此时，债券的发行价格高于债券面值，称为溢价发行。从例 4.4 可知，当市场利率为 10% 时，债券的发行价格为 865.8 元，低于债券面值，称为折价

─────────────

① 通常，市场利率的参考指标有很多，这里市场利率是指金融市场同风险等级金融资产的回报率，因而与投资者要求的必要报酬率相等。

发行。因此我们可以得出以下结论：

（1）当市场利率＝债券票面利率时，债券价格＝面值，平价发行；

（2）当市场利率＞债券票面利率时，债券价格＜面值，折价发行；

（3）当市场利率＜债券票面利率时，债券价格＞面值，溢价发行。

债券价格与市场利率之间的关系可以用图 4-2 表示。

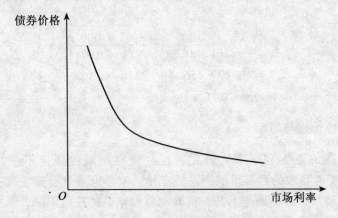

图 4-2　债券价格与市场利率的关系

　　显然，债券价格随利率变化而变化将给债券持有者带来潜在的收益或损失。比如当前以 1 000 元买进面值 1 000 元，年利率 8% 的债券，假如 1 年后由于市场利率上升，债券价格下跌为 900 元，扣除利息 80 元（1 000×8%），投资者将蒙受 20 元（1 000－900－80）的损失。当然，1 年后利率也可能下降，致使债券价格上升，投资者将获得更多收益。这种由于利率变化而给投资者带来收益或损失的可能性，我们称之为利率风险。

　　在其他因素相同的情况下，债券的剩余期限不同，对利率变化的敏感性不相同，承担的利率风险也各不相同。比如有两种债券，面值均为 1 000 元，票面年利率为 8%，利息按年支付，剩余期限分别是 1 年和 10 年。现在，我们分别计算利率从 8% 上升到 10% 和下降到 6% 时，债券的价格变化。计算结果见表 4-1。

表 4-1　　　　　　　　　不同期限债券对利率变化的敏感性

市场利率	1 年期债券		10 年期债券	
	价格（元）	变动幅度	价格（元）	变动幅度
8%	1 000		1 000	

市场利率	1 年期债券		10 年期债券	
	价格	变动幅度	价格	变动幅度
10%	981.82	下降 1.8%	877.07	下降 12.3%
6%	1 018.87	上升 1.9%	1 147.21	上升 14.7%

可见，无论利率上升还是下降，短期债券价格的变动幅度均小于长期债券，也就是说，短期债券的利率风险相对较小。

三、债券收益率

前面讨论了在已知债券面值、票面利率和必要报酬率情况下如何确定债券价值。实际上，在高度发达的资本市场里，一方面，投资者可以很方便的从金融市场获得债券的价格，如果市场是有效的，这个价格就等于债券的价值；另一方面，债券发行后即进入二级市场流通，债券价格随市场环境不断改变，这时投资者更需要了解投资某债券的收益率，以便与其他投资品种相比较并相应调整资产组合。

（一）到期收益率

到期收益率（Yield to Maturity，YTM）是指投资者购买债券并持有到期的预期收益率。到期收益率是衡量债券投资收益最常用的指标，数值上等于使债券价格等于债券未来现金流现值之和的年利率。也就是说，投资者按照当前价格购买债券，按期取得利息和本金（没有延迟支付和违约），直至债券到期，在按年计算复利，且投资回报率保持不变的情况下，投资者获得的投资回报率就是到期收益率。

显然，我们可以利用折现现金流模型来计算到期收益率。这里，我们已知债券的现金流和债券价值，代入债券估价公式，即可求得债券的到期收益率。如果距债券到期时间较长，则需求解一个一元高次方程，此时可采用试差法和内插法求近似解。

例 4.5，在例 4.4 中，如果债券当前价格为 900 元，求该债券的到期收益率。

已知债券的年利息为：$1\ 000 \times 6\% = 60$（元），$V = 900$，$F = 1\ 000$，代入式（4-3）得：

$$900 = \sum_{t=1}^{10} \frac{60}{(1 + R)^t} + \frac{1\ 000}{(1 + R)^{10}}$$

其中 R 为债券到期收益率。这是一个一元十次方程，可采用试差法求近似解。从例 4.4 可知，当折现率为 8% 时，债券价格为 865.8 元，低于当前价格 900 元。由于债券价格与折现率成反比关系，折现率越高，债券价格越低，因此，需要降低折现率。假定折现率为 7%，则：

$$\sum_{t=1}^{10} \frac{60}{(1+7\%)^t} + \frac{1\,000}{(1+7\%)^{10}}$$
$$= 60 \times A_{0.07}^{10} + 1\,000 \times P_{0.07}^{10}$$
$$= 929.8(元)$$

当折现率为 7% 时，债券价值为 929.8 元，大于债券的当前价格 900 元，因此，该债券的到期收益率应该介于 7% ~ 8% 之间。下面采用内插法，求得债券到期收益率的近似值为：

$$7\% + \frac{929.8 - 900.0}{929.8 - 865.8} \times (8\% - 7\%) = 7.47\%$$

内插法的图解见示图 4-3。

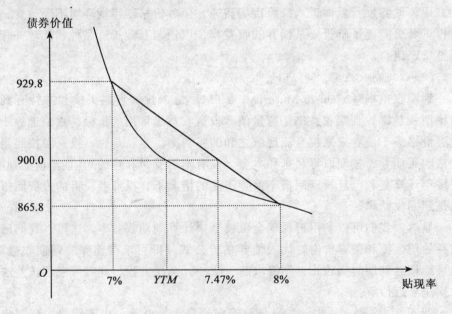

图 4-3　用内插法求 YTM 的图解示图（该图未按比例）

我们在债券市场还会经常看到另一个收益率——本期收益率（Current Yield）。本期收益率等于债券的年利率除以当前价格，表示购买债券单位付款额的收益。但本期收益率没有考虑本金与买价之间的差额，即资本增值部分，因而不能反映债券的预期收益率。

比如，当前以 900 元价格购买面值为 1 000 元，票面利率为 10%，一年后到期的债券，其本期收益率为：

$$\frac{1\,000 \times 10\%}{900} = 11\%$$

实际上，当前投资 900 元，一年后的总收益为 1 100 元（1 000 + 1 000 × 10%），实际投资收益率为：

$$\frac{1\,100 - 900}{900} = 22\%$$

（二）提前赎回收益率

如果是可提前赎回债券，债券发行人有权在债券到期之前以赎回价格购回债券。比如某公司发行面值为 1 000 元，票面年利率为 12% 的可赎回债券。当市场利率由 12% 降为 8% 时，为降低融资成本，公司就有可能以事先确定的赎回价格① 购回年利率为 12% 的债券，取而代之发行年利率为 8% 的债券。在这种情况下，投资者便不可能将债券持有到期，此时也就不能以到期收益率来衡量债券的收益率，而应该采用提前赎回收益率（Yield to Call, YTC）。

假定债券发行人在某一特定的赎回日，按照提前赎回价格清偿债券，此时债券的期望收益率就是提前赎回收益率。我们同样可以采用折现现金流模型来计算提前赎回收益率。这里，我们需要知道提前赎回价格和赎回时间，而不是债券面值和剩余期限。

例 4.6，某可赎回债券面值为 1 000 元，票面利率为 12%，期限为 20 年，每半年支付一次利息，5 年后可以按 1 120 元的价格赎回。债券的当前价格为 1 000 元。

由于债券的价格与面值相等，如果债券不提前赎回，而是在整个债券期内偿还所有的利息和本金，其到期收益率 YTM 等于票面利率 12%。

假定 5 年后按 1 120 元的价格赎回，提前赎回收益率为 YTC，以赎回价格代替面值，计息期数为 10，代入式（4-4），则 YTC 满足下式：

$$1\,000 = \sum_{t=1}^{10} \frac{1\,000 \times 12\%}{2}\left(\frac{1}{1 + YTC/2}\right)^t + 1\,120\left(\frac{1}{1 + YTC/2}\right)^{10}$$

则：

$$YTC = 13.75\%$$

也就是说，如果发行人 5 年后以 1 120 元赎回债券，当前以 1 000 元买进债券的期望报酬率为 13.75%。

初看起来，YTC 高于 YTM，提前赎回条款似乎对投资者更有利。实际并

---

① 赎回价格一般为债券面值加上一年的利息。

非如此。这是因为，13.75% 的回报率仅限于 5 年的投资期限，假定 5 年后市场利率为 8%，债券以 1 120 元赎回，投资者将收到的 1 120 元按 8% 的利率再投资，每半年获得利息 44.80 元（1 120×4%），第 20 年收到本金 1 120 元。其现金流如图 4-4。

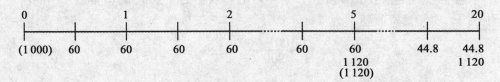

图 4-4　可赎回债券再投资现金流

假定预期收益率为 R，则 R 满足下式：

$$1\,000 = \sum_{t=1}^{10} \frac{1\,000 \times 12\%}{2}\left(\frac{1}{1+R/2}\right)^t + \sum_{t=11}^{40} 44.8\left(\frac{1}{1+R/2}\right)^t$$
$$+\ 1\,120\left(\frac{1}{1+R/2}\right)^{40}$$

采用试差法计算，$R = 10.5\%$。

如果债券 5 年后赎回，投资者在整个持有期（20 年）内的收益率将由 12% 下降到 10.5%。可见，市场利率的变化将使债券发行人行使其选择权，从而增大债券持有人的风险。

由于持有可赎回债券的风险更大，其他条件相同的情况下，可赎回债券价值较低。在前面的例子中，我们知道市场利率（即债券的必要报酬率）为 12%，要使可赎回债券的投资回报率达到 12%，债券价格必然低于 1 000 元。假定债券在第 5 年赎回，则债券价值为：

$$\sum_{t=1}^{10} \frac{1\,000 \times 12\%}{2}\left(\frac{1}{1+0.12/2}\right)^t + \sum_{t=11}^{40} 44.8\left(\frac{1}{1+0.12/2}\right)^t$$
$$+\ 1\,120\left(\frac{1}{1+0.12/2}\right)^{40}$$
$$= 60 \times A_{0.06}^{10} + 44.8 \times A_{0.06}^{40} \times P_{0.06}^{10} + 1\,120 \times P_{0.06}^{40}$$
$$= 60 \times 7.360\,1 + 44.8 \times 15.046\,3 \times 0.558\,4 + 1\,120 \times 0.097\,2$$
$$= 926.9(元)$$

因此，可赎回债券价值低于不可赎回债券的价值，二者之间的差异即为赎回选择权的价值。

第四节 股票定价

股票价值可以从不同角度来理解。从会计学的角度，股票价值是企业全部有形和无形资产的价值扣除企业全部债务后的剩余部分。从企业持续经营的角度，股票价值在于企业具有在未来盈利、并为股东带来股利收益的能力。现在我们首先考虑企业持续经营的条件下的股票定价。

一、优先股定价

与债券一样，优先股票的价值也来源于与之相伴的股息收入。优先股股息的特点是：股息固定、定期支付，这一点与固定利率债券相同，不同之处在于优先股没有到期日，期限为无穷大。因此，只要企业正常生产经营，优先股股利就构成一笔永续年金，即 $CF_1 = CF_2 = \cdots = CF_n = D$，$n = \infty$，代入式 (4-1)，则优先股价值为：

$$P_0 = \sum_{t=1}^{\infty} \frac{D}{(1 + R_p)^t} = \frac{D}{R_p} \qquad (4-5)$$

式中：P_0——优先股价值；

$\quad\quad D$——优先股股利；

$\quad\quad R_p$——优先股必要报酬率。

例 4.7，某优先股年支付股利 3 元，股东要求的必要报酬率为 10%，则该优先股的价格为：

$$\frac{3}{10\%} = 30 \text{（元）}$$

如果优先股股利不是按年支付，而是每半年或每季度支付一次，计算结果仍然一样。假定本例中，股利每季度支付一次，每次股利为 0.75 元（3÷4），相应地，每季度的必要报酬率也是年报酬率的 1/4，为 2.5%，优先股的价格仍然是 30 元（0.75÷2.5%）。

与前面计算债券的到期收益率很相似，在已知优先股价格的情况下，可以利用公式（4-5）来计算优先股的必要报酬率。在完善的资本市场中，证券的价格反映了证券的真实价值，且很容易从交易中获得。将公式（4-5）变形，优先股的必要报酬率为：

$$R_p = \frac{D}{P_0}$$

计算优先股的报酬率有利于投资者比较不同金融产品的投资收益率，进而调整资产组合。更重要的是,从公司理财的角度,投资者要求的必要报酬率就是公司的资金成本,不同投资方式的必要报酬率就是不同融资渠道的融资成本。掌握计算不同投资方式的必要报酬率的方法对后面章节讨论资本成本和融资结构具有重要意义。

例4.8,某优先股每季度支付股利0.2元,当前的股价为10元,问该优先股的必要报酬率是多少?

已知 $D = 0.2$,$P_0 = 10$,则每季度的必要报酬率为:

$$R_p = \frac{0.2}{10} = 2\%$$

换算成名义年利率为:

$$2\% \times 4 = 8\%$$

如果考虑资金的时间价值,则实际年利率为:

$$(1 + 2\%)^4 - 1 = 1.082 - 1 = 8.2\%$$

二、普通股估价

(一) 普通股定价的一般模型

由于普通股股息不确定,普通股定价比优先股定价更为复杂。假定投资者购入股票一段时间后就将股票卖掉,与之相应的现金收益包括两个部分:股利收入和未来的出售价格。根据折现现金流模型,股票当前的价格应该为:

$$P_0 = \frac{D_1}{1 + R_e} + \frac{D_2}{(1 + R_e)^2} + \cdots + \frac{P_n}{(1 + R_e)^n}$$

式中:D_1,$D_2 \cdots$ ——第1,2…期预期支付的股利;

　　　R_e ——股东的必要报酬率;

　　　P_n ——第n期期末出售股票的预期价格。

事实上,第n期期末出售股票时,下一个投资者也会基于同样的方法来确定股价 P_n,即 P_n 等于第n期以后的股利和未来的出售价格的现值之和。

$$P_n = \frac{D_{n+1}}{1 + R_e} + \frac{D_{n+2}}{(1 + R_e)^2} + \cdots + \frac{P_{n+m}}{(1 + R_e)^m}$$

依此类推,股票当前的价格实际上等于未来所有预期股利的现值之和,与投资者的持有期限和买卖行为没有关系。股票是没有期限的,所以,我们可以得到一个估算股票价值的一般公式:

$$P_0 = \frac{D_1}{1 + R_e} + \frac{D_2}{(1 + R_e)^2} + \frac{D_3}{(1 + R_e)^3} + \cdots$$

即:

$$P_0 = \sum_{t=1}^{\infty} \frac{D_t}{(1+R_e)^t} \tag{4-6}$$

因此，在企业持续经营的条件下，普通股的价值等于未来无限期的股利收入的现值之和。理论上讲，只要能够预测出股票未来各期的股利和股东的必要报酬率，就可以估算出股票价格。在实际应用上述公式时，需要注意以下两点：

（1）股票的期限问题。实践中，我们不可能也没有必要预测无穷多期的股利。这是因为，时间越长，股利对现值的贡献越小。比如，在必要报酬率为 10% 的情况下，40 年后 1 元股利对现值的贡献为 2 分钱，50 年后 1 元钱股利对现值的贡献为 0.85 分，还不到 1 分钱。因此，只需要根据实际情况，取一个相对合适的年限即可。

（2）每期股利的估算。普通股的股息将随企业的盈利状况等因素而变化，具有很大的不确定性，因此，普通股的价格比债券和优先股更困难一些，一般只能在一些简化的假设条件下求得近似的估计值。

我们知道股票价值由未来无限期的现金股利决定，那么，现金股利从何而来呢？现金股利可以来源于企业的经营利润，也可以来源于企业的新股发行，借入资金或出售机器厂房等生产设备的收入。显然，企业出售了生产设备便无法继续生产经营，一个没有盈利潜力的企业也不可能吸引新的投资者和债权人，因此，从长远来看，股票股利最终来源于企业的生产盈利。

但是，企业并不是将全部盈利都分配给股东，而是根据企业的盈利状况、再投资机会等因素，由董事会确定一个分配比率（即股利政策），将企业的一部分税后利润分配给股东，剩下的未分配利润（又称为留存收益）用于企业再投资。现金股利与盈利总额的比率称为股利支付率（Payout Ratio, PR），即：

$$股利支付率 = \frac{股利}{税后净利润} = \frac{每股股利}{每股盈利}$$

留存收益与盈利总额的比率称为留存收益率（Retention Ratio, RR）。留存收益率与股利支付率之间的关系为：

$$RR = 1 - PR$$

（二）股利固定增长的股票定价

1. 股利增长模型

在企业持续经营的条件下，假定上期股息刚好支付，下一期股息为 D_1，预期未来年份股息按照一个不变的比率 g 持续变化，直到永远，即，$D_{t+1} = D_t(1+g)$，$D_t = D_1(1+g)^{t-1}$；$t = 1, 2 \cdots$代入式（4-6），则：

$$P = \sum_{t=1}^{\infty} \frac{D_1(1+g)^{t-1}}{(1+R_e)^t} = \frac{D_1}{R_e - g} \qquad (5\text{-}7)$$

股利增长模型又称为戈登（Myron J. Gordon）模型。

读者可以自行证明，任何一个股息时点的股票价格均等于其下一期的股息与（$R_e - g$）的比值，即：

$$P_t = \frac{D_{t+1}}{R_e - g}$$

$$P_{t+1} = \frac{D_{t+2}}{R_e - g}$$

又因为： $\qquad\qquad D_{t+2} = D_{t+1} \times （1 + g）$

因此： $\qquad\qquad P_{t+1} = P_t \times （1 + g）$

即是说，当股利按照一个不变的比率 g 持续变化时，股票价格也按照相同比率持续变化。

例4.9，某普通股上期每股股利为1元，且刚好已经支付，必要报酬率为10%，预计股利每年增长2%，一直保持不变，问该股票的价值为多少？

已知上期股利 $D_0 = 1$ 元，则 $D_1 = 1 \times （1 + 2\%） = 1.02$（元）；$g = 2\%$，$R_e = 10\%$，代入式（4-7）得：

$$P_0 = \frac{1.02}{10\% - 2\%} = 12.75(\text{元})$$

对股利增长率 g 的几点说明：

（1）g 可以为正数或负数或0。当 $g > 0$ 时，说明股利不断增长，在其他条件相同的情况下，该股票能够带来更多的股利收益，股价持续上升；当 $g = 0$ 时，股利一直保持不变，此时股价确定与优先股股价确定相似，股价保持不变；当 $g < 0$ 时，预期获得的股利不断减少，股价因此逐年下降。

（2）g 一定小于股东的必要报酬率 R_e。从公式（4-7）可知，当 $g \geqslant R_e$ 时，股票价格要么为负，要么为无穷大，这是不合实际的。这是因为高增长的企业风险较高，相应的必要报酬率也高，因此，g 越大，R_e 也越高。许多企业在刚开始时可能以非常高的速度增长，股利的增长率可能大于必要报酬率 R_e，一段时间后就停下来或维持一个较低的增长速度，不可能永远高速发展，因此要注意区别某一期间内的股利和增长率。

2. 股利增长的来源

我们知道，股利是由公司盈利和股利政策决定的。在股利支付率保持不变的情况下，要使股利按照 g 的速度增加，公司盈利也必须按照 g 的速度增加。如果企业将所有盈利全部分配给股东，折旧资金用来弥补设备损耗，生产只是在原有基础上简单重复，此时企业的盈利水平将永远保持不变。企业要增加盈利就必须增加投资，如果不考虑金融市场的融资功能，增加的投资只能来源于企业的税后未分配利润（留存收益），即：

$$E_{t+1} = E_t + RE \times ROE$$

式中：E_{t+1}、E_t——分别为第 $t+1$、t 年的税后总利润；

RE——第 t 年的留存收益总额；

ROE——留存收益再投资回报率。

将上式变形为：

$$\frac{E_{t+1}}{E_t} = 1 + \frac{RE \times ROE}{E_t}$$

其中 $\frac{RE}{E_t}$ 为留存收益率 RR。

如果股利政策不变，即每年的股利支付率 PR 不变，那么：

$$g = \frac{E_{t+1} \times PR - E_t \times PR}{E_t \times PR} = \frac{E_{t+1} - E_t}{E_t}$$

即：

$$\frac{E_{t+1}}{E_t} = 1 + g$$

代入上式中得：

$$g = RR \times ROE \tag{4-8}$$

可见，股利增长率 g 等于留存收益率与留存收益再投资回报率的乘积。增加的盈利不仅取决于留存收益的多少，还取决于留存收益的投资效率。我们知道，企业股利政策决定如何分配企业的税后利润，即多少盈利作为股息分配给股东，多少盈利作为留存收益用于企业再投资，因此，股利增长率是公司股利政策和再投资效益的综合反映。

尽管股利增长率 g 与公司的留存收益率成正比关系，但并不是说，留存收益率越高对公司股价就越有利。比如，由于投资失误或项目本身收益率很低，致使投资得不偿失，公司价值必然会降低。

在公式 $P_0 = \dfrac{D_1}{R_e - g}$ 中，已知，$D_1 = E_0 \times PR$，$g = RR \times ROE$，代入式中，即：

$$P_0 = \frac{E_0 \times PR}{R_e - RR \times ROE}$$

假如预期某公司下一期的每股盈利为 1 元，股权的必要报酬率为 15%。现在我们考虑以下四种情形下的股票价格：

（1）企业将所有的盈利全部分配给股东，不扩大生产规模，每年盈利保持不变，每股盈利均为 1 元，即 $E_0=1$，$PR=1$，$RR=1-PR=0$，此时股票价格为：

$$P_0=\frac{1\times 1}{0.15-0\times ROE}=6.67（元）$$

（2）企业将盈利的一半分配给股东，另一半投资到新的生产项目，新项目投资回报率为 15%，此时，$E_0=1$，$PR=0.5$，$RR=1-PR=0.5$，代入式(4-7)得股票价格为：

$$P_0=\frac{1\times 0.5}{0.15-0.5\times 0.15}=6.67（元）$$

企业虽然扩大生产规模，股票价格仍然保持不变。

（3）其他条件与（2）相同，但新项目投资回报率上升为 20%，此时股票价格为：

$$P_0=\frac{1\times 0.5}{0.15-0.5\times 0.2}=10（元）$$

（4）其他条件与（2）相同，但新项目投资回报率下降为 10%，此时股票价格为：

$$P_0=\frac{1\times 0.5}{0.15-0.5\times 0.1}=5（元）$$

由此可见，增加企业留存收益并不必然地增加股票价值，只有当留存收益的投资回报率高于股权的必要报酬率时，股票价格上升；反之，如果留存收益的投资回报率低于股权的必要报酬率，股票价格下降。这也说明，尽管企业可以通过增加留存收益来扩大生产规模，但是，只有当投资回报率高于股权的必要报酬率时，股东才能从中受益。

根据第二章的内含报酬率法，当项目的投资回报率高于股权的必要报酬率时，项目净现值为正。这也说明，如果企业的目标是使股东价值最大化，那么，制定股利政策的重要准则就是企业是否有净现值为正的投资项目。如果有，企业应该首先将盈利进行投资以增加股东的未来收益，如果投资后还有剩余，再分配现金股利。

3. 股票的预期报酬率

如果股票市场是完善的，股票价格是股票价值的真实反映，且可以随时获得，利用式（4-7），可以很容易求得股票的预期报酬率，即：

$$R_e=\frac{D_1}{P_0}+g \qquad (4-9)$$

股票的预期报酬率由两部分组成：（1）下期股利与当前股票价格之比 D_1/P_0，D_1/P_0 又称为股利收益率；（2）股利增长率 g。注意，这里 D_1/P_0 虽然有下标，但股利和股票价格均按相同比率 g 增长，因此，任何时期的股利收益率均保持不变。

假定投资者当前以 P_0 价格购入股票，持有到下期，以 P_1 价格出售，期间获得股息收入 D_1，则投资收益率为：

$$R_e = \frac{D_1 + (P_1 - P_0)}{P_0} = \frac{D_1}{P_0} + \frac{P_1 - P_0}{P_0}$$

式中，$\dfrac{D_1}{P_0}$ 为股利收益率，$\dfrac{P_1 - P_0}{P_0}$ 是由于股票价格上涨而获得的收益，称为资本利得。在完善的资本市场，股东的实际投资收益率与预期报酬率相等，对比以上两式可以看出，股票的资本利得等于股利增长率。

（三）股利不规则增长的股票定价

在股利固定增长模型中，我们假定，股利从现在起永远以固定不变的比率变化。对绝大多数企业而言，情况并非如此。一方面，受行业生命周期影响，企业在刚开始时可能以非常高的速度增长，经过一段时间后企业进入成熟期，只能维持一个较低的增长速度或停滞不前，盈利和股利都不可能达到成长期的水平；另一方面，企业在高速发展过程中，需要大规模投资，此时所有的留存收益都用于投资，没有股利分配，如包括微软公司在内的许多高新技术企业，在企业初创时期的很多年内都没有股利分配。因此，企业在不同期间内的股利增长速度并非一致的。

股利不规则增长模型将股票的存续期按照股利的变化情况分为两个或两个以上时期，且最后一阶段的股利增长率永远保持不变，分别计算每个阶段股利的现值，各阶段股利现值之和就是股票的价值。

假定企业当前股利为 D_0，预计现在和将来股利将不规则增长，经过 t 年以后，股利以 g 的速度持续增长，根据公式（4-7），第 t 年的股票价格为：

$$P_t = \frac{D_{t+1}}{R_e - g} = \frac{D_t (1 + g)}{R_e - g}$$

当前的股票价格为：

$$P_0 = \frac{D_1}{1 + R_e} + \frac{D_2}{(1 + R_e)^2} + \frac{D_3}{(1 + R_e)^3} + \cdots$$

$$+ \frac{D_t}{(1 + R_e)^t} + \frac{D_t (1 + g)}{(1 + R_e)^t (R_e - g)} \tag{4-10}$$

假定企业当前股利为 D_0，现在和将来以 g_1 的速度高速增长，经过 t 年以后，股利以 g_2 的速度一直增长。根据式（4-10），当前股票的价格为：

$$P_0 = \sum_{t=1}^{t} \frac{D_0(1 + g_1)^t}{(1 + R_e)^t} + \frac{D_0(1 + g_1)^{t+1}}{(1 + R_e)^t (R_e - g_2)}$$

该模型的逻辑在于，根据资金的时间价值，时间越长，股利对股票现值的贡献越小，因此，该模型尽可能准确地估算近期股利，对未来时间长、不易估计的股利则笼统地假定一个固定不变的增长率。

（四）市盈率（P/E）模型

市盈率（P/E）是指在一个考察期（通常为 12 个月的时间）内，股票价格和每股收益的比例，即投资者愿意为单位股利收益而支付的价格。股票市盈率通常根据上市公司的历史数据求得。

$$P/E = \frac{P}{E} \qquad\qquad (4\text{-}11)$$

式中：P——每股价格；

E——每股收益。

比如，A 公司当前每股收益为 1 元，市盈率为 10，说明投资者愿意为当前股利收益 1 元的股票而支付 10 元的价格。

股票市盈率反映了公司的盈利潜力、增长性和股票的风险性。由股利增长模型式（4-7）可知：

$$P = \frac{D_1}{R_e - g} = \frac{E \times PR}{R_e - RR \times ROE}$$

将公式变形，即：

$$\frac{P}{E} = \frac{PR}{R_e - RR \times ROE}$$

其中，PR 为股利支付率，RR 为留存收益率，ROE 为留存收益的期望报酬率。如果公司的股利支付率和股权的期望报酬率保持不变，市盈率越高，留存收益率 ROE 就越高，说明未来投资的期望报酬率越高，公司具有较好的盈利能力和成长性。

投资者可以利用市盈率 P/E 来估算股票（特别是没有公开上市股票）的投资价值，或者用该指标在不同公司的股票之间进行比较。比如，已知某公司的市盈率为 15，本年度的每股收益为 2 元，则公司的股票价值为：

$$P = (P/E) \times E = 15 \times 2 = 30(\text{元})$$

又比如，有 A、B 股票，每股收益均为 2 元，A 股价格为 20 元，B 股价格为 30 元，二者市盈率分别为 10 和 15。一方面，说明 B 股票更具有成长性和投资潜力。当一家公司增长迅速以及未来的业绩增长非常看好时，高市盈率可能恰好准确地估量了该公司的价值。另一方面也说明 B 股票风险更高。一般认为，如果一家公司股票的市盈率过高，那么该股票的价格可能有泡沫，价值被高估。

需要注意的是，利用市盈率比较不同股票的投资价值时，这些股票必须属于同一个行业，因为此时公司的每股收益和市盈率比较接近，相互比较才有效。一般来讲，同一行业的企业，其市盈率大致相同，不同行业的市盈率却大不一样。比如，电子、IT 等高新技术行业的市盈率普遍高于汽车、钢铁等传统行业。

用市盈率来衡量一家公司股票的价值具有一定的局限性。这是因为市盈率是通过公司的历史数据计算而得，并不完全代表公司未来的投资潜力，同时，市盈率是各年市盈率的平均值，而各年市盈率并不相同，以平均值代替样本个体，必然存在偏差。

（五）股票的账面价值与清算价值

前面我们介绍了企业持续经营情况下估计股票价值的方法。如果企业即将关闭或被清算，其资产不能在未来为股东带来任何经济收益，这时股票的价值可以用账面价值或清算价值来衡量。所谓账面价值就是资产负债表上总资产与总负债的差额，显然：

$$每股股票的账面价值 = \frac{资产总额 - 负债总额}{发行在外的股票总数} \qquad (4\text{-}12)$$

由于资产负债表上记载的是各项资产负债的历史成本，不能反映资产当前的实际价值。因此，实践中经常采用清算价值来计算股票账面价值。清算价值与账面价值的根本区别在于，清算价值是基于资产和负债的市场价值，也就是当前能够在市场上公开出售的价格，而不是资产的账面价值。因而清算价值比账面价值更加可靠。

由于账面价值和清算价值都没有考虑资产在未来盈利的可能性，因此，对于正常生产经营的企业，不能采用这种方法来衡量其股票价值。

【本章小结】

债券和股票是公司融资的两种主要方式。股票是企业为筹集自有资金而发行的一种所有权证券。股票分为普通股和优先股两种。普通股股利不固定，无限期，股东享有公司盈利和财产分配权、剩余索取权、优先认购新股权、投票表决权等。优先股股东享有股利分配和剩余财产分配的优先权。债券是债券发行人依照法定程序发行的，约定在一定期限内还本付息的有价证券，体现了债券持有人和发行人之间的债权债务关系。

1. 折现现金流模型是估算基础债券价值的一般模型。在折现现金流模型中，资产的价值等于该资产未来预期现金流量的现值之和，用公式表示为：

$$V_0 = \frac{CF_1}{(1 + R_1)^1} + \frac{CF_2}{(1 + R_2)^2} + \cdots + \frac{CF_n}{(1 + R_n)^n}$$

$$= \sum_{t=1}^{n} \frac{CF_t}{(1 + R_t)^t}$$

2. 债券具有现金流事先确定的特点。贴现债券在到期前不支付利息，在到期日按债券面值偿还投资者。贴现债券的价值为：

$$V = \frac{F}{(1 + R)^n}$$

一般债券在发行后定期支付数额固定的利息，并在到期日按债券面值偿还本金。一般债券的价值为：

$$V = \frac{C}{1 + R} + \frac{C}{(1 + R)^2} + \cdots + \frac{C + F}{(1 + R)^n}$$

$$= \sum_{t=1}^{n} \frac{C}{(1 + R)^t} + \frac{F}{(1 + R)^n}$$

债券价格会随市场利率变化而反向变化，利率上升，债券价格下降；反之，利率下降，债券价格上升。利率变化给投资者带来收益或损失的可能性，称为利率风险。短期债券的利率风险小于长期债券。

衡量债券投资收益最常用的指标是到期收益率，它是指投资者购买债券并持有到期的预期收益率，数值上等于使债券价格等于债券未来现金流现值之和的年利率。对于可提前赎回债券，应该采用提前赎回收益率来衡量债券的收益率。

3. 从企业持续经营的角度来看，股票价值在于企业具有在未来盈利的能力。优先股股息固定，定期支付，构成一笔永续年金。优先股价值为：

$$P_0 = \frac{D}{R_p}$$

普通股票的价值等于未来所有预期股利的现值之和，与投资者的持有期限和买卖行为没有关系。当预期未来股息按照一个不变的比率 g 持续变化时，则股票价值为：

$$P = \frac{D_1}{R_e - g}$$

如果股利不规则增长，则当前的股票价格为：

$$P_0 = \frac{D_1}{1 + R_e} + \frac{D_2}{(1 + R_e)^2} + \frac{D_3}{(1 + R_e)^3} + \cdots$$

$$+ \frac{D_t}{(1 + R_e)^t} + \frac{D_t \, (1 + g)}{(1 + R_e)^t \, (R_e - g)}$$

股利来源于企业盈利，股利增长来源于留存收益，股利增长率是公司股利政策和再投资效益的综合反映。只有当留存收益的投资回报率高于股权的必要报酬率时，才能增加股票价值。

市盈率（P/E）是指投资者愿意为单位股利收益而支付的价格，反映了公司的盈利潜力、增长性和股票的风险性。市盈率可用来估算或者比较股票的投资价值。

【思考与练习】

1. 债券和股票各有什么特点？二者有什么不同？这对公司理财有什么影响？

2. 在其他因素相同的条件下，比较短期债券和长期债券的利率风险，阐述为什么如此。

3. 市场利率上升对长期债券和股票价格各有什么影响？

4. 某公司溢价发行面值为 1 000 元的债券，发行价格为 1 200 元，票面利率为 8%，债券期限为 20 年，问该债券的投资收益率是多少？

5. 现有 A、B 两种债券，面值均为 1 000 元，票面利率均为 9%，期限分别为 10 年和 20 年，计算：

（1）如果市场利率为 10%，A、B 两种债券的价格分别是多少？

（2）如果市场利率上升为 11%，A、B 两种债券的价格分别是多少？

（3）如果市场利率下降为 6%，A、B 两种债券的价格分别是多少？

6. 预计某股票下年度支付股利 1 元/股，且股利每年增长 2%，该股票的必要报酬率为 12%，试求：（1）该股票当前的价格；（2）5 年后该股票的价格。

7. 假如当前以每股 15 元的价格买下某股票，预计未来三年的股利收入分别为 0.6 元/股、0.8 元/股和 1.0 元/股，且在第三年收到股利后将股票卖出，如果投资者要求的回报率为 10%，问卖出价为多少？

8. 高科技股份公司正处于高速发展阶段，预计公司前三年将不分配股利，第四年分配股利 1 元，随后 5 年中，股利每年增长 10%，之后股利按 2% 的速度一直增长下去，问当前该公司的股价应该是多少？

9. 一股份公司现有 500 万股票发行在外，当前股票的价格为 20 元。根据刚公开的年报，公司去年盈利 1 000 万元，股利支付率为 40%，留存收益再投资回报率为 10%。假定公司股利政策和再投资回报率保持不变，问该股票的投资回报率是多少？

10. 一钢铁企业现打算上市发行 1 000 万股股票，公司去年共盈利 800 万元，根据历史数据，已知同类钢铁公司的市盈率为 15，试估计该公司股票的发行价格。

第五章 资本预算

【学习目标】

本章主要介绍了利用净现值法进行资本预算的具体步骤和方法。学生应重点掌握确定项目现金流量和资本成本的原则和方法；在此基础上，能够对不同类型的投资项目进行资本预算，并对资本预算进行风险分析；理解通货膨胀这种常见的经济现象对资本预算的影响。

资本预算是企业为了增加企业价值，进行比较和选择长期资本投资项目的过程。只有当投资项目具有正的净现值时，即，在考虑了资金的时间价值和项目风险的情况下，项目的收益大于成本，这样的项目才具有投资价值。因此，资本预算本质上就是通过确定投资项目的收益和成本，从而进行投资决策的过程。

资本预算的步骤主要包括：

1．估算投资项目在建设、生产和终结时期的预期现金流；

2．根据投资项目的风险水平确定项目的资本成本；

3．采用净现值法，决定接受或拒绝投资项目。

本章将按照资本预算的步骤，详细介绍项目资本预算的具体方法。第一节和第二节分别介绍项目现金流量和资本成本的确定方法。考虑到通货膨胀是一种常见的经济现象，第三节重点阐述通货膨胀与资本预算的关系。第四节采用具体实例来说明如何对不同的资本项目进行资本预算。最后，为了能够理解投资项目对外部条件变化的承受能力，在第五节里，我们进一步对资本预算进行风险分析。

第一节 现金流量的估算

大部分投资评估指标都是以现金流量为基础的，因此，正确估算投资项目的现金流量是资本预算的前提和关键。

一、现金流量的含义和构成

现金流量是指投资项目从筹建、设计、施工、正式投产使用直至报废（或中途转让）为止的整个期间内形成的税后现金流入量和现金流出量。注意这里的"现金"是广义的现金，不仅包括各种货币资金，还包括企业投入项目的现有非货币资源的变现价值（或重置成本）。

按照投资项目现金流发生的时间顺序，现金流量包括初始现金流、经营现金流和终结现金流三个部分。

1. 初始现金流量

初始现金流量是指项目开始投资到正式投产之前所发生的现金流量的，一般包括：

（1）固定资产投资，如厂房、设备等固定资产的建造、购置成本以及运输和安装成本；

（2）流动资产投资，包括在原材料、产成品和其他流动资产上的投资；

（3）其他投资费用，指与投资项目有关的人员培训费、注册费和固定资产更新时原有固定资产的变价收入等。

初始现金流量一般为现金流出量。

2. 经营现金流量

经营现金流量是指项目正式投产后，在生产年限内，生产经营所发生的现金流入量与现金流出量。这一阶段的现金流入是指项目投产后每年的营业现金收入；现金流出是指为制造和销售产品所发生的现金支出（成本）、应交纳的税金以及为适应生产规模的变化而在流动资产上增加的投入。每年的净营业现金流等于现金流入量与现金流出量之间的差额。经营现金流一般为现金流入。

3. 终结现金流

终结现金流是指项目终止时所发生的现金流量，主要包括固定资产的税后残值收入或变价收入和回收的流动资产投资。

二、现金流量的估算

现金流量的估算对资本预算至关重要，但是，由于投资项目的期限较长，加上项目建设、生产和终止过程中还将面临各种不确定因素，所以，对投资项目现金流量的估算并不容易。为避免或减少我们预测现金流量的失误，在现金流量估算中要注意以下几个问题。

（一）现金流量与会计利润

1. 现金流量与会计利润的联系

现金流量与会计利润既相区别又相联系。会计利润按照权责发生制计算收入和成本，并以收入减去会计成本后的利润作为收益，用来评价企业的经济效益。即：

$$会计收益 = 现金收入 - 会计成本$$
$$= 现金收入 - （付现成本 + 非付现成本）$$

而现金流量是按照收付实现制来确定现金收入、现金支出和净现金流量的，因此：

$$现金流量 = 现金收入 - 付现成本$$
$$= 会计收益 + 非付现成本$$

现金流量与会计收益的差异在于非付现项目。非付现项目包括折旧，无形资产（如专利、商誉等）的摊销等，其中最主要的是固定资产的折旧。

2. 现金流量与会计利润的比较

在资本预算中，主要是依据的现金流量来评价投资项目的经济效益。这是因为：

（1）采用现金流量有利于考虑资金的时间价值，使投资决策更科学合理。资金具有时间价值，投资项目在不同时点收入或支出的现金价值不同。因此，在评估投资方案时，应根据项目经济寿命期内各年的现金流量，并结合资金的时间价值来确定。相反，利润是以权责发生制为基础的，没有考虑资金收付的时间。

（2）会计收益的计量带有一定的主观随意性。会计上对同一种业务的处理可能存在多种方法，如存货计价方法、固定资产折旧方法以及费用摊配等，没有一个统一的方法。使用不同会计方法处理同一种业务，其会计收益结果亦不相同。因此，净利润的计算比现金流量的计算具有更大的主观性和随意性。

（3）使用现金流量作为投资项目决策的基础更客观科学。在投资决策分析中，现金流量的状况比盈亏状况更重要。利润反映的是某一会计期间"应计"的、而非实际收到的现金，如果将没有收到或有可能收不到的现金收入计为收益，具有较大风险，容易高估投资项目的经济效益。同时，在企业经营中，现金比利润更为重要。有利润的企业不一定能够产生多余的现金来进行其他项目的再投资，也不一定有足够的现金来维持一个项目的日常支付。只有将现金收回后，才能用来再投资。现金一旦支出，不管是否消耗，便不能用于其他目的。

（4）虽然现金和利润的确认原则不同，但在项目的整个经济寿命期内，项目的现金净流量总和与利润总和相等。

（二）增量现金流

1．增量现金流的概念

所谓增量现金流是指由于采纳某个投资方案所引起的企业总现金流量发生变动的部分。投资项目的现金流量是指增量现金流，而不是总的现金流，也就是说，某个投资项目的现金流入是指由于采纳该投资项目而增加的现金流入量，同理，项目的现金流出是指该项目引起的现金流出的增加额。

2．在估算投资项目的增量现金流时，应该注意以下几个问题

（1）沉没成本不是增量现金流。沉没成本是指那些由于过去的决策所引起的已经发生的成本。沉没成本是已经支付的成本，并不因接受或拒绝某个项目而发生改变。比如，某制药企业打算生产一种新药，过去三年中已经投入 20 万元用于研制开发这种新药。这 20 万元研发费用已经花出去了，不管企业是否投资生产，对项目未来的现金流量都没有直接影响，因此，这 20 万元研发费用是沉没成本，不应该计入新药项目的投资分析。

但如果投资项目需要使用企业投资前控制的资产，这些资产虽属于沉没成本，但其残值或变现价值将与投资分析有关。例如，实施某投资项目，需要变卖旧资产，资产的账面价值和处理收入的差额形成资本利得或资本损失将影响公司的所得税支出。

（2）机会成本是增量现金流。在投资决策中，如果选择了最佳投资方案，必然放弃投资于其他项目的机会，其中投资于次优项目的收益就是实施最佳投资方案的代价，又称为这项投资方案的机会成本。

由于企业拥有的经济资源有限，只有把已失去的"机会"可能产生的收益也考虑进去，才能对采纳的最优方案的经济效益作出全面、准确的评价。比如，企业利用闲置的土地建造新厂房，扩大生产，实施这一项目就使这块土地失去了其他利用机会，如出售或出租为停车场，则预计的租金收入或出售后的税后净收入就是利用该地扩大生产项目的机会成本。只有在项目结束时，这块地才可以出租、出售或闲置，从而发生真正的现金流入或流出。可见机会成本不是一种实际发生的支出或费用，而是失去的潜在收益。机会成本总是针对具体的投资方案，离开了被放弃的方案就无法确定机会成本的大小。

（3）对净营运资金和企业其他方面的影响。一般而言，企业投资于一个新的项目，其生产规模会有所扩大，企业对存货、应收账款等流动资产的需求也会增加，相应地，企业的应付账款、应付费用等流动负债也会同时增加。流动资产和流动负债之间的差额称为净营运资金。通常，在项目开始时，企业增加对流动资产的投资，净营运资金增加；当项目终止时，企业将与项目有关的存货处理、出售，应收账款变为现金，应付账款和应付费用也随之偿付，净营运

资金恢复到原有水平。在资本预算分析中，一般假定，项目开始时投入的净营运资金在项目结束时全部收回。

此外，企业在投资决策时，还必须综合考虑投资方案对本企业其他项目、其他部门现金流的影响。如果新项目生产的产品或提供的服务与企业现有的产品或服务功能互补，新项目的实施将增加现有产品或服务为公司带来的现金流；相反，如果新项目生产的产品与现有产品互为替代品，则新项目的实施将挤占现有产品的市场份额，减少现有产品或服务为公司带来的现金流。尽管项目之间的这些交叉影响在实际工作中很难计量，但在作投资决策时不可忽略。

三、税收对现金流量的影响

（一）企业所得税

由于投资决策分析使用的现金流量为税后现金流量，所以我们必须讨论所得税对现金流量的影响。

所得税是企业作为一个整体依法向国家无偿交纳一部分经营收益的义务。所得税的大小取决于整个企业的应税收益和所得税率。企业的应税收益为每一纳税年度的收入总额减去准予扣除项目后的余额。我国税法规定，纳税人的收入总额包括生产、经营收入，财产转让收入，利息收入，租赁收入，特许权使用费收入，股息收入和其他收入。计算应纳税所得额时准予扣除的项目，是指与纳税人取得收入有关的成本、费用和损失。但是，资本性支出，无形资产受让、开发支出以及与取得收入无关的其他各项支出不得在计算应纳税所得额时扣除。可见，应税收益与企业的会计利润密切相关。如果企业发生亏损，则不交纳所得税。在投资决策分析中，一般假定企业整体获利并有所得税支出发生，这样，如果项目在某些年度发生经营性亏损，可以冲抵部分应税收益。

在我国，企业所得税实行 33% 的比例税率，但为了照顾微利企业和小型企业，年应纳税所得额不超过 3 万元的，所得税率为 18%，年应纳税所得额大于 3 万元小于 10 万元的，所得税率为 27%。由于不同应纳税所得额对应的所得税率不同，投资项目对企业应纳税所得额的影响就不能以企业原来的税率来计算，而必须以增加的应纳税所得对应的税率（又称边际所得税率）来计算。

在有税收的条件下，预算项目将改变整个企业的收入、成本，从而影响企业的所得税支出。所得税支出的变化也是预算项目现金流量的一部分，因此，资本预算项目的现金流量不仅取决于项目直接带来的现金流入和现金流出，还与项目所引起的企业所得税变化有关。

（二）税收对资本预算项目现金流的影响

1. 初始资本支出

厂房、设备等固定资产的建造、购置以及运输和安装属于资本性支出，假定这些支出均发生在期初（$t=0$ 时刻）。各国税法规定，资本性支出成本在随后的使用中逐年摊销。$t=0$ 时刻，没有发生摊销，税收对初始投资支出没有影响。

2. 经营收入和成本

经营收入是应税科目，收入增加意味着应税收益和应纳税金也相应增加。假如现金收入增加 F，边际税率为 T，则应纳税金将增加 FT，税后现金流增加量为 $F-FT$，即 F（$1-T$）。

同理，会计成本是应税收益的扣减项目，成本增加一方面意味着现金收入减少，另一方面又使应纳税金也相应减少。假如付现成本增加 C，边际税率为 T，则应纳税金将减少 CT，则税后现金流减少量为 $-C+CT$，即 $-C$（$1-T$）。

3. 营运资本

当项目被采纳时，企业的净营运资本会发生变化。一般项目开始时，净营运资本增加，在资本预算时表现为现金流出；在生产过程中，净营运资本可能随着生产规模的变化而变化，相应地发生现金流入或流出；项目结束时，营运资本全部变现，形成现金流入。

由于净营运资本等于流动资产与流动负债之差，而流动资产和流动负债都与企业经营活动有关，已经计入相关的应税收益、成本科目，所以，营运资本的增加或减少都不影响税款，税后现金流与税前现金流相同。

4. 资产处理

资本预算中，无论在投资期初、期中或投资终结时，都有可能要处理旧设备。如果变卖旧资产的市场价值（资产残值）与其账面价值不相同，将造成企业的营业外收益或损失，从而对项目的现金流量产生影响。如果处理旧资产的现金收入大于其账面价值，二者的差额视为营业外收益，增加企业的总利润；相反，如果资产残值收入小于其账面价值，二者的差额视为营业外支出，冲减企业的总利润。企业总利润的变化，将影响企业的所得税支出。

当被处理资产的残值小于资产的原始价值时，应交所得税为：

$$T_X = （V - V_B）\times T$$

处理资产的现金流量为：

$$V - T_X$$

式中：T_X——应交所得税；

V——资产残值；

V_B——被处理资产的账面价值；

T——所得税率。

当处理资产的现金收入大于其账面价值（$V > V_B$）时，T_X 为正，企业所得税增加，处理资产的现金流小于实际现金收入；相反，如果资产残值收入小于其账面价值，企业所得税减少，处理资产的现金流大于实际现金收入。

例 5.1，实业公司计划投资 800 万元购买一条生产线生产农用工具，该生产线经济寿命为 10 年，采用直线折旧法折旧，期末无残值，企业边际所得税率为 33%。假如该生产线在第 5 年末因为技术更新而淘汰，此时，该生产线的账面价值为 400 万元（$800 - \dfrac{800}{10} \times 5$）。当市场售价分别为 100、400、600、900 万元时，处理资产的现金流量如表 5-1。

表 5-1 　　　　　　　实业公司处理生产线的现金流量示例表 　　　　　单位：万元

生产线原值 (1)	账面价值 (2)	市场价值 (3)	现金流量 (3)－[(3)－(2)]×0.33
800	400	100	199
800	400	400	400
800	400	600	534
800	400	900	735①

① 当处理资产的残值大于资产的原始价值时，资产售价与账面价值的差额部分要视具体情况纳税。对此，不同国家的规定亦不相同，目前我国税法对此没有作明确的规定。美国的做法是：

首先计算出市场售价与账面价值的差额 500 万元（900－400）；

第二步将这一差额分解为经营收益和资本利得两部分，其中：

资本利得＝市场售价－原始价值

　　　　＝900－800

　　　　＝100（万元）

经营收益＝（市场售价－账面价值）－资本利得

　　　　＝（900－400）－100

　　　　＝400（万元）

最后，分别按经营所得税率和资本利得税率对经营所得和资本利得纳税。

加拿大的做法是将资本利得的一半加到应税收益中。即应税收益为：$400 + 100 \times 0.5 = 450$ 万元，则现金流量为：$900 - 450 \times 0.33 = 752$ 万元。

四、折旧与税收

(一) 折旧税收挡板

折旧是指固定资产在使用过程中,逐渐损耗而消失的那部分价值,并在固定资产的有效使用年限内进行分摊,形成折旧费用,计入各期的成本。但是折旧费是一项非现金费用,没有实际的现金流出,不会减少现金的流入量,因此,计算现金流量时需要在利润的基础上加上折旧。

例如,某项目预计在某一年的现金收入为 F,现金支出为 C,固定资产折旧为 D,税前利润为 $F-C-D$。如果没有所得税,那么,该项目在该年度的现金流量为 $F-C$,与折旧无关。

在有所得税的情况下,由于企业净利润增加了 $F-C-D$,企业要对增加的利润部分缴纳所得税,假定边际所得税税率为 T,则企业因此交纳的所得税为:$(F-C-D) \times T$。项目在这一年为企业带来的净现金收入为:

$$F-C-(F-C-D) \times T$$

将上式进行变形,则项目的现金流为:

$$\begin{aligned} CF &= F-C-(F-C-D) \times T \\ &= (F-C) \times (1-T) + D \times T \\ &= (F-C-D) \times (1-T) + D \end{aligned} \tag{5-1}$$

由于折旧降低了企业应纳税收入和应交所得税,从而产生避税的作用,因此,通常将式中的 $D \times T$ 称为折旧税蔽或折旧的税收挡板。

可以看出,项目现金流量等于税后利润 $(F-C-D) \times (1-T)$ 与折旧之和,同时等于税后净现金收入 $(F-C) \times (1-T)$ 与折旧税蔽之和。在其他因素不变的条件下,折旧额越大,项目的现金流量也越大,因此,如何计算折旧对预算项目现金流量的估算就显得十分重要。

(二) 计算折旧的方法

会计上计算折旧的方法有很多,有平均年限法、工作量法、双倍余额递减法和年数总和法等。

(1) 平均年限法又称直线折旧法,是将固定资产在有效使用年限内平均分摊形成折旧的方法。计算公式为:

$$年折旧额 = \frac{固定资产原值 - 预计残值}{预计折旧年限}$$

(2) 工作量法是根据实际工作量计提折旧额的一种方法,计算公式为:

$$年折旧额 = \frac{固定资产原值 - 预计残值}{固定资产的总工作时数或产品总量}$$

×当年工作时数或实际的生产量

（3）双倍余额递减法是在不考虑固定资产预计残值的情况下，将固定资产的年初账面余额（原值减累计折旧）乘以一个固定不变的百分率的折旧方法。

$$年折旧率 = \frac{2}{预计折旧年限} \times 100\%$$

$$年折旧额 = 固定资产年初账面余额 \times 年折旧率$$

（4）年数总和法是指用固定资产原值减去预计净残值后的净额，乘以一个逐年递减的折旧率来计算每年折旧的方法。折旧率的分子为某年年初固定资产尚可使用的年数，分母为该固定资产每年预计使用年数的总和。

固定资产每年预计使用年数的总和 = 预计折旧年数 + … + 2 + 1，利用等差数列的求和公式，可以计算出：

$$每年预计使用年数的总和 = \frac{预计折旧年数 \times （1 + 预计折旧年数）}{2}$$

$$年折旧率 = \frac{预计折旧年数 - 已使用年数}{预计折旧年数 \times （1 + 预计折旧年数）\div 2} \times 100\%$$

$$年折旧额 = （固定资产原值 - 预计净残值）\times 年折旧率$$

比如，某固定资产预计折旧年限为6年，则第1，2，3，4，5，6年年初该资产尚可使用的年数分别为6，5，4，3，2，1年。该固定资产每年预计使用年数的总和为：

$$6 + 5 + 4 + 3 + 2 + 1 = \frac{6 \times （1 + 6）}{2}$$
$$= 21$$

则该资产第1，2，3，4，5，6年的年折旧率分别为：$\frac{6}{21}$，$\frac{5}{21}$，$\frac{4}{21}$，$\frac{3}{21}$，$\frac{2}{21}$，$\frac{1}{21}$。

双倍余额递减法和年数总和法都属于加速折旧法，即在规定的折旧年限内，前期计提较多的折旧费，后期计提较少的折旧费，从而加快折旧速度。

由于折旧对企业成本、利润以及投资项目决策有十分重要的影响，各国税法对折旧方法都有详细规定。在我国，固定资产一般采用直线折旧法。但对促进科技进步、环境保护和国家鼓励投资的关键设备，以及常年处于震动、超强度使用、受酸碱等强腐蚀的机器设备，可缩短折旧年限或采取加速折旧的方法。固定资产残值一般为固定资产原值的3%～5%。折旧年限原则上按财政部制定的分行业财务制度的规定执行，但不得短于表5-2规定的年限。

表 5-2   固定资产折旧年限

固定资产类别	折旧年限（年）
房屋，建筑物	20
火车，轮船，机器，机械，其他生产设备	10
电子设备，火车、轮船以外的运输工具以及与生产经营有关的器具、工具和家具等	5

例 5.2，宝得公司计划投资 800 万元购买一条生产线生产缝纫机，该生产线经济寿命为 10 年，期末无残值。投产后每年销售现金收入为 300 万元，现金成本为 150 万元，贴现率为 10%，边际所得税率为 33%。如果使用直线折旧法，该项目各年的现金流量如表 5-3，项目的净现值为 -20.2，拒绝该项目。

表 5-3   采用直线折旧法的现金流量表   单位：万元

年份	0	1	2	...	10
现金收入①		300	300		300
付现成本②		150	150		150
折旧③		80	80		80
利润④		70	70		70
所得税⑤		23.1	23.1		23.1
税后净利润⑥		46.9	46.9		46.9
现金流量⑦	-800	126.9	126.9		126.9

③ $= \dfrac{800}{10} = 80$（万元）

④ $=$ ① $-$ ② $-$ ③

⑤ $=$ ④ $\times 33\%$

⑥ $=$ ④ $-$ ⑤

⑦ $=$ ③ $+$ ⑥

相反，如果采用加速折旧法，为简便起见，假定企业在前五年分别按总投资额的 $\dfrac{3}{10}$，$\dfrac{3}{10}$，$\dfrac{2}{10}$，$\dfrac{1}{10}$，$\dfrac{1}{10}$ 进行折旧。则项目各年的现金流量如表 5-4。项目的净现值为 29.1，接受该项目。

表 5-4   采用加速折旧法的现金流量表   单位：万元

年份	0	1	2	3	4	5	6	…	10
现金收入		300	300	300	300	300	300		300
付现成本		150	150	150	150	150	150		150
折旧		240	240	160	80	80	0		0
利润		−90	−90	−10	70	70	150		150
所得税		−29.7	−29.7	−3.3	23.1	23.1	49.5		49.5
净利润		−60.3	−60.3	−6.7	46.9	46.9	100.5		100.5
现金流量	−800	179.7	179.7	153.3	126.9	126.9	100.5		100.5

可见，在项目投资分析中，对同一项目采用不同的折旧方法，评估结论可能完全不同。在本例中，加速折旧法加大了前期折旧费，使企业前期所得税相应减少，而后期折旧费较少又使所得税增加，实质上是推迟了交纳所得税的时间，从而增加了项目的价值。因此加速折旧法对企业是十分有利的。

第二节 资本成本

一、资本成本的概念

（一）资本成本的含义

公司理财中的资本是指为企业的资产和营运所筹集的资金。获得足够的资本是投资项目得以实施的前提。企业进行项目投资所需要的资金往往来自于多种渠道。按投资主体不同，可以分为所有者投资（股权融资）和债权人投资（债权融资）。获得和占用资本要支付相应的代价。如果使用借入资金，要支付利息；使用股东的资金，要支付股息；即使使用企业现有的保留盈余，也要考虑占用该笔资金所放弃的其他盈利机会。企业为了实施资本预算项目筹集和使用资本而支付的代价称为资本成本。

理解资本预算中的资本成本要注意以下两点：

（1）只与资本预算项目本身有关。它是投资者在考虑目前的情况后愿意提供资金时的报酬率，不是企业现有资本的各种历史成本，比如企业当前负债的利息率。资本成本反映了预算项目的风险水平，只有当资本预算项目的风险与企业现有业务的风险等级相同时，才可以采用企业的历史成本。

（2）确定资本成本要考虑税收的影响。股东关心的是他们所取得的现金流，即公司税后向普通股股东支付的金额，因此，如果公司理财的目标是实现股东财富最大化，则所有现金流量或收益率的计算必须在税后进行，从而资本成本的估算也应在税后的基础上进行。

（二）资本成本与机会成本和最低期望收益率

资本成本在数值上与投资者的机会成本和预算项目的最低期望收益率相等。

从投资者的角度来看，当投资者把资金用于某一项目时，也就放弃了取得其他投资收益或获得利息的机会。其他投资机会可能取得的最大收益就是投资该项目的机会成本。只有当项目的投资收益大于其他投资机会的收益时，投资者才会投资。因此，机会成本就构成投资者进行该项目投资所要求的最低报酬率，即：

投资者资金的机会成本＝投资者要求的最低报酬率

对企业而言，投资者要求的最低报酬率就构成资本成本。它是企业占用资金所必须付出的代价。用等式表示为：

资本成本＝投资者要求的最低报酬率＝投资者资金的机会成本

而且只有当项目的收益率大于其资本成本时，项目才具有投资价值，也就是说，资本成本是项目要求的最低期望收益率。于是，我们有下面的等式：

资本成本＝投资者要求的最低报酬率
＝投资者资金的机会成本
＝项目的最低期望收益率　　　　　　　　（5-2）

资本成本是进行资本预算的基础，只有当项目的收益大于项目的资本成本时，该项目才会增加股东的财富。在考虑资金时间价值的情况下，我们通常采用净现值法对投资项目进行评估。我们知道，最低期望收益率（即资本成本）是采用净现值法对投资项目进行评估的贴现率。一个投资项目，只有当以最低期望收益率作为贴现率计算的净现值大于或等于0，或者内含报酬率大于或等于最低期望收益率时，该项目的盈利能力才是可以满足要求的。折现系数不同，有关项目可行性的结论很可能也不同。因此，正确估算资本成本对投资决策至关重要。

同时，资本成本还是联系项目投资和融资决策的纽带。项目融资决策的目标是通过股权和债权的安排降低资本成本，而投资抉择是以资本成本为依据，选择预期收益率（内含报酬率）大于资本成本的项目，实现企业价值最大化。

二、资本成本的估算

要准确估算拟建项目的资本成本并不容易，这里我们介绍两种方法。

（一）机会成本法

根据式（5-1），我们知道，资本成本等于投资者资金的机会成本。理论上讲，只要估算出投资者资金的机会成本，即，只要求得投资者在其他备选方案中的报酬率并选出其中的最大报酬率，也就得出了该项目的资本成本。显然，投资项目风险不同，投资者要求的最低报酬率也就不同，因此，要注意与项目进行比较的其他方案的风险必须与该预算项目的风险等级相同，否则，无法进行比较。

实践中，投资者由于资金和信息的限制，很难确定其面临的其他备选投资方案，因此也无法估算所有备选投资方案的报酬率。但是，在完善的资本市场，对所有投资者而言，投资金融证券都是一种方便、有效的投资方式，不受资金和信息的限制。投资于资本预算项目就放弃了投资于金融证券的机会。只有当项目本身的期望报酬率大于相同风险等级金融证券的收益率时，投资者才会愿意对项目投资。因此，可以认为，金融市场中相同风险等级的金融证券的收益率就构成了投资者投资于预算项目的机会成本，也是投资者要求的最低报酬率。从企业的角度看，投资者要求的最低报酬率在数值上等同于资本成本。因此，理论上讲，资本预算项目的资本成本与相同风险等级金融证券的收益率相等，项目的资本成本与项目的风险密切相关。

根据第三章介绍的风险与收益的关系，金融证券的收益与该证券的风险（β 系数）成正比，因此，预算项目的资本成本也与反映项目风险水平的 β 系数成正比，计算公式为：

$$R = R_F + \beta_a \ (\overline{R}_M - R_F) \tag{5-3}$$

式中：R——预算项目的资本成本；

$\overline{R}_M$——市场组合资产的预期收益率；

R_F——无风险利率；

β_a——预算项目的风险系数。

可见，资本成本实质上反映了项目自身的风险水平。

式中关键是如何计算预算项目的风险系数 β_a。项目资产的风险主要受项目的生产性质、行业特点、技术更新以及经济政治环境等因素的影响，因此，可以认为，同行业企业的风险水平大体相同。项目的生产工艺、生产规模和市场环境越相近，其风险水平越接近。在实践中，可以参考现有同行业企业的风险系数 β 来确定预算项目的资本成本。具体来讲，可以参考以下原则：

（1）如果现有企业的生产工艺、生产规模和市场环境与投资项目基本相同，可以直接使用现有企业的 β 系数；①

（2）如果现有企业的生产工艺、生产规模和市场环境与投资项目有一定差距，可以使用现有同行业企业 β 系数的加权平均值。

一般来讲，与现有项目相比，新建项目在生产经营和市场环境中面临着更大的不确定性，风险相对更大。因此，从谨慎的角度考虑，要根据企业自身的实际情况，对同行业企业的风险系数进行调整。

注意，这里的资本成本是投资者（股东和债权人）作为一个总体所要求的最低报酬率，反映了项目资产的风险。项目资产的风险体现在项目未来现金流量相对于期望现金流量的变化，而未来现金流量主要受项目的生产性质、行业特点及市场环境的影响，与项目的资金来源没有关系，企业以债权或股权融资并不改变项目资产的风险。

（二）加权平均资本成本

我们知道，预算项目总是要通过股权、债权或二者的混合形式进行融资。但在同一个投资项目，股东和债权人承担的风险不同，其要求的最低报酬率，即股权成本和债权成本也不相同。直观上讲，资本成本就是企业融资结构中不同组成部分成本的加权平均值，称为加权平均资本成本（通常简写为WACC）。

用公式表示为：

$$WACC = \frac{E}{E+B} \times R_e + \frac{B}{E+B} \times R_B \times （1-T） \tag{5-4}$$

式中：E、B 表示企业股权和债权的市场价值；$\frac{E}{E+B}$、$\frac{B}{E+B}$ 分别表示股权和债权在总价值中所占的比重，也是加权平均资本成本中的权重，$\frac{B}{E+B}$ 又称为债务比率；R_e 表示股权成本，是股东要求的最低报酬率，反映了股权投资的风险；R_B 表示税前债务成本；由于利息在税前支付，因此债务的税后实际成本为 $R_B \times （1-T）$；T 表示边际税率。

从式（5-4）可以看出，资本成本（WACC）与股权成本通常是不相等的，只有在没有债务融资（即 $B=0$）的情况下，资本成本才与股权成本相等。显然，这是由于资本成本反映的是项目资产的风险水平，而股权成本反映的是对公司进行股权投资的风险。接下来我们讨论以 β 系数表示的资产风险与股

————————————

① 假定现有企业为上市公司，其 β 系数可以从各年的历史数据中直接获得或计算得出。详见第三章 β 系数的计算。

权风险之间的关系。

假定一个投资人既是项目的股东，又是债权人，股权和债权的价值分别为 E、B，投资报酬率分别为 R_e、R_B，股权和债权相对于市场收益率的风险系数分别为 β_e、β_B，不考虑税收的影响，则该投资人的投资收益等于预算项目的资本成本，即：

$$R = \frac{E}{E+B} \times R_e + \frac{B}{E+B} \times R_B$$
$$= R_F + \beta_a \ (\overline{R}_M - R_F) \tag{5-5}$$

根据 CAPM 理论：

$$R_e = R_F + \beta_e \ (\overline{R}_M - R_F)$$
$$R_B = R_F + \beta_B \ (\overline{R}_M - R_F)$$

代入式（5-5），即：

$$\beta_a = \frac{E}{E+B} \times \beta_e + \frac{B}{E+B} \times \beta_B \tag{5-6}$$

等式左边为资产的 β 系数，右边为股权和债权的 β 系数的加权平均值。也就是说，项目资产的 β 系数等于股权与债权 β 系数的加权平均值。投资者投资该项目相当于持有股权和债权的一个资产组合。

一般来讲，企业进行债务融资时，债权人承担的风险都很低，可以近似认为 $\beta_B = 0$，则

$$\beta_a = \frac{E}{E+B} \times \beta_e$$

也就是说，当企业举债融资时，即 $B \neq 0$，从上式可知 $\beta_e > \beta_a$，股权的风险始终高于资产的风险。如果企业没有债务，即 $B = 0$，从上式可知 $\beta_e = \beta_a$，资产的风险系数与股权的风险系数相同。

如果考虑利息是税前支付的影响，必须对资产的 β 系数进行调整，可用债务比率 $\frac{B}{E+B}$ 和公司税率 T 的乘积来调整债务筹资部分的抵税影响。令债务比率 $\frac{B}{E+B} = L$，且 $\beta_B = 0$，此时项目资产的 β 系数与股权 β 系数之间的关系为：

$$\beta_a = \frac{(1-L)}{1-L \times T} \times \beta_e \tag{5-7}$$

三、资本成本计算

式（5-3）和式（5-4）分别从资产风险和筹资方式的角度对项目的资本成本进行估算。在实际进行资本预算时，很难直接确定企业内部某一项目的 β

系数以及该项目的融资结构。预算项目的资本成本反映了项目资产的风险水平，因此，在实际进行资本预算时，可以将预算项目与企业内外现有的同类项目进行比较，来估算资本成本。

（一）预算项目在经营风险和筹资组合方面与企业目前的状况相似

当预算项目在经营风险和筹资组合方面与企业目前的状况相似时，可以采用企业目前的加权平均资本成本作为估算项目的资本成本。

例 5.3，大正公司是一家笔记本电脑生产商。由于产品供不应求，公司计划扩大生产规模，再投资一条生产线，需估算该生产项目的资本成本。公司的资金主要来源于长期负债和股东投资，其股票和债券均上市交易。公司基本资料如下：

普通股现行股价：25 元/股

普通股发行股数：1 000 万股

下一年度预期股利：1.3 元/股

预期股利年固定增长率：8%

公司债券现行市场价格：850 元

发行在外的公司债券：100 000 张

债券到期收益率：6%

边际税率：33%

则：

股票市场价值（E）＝25×10 000 000＝250 000 000（元）

债券市场价值（B）＝850×100 000＝85 000 000（元）

公司的市场价值（$E+B$）＝250 000 000＋85 000 000＝335 000 000（元）

通过股利增长模型来估算股权成本：

$$R_e = \frac{D_1}{P} + g = \frac{1.3}{25} + 8\% = 13.2\%$$

债券到期收益率为 6%，可认为 $R_B = 6\%$，代入式（5-4）得出公司目前的资本成本为：

$$WACC = \frac{E}{E+B} \times R_e + \frac{B}{E+B} \times R_B \times (1-T)$$
$$= 10.9\%$$

预算项目在经营风险和筹资组合方面与企业目前的状况相似时，可以采用企业的历史成本作为项目的资本成本，因此，新生产项目的资本成本为10.9%。

（二）预算项目在经营风险和筹资组合方面与企业目前的状况不同

当企业进入一个新的行业，预算项目在经营风险和筹资组合方面与企业目前的状况不同时,就不能以本企业的历史成本为依据来估算资本成本。这时,可以选择在资产及生产方法等方面与资本预算项目大致相同的一个企业或几个企业作为参照样本,来确定资本成本。

注意,我们一般从金融市场中获得的是样本企业的股票收益率(股权成本)和股权的风险系数,因此,需要利用式(5-7)将股权的风险系数转化为资产的风险系数,再进行估算。

例5.4,假如上例中的大正公司原是一家制造型企业,现公司打算进行多元化经营,计划投资生产笔记本电脑,需要估算该项目的资本成本。假定市场无风险利率 $R_F = 5\%$,市场组合资产的预期收益率 $\overline{R}_M = 10\%$。

大正公司的股票和债权在交易所上市交易,正如例5.3所示,我们可以很容易计算出公司现有的加权平均资本成本(WACC)。但是,由于生产电脑的风险比制造业风险大得多,因而不能用公司目前的 WACC 来估算项目的资本成本。

大正公司可以通过以下步骤来估算项目的资本成本:

(1)选择主营业务是笔记本电脑的几家上市公司 A、B、C、D、E、F 作为样本(选择上市公司是为了方便获取这些公司的信息,降低搜集信息的成本)(见表5-5);

(2)根据公开的信息,收集各样本企业的股权风险系数 β_e,负债比率 L 和边际税率 T(见表5-5第二、三、四列);

(3)利用式(5-7)计算样本企业的资产风险系数 β_a(见表5-5第五列);

(4)计算样本企业的资产风险系数 β_a 的算术平均值。考虑到后进入的企业往往面临更大的风险,为谨慎起见,有的企业在行业平均风险的基础上还进行一定的调整,提高预算项目资产的风险系数。本例中我们不作调整,认为预算项目的资产风险系数 β_a 为1.29。

(5)将 R_F, β_a 和 $\overline{R}_M$ 代入式(5-3),则预算项目的资本成本为:

$$R = 5\% + 1.29 \times (10\% - 5\%) = 11.5\%$$

表5-5   **几家相似企业的样本分析**

样本企业	β_e	债务比率 L	税率 T	$\dfrac{(1-L)}{1-L \times T} \times \beta_e$
A	1.60	0.36	0.38	1.19
B	2.00	0.42	0.34	1.35
C	1.90	0.42	0.28	1.25

续表

样本企业	β_e	债务比率 L	税率 T	$\dfrac{(1-L)}{1-L\times T}\times\beta_e$
D	1.95	0.37	0.34	1.41
E	1.85	0.45	0.31	1.18
F	1.70	0.29	0.42	1.37

资产的 β 系数平均值 = 1.29

第三节　资 本 预 算

前面我们讨论的现金流量和资本成本都暗含了物价水平保持不变这样一个假设条件。但是，在一个动态增长的经济体中，价格会经常发生变化，通货膨胀是常见的经济现象。价格变化导致物价总水平变化，进而影响单位货币的实际购买力。按照通用货币计量的一切货币收支，自然受到通货膨胀的影响，资本预算项目的现金流量和资本成本也不例外。因此，我们必须正确计量通货膨胀对预算项目现金流量和资本成本的影响。

在通货膨胀条件下，以货币计量的收益的购买力将发生变化。因此，任何一笔收益就有了两个含义：一是以货币单位表示的收益，称为名义收益；一是以货币购买力表示的收益，称为实际收益。为了更好地说明"名义"和"实际"的概念，我们用一个日常生活中的例子来加以说明。

比如，某人月收入 1 000 元人民币，这是以货币表示的名义收益。假如今年大米 1 元/斤，可以购买 1 000 斤大米，以购买力衡量的实际收入为 1 000 斤大米。如果明年发生通货膨胀，假定所有物品都上升 10%，大米价格上涨到 1.1 元/斤，此人的月收入仍然是 1 000 元，名义收入不变，但 1 000 元只能买到 909 斤（1 000/1.1）大米，以购买力衡量的实际收入为 909 斤大米。实际中，人们通常以货币而不是具体实物来衡量实际收入。我们将通涨条件下的实际收入（909 斤大米）与基期（今年）的实际收入（1 000 斤大米）相比较，可得出此人以货币表示的实际收入为：

$$\frac{909}{1\,000}\times 1\,000 = 909\,（元）$$

在现实生活中，我们通常采用价格指数，如消费品价格指数、生产资料价格指数等来衡量通货膨胀的程度。价格指数是所选择的一篮子商品（而不是某一种商品）的价格上涨幅度的加权平均值，用以衡量任何一个既定年份相对于基年的价格变化。通货膨胀率等于不同时期的价格指数之比，即：

$$d_p = \frac{PI_t}{PI_0}$$

式中：d_p——第 t 年的通货膨胀率；

PI_t、PI_0——分别为第 t 年和基年的价格指数。

一、名义现金流与实际现金流

（一）名义现金流与实际现金流的概念

在通货膨胀条件下，资本预算中的现金流量既可以用名义货币单位来确定，也可以按实际购买力表示的货币单位（不变价格）来确定。我们将按名义货币单位确定的现金流称为名义现金流，按不变价格确定的现金流称为实际现金流。

在资本预算中，一般以项目期初（ $t=0$ ）为基准，以项目期初的物价总水平为不变价格或可比价格。按照该价格所确定的项目计算期内各年的现金流量称为项目的实际现金流量；相反，按照未来各年的现行价格所确定的现金流量就是项目的名义现金流量。名义现金流和实际现金流之间可以相互转换。

（二）名义现金流与实际现金流的比较

如果价格指数每年按照一个固定的增长率增长，即，年通货膨胀率保持不变，则名义现金流和实际现金流之间的换算公式为：

$$CF_{rt} = CF_{nt} \ (1 + d_p)^{-t} \tag{5-8}$$

式中：CF_{rt}——按基年物价水平表示的第 t 年的实际现金流量；

CF_{nt}——按第 t 年现行价格计算的名义现金流量；

d_p——年通货膨胀率。

例 5.5，大正公司正考虑购买一台小工具生产设备，初始投资为 20 万元，使用年限为 5 年，采用直线折旧法折旧，期末无残值。该设备将使公司每年税前净现金收入（现金收入－付现成本）增加 70 000 元，边际税率为 33%，预计 5 年内年通涨率平均为 5%，试估算该项目的现金流量。

该项目的现金流量包括：固定资产支出、税后现金收入、折旧税蔽三部分。其中，固定资产支出和经营收入按期初的不变价格计算，折旧根据资产的历史成本计算，每年的实际折旧额都以当年的现行价格表示，因此，折旧税蔽是名义现金流。该项目的名义现金流量和实际现金流量的估算过程见表 5-6 和表 5-7。

表 5-6   名义现金流量估算表   单位：元

年份 项目	0	1	2	3	4	5
固定资产支出	−200 000					
折旧①		40 000	40 000	40 000	40 000	40 000
折旧税蔽②		13 200	13 200	13 200	13 200	13 200
税前净现金收入		70 000	70 000	70 000	70 000	70 000
所得税③		−23 100	−23 100	−23 100	−23 100	−23 100
税后净现金收入④		46 900	46 900	46 900	46 900	46 900
税后名义净现金收入⑤		49 245	51 707	54 293	57 007	59 858
名义现金流量⑥	−200 000	62 445	64 907	67 493	70 207	73 058

①折旧 $= \dfrac{200\,000}{5} = 40\,000$（元）

②折旧税蔽 = 折旧 × 税率（33%）

③所得税 = 税前净现金收入 × 税率（33%）

④税后净现金收入 = 税前净现金收入 − 所得税

⑤税后名义净现金收入 = 税后净现金收入 × $(1 + 通货膨胀率)^t$, $t = 1$, 2，3，4，5

⑥名义现金流量 = 折旧税蔽 + 税后名义净现金收入

表 5-7   实际现金流量估算表   单位：元

年份 项目	0	1	2	3	4	5
固定资产支出	−200 000					
折旧		40 000	40 000	40 000	40 000	40 000
折旧税蔽		13 200	13 200	13 200	13 200	13 200
折旧税蔽的实际值①		12 571	11 973	11 403	10 860	10 343
税前净现金收入		70 000	70 000	70 000	70 000	70 000
所得税		−23 100	−23 100	−23 100	−23 100	−23 100
税后净现金收入		46 900	46 900	46 900	46 900	46 900
实际现金流量②	−200 000	59 471	58 873	58 303	57 760	57 243

①折旧税蔽的实际值 = 折旧税蔽 ÷ (1 + 通货膨胀率)^t, t = 1, 2, 3, 4, 5

②实际现金流量 = 折旧税蔽的实际值 + 税后净现金收入

二、利率与通货膨胀

(一) 名义利率和实际利率的概念

通货膨胀将影响投资人要求的收益率 (利率), 进而影响预算项目的资本成本。按照是否考虑通货膨胀的影响, 利率可以分为名义利率和实际利率。前者一般是指在投资合同中规定的利率, 它包含了最低期望收益率, 又考虑了通货膨胀的影响。后者是指按照基年的物价总水平, 即扣除未来各年通货膨胀因素后所确定的最低期望收益率。名义利率和实际利率之间的关系可以通过下面的例子来理解。

(二) 名义利率和实际利率的关系

为便于学生理解, 这里我们仍以具体的实物价格代表物价指数。假如当前大米价格为 1 元/斤, 某人现有 100 元, 可买 100 斤大米。如果将此 100 元进行投资, 年利率为 10%, 一年后收到本利和 110 元。这里的 10% 为名义年利率。

如果没有通货膨胀, 一年后, 大米价格仍为 1 元/斤, 110 元可以购买 110 斤大米。以购买力衡量的实际利率为:

$$\frac{110 - 100}{100} \times 100\% = 10\%$$

没有通货膨胀时的实际利率与名义利率相同。

假如年通货膨胀率为 5%, 一年后大米价格上涨为 1.05 元/斤, 此时, 110 元可以购买 104.8 斤 (110/1.05) 大米, 以购买力衡量的实际利率为:

$$\frac{104.8 - 100}{100} \times 100\% = 4.8\%$$

有通货膨胀时的实际利率始终低于名义利率。一般地, 名义利率和实际利率之间的关系可以用公式表示为:

$$1 + R_n = (1 + d_p)(1 + R_r)$$

式中: R_n——名义利率;

R_r——实际利率;

d_p——年通货膨胀率。

公式可变形为:

$$R_r = \frac{1 + R_n}{1 + d_p} - 1 \tag{5-9}$$

在前面的例子中，名义利率 $R_n = 10\%$，通货膨胀率 $d_p = 5\%$，代入式 (5-9)，则实际利率为：

$$R_r = \frac{1 + 10\%}{1 + 5\%} - 1 = 4.8\%$$

此结果与用大米为单位计算的相同。

当通货膨胀率 d_p 很小，$1 + d_p$ 约等于 1 时，公式 (5-9) 变形为：

$$R_r = R_n - d_p$$

即实际利率近似等于名义利率减去通货膨胀率。但是，如果通货膨胀严重，d_p 很大时，就不能这样近似处理。

三、通货膨胀下的资本预算

在通货膨胀情形下，究竟是采用名义现金流还是实际现金流进行资本预算，取决于估计现金流的方便和准确程度。如果项目的收入和成本主要由它们实际发生时的市场条件决定，那么估计实际现金流量可能比名义现金流量更为准确；相反，如果未来的成本和收益是由价格固定的长期供销合同决定，那么，估计名义现金流量将更为准确、容易。

如果资本预算采用的是名义现金流量，即项目的收益和成本均按当年的现行价格加以确定，那么，用于项目预算分析的贴现率也采用名义折现率；相反，如果资本预算采用实际现金流量，即项目的收益和成本均按项目建设期初的现行价格确定，则贴现率也采用实际贴现率。可以证明，两种方法求得的项目净现值是一样的。

在例 5.5 中，假定投资者要求的实际收益率为 10%，则：

名义贴现率 $=$（$1 + 5\%$）$\times$（$1 + 10\%$）$- 1 = 15.5\%$

将表 5-6 中的名义现金流量按名义贴现率 15.5% 折现，得项目净现值为 2 157.5；将表 5-7 中的实际现金流量按实际折现率 10% 折现，得净现值为 2 157.5。两种方法求得的净现值完全相同。

第四节　项目资本预算决策

接下来，我们应用本章所学知识，按照资本预算的步骤，通过具体例子来说明如何对扩充型项目、资产更新、资产更新时机、多种设备比较进行资本预算决策。

一、扩充型项目

扩充项目是指由于市场需求扩大，企业需要在现有生产规模的基础上进行扩大再生产而进行投资的项目。扩充项目的生产产品、技术和资本结构与企业现有项目基本相同。下面举例说明如何对独立的扩充项目进行资本预算。

例5.6，2003年年初，大陆高新科技公司计划投资生产一种价廉物美的学生电脑。通过市场调查，估计这种电脑如果售价为2 200元，每年可销售25 000台。为此，公司需要新建一个工厂，建设期为2年。建厂需要一块25亩左右的土地，公司计划在2003年末以120万购入这块地。厂房建设将花费800万元，2004年末和2005年末各支付400万元。设备购价950万元，安装费50万元，于2005年末安装支付。

项目投产前需要垫支流动资金，垫支的净流动资金为第一年销售量的12%，以后每年需要的净流动资金为当年销售量的12%，且在当年年初垫付。项目的经济寿命为6年。预计项目终止时，垫支的流动资金全部收回，所使用土地的市场价值为170万元，厂房市值100万元，设备市值200万元。

生产部门估计，该种电脑的制造成本为销售收入的65%。投产第一年的管理费用（不包括折旧）为800万元。电脑售价和管理费用随着通货膨胀而增加，预计项目生产期间的通货膨胀率为6%。

大陆公司的边际税率为33%，名义资本成本为11.5%。假定每年的现金流都发生在年末。由于厂房、设备将在2005年末准备就绪，项目将在2006年初正式投产。厂房和设备使用期内的每年计提的折旧占其原始价值的百分比见表5-8：

表5-8	厂房和设备的年折旧率					
年份	2006	2007	2008	2009	2010	2011
厂房	1.50%	3%	3%	3%	3%	3%
设备	20%	32%	19%	12%	11%	6%

注：由于我国没有这方面的明确规定，故采用了美国税法的相关规定。

如果你是大陆公司的财务经理，你是否会支持投资该项目？

首先计算现金流量。项目的现金流量包括初始现金流量、经营现金流量和项目终结现金流量三部分。我们分别进行计算。

（一）初始现金流量

首先计算项目的初始现金流量，详见表 5-9。注意，土地不能被折旧，项目结束时再将其出售，故土地的折旧基数为 0。

表 5-9　　　　　　　　　　项目的初始现金流量表　　　　　　　　单位：元

固定资产	2003 年	2004 年	2005 年	总成本	折旧基数
土地	1 200 000	0	0	1 200 000	0
厂房	0	4 000 000	4 000 000	8 000 000	8 000 000
设备	0	0	10 000 000	10 000 000	10 000 000
固定资产投资总额	1 200 000	4 000 000	14 000 000	19 200 000	
净流动资金 *	0	0	6 600 000	6 600 000	
初始投资总额	1 200 000	4 000 000	20 600 000	25 800 000	

＊净流动资金＝12% ×第一年的销售收入（2 200×25 000）

　　　　　　＝6 600 000（元）

（二）经营现金流量的计算

由于通货膨胀率的影响，企业的名义销售收入逐年增长，所需的净营运资本也按相同比例增长，因此需要每年增加对流动资产的投资，投资额为次年所需净营运资本与当年所需净营运资本的差额。流动资产投资在项目期末全部收回。经营现金流量的计算结果见表 5-10。

表 5-10　　　　　　　　　　经营现金流量计算表　　　　　　　　单位：元

年份	2006	2007	2008	2009	2010	2011
销售量（台）	25 000	25 000	25 000	25 000	25 000	25 000
销售价格[a]	2 200	2 332	2 472	2 620	2 777	2 944

续表

年份	2006	2007	2008	2009	2010	2011
销售收入	55 000 000	58 300 000	61 798 000	65 505 880	69 436 233	73 602 407
变动成本^b	35 750 000	37 895 000	40 168 700	42 578 822	45 133 551	47 841 564
管理费用^c	8 000 000	8 480 000	8 988 800	9 528 128	10 099 816	10 705 805
厂房折旧	120 000	240 000	240 000	240 000	240 000	240 000
设备折旧	2 000 000	3 200 000	1 900 000	1 200 000	1 100 000	600 000
税前利润	9 130 000	8 485 000	10 500 500	11 958 930	12 862 866	14 215 038
所得税（33%）	3 012 900	2 800 050	3 465 165	3 946 447	4 244 746	4 690 962
税后利润	6 117 100	5 684 950	7 035 335	8 012 483	8 618 120	9 524 076
经营现金流^d	8 237 100	9 124 950	9 175 335	9 452 483	9 958 120	10 364 076
净营运资本^e	6 600 000	6 996 000	7 415 760	7 860 706	8 332 348	8 832 289
流动资产投资^f	(396 000)	(419 760)	(444 946)	(471 642)	(499 941)	8 832 289
经营期总现金流	7 841 100	8 705 190	8 730 389	8 980 841	9 458 179	1 531 787

a 销售价格每年按通货膨胀率6%增加；

b 变动成本为销售收入的65%；

c 管理费用每年按通货膨胀率6%增加；

d 经营现金流量等于税后利润加上厂房和设备的折旧；

e 净营运资本为当年销售量的12%；

f 流动资产投资为当年所需净营运资本的增加额。

（三）终结现金流量的计算

终结现金流计算如表5-11。

表 5-11 终结现金流量计算表 单位：元

	土地	厂房	设备
残值（市价）	1 700 000	1 000 000	2 000 000
原始价值	1 200 000	8 000 000	10 000 000
折旧基数	0	8 000 000	10 000 000
账面价值[a]	1 200 000	6 680 000	0
资本利得[b]	500 000	0	0
营业外损益[c]	0	(5 680 000)	2 000 000
所得税[d]	165 000	(1 874 400)	660 000
净残值	1 535 000	2 874 400	1 340 000

终结现金流 = 1 535 000 + 2 874 400 + 1 340 000 = 5 749 400

a 账面价值 = 原始价值 − 累计折旧额；

b 由于我国没有明确规定，这里按照美国的做法，将残值超过原始价值的部分视为资本利得；

c 营业外损益 = 残值 − 账面价值；

d 假定资本利得税率与所得税率相同，为 33% 。

（四）项目现金流量汇总

现将三部分现金流量合并到表 5-12，便得出该项目的现金流量汇总表。这里估算的现金流量是以各年现行价格计价的名义现金流。

表 5-12

项目现金流量汇总表

年份	2003	2004	2005	2006	2007	2008	2009	2010	2011
固定资产投资	(1 200 000)	(4 000 000)	(14 000 000)						
流动资产投资		0	(6 600 000)	(396 000)	(419 760)	(444 946)	(471 642)	(499 941)	8 832 289
初始总投资	(1 200 000)	(4 000 000)	(20 600 000)						
经营现金流				8 237 100	9 124 950	9 175 335	9 452 483	9 958 120	10 364 076
终结现金流									5 749 400
总现金流量	(1 200 000)	(4 000 000)	(20 600 000)	7 841 100	8 705 190	8 730 389	8 980 841	9 458 179	24 945 765

净现值 $NPV = 13\,053\,977$ ($WACC = 11.5\%$)（以 2003 年年初为期初）

盈利指数 $PI = 1.68$

内含报酬率 $IRR = 2.76\%$

决策分析：以 2003 年年末作为现值计算的基准时点，分别采用净现值法、盈利指数法、内含报酬率法、回收期法对项目进行评价。计算结果表明，项目净现值为正，盈利指数大于 1，内含报酬率（27.6%）高于资本成本（11.5%），说明项目是可行的，三种方法得出的结论一致。

二、资产更新

资产更新是对企业原有设施进行更换和处理。项目的成本收益不仅涉及追加的投资，还涉及现有资产的处理等问题。资产更新的资本预算比新建独立项目的资本预算要复杂一些。

资产更新涉及的现金流量包括：购买新资产的支出，新资产带来的收益或节约的成本，新资产使用年限内的税蔽，新资产的残值收益（损失），放弃的旧资产的残值收益（损失），放弃的旧资产的税蔽等。

例 5.7，大新公司目前使用传统设备生产小工具。由于技术进步，一种新型高效率的设备刚刚问世。公司正考虑是否以新设备更换现有旧设备。已知拟被更换的旧设备已使用 5 年，预计还可以使用 8 年，8 年后完全报废。旧设备的购置价格为 40 000 元，以直线折旧法折旧，折旧年限为 10 年，残值为 0，目前的市值为 20 000 元。

新设备的价格为 70 000 元，以直线折旧法折旧，折旧年限为 5 年，残值为 0。预计该设备 8 年后可以出售 5 000 元，该收入按 33% 的公司税率征税。新设备对收入没有影响，但可以使税前成本在未来 8 年中每年降低 10 000 元。假定降低的成本发生在年末。

大新公司的资本成本为 8%。问，大新公司目前是否应该用新设备更换旧设备？

这里，新设备每年的折旧额 = 70 000/5 = 14 000（元），旧设备每年的折旧额 = 40 000/10 = 4 000（元）。旧设备折旧年限虽为 10 年，但已使用 5 年，因此在第 5 年之后，新、旧设备都没有折旧。

新设备在未来 5 年中每年税蔽为：

新设备年折旧额 × 所得税率 = 14 000 × 33% = 4 620（元）

旧设备在未来 5 年中每年税蔽为：

旧设备年折旧额 × 所得税率 = 4 000 × 33% = 1 320（元）

新设备税后残值收入 = 残值 −（残值 − 账面价值）× 所得税率

$$= 5\ 000 − （5\ 000 − 0）× 33\%$$

$$= 3350（元）$$

旧设备税后残值收入 = 残值 −（残值 − 账面价值）× 所得税率

其中：

$$账面价值 = 设备原值 - 累计折旧$$
$$= 40\ 000 - 5 \times 4\ 000$$
$$= 20\ 000（元）$$

$$旧设备税后残值收入 = 20\ 000 - （20\ 000 - 20\ 000） \times 33\%$$
$$= 20\ 000（元）$$

新设备可以使税前成本在未来 8 年中每年降低 10 000 元，每年因此节约的税后成本 $= 10\ 000 \times （1 - 33\%） = 6\ 700（元）$。

项目的现金流量及现值详见表 5-13。

表 5-13 　　　　　　　　　　项目的现金流量表　　　　　　　　单位：元

年份	0	1	2	3	4	5	6	7	8
购买新设备	-70 000								
旧设备税后残值收入	20 000								
新设备税蔽		4 620	4 620	4 620	4 620	4 620			
旧设备税蔽		-1 320	-1 320	-1 320	-1 320	-1 320			
节约的税后成本		6 700	6 700	6 700	6 700	6 700	6 700	6 700	6 700
新设备税后残值收入									3 350
税后现金流量	-50 000	10 000	10 000	10 000	10 000	10 000	6 700	6 700	10 050

在资金成本为 8% 的情况下，更新项目的净现值为 3 488 元，因此，应该进行设备更新，以新设备取代旧设备。

三、资产更新时机

不考虑技术进步因素，生产设备在使用过程中不可避免要经受有形和无形的磨损，由于各个阶段的磨损程度不同，设备的使用成本（如维修费）也随时间而变化。一般地，随着设备使用年限的增加，设备的营运费和维修费会逐年上升。因此，必须在适当的时间对设备进行更新，以提高设备使用的经济效率。通常，当使用旧设备的成本高于使用新设备的成本时，就应该考虑进行更新。

在实际决策时，一般采用年平均成本法进行比较。下面通过例子详细说明。

例5.8，某公司现打算购买一台新设备替换现有生产设备。新设备价格为90 000元，每年的维修费用为10 000元，可以使用9年，假定维修费发生在每年年末，9年后残值为10 000元。该公司的资本成本为14%，当前不支付所得税。现有设备的残值和每年的维修费用见表5-14。问，企业应何时更新设备。

表5-14　　　　　　　　　现有设备残值和年维修费用表　　　　　　单位：元

年份	0	1	2	3	4
残值	35 000	26 000	16 000	9 000	0
维修费		11 000	20 000	30 000	39 000

首先，计算在考虑资金时间价值条件下使用新设备的年平均成本。由于使用新设备每年的现金支出不同，期初购买时支付90 000元，使用过程中每年支付10 000元，最后一年维修费用和残值相抵，不支付任何现金，这就使得新旧设备的使用成本无法逐年比较。为此，我们假定使用新设备每年的成本相同，这些成本支出就构成企业的一笔年金支出，在考虑资金时间价值条件下，这笔年金的现值与购买和使用新设备的总成本现值相等。这样，使用新设备的年平均成本就等于新设备的总成本现值与使用年限的年金现值系数的比值。

$$新设备的总成本现值 = 90\ 000 + 10\ 000 \times A_{0.14}^{9} - \frac{10\ 000}{1.14^{9}}$$

$$= 90\ 000 + 10\ 000 \times 4.946\ 4 - 10\ 000 \times 0.307\ 5$$

$$= 136\ 389（元）$$

其中，$\dfrac{10\ 000}{1.14^{9}}$为残值收入的现值，应从总成本中减去。

$$年平均成本 = \frac{136\ 389}{A_{0.14}^{9}} = 27\ 573（元）$$

因此，当资金成本为14%时，使用新设备的年平均成本为27 573元。

其次，分别计算每一年使用旧设备的成本。

使用旧设备的成本包括：放弃的残值收入，增加的维修费用和期末的残值收入（抵减成本）。比如，如果当前决定再使用一年旧设备，就必须放弃当前的35 000元收入；一年后需要支付11 000元维修费用，获得26 000元残值收入。为了与新设备的使用成本相比较，我们分别计算每年使用旧设备的成本。以第一年年末为参考时点，则第一年旧设备的使用成本为：

$$35\ 000 \times 1.14 + 11\ 000 - 26\ 000 = 24\ 900（元）$$

同理，第二年旧设备的使用成本为：

$$26\ 000 \times 1.14 + 20\ 000 - 16\ 000 = 33\ 640\ （元）$$

第三年旧设备的使用成本为：

$$16\ 000 \times 1.14 + 30\ 000 - 9\ 000 = 39\ 240\ （元）$$

第四年旧设备的使用成本为：

$$9\ 000 \times 1.14 + 39\ 000 = 49\ 260\ （元）$$

最后，将使用新设备和使用旧设备的成本相比较（见表 5-15）。

表 5-15   **新设备和旧设备的成本比较**

年份	1	2	3	4
新设备成本（元）	27 573	27 573	27 573	27 573
旧设备成本（元）	24 900	33 640	39 240	49 260

可见，应该在第二年以新设备更换旧设备。

实际上，只要旧设备的维修费逐年增加，残值逐年减少，使用旧设备的成本将逐年增加。一旦旧设备使用成本高于新设备的使用成本，就可以作出更新决策，不必将所有年度旧设备的使用成本计算出来。

四、多种设备比较

前面只考虑了一种更新资产的情形。实际经营活动中，企业常常会有两种或两种以上可供选择的新设备。在收入相同的情况下，如果新设备的使用年限相同，则接受成本净现值最小的设备。如果设备的使用年限不同，就不能简单以净现值为依据来选择，此时我们可以通过年平均成本法和更新链法来进行比较。现举例说明。

例 5.9，有 A、B 两台设备，都能够满足生产要求，A 的使用年限为 3 年，B 的使用年限为 4 年。A、B 的购买成本和各年的维修费用见表 5-16，公司的资本成本为 12%。

表 5-16   **A、B 两台设备各年维修费用表**

年份	0	1	2	3	4
A 设备（元）	800	110	110	110	
B 设备（元）	1 000	100	100	100	100

A 设备的成本现值为：

$$800 + 110 \times A_{0.12}^3 = 800 + 110 \times 2.401\ 8 = 1\ 064\ （元）$$

B 设备的成本现值为：

$$1\ 000 + 100 \times A_{0.12}^4 = 1\ 000 + 100 \times 3.307\ 3 = 1\ 331\ （元）$$

B 设备的成本现值高于 A 设备的成本现值，但 B 设备比 A 设备多使用一年，因此不能简单的比较成本现值的大小。

（一）年平均成本法

A 设备的年平均成本为：

$$\frac{1\ 064}{A_{0.12}^3} = 443\ （元）$$

B 设备的年平均成本为：

$$\frac{1\ 331}{A_{0.12}^4} = 402\ （元）$$

A 设备的年平均成本高于 B 设备的年平均成本，因此优先选择设备 B。

（二）更新链法

由于 A、B 设备的使用年限不同，不能直接比较两台设备的使用成本。如果我们设定一个共同的时间期限，在此期限内只使用 A 设备或 B 设备，就可以直接对该经营期限内二者的使用成本进行比较。这个共同的时间期限为 A、B 设备使用年限的最小公倍数，即 12 年（3×4）。在这 12 年中，A 设备更新 4 次，B 设备更新 3 次。

在 12 年中，使用 A 设备的总成本现值为：

$$1\ 064 + \frac{1\ 064}{1.12^3} + \frac{1\ 064}{1.12^6} + \frac{1\ 064}{1.12^9} = 2\ 744\ （元）$$

使用 B 设备的总成本现值为：

$$1331 + \frac{1\ 331}{1.12^4} + \frac{1\ 331}{1.12^8} = 2\ 714\ （元）$$

使用 B 设备的总成本现值小于使用 A 设备的总成本现值，因此，宜采用 B 设备。

更新链法的不足在于计算较为烦琐。如果设备的使用年限很长，比如，使用年限分别为 10 年和 20 年，则比较的期限为 200 年（10×20），计算量很大。同时，更新链法假定企业持续经营或经营年限为备选设备使用年限的最小公倍数的整数倍，且在此期间企业不会因为技术进步更换其他设备，该假设与实际情况不太一致。

第五节 资本预算的风险分析

资本项目预算一般根据历史资料和目前现状对项目未来的现金流量作出预测和估算，而内外环境变化常常使项目未来的成本、收入与预期不一致，项目未来实际的现金流量与预期现金流量的偏差导致了项目风险的存在。风险的存在降低了项目价值，甚至使得原本可行的项目变得不可行，因此，风险分析在资本预算中十分重要。

风险分析的方法有很多。实践中广泛应用的净现值法就是通过调整资本成本来消除预算项目存在的系统风险。为了能够理解和掌握外部条件变化对投资项目经济效果的影响程度以及投资项目对外部条件变化的承受能力，我们将进一步介绍盈亏平衡分析、敏感性分析和决策树分析方法。

一、盈亏平衡分析

盈亏平衡分析通常又称量本利分析或损益平衡分析。盈亏平衡是指项目收益和成本正好抵消。在项目盈亏平衡点上，投资项目既无盈利，也不亏损。盈亏平衡分析是根据投资项目在正常生产年份的产品产量或销售量、成本费用、产品销售单价和销售税金等数据，计算和分析产量、成本和盈利之间的关系，从中找出使项目成本和收益正好相等的销售量的一种分析方法。

按照是否考虑资金的时间价值，盈亏平衡分析可分为静态盈亏平衡分析和动态盈亏平衡分析两种。盈亏平衡分析有助于企业管理层了解投资项目对市场需求变化的适应能力。

（一）静态盈亏平衡分析

静态盈亏平衡分析不考虑资金的时间价值，当项目的会计利润为 0 时，项目达到盈亏平衡。下面我们计算静态盈亏平衡时的销售量。

我们知道，项目投产后，正常生产年份的会计利润等于收入减去成本，假定项目生产的产品全部出售，没有库存积压，即产量与销售量相等，收入等于产量与销售价格的乘积，即：

$$G = P \times Q - C \tag{5-10}$$

式中：G ——税前利润；

P ——产品价格；

C ——总成本费用；

Q ——产量。

总成本费用包括固定成本和变动成本。固定成本是指在一定的产量范围内，成本总额不随产量变化而变化的成本费用，如固定资产折旧费、企业管理费等。生产产量越多，单位产品分摊的固定成本越少，单位产品的固定成本随产量增加而降低。变动成本是指随产量的增减成正比例增减的成本费用，如原材料消耗等。假定单位变动成本保持不变，总成本费用为：

$$C = FC + D + VC \times Q$$

式中：FC——付现的固定成本；

D——折旧；

VC——单位变动成本。

代入式（5-10）得：

$$G = P \times Q - FC - D - VC \times Q$$
$$= (P - VC) \times Q - FC - D$$

如果企业的所得税率为 T，则税后收益为：

$$GT = [(P - VC) \times Q - FC - D] \times (1 - T)$$
$$= (P - VC) \times (1 - T) \times Q - (FC + D) \times (1 - T)$$

式中 $(P - VC) \times (1 - T)$ 表示单位产品对税后利润的贡献，称为边际税后收入，$(FC + D) \times (1 - T)$ 表示税后固定成本。

令 $GT = 0$，则盈亏平衡点的产量为：

$$Q = \frac{(FC + D)(1 - T)}{(P - VC)(1 - T)} = \frac{FC + D}{P - VC} \tag{5-11}$$

因此，盈亏平衡点的产量水平等于总固定成本除以单位产品对收入的边际贡献 $(P - VC)$。当项目的实际产（销）量高于盈亏平衡点的产（销）量时，项目盈利；反之，项目亏损。盈亏平衡点产量水平的确定也可以用图 5-1 表示。

从式（5-11）可以看出，固定成本是影响盈亏平衡点的重要因素。因此，在对同一项目的不同投资方案进行盈亏平衡分析时，尤其要注意固定成本的变化对盈亏平衡点的影响。比如，某项目面临两种技术方案，A 方案为资本密集型技术，固定成本较高而变动成本（如单位人工投入）较低，B 方案为劳动密集型技术，固定成本较低，而变动成本相对较高。假定 A、B 两种方案生产的产品没有差异，产品销售价格相同。两种技术的盈亏平衡分析可以用图 5-2 来表示。

Q_A^*、Q_B^* 分别为 A、B 方案对应的盈亏平衡点。Q^* 为 A、B 方案总成本相等时对应的产量水平。

可以看出，$Q_B^* < Q_A^*$，表明 B 方案在较低的产量水平时就可以盈利，从而更具有盈利安全性。但是，当产量超过 Q^* 点，A 方案的盈利将超过 B 方

案，说明 A 方案具有获得更大盈利的可能性。因此，A、B 方案各有优劣，需要管理层在方案的安全性和盈利性之间作出选择。

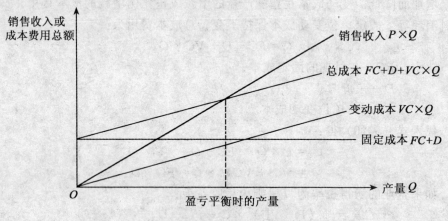

图 5-1 盈亏平衡分析图

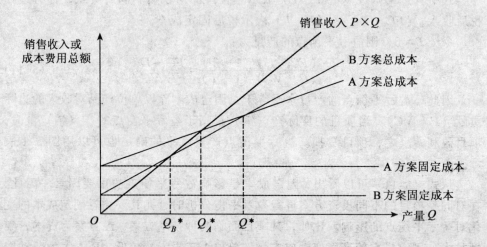

图 5-2 A、B 方案对应的盈亏平衡分析

（二）动态盈亏平衡分析

如果考虑资金的时间价值，我们就不能以会计利润等于 0 时所对应的产量水平作为盈亏平衡点。现举例说明如何进行动态的盈亏平衡分析。

例 5.10，三星公司拟投资 25 000 元购买和安装割草机生产设备。项目生产期限为 5 年，固定资产采用直线折旧法折旧，期末无残值。管理费用每年 5 000 元。预计割草机的市场价格为每台 450 元，变动成本为每台 360 元。三星公司的资本成本为12%，边际所得税率为33%。如果考虑期初投入资金的机会成本，且企业每年生产的割草机数量相同，三星公司每年至少要生产多少台割草机才能盈利？

（1）计算每年的税后总固定成本，包括期初投资分摊、折旧税蔽和付现固定成本三部分。

①假定每年分摊的期初投资数额（EAC）相同，其现值之和为25 000元，即：

$$EAC \times A_{0.12}^5 = 25\ 000\ （元）$$

$$EAC = \frac{25\ 000}{A_{0.12}^5} = \frac{25\ 000}{3.604\ 8} = 6\ 935\ （元）$$

②每年所获得的折旧税蔽为：

$$\frac{25\ 000}{5} \times 33\% = 1\ 650\ （元）$$

③税后付现管理费用为：

$$5\ 000 \times （1 - 33\%） = 3\ 350\ （元）$$

折旧税蔽可以冲抵每年的税后固定成本，因此，每年税后总固定成本为：

$$6\ 935 - 1\ 650 + 3\ 350 = 8\ 635\ （元）$$

（2）每台收割机对税后收入的边际贡献为：

$$（450 - 360） \times （1 - 33\%） = 60\ （元）$$

（3）计算盈亏平衡点的产量，其数值上等于每年税后总固定成本除以每台收割机对税后收入的边际贡献，即：

$$\frac{8\ 635}{60} = 144\ （台）$$

因此，三星公司每年至少要生产144台割草机才不会亏本。

如果不考虑资金的时间价值，根据式（5-11），盈亏平衡点的产量水平为：

$$Q = \frac{25\ 000/5 + 5\ 000}{450 - 360} = 111\ （台）$$

可见，考虑资金的时间价值将提高盈亏平衡点的产量水平。

二、敏感性分析

敏感性分析是通过变动与资本预算项目有关的主要参数，分别计算参数不同时的项目净现值，从而得出项目净现值对有关参数的敏感程度。敏感性分析是对净现值法的重要补充。

（一）敏感性分析的具体步骤

（1）确定敏感性分析的对象，敏感性分析的对象可以是净现值，也可以是内含报酬率或盈利指数。这里我们以净现值为分析对象。为此，需要估算出资本预算项目的各种参数预期值，计算项目的现金流量和预期净现值。

（2）选择需要分析的不确定性因素。影响项目净现值的不确定性因素很多，不可能也没有必要对所有因素都进行分析，通常选择那些预计对项目净现值产生较大影响的，或者在分析中不易确定的因素。与项目净现值有关的主要参数有：预期的销售价格、销售数量、初始投资、资本成本和营运资金投入等。

（3）分析不确定性因素变动时对项目净现值的影响。注意，每次只允许一个参数发生变动，其他参数均保持不变。

（4）确定敏感因素。有两种方法：一是采用相对指标，即计算和比较在同一百分比变动幅度下，各因素的变动造成项目净现值变动的百分比。二是采用绝对指标，即计算和比较各种因素在不利条件下对项目净现值的影响。如果参数变动改变了项目的可行性，表明该因素为投资项目的敏感因素，需要引起重视。

例5.11，以前面的三星公司生产割草机为例，假定每年的净营运资金为销售收入的15%。我们对项目各参数的估计分为"乐观"、"一般"和"悲观"三种情形。"一般"代表资本预算的预期情形。三种情形下，项目的管理费用和折旧保持不变，但销售量、销售价格、销售成本和资本成本有所改变，因此，不确定性因素为销售量、销售价格、销售成本和资本成本。各参数的估计值见表5-17。

表 5-17 　　　　　　　　　　三星公司项目各参数估计值 　　　　　　　　单位：元

	悲观	一般	乐观
销售量（台）	170	200	300
销售价格	300	450	500
单位变动成本	400	360	300
管理费用	5 000	5 000	5 000
折旧	5 000	5 000	5 000
资本成本（%）	14.4	12	9.6

下面分别计算三种情形下销售量、销售价格、销售成本和资本成本对净现值的影响（如表5-18）。注意，每次计算净现值时，都只改变一个参数，其余参数保持不变。比如，计算"悲观"预期时销售量对净现值的影响，除了销售

量是 170 台以外，其余参数都是"一般"预期时的参数值。

表 5-18　　　　　　三星公司项目敏感性分析——绝对值指标　　　　单位：元

	悲观	一般	乐观
销售量（台）	861	6 506	25 323
销售价格	− 64 004	6 506	30 009
单位变动成本	− 12 816	6 506	35 488
资本成本	5 024	6 506	8 067

从谨慎的原则出发，在敏感性分析中，一般考虑"悲观"的预期。从绝对指标来看，"悲观"情形下的销售价格和单位变动成本都将使项目净现值为负，项目因此变得不可行，故属于敏感因素。从相对指标来看，参数向"悲观"方向变动的百分比和净现值变动百分比的对比详见表 5-19。

表 5-19　　　　　　三星公司项目敏感性分析——相对值指标

	参数变动 百分比（%）①	净现值变动 百分比（%）②	敏感度②÷① （%）	敏感因素 排序
销售量	15	87	5.8	3
销售价格	33	1084	32.85	1
单位变动成本	11	297	27	2
资本成本	20	23	1.15	4

$$①参数变动百分比 = \left| \frac{"一般"参数值 - "悲观"参数值}{"一般"参数值} \right|$$

$$②净现值变动百分比 = \left| \frac{"一般"净现值 - "悲观"净现值}{"一般"净现值} \right|$$

结果表明，销售价格、单位变动成本、销售量和资本成本变动一个百分点，对应的净现值将分别改变 32.85、27、5.8 和 1.15 个百分点，净现值对销售价格的变动最为敏感，其次为单位变动成本、销售量和资本成本。因此，在资本预算中，需要特别注意对销售价格和单位变动成本的估算。

从上例可以看出，敏感性分析通过定量描述各种不确定性因素变动对项目投资效果的影响，找出影响投资决策的重要因素，有助于我们从整体上确定项目的投资价值，并在资本预算中特别调查和分析测算某些敏感变量。

（二）敏感性分析的不足之处

（1）假定只有一个变量发生变化，没有考虑各种因素之间的相互关系。实际中往往会有两个或两个以上的因素同时发生变动。

（2）没有考虑各种不确定因素发生变化的可能性，即未来各种情形出现的概率。

（3）没有区别企业可以控制的现金流量和不可控制的现金流量。

为了克服敏感性分析忽略各变量之间相关性的不足，通常采用事件分析方法。简单地说，事件分析就是设想一些可能发生的事件，预测这些事件对决定项目现金流量的各参数的影响，计算和比较事件发生前后项目的净现值，帮助管理层了解项目在各种可能情形下的投资价值。

比如例 5.11 中，我们可以分析经济衰退这一事件对割草机生产项目的综合影响。经济衰退可能降低割草机的价格，减少生产成本和销售数量，还可能降低企业的资本成本。经济衰退情况下，预计项目各参数如表 5-20：

表 5-20 　　　　　　　　　　 预计项目参数表 　　　　　　　　　 单位：元

销售量（台）	销售价格	单位变动成本	管理费用	折旧	资本成本
170	340	300	5 000	5 000	9.6%

由此可以计算出经济衰退时项目的净现值为 − 17 250 元，项目不可行。当然还可以设想其他可能的事件，并分别计算每个事件下项目的净现值，从而了解投资项目在不同情形下的投资价值和抗风险能力。

三、决策树分析

有些投资项目，往往要经历几个阶段，且每个阶段都要作出决策。但这些决策并非互不相关，而是紧密联系、互相影响，具有一定的前后顺序关系的，前阶段的决策将改变后阶段决策的客观条件，并影响后一阶段的决策。这类项目的资本预算一般通过决策树来表达和求解。

决策树是一种描述风险条件下资本预算问题的树形网络图。它把各个备选方案未来可能发生的各种客观状态、发生的概率以及实施后的效果直接在图上标出来，反映了多阶段决策的路径。画出的图形状如树，故名决策树。

（一）决策树资本预算的步骤

利用决策树进行资本预算分析时，一般从后向前逆向进行。具体步骤为：

（1）根据现有的信息，画出决策树；

（2）计算最终可能出现的每一决策结果的净现值；

（3）根据每种结果发生的概率，计算各阶段投资方案的期望净现值；

（4）比较不同方案的期望净现值，淘汰差的方案，保留好的方案，依次从后往前推，最后留下的就是要选择的最优方案。

例5.12，某汽车制造厂拟投资生产适合城市家庭使用的环保型微型汽车。该项目包括三个阶段：

（1）进行市场调查，市场调查费用为500 000元。预计调查结果为前景良好的可能性为80%，前景不好的可能性为20%。如果市场前景不好，项目就此结束，企业损失500 000元市场调查费。

（2）如果调查结果为市场前景良好，企业将投资1 000 000元进行研制试验，预计研制成功的可能性为60%，失败的可能性为40%。如果研制试验失败，项目终止。

（3）如果研制试验成功，企业将再投资10 000 000元建设厂房和购买生产设备。项目的寿命期为4年。4年中的经营现金流量取决于市场需求。预计市场需求有高、中、低三种情形，发生的概率分别为30%、40%和30%，每年现金流入量分别为10 000 000元、4 000 000元和－2 000 000元。企业可以在经营亏损时停止生产。

假定项目的风险在各个阶段保持不变，并与企业目前的风险等级相同。企业目前的资本成本为11.5%。问，企业是否应该在期初投资进行市场调查？

这是一个典型的多阶段序列决策问题，可以用图5-3的决策树来分析。为简单起见，假定两个决策之间的间隔时间为1年，每个"〇"代表一个决策点，从决策点引出的斜线（分枝）表示一个可供选择的方案。

首先，分别计算每一最终结果的净现值。

建成投产后市场需求高的净现值为：

$$-50-\frac{100}{1.115}-\frac{1\,000}{1.115^2}+\frac{1\,000\times A^4_{0.115}}{1.115^2}=1\,525\,（万元）$$

建成投产后市场需求为中等时的净现值为：

$$-50-\frac{100}{1.115}-\frac{1\,000}{1.115^2}+\frac{400\times A^4_{0.115}}{1.115^2}=43.6\,（万元）$$

企业可以在经营亏损时停止生产。假如项目投产一年后亏损200万元，且预期项目继续亏损，企业将停止生产。因此，市场需求低时，项目净现值应为：

$$-50-\frac{100}{1.115}-\frac{1\,000}{1.115^2}-\frac{200}{1.115^3}=-1\,088.3\,（万元）$$

同理，项目研制试验失败后的净现值为：

$$-50 - \frac{100}{1.115} = -139.7（万元）$$

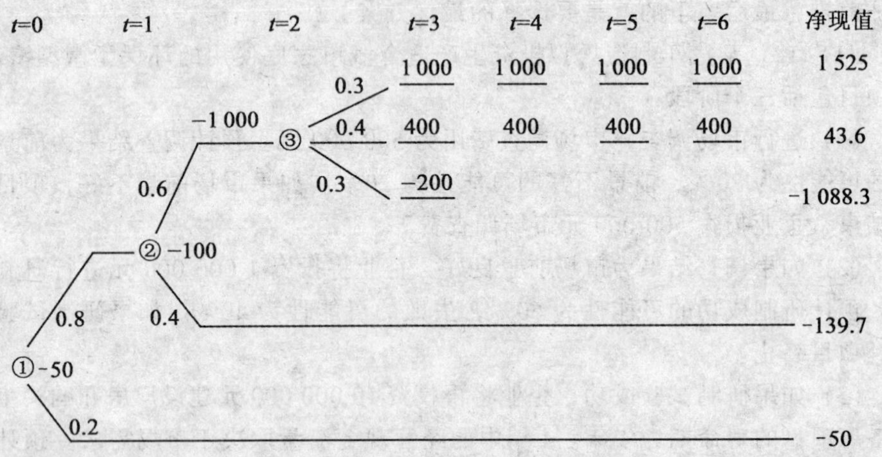

图 5-3 决策树分析（单位：万元）

如果项目市场调查为前景不好，就不会投资进行研制和试验，此时项目的净现值为 −50 万元。

其次，根据每种结果发生的概率，从后往前，计算各阶段投资方案的期望净现值，直到期初决策点。

决策点③的期望净现值为：

$$0.3 \times 1\,525 + 0.4 \times 43.6 + 0.3 \times (−1\,088.3) = 148.5（万元）$$

决策点②的期望净现值为：

$$0.6 \times 148.5 + 0.4 \times (−139.7) = 33.2（万元）$$

决策点①的期望净现值为：

$$0.8 \times 33.2 + 0.2 \times (−50) = 16.6（万元）$$

结果表明决策点①的期望净现值为正，即企业应该在期初投资进行市场调查；如果调查显示市场前景良好，应该投资进行研制试验；如果试验成功，应该选择投资建厂。

（二）用条件概率方式计算

上述计算过程也可以通过条件概率的方式来计算。具体步骤为：

（1）画出决策树（如图 5-3），找出所有可能的结果，见表 5-21 第一列；

（2）计算每个结果发生的条件概率。比如投产后市场需求高是在市场调查结果很好（概率 0.8）以及研制成功（概率 0.6）的条件下，发生的概率为

0.3，因此，该结果发生的概率为：$0.8 \times 0.6 \times 0.3 = 0.144$。计算结果见表5-21第二列；

（3）计算每种可能结果的净现值，见表5-21第三列；

（4）计算期初的期望净现值。

期望净现值 $= \sum$ 最终结果的条件概率×最终结果净现值

表5-21　　　　　　　不同情况下投资的条件概率表

最终可能结果	条件概率	净现值	概率×净现值
投产后市场需求高	0.144	1 525	219.6
投产后市场需求中	0.192	43.6	8.4
投产后市场需求低	0.144	− 1 088.3	− 156.7
研制试验失败项目终止	0.320	− 139.7	− 44.7
市场前景不好项目终止	0.200	− 50	− 10
合　　计	1	—	16.6

期初的期望净现值为16.6万元，与前一种方法的计算结果相同，表明企业应该在期初投入资金进行市场调查。

【本章小结】

1. 资本预算主要是依据项目的现金流量而不是会计利润来评价投资项目的经济效益的。与资本预算项目有关的现金流量是指由拟投资项目引起的税后现金流入和流出量的变化，与企业的总量现金流和过去已经发生的支出无关。项目现金流包括初始现金流、经营现金流和终结现金流三个部分。所得税对各部分现金流的影响各不相同。在有所得税的情况下，经营现金流量等于税后利润与折旧之和。

2. 资本成本是企业为了实施资本预算项目筹集和使用资本而支付的代价，是进行资本预算的基础。资本成本在数值上与投资者的机会成本和预算项目的最低期望收益率相等。通常采用机会成本法和加权平均资本成本法来估算资本成本。机会成本法将项目资本成本视为金融市场中相同风险等级的金融证券的收益率，加权平均资本成本是企业融资结构中不同组成部分成本的加权平均值，权重为股权和债权市场价值在总价值中所占的比重。

3. 通货膨胀是常见的经济现象，其影响表现为以货币计量的收益的购买力发生变化。以现行价格确定的现金流称为名义现金流，按不变价格确定的现金流称为实际现金流。按照是否考虑通货膨胀的影响，利率可以分为名义利率和实际利率。当通货膨胀率 d_p 很小时，实际利率等于名义利率减去通货膨胀率。如果资本预算采用的是名义现金流量，那么，贴现率也采用名义贴现率；如果资本预算采用实际现金流量，则贴现率也采用实际贴现率，但两种方法求得的项目净现值相同。

4. 不同类型项目的资本预算所考虑的因素并不相同。扩充型项目是企业在现有生产规模的基础上进行扩大再生产，其产品、技术和资本结构与企业现有项目基本相同。资产更新是对企业原有设施进行更换和处理。项目的成本收益不仅涉及追加的投资，还涉及现有资产的处理等问题。资产更新的时机是，当使用旧设备的成本高于使用新设备的成本时，就应该考虑进行更新。当有两种或两种以上可供选择的新设备时，采用年平均成本法或更新链法来比较选择。

5. 为了掌握投资项目对外部条件变化的承受能力，我们引入盈亏平衡分析、敏感性分析和决策树分析方法。盈亏平衡分析是根据产量、成本和盈利之间的关系，找出使项目成本和收益正好相等的销售量的一种分析方法。敏感性分析是对净现值法的重要补充，它通过定量描述各种不确定性因素变动对项目投资效果的影响，找出影响投资决策的重要因素。决策树是一种描述风险条件下资本预算问题的树形网络图，主要用于具有一定前后顺序关系的系列决策。

【思考与练习】

1. 资本预算中，为什么采用现金流量而不是会计利润？

2. 投资项目的现金流量由哪几个部分组成？确定项目现金流时应该注意哪些问题？如何理解折旧对现金流的影响？

3. 投资项目的资本成本如何确定？

4. 什么是年平均成本法？使用年平均成本法有哪些前提条件？举例说明哪些情况下可以使用年平均成本法进行资本预算？

5. 什么是盈亏平衡分析、敏感性分析、决策树分析？它们分别适合什么情形下的投资决策？

6. 某融资租赁公司计划购入一台建筑工程设备，设备售价为 4 000 000 元，使用年限为 20 年；该设备采用直线折旧法折旧，20 年后残值为 0；根据租赁合同，租赁收入每年增加 3%，且第一年的租赁收入在签订租赁合同后立即支付。已知租赁收入的贴现率为 13%，折旧的贴现率为 9%，公司的边际税率为 33%。问，第一年的租赁收入至少应该是多少？

7. 一公司计划投资 28 000 000 元购买一台新设备更换现有旧设备。已知：

（1）旧设备账面价值为 12 000 000 元，市场价值为 20 000 000 元，旧设备还可以使用 4 年，期末无残值，采用直线折旧法折旧。

（2）新设备将使第一年税前收入增加 17 500 000 元，随后 3 年税前收入均比上年增加 12%。

（3）新设备使用年限为 4 年，采用双倍余额递减法折旧，折旧年限为 4 年。

（4）新设备将使公司营运资金增加 5 000 000 元，营运资金在第 4 年末收回。

（5）边际税率为 40%。

问：

（1）项目期初净投资额为多少？

（2）每期的税后现金流为多少？

（3）项目的内含报酬率为多少？

8．MMC 公司正考虑以新买设备更换现有旧设备。已知：

（1）拟被更换的旧设备的市值为 35 000 元。

（2）新设备可以使税前收入在未来 5 年中每年增加 15 000 元。假定增加的收入发生在年末。

（3）旧设备已使用 5 年，预计还可以使用 5 年，5 年后完全报废。旧设备的购置价格为 40 000 元，以直线折旧法折旧，残值为 0，折旧年限为 10 年。

（4）新设备以直线折旧法折旧，残值为 0，折旧年限为 5 年。预计该设备 5 年后可以 6 000 元出售，该收入按 33% 的公司税率征税。

（5）MMC 可以持续经营。

（6）折现率为 10%。

问，MMC 公司能够接受的新设备的最高价格是多少（该价格下 $NPV = 0$）？

9．一化工厂计划购置一套技术革新装置，现有 A、B 两种生产装置能够满足生产要求，两种装置的产量和销售收入完全一样，但成本、维修费和使用年限各不相同（详见下表）。表中费用均以实际价格表示。通货膨胀率为 6%，名义贴现率为 15%。假定一旦选定一种生产装置，就一直保持不变。试分析，该化工厂应该选择哪种装置？

年份	0	1	2	3	4	5
A 装置（元）	14 000	2 000	2 000	2 000		
B 装置（元）	18 000	2 200	2 200	2 200	2 200	2 200

10. 巨星文具公司最近购买了一台 400 000 元的机器用来生产微型计算器，该机器可以使用 5 年，5 年后完全报废，采用直线折旧法折旧，预计微型计算器的单价为 50 元，单位变动成本为 10 元，每年固定的管理费用为 500 000 元，公司边际税率为 25%，资本成本为 12%。问，公司每年至少要生产多少个计算器才不会亏本？

11. 某汽车制造厂计划投资生产一种新型汽车，生产期限为 5 年，预计未来 5 年中市场对该新型汽车的需求可以分为"乐观"、"正常"、"悲观"三种情形。生产和销售部门将上述三种情形下的各种参数列入下表。已知期初固定资产投资为 1.2 亿元，采用直线折旧法折旧，期末无残值，公司边际税率为 33%，实际贴现率为 15%。

	乐观	正常	悲观
市场容量	40 000	30 000	20 000
市场份额	25%	20%	16%
价格（万元）	10	9	8
单位变动成本（万元）	6.5	6	5.4
固定成本（万元）	10 500	10 000	9 500

(1) 分析该项目对市场份额、市场容量、价格和固定成本的敏感性；

(2) 对"乐观"、"正常"、"悲观"三种情形进行事件分析。

第三编　企业融资管理

　　融资是公司生产经营的先决条件，也是公司资金运动循环的首要环节。融资的得失在很大程度上影响着公司的发展甚至生存。那么，公司融资的理论和现实依据是什么？公司的资产结构对融资选择会有影响吗？因融资而形成的不同的资本结构对公司的盈利能力甚至生存能力又会产生什么样的影响？当不改变资本结构的融资渠道和方式可以让你进行选择时，又该如何选择？如何权衡各种融资方式的利与弊？本编正是要告诉你这些知识。

　　本编首先对企业融资作了一个基础性的描述，介绍了企业融资管理中最基本的一些概念：经营风险、财务风险和总风险，经营杠杆、财务杠杆和综合财务杠杆，经营杠杆系数、财务杠杆系数和复合杠杆系数；提出公司融资应该是就被放大的风险与收益进行权衡的结果。其次，较全面地介绍了西方资本结构理论。从历史发展的角度，对早期资本结构理论、著名的 MM 理论和与现实世界更为接近的新资本结构理论进行了梳理。再次，介绍了形成资本结构的各种融资方式：股权融资、长期负债融资、融资租赁和债券融资。各种融资方式有着不同的工具种类、特点、程序、成本和评价等，各种融资方式在实践中也有不同的运用技巧。最后，介绍了公司发放股利的理论。股利的发放是公司向股权投资者施以回报，其发放的形式和时机的不同选择就是股利政策。股利政策会受许多因素的影响，不同的股利政策对公司价值也会带来不同的影响。

第六章　杠杆理论

【学习目标】

　　本章的基础是有关公司理财的几组概念的含义：经营风险、财务风险和总风险；经营杠杆、财务杠杆和综合财务杠杆；经营杠杆系数、财务杠杆系数和复合杠杆系数。风险和杠杆利益是公司融资决策的重要参考因素，通过分析各种杠杆对公司风险和收益的作用原理，进而明确资本结构决策需要在相关风险和杠杆利益之间进行合理的权衡，提出要在公司融资过程中把握风险与收益的逻辑顺序。

第一节　经营风险和经营杠杆

一、经营风险

　　经营风险是指公司未来营业利润（经营收益）的不确定性，即 EBIT 的不确定性。经营风险可用预期 EBIT 的方差来度量。

　　经营风险主要产生于公司的产品需求、售价、生产成本的稳定性及公司固定资产与变动资产的比重等因素，具体情况参见表 6-1。

表 6-1　　　　　　　　　　　　经营风险的影响因素

经营风险的影响因素	风险类型
1.宏观经济环境对公司产品需求的影响	公司产品的需求弹性很大，GDP 下降引起产品需求更大幅度的下降。
2.市场竞争程度	公司产品的市场竞争程度超出公司正常经营能力，只能用其他非正常手段。

经营风险的影响因素	风险类型
3. 产品种类	公司销售收入对产品的依赖过于集中或分散，影响公司收入的持续性和连贯性。
4. 经营杠杆	公司固定成本是否比较高，销售量的小范围变动引起 EBIT 大幅度变动。
5. 规模扩张	公司规模扩张超出公司承受能力，公司无力持续经营。
6. 资产规模	公司资产规模与公司所处行业不对称，使公司缺乏市场竞争能力。
7. 内部管理	无效的内部管理制度和能力会使公司缺乏远见。
8. 项目投资	一项缺乏科学论证的投资项目可能拖垮一个大型公司。

以上各因素产生的风险，有的属系统性风险，如宏观经济环境对公司产品需求的影响，公司通过努力降低此类风险的可能性很小；有的属非系统性风险，公司可以通过自身资源安排的改变或其他努力有效地改善此类经营风险的程度，如公司产品种类及投资项目等。公司可以在一定程度上控制经营风险的大小。

二、经营杠杆

在影响公司经营风险的诸多因素中，公司资产中固定资产比重的高低对经营风险的影响至关重要，而且最为综合，因此它常常被用来衡量经营风险的大小。当公司存在固定资产经营时，公司就有销售收入不足以支付固定成本的可能，而且固定成本越高，发生不足支付的可能性越大，经营风险也就越高。正常情况下，如果公司经营中产品的固定成本比重高，那么，即使销售量下降很少，也会导致息税前收益（EBIT）的大幅度下降。反之，较小的销售量增加也会带来较大的 EBIT 的增加。经营杠杆是指公司产品在某一固定成本比重的作用下，销售量变动引起的息税前利润的变动。它反映公司资产负债表左边的资产结构。

在一定的产销规模内，总的固定成本并不随产品销量或销售额的增加而增加，故单位销售所负担的固定成本会随销售量的增加而相对减少，从而给公司带来额外的收益，而且这种额外收益会随着销售量或销售额的增长以更快的速度增长，经营杠杆的这种作用被称为经营杠杆利益。

三、经营杠杆系数及其计算

经营杠杆的作用程度，通常用经营杠杆系数来表示。经营杠杆系数是息税前利润的变动率与销售收入变动率之商，反映息税前利润对销售收入波动的度量。

经营杠杆系数的计算公式为：

$$DOL = \frac{\Delta EBIT / EBIT}{\Delta S / S} \tag{6-1}$$

式中：DOL——经营杠杆系数；

$\quad\quad EBIT$——息税前利润；

$\quad\quad S$——销售额；

$\quad\quad \Delta$——变动符号。

$$EBIT = Q \ (P - V) \ - F$$

$$\Delta EBIT = \Delta Q \ (P - V)$$

即：

$$DOL_Q = \frac{Q \ (P - V)}{Q \ (P - V) \ - F} \tag{6-2}$$

或：

$$DOL_S = \frac{S - VC}{S - VC - F} \tag{6-3}$$

$$DOL = 1 + \frac{F}{EBIT} \tag{6-4}$$

式中：Q——销售数量；

$\quad\quad P$——销售单价；

$\quad\quad V$——单位销量的变动成本；

$\quad\quad F$——固定成本总额；

$\quad\quad VC$——变动成本总额，可按变动成本率乘以销售额来确定。

这里，我们可以看出，当企业的固定成本为 0 时，企业的经营杠杆系数为 1，固定成本越高，企业的经营杠杆系数越大。

例 6.1，A 公司和 B 公司生产同一种保温杯，其市场售价均为 11 元。两公司所采用的生产工艺不同，A 公司固定成本为 3 万元，单位变动成本为 6 元；B 公司固定成本为 5.4 万元，单位变动成本为 4 元。本期两公司的销售数量均为 1.2 万个。比较销售额增长或下降 1% 的 EBIT 增长率情况（本例不考虑销售额的变化对销售价格的影响）（见表 6-2）。

表6-2 　　　　　　　　　**A公司与B公司经营杠杆作用分析** 　　　　单位：万元

		销售额	变动成本	固定成本	息税前利润	息税前利润变化率%
A公司	本期	13.20	7.20	3.00	3.00	
	上升1%	13.332	7.272	3.00	3.06	2
	下降1%	13.068	7.128	3.00	2.94	-2
B公司	本期	13.20	4.80	5.40	3.00	
	上升1%	13.332	4.848	5.40	3.084	2.8
	下降1%	13.068	4.752	5.40	2.916	-2.8

套用式（6-1），则：

$$A公司的\ DOL = \frac{\Delta EBIT/EBIT}{\Delta S/S} = 2$$

$$B公司的\ DOL = \frac{\Delta EBIT/EBIT}{\Delta S/S} = 2.8$$

分析：

（1）A公司的杠杆系数为2，B公司的杠杆系数为2.8。这表示A公司在13.2万元的销售水平上，销售收入每增长（或下降）1%，$EBIT$将增长（或下降）2%；B公司在13.2万元的销售水平上，销售收入每增长（或下降）1%，$EBIT$将增长（或下降）2.8%。B公司由于生产成本中固定成本较高，经营杠杆系数较大，随着公司销售量的变化，其息税前利润变化相应也大，公司销售增长，利润有较大幅度增长，产生经营杠杆利益；销售减少，利润下降幅度大，蕴涵经营风险也大。

（2）根据A公司和B公司的销售额和$EBIT$作图。当销售收入为13.2万元时，两公司的$EBIT$均为3万元，此时两公司无差别。但当销售收入大于13.2万元时，B公司$EBIT$增加快于A公司，产生经营杠杆利益；而当销售下降，低于13.2万元时，B公司$EBIT$的下降也快于A公司，产生经营风险，如图6-1所示。因此，公司利用经营杠杆，扩大息税前利润和降低经营风险的措施有：增加销售额，使销售额处于产生经营杠杆利益的阶段；无法增加销售额时，尽可能降低经营成本中的固定成本。

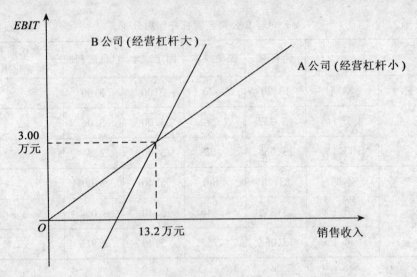

图 6-1　A公司与B公司经营杠杆比较

第二节　财务风险和财务杠杆

一、财务风险

财务风险（Financial Risk）是指公司进行筹资活动，发行固定收益证券后，由普通股东所承担的额外风险，即公司融资结构对每股收益（EPS）的影响。如公司债券、优先股等有固定财务费用的融资方式可能造成公司无力偿还债务，从而给公司普通股股东收益带来风险。财务风险是公司融资决策的直接后果。影响公司财务风险的因素是多方面的，如表 6-3 所示。

表 6-3　　　　　　　　　　公司财务风险影响因素

财务风险影响因素	风险类型
资本供求的变化	资本供给限制企业融资方式
利率水平的变动	利率变化改变企业融资成本
公司获利能力的变化	公司盈利不能支付固定证券本息
公司内部资本结构的变化（财务杠杆）	对企业自有资本的收益率产生影响

财务风险同经营风险一样，包括系统性风险和非系统性风险。资本供求状况以及利率的变化几乎对所有公司融资都会产生影响，属系统性风险，公司难以规避；而公司获利能力和公司内部资本结构却是公司在一定程度上可以左右的，属非系统性风险。财务风险用 EPS 的方差来衡量。

二、财务杠杆

对公司财务风险影响最大的因素是公司内部资本结构，即财务杠杆。财务杠杆（Financial Leverage）亦称融资杠杆或资本杠杆，是指公司在制定资本结构决策时对债务筹资的利用程度。其基本含义是：在长期资金总额不变的条件下，公司从营业利润中支付的债务利息成本是固定的，当营业利润增多或减少时，扣除所得税后可分配给公司所有者的利润就会以更大的幅度增加或减少，从而给公司所有者带来额外的收益或损失。利用债务融资，增加股东每股收益，称之为财务杠杆的正作用；因债务融资，减少股东每股收益，称之为财务杠杆的负作用。

例 6.2，假设新成立的新心公司生产经营共需资金 100 万元，有以下三个筹资方案：甲方案，所需资金全部是自有资金；乙方案，自有资金为 80 万元，借入资金为 20 万元；丙方案，自有资金和借入资金各为 50 万元。在上述不同筹资方案下，该公司各种因素决定的经营状况可以有两种：一是正常，二是较差。资本结构以及有关的数据及计算见表 6-4。

表 6-4 　　　　　　　　财务杠杆作用的计算与分析　　　　　　　单位：万元

方案 / 经营状况 / 项目	甲		乙		丙	
	正常	较差	正常	较差	正常	较差
资本总额	100	100	100	100	100	100
普通股东	100	100	80	80	50	50
负债总额	–	–	20	20	50	50
息税前总资本收益率	15%	5%	15%	5%	15%	5%
息前税前利润	15	5	15	5	15	5
利息（10%）	–	–	2	2	5	5
税前利润	15	5	13	3	10	0
所得税（30%）	4.5	1.5	3.9	0.9	3	–
税后利润	10.5	3.5	9.1	2.1	7	0
每股收益（EPS）	0.105	0.035	0.114	0.026	0.14	0

分析：

（1）当企业正常经营，且总资产净收益率10.5%（15%（1－30%））大于负债利率（10%）时，企业可以通过财务杠杆的正作用提高每股收益，且债务越多，财务杠杆利益越大。

（2）当企业经营较差，且总资产净收益率3.5%（5%（1－30%））小于债务利率（10%）时，企业因为财务杠杆的负作用使每股收益下降，且随着借入资本的增加，财务杠杆负作用越大，财务风险越大。

以上关系可用图6-2来表示。

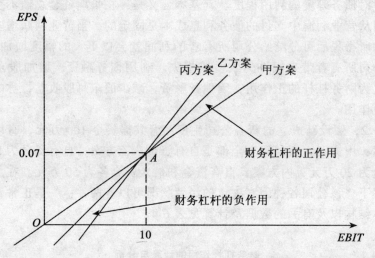

图6-2　新心公司的每股收益（EPS）和息税前收益（EBIT）

图中直线表示 EBIT 变化引起的 EPS 变化，各方案斜率表示每单位 EBIT 变化引起的 EPS 变化的大小。丙方案较乙方案、乙方案较甲方案斜率大，表明资本结构中借入资本越多，相同的 EBIT 变化带来更大的 EPS 的变化，财务杠杆发挥作用就大，财务风险也更大。

图中的交点 A 为 EBIT－EPS 的无差异点，在此点上三种方案的 EBIT 及 EPS 都一样，融资方案的不同不会造成差异。当 EBIT 水平超过此点时，采用债务融资方式，EPS 上升得越快，反之亦然。如果 EBIT 达不到该点处，采用权益融资更可取。这说明，财务杠杆的使用需要一定的营业利润来支撑。A 点处的 EBIT 和 EPS 计算如下：

由于在无差异点处，权益融资和债务融资的 EPS 相等，则有：

$$\frac{EBIT_甲(1-T)}{E_甲} = \frac{(EBIT_乙 - I_乙) \times (1-T)}{E_乙}$$ （$E_甲$ 为所有者权益，即股本）

代入数据：
$$\frac{EBIT_{甲}}{100} = \frac{(EBIT_Z - 2)}{80}$$

因为：
$$EBIT_{甲} = EBIT_Z = EBIT_A$$

所以：
$$EBIT_A = 10（万元）$$
$$EPS_A = 0.07（万元）$$

A 点以左代表财务杠杆的负作用，A 点以右代表财务杠杆的正作用。此点表明当公司的 $EBIT$ 大于 10 万元时，可以充分运用财务杠杆的正作用，提高公司的权益性收益；当公司的 $EBIT$ 低于 10 万元时，尽可能避免使用较多的债务，保持公司股东收益的稳定性。

三、财务杠杆系数及其计算

当财务杠杆发挥正作用时，产生财务杠杆利益。财务杠杆利益通常用财务杠杆系数来衡量。所谓财务杠杆系数（Degree of Financial Leverage, DFL），又称财务杠杆程度，是指普通股每股利润（EPS）变动率相对息税前利润（EBIT）变动率的倍数。它可用来反映财务杠杆的作用程度，估计财务杠杆利益的大小，评价财务风险的高低。其计算公式为：

$$DFL = \frac{\Delta EPS / EPS}{\Delta EBIT / EBIT} \tag{6-5}$$

式中：DFL——财务杠杆系数；

　　　EPS——普通股每股利润；

　　　ΔEPS——普通股每股利润变动额。

为便于计算，可将上式变换为：

$$EPS = (EBIT - I)(1 - T) / E$$
$$\Delta EPS = \Delta EBIT (1 - T) / E$$

即：
$$DFL = \frac{EBIT}{EBIT - I} = 1 + \frac{I}{EBIT} \tag{6-6}$$

式中：I——债务利息；

　　　T——所得税率。

这表明，当公司无债时，财务杠杆为 1，而且财务杠杆系数随着利息费用的增加而上升。

在有优先股的情况下（优先股股利（D_P）通常也是固定的，以税后利润支付），上述公式应改写为：

$$DFL = \frac{EBIT}{EBIT - I - PD_P / (1 - T)} \tag{6-7}$$

承前例，新心公司采用不同方案会有不同的财务杠杆系数：

$$DFL_{甲} = \frac{EBIT}{EBIT - I} = \frac{200}{200} = 1$$

$$DFL_{乙正常} = \frac{200}{200 - 24} = 1.14 \qquad DFL_{乙较差} = \frac{50}{50 - 24} = 1.92$$

$$DFL_{丙正常} = \frac{200}{200 - 60} = 1.43 \qquad DFL_{丙较差} = \left| \frac{50}{50 - 60} \right| = 5$$

分析：

（1）当经营资本全部为自有资本（所有者权益）时，没有财务杠杆效应。而随着资本结构中借入资本的增加，财务杠杆系数随之增加，单位 $EBIT$ 的变化带来更大的 EPS 的变化。

（2）财务杠杆系数不仅与借入资本有关，而且与公司经营状况有关，相同的资本结构条件下，$EBIT$ 越低，财务杠杆系数越大。

第三节　综合杠杆

一、公司的总风险

公司经营风险来自于公司经营过程，主要以公司资产结构中固定资产的比重（经营杠杆）综合体现，风险的大小表示为销售收入的变化引起的息税前收益的变化幅度；公司财务风险则是源自于公司融资过程，主要以公司资本结构中借贷资本的比重（财务杠杆）综合体现，风险的大小表示为息税前收益引起的普通股股东每股收益的变化幅度。任何公司都可能面临两种风险，只是两种风险产生（杠杆作用）的阶段不同，公司首先会面临经营风险，然后是财务风险（经营杠杆作用在前，财务杠杆作用在后）。

$$\Delta S \xrightarrow{\text{经营杠杆作用}} \Delta EBIT \xrightarrow{\text{财务杠杆作用}} \Delta EPS$$

公司中经营风险和财务风险的关系如下：

（1）公司的总风险是两种风险的叠加。经营风险使 $EBIT$ 的变化大于 S 的变化，而财务风险又使 EPS 的变化大于 $EBIT$ 的变化，累积的结果是公司 EPS 的变化远远大于 S 的变化，公司总风险增大。

（2）一定程度的公司总风险可以由许多不同的经营风险和财务风险组合而成。大的经营风险与小的财务风险组合，小的经营风险与大的财务风险组合，形成一般总风险；或者大的经营风险与大的财务风险组合，形成超大总风险，满足风险极端喜好者的偏好；再者就是小的经营风险与小的财务风险组合，形成超稳健型低风险，满足风险极端厌恶者的偏好。公司一般选择后两者的可能性比较小。

（3）经营风险除了对公司总风险产生积累作用外，对财务风险有加大的作用。这从本章第二节新心公司财务杠杆系数的计算结果可以得到结论，即在相同的资本结构条件下，公司 $EBIT$ 越低（经营风险可能使 $EBIT$ 很低），财务杠杆系数越高。反之，则相反。

图 6-3 反映了以上关系。

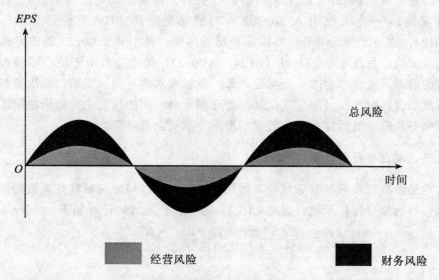

图 6-3　公司经营风险、财务风险与总风险

二、综合财务杠杆

前述分析可知，经营杠杆是通过改变销售收入来影响息税前利润的；而财务杠杆则通过变化的息税前利润来影响每股利润，两者最终都会影响普通股的利润，而且两者对公司最终的 EPS 的影响作用是同方向的。当一个公司同时利用两种杠杆的作用时（实际上几乎所有公司或主动或被动都会同时面对两种杠杆的作用），得到一个比经营杠杆或财务杠杆更大的复合杠杆。复合杠杆（Combined Leverage）是经营杠杆和财务杠杆综合作用的结果，是两者的乘积。

承例 6-2，假定新心公司经营状况正常与较差出现的概率各为 50%，比较方案甲和方案乙的期望值和方差。

甲方案的期望值 =（0.5×0.105）+（0.5×0.035）= 0.070（万元）

甲方案的方差 $= 0.5\ (0.105 - 0.07)^2 + 0.5\ (0.035 - 0.07)^2 = 0.00123$①

乙方案的期望值 $=\ (0.5 \times 0.114)\ +\ (0.5 \times 0.026)\ = 0.070$（万元）

乙方案的方差 $= 0.5\ (0.114 - 0.07)^2 + 0.5\ (0.026 - 0.07)^2 = 0.00194$

分析：

甲、乙两种方案的期望收益相同，但乙方案的方差大于甲方案的方差，表明有负债时，公司收益的波动性更大，其总风险加大。代表全部权益融资的甲方案的方差为 0.00123，这个无负债的收益的方差衡量的是公司的经营风险。乙方案是同一公司在引入 20% 债务时的结果，其 EPS 变易性更大，为 0.00194，这一方差反映了经营风险和财务风险，其中有 0.00123 的方差来自于经营风险，另外 0.00071 (0.00194 - 0.00123) 的方差是由于使用了债务而引起的财务风险所产生的。公司进入某一领域或从事一项投资项目的决策都会影响其经营风险，而（部分或全部）使用债务对公司的投资进行融资决定了公司的财务风险。最后持有公司股票的股东要承受全部风险。

三、复合杠杆系数及计算

将经营杠杆系数和财务杠杆系数结合起来，可以得到两种杠杆系数的综合效应，称为综合杠杆系数（简称 DCL）。综合杠杆系数的计算如下：

$$DCL = \frac{EPS\ \text{变化的百分比}}{\text{销售收入变化的百分比}} = \frac{\Delta EPS}{EPS} \Big/ \frac{\Delta S}{S} \tag{6-8}$$

或：

$$DCL = DOL \times DFL = \frac{Q\ (P - V)}{Q\ (P - V)\ - F - I - \dfrac{D_P}{(1 - T)}} \tag{6-9}$$

公式中的符号意义均与前面相同。如果企业没有优先股，则：

$$DCL = \frac{Q\ (P - V)}{Q\ (P - V)\ - F - I} = 1 + \frac{F + I}{EBT} \tag{6-10}$$

这说明，综合杠杆系数随着固定经营成本和债务利息费用的增加而上升。

例 6.3，承前例 6.1，假设 A 公司为该项生产筹资 15 万元，其中 5 万元为权益性融资，发行股票 1 万股；10 万元为借款，年利率为 10% 。对 A 公司综合杠杆系数进行分析。

A 公司综合杠杆系数分析如表 6-5。

---

① 由于数据单位大，所以数据本身看起来较小，但并不影响数据比较。

表 6-5 　　　　　　　　　　A 公司综合杠杆系数分析 　　　　　　单位：万元

	本期	收入变化	
		上升 1%	下降 1%
销售额	13.20	13.332	13.068
变动成本	7.20	7.272	7.128
固定成本	3.00	3.00	3.00
息税前利润（EBIT）	3.00	3.06	2.94
利息费用	1.00	1.00	1.00
税前收益（EBT）	2.00	2.06	1.94
所得税（30%）	0.60	0.618	0.582
净收益	1.40	1.442	1.358
每股收益（EPS）（元）	1.40	1.442	1.358
销售额的变化		1%	−1%
息税前收益的变化		2%	−2%
每股收益的变化		3%	−3%

用公式计算验证：

$$DOL = \frac{S - V}{S - V - F} = \frac{13.2 - 7.2}{13.2 - 7.2 - 3.00} = 2$$

$$DFL = \frac{S - V - F}{S - V - F - I} = \frac{13.2 - 7.2 - 3.0}{13.2 - 7.2 - 3.0 - 1.0} = 1.5$$

$$DCL = DOL \times DFL = 2 \times 1.5 = 3$$

在此例中，销售收入变动 1%，营业利润变动 2%，而每股收益变动 3%。

公司总风险由经营风险和财务风险共同构成，综合杠杆作用由经营杠杆和财务杠杆共同发挥作用，因此，公司所面临的全部风险和期望收益可以通过不同程度的经营杠杆系数和财务杠杆系数来进行管理。从原则上讲，通过改变公司财务结构或资产结构，都可达到任一风险水平或期望收益。如果公司能够承受的全部风险或期望达到的收益一定，公司管理层就可以在经营风险和财务风险之间或者经营杠杆和财务杠杆之间进行权衡和选择。如果较高的经营风险对特定行业来说是固有的，那么，降低财务风险可以降低由于销售收入变化所带来的额外的收益的波动，这类公司可采用谨慎的债务策略以达到所期望的风险水平。可以推测，因为经营杠杆造成的收益的不稳定性将减少企业要承担高负债而带来的财务风险。反之，如果公司固定经营成本较低，可以使用较高的财务杠杆来增加每股收益和股权投资的收益率，这类企业愿意承担额外的财务风险也反映了其潜在经营收益的稳定性。

一般来讲，公司对所从事的行业、经营杠杆和现行的经济状况等带来经营风险的因素主动控制的能力较差，许多公司对其厂房等设备的决定权是有限的；而财务风险与企业的融资行为有关，公司可以通过不同的融资组合来主动控制，具有某种程度的灵活性。因此，在建立财务战略时，其基本步骤是：首先确定公司面临的经营风险或经营杠杆，然后根据全部风险或综合杠杆的要求，确定财务风险水平或财务杠杆系数。

四、综合案例：财务风险是韩国大宇集团破产的根源①

（一）大宇集团的基本情况

韩国第二大企业集团大宇集团 1999 年 11 月 1 日向新闻界正式宣布，该集团董事长金宇中以及 14 名下属公司的总经理决定辞职，以表示"对大宇的债务危机负责，并为推行结构调整创造条件"。韩国媒体认为，这意味着"大宇集团解体进程已经完成"，"大宇集团已经消失"。

大宇集团于 1967 年开始奠基立厂，其创办人金宇中当时是一名纺织品推销员。经过 30 年的发展，通过政府的政策支持、银行的信贷支持和其在海内外的大力购并，大宇成为直逼韩国最大企业——现代集团的庞大商业帝国。1998 年底，其总资产高达 640 亿美元，营业额占韩国 GDP 的 5%；业务涉及贸易、汽车、电子、通信设备、重型机械、化纤、造船等众多行业；国内所属企业多达 41 家，海外公司数量创下了 600 家的纪录，海外雇员多达几十万。大宇是"章鱼足式"扩张模式的积极推行者，认为企业规模越大，就越能立于不败之地，即所谓的"大马不死"。据报道，1993 年金宇中提出"世界化经营"战略时，大宇在海外的企业只有 15 家，而到 1998 年底已增至 600 多家，等于每 3 天增加一个企业。还有更让韩国人着迷的是，在韩国陷入金融危机的 1997 年，大宇不仅没有被危机困倒，反而在国内的集团排名中由第 4 位上升到第 2 位，金宇中本人也被美国《幸福》杂志评为亚洲风云人物。

1997 年底，韩国发生金融危机后，其他企业集团都开始收缩，但大宇仍然我行我素，结果债务越背越重。尤其是 1998 年初，韩国政府提出"五大企业集团进行自律结构调整"方针后，其他集团把结构调整的重点放在改善财务结构方面，努力减轻债务负担，而大宇却认为，只要提高开工率，增加销售额和出口就能躲过这场危机。因此，它继续大量发行债券，进行借贷式经营。1998 年，大宇发行的公司债券达 7 万亿韩元（约 58.33 亿美元）。1998 年第 4 季度，大宇的债务危机已初露端倪，在各方援助下才避过债务灾难。此后，在严峻的债务压力下，大梦方醒的大宇作出了种种努力，但为时已晚。1999 年 7

---

① 资料来源：江苏财经网 2002 年 1 月 4 日。

月中旬，大宇向韩国政府发出求救信号；7 月 27 日，大宇因"延迟重组"，被韩国 4 家债权银行接管；8 月 11 日，大宇在压力下屈服，割价出售两家财务出现问题的公司；8 月 16 日，大宇与债权人达成协议，在 1999 年年底前，它将出售盈利最佳的大宇证券公司，以及大宇电器、大宇造船、大宇建筑公司等，大宇的汽车项目资产免遭处理。8 月 16 日协议的达成，表明大宇已处于破产清算前夕。由于在此后的几个月中，经营依然不善，资产负债率仍然居高，大宇最终不得不宣告破产。

（二）经营风险与财务风险的累积使大宇集团不堪重负

大宇集团为什么会倒下？在其轰然坍塌的背后，存在的问题主要有两个方面：首先，是由于内外因素造成的集团经营风险的显著提高；其次，更重要的是大规模举债和经营风险带来的巨大财务风险。财务风险对应的是财务杠杆。财务杠杆是一把"双刃剑"，既可以给企业带来正面、积极的影响，也可以带来负面、消极的影响。其前提是：总资产利润率是否大于利率水平。当总资产利润率大于利率时，举债给企业带来的是正面积极的影响；相反，当总资产利润率小于利率时，举债给企业带来的是负面、消极的影响。

大宇集团在政府政策和银行信贷的支持下，走上了一条举债经营之路，试图通过大规模举债，达到大规模扩张的目的，最后实现"市场占有率至上"的目标。举债经营能否给企业带来积极效应，关键是两条：一是资金的利用效果如何，二是资金收回速度的快慢。1997 年亚洲金融危机爆发后，大宇集团的已经显现出经营上的困难，其销售额和利润均不能达到预期目的，大宇集团经营风险日益显著。与此同时，债权金融机构又开始收回短期贷款，政府也无力再给企业更多支持。正由于经营上的不善，加上资金周转上的困难，加快了这个负债累累的集团的解散速度。由此可见，大宇集团的举债经营所产生的财务杠杆效应是消极的，不仅难以提高企业的盈利能力，反而因巨大的偿付压力使企业陷于难以自拔的财务困境。从根本上说，大宇集团的解散，是其财务杠杆消极作用影响的结果。

大宇集团走的是一条传统道路："做饼"，试图通过扩大企业规模来实现提高企业盈利水平的目的。问题是所投入的资金能否产生效益。以债台高筑为基础的急剧扩张式企业，其不仅要面临逆水行舟，不进则退的局面，而且，一旦资金没有得到有效利用，难以产生相应效益，就将产生消极的财务杠杆作用，这种负面的财务杠杆的作用会以几倍的速度将企业推向亏损、甚至破产的境地。有规模又要有效益，必须具备总资产利润率大于借款利率这一基本前提。

由此可见，不求最大、但求最好是比较正确的经营思路。将有限的财务资源投资到企业最具竞争能力的业务上，不仅可以提高企业的核心竞争能力，提高企业的竞争优势，而且可以避免不必要的债务负担和财务危机。

【本章小结】

1. 公司在经营过程中所面临的风险称为经营风险。经营杠杆是公司 EBIT 对销售收入变化的敏感程度，由公司资产结构决定，是经营风险最为综合的反映。经营杠杆带来经营风险的同时，也可能带来杠杆利益，其大小由经营杠杆系数衡量。

2. 财务杠杆是公司 EPS 对 EBIT 变化的敏感程度，由公司资本结构决定，是公司财务风险产生的根本原因。财务杠杆作用的大小由财务杠杆系数来衡量。

3. 公司总的风险包括经营风险和财务风险。综合杠杆是公司 EPS 对销售收入变化的敏感程度，是经营杠杆和财务杠杆的累积。综合杠杆作用的大小由综合杠杆系数来衡量。

4. 公司的总风险或期望收益可以分解为经营风险和财务风险，综合杠杆利益可以分解为经营杠杆利益和财务杠杆利益。确定资本结构的前提是经营风险或杠杆的确定。

【思考与练习】

1. 经营杠杆、财务杠杆和综合杠杆的含义及衡量方法。

2. 经营杠杆和财务杠杆的作用原理。

3. 综合杠杆及综合杠杆系数的意义。

4. 某公司全部资本为 300 万元，负债比率为 45%，债务利率为 12%，当销售为 150 万元时，息税前利润为 30 万元。公司每年尚需支付 3 万元的优先股股利。设所得税税率为 30%，求该公司的财务杠杆系数。

5. 某公司年销售额为 420 万元，息税前收益为 120 万元，固定成本为 48 万元，变动成本率为 60%，总成本为 300 万元。公司总资产为 3 000 万元，负债比率为 45%，债务利率为 12%，分别计算该公司的经营杠杆系数、财务杠杆系数和综合杠杆系数。

第七章 资本结构理论

【学习目标】

通过本章的学习，学生应了解股东权益最大化的最优资本结构选择目标和企业价值最大化的一致性，重点学习关于企业如何选择或确定资本结构的相关理论；把握公司资本结构演变的脉络，理清资本结构理论大致经历的三个阶段。

第一节 资本结构选择依据

一、资本结构的概念

资本结构是指企业除短期负债以外的全部永久性和长期性资本占用项目的构成以及构成项目的比例关系。大量的金融工具使得公司资本结构的变化不胜枚举，但基本上，资本结构的构成项目主要分为两大类：（1）长期负债，包括企业债券、银行长期借款和融资租赁等；（2）自有资本，包括优先股、普通股和留用利润等。不同的融资方式决定了不同的资本结构。本章探讨的资本结构限于代表权益的普通股和代表负债的直接债务之间的比例关系。

二、资本结构的选择

资本结构选择是指企业如何安排企业资本中负债和权益的比重，从而使股东权益价值最大化。我们首先了解公司价值构成，然后通过一个例子来说明股东权益最大化和公司价值最大化实际上是一致的。

公司的价值由公司未来现金流决定，但就当期而言，它等于各种筹资权利之和。公司筹资权利包括负债和所有者权益。因此，公司价值是负债和所有者权益之和。用 V 表示公司价值，B 代表负债的市场价值，E 代表所有者权益的市场价值，则有：

$$V = B + E$$

显然，公司价值不等于所有者权益价值，但公司价值和所有者权益价值却是一致的，我们通过下面的例子证明这个结论①。

例 7.1，假设思美公司的市场价值是 1 000 元，目前公司没有负债，思美公司发行有 100 股股票，每股市价为 10 元。思美公司是无财务杠杆公司。假设思美公司计划借入 500 元作为每股 5 元的额外现金股利支付给股东。债务发行之后，公司变为有财务杠杆的企业。公司的投资将不因这项交易而改变。在调整计划之后，企业的价值将是多少？

根据定义，管理层认识到重新调整只会产生三种结果中的一种：重新调整后的公司价值或者高于初始的 1 000 元的企业价值；或者等于 1 000 元；或者低于 1 000 元。但根据投资银行家们的意见，管理层相信无论出现哪种结果，重新调整不会使公司价值的变化超过 250 元。因此，他们把 1 250 元、1 000 元和 750 元视为公司价值的适宜范围。初始的资本结构和在新资本结构下的三种可能如表 7-1 所示。

表 7-1　　　　　　　思美公司借债支付股利后公司价值的变化　　　　　　　单位：元

项　目	无债务 （初始的资本结构）	股利支付之后的债务与权益价值 （三种可能）		
		A	B	C
债务	0	500	500	500
所有者权益	1 000	750	500	250
公司价值	1 000	1 250	1 000	750

权益的价值在三种可能情况下都低于 1 000 元，这可以从两个方面来解释。首先，表 7-1 表明了在额外的现金股利支付之后的权益价值。现金的支付，股利代表了公司的部分清算值，因此，股利支付之后，股东可拥有的公司价值将减少。其次，当未来公司清算发生时，只有在清偿所有债权人的债权后，股东才能得到偿还。因此，债务是一种公司的负担，它减少了权益的价值。

----

① 斯蒂芬·A. 罗斯，罗德尔福·W. 威斯特菲尔德，杰弗利·F. 杰富著. 吴世农等译.公司理财（第 5 版）. 北京：机械工业出版社，2000：286

当然，管理层意识到有无数种可能的结果。上述三种仅被视为具有代表性的结果。现在我们确定在这三种可能情况下股东的盈利，见表 7-2。

表 7-2　　　　　　思美公司负债支付股利后股东的净收益或损失　　　　　　单位：元

项　目	重新调整后股东的盈利		
	A	B	C
资本利得	−250	−500	−750
股利	500	500	500
股东的净收入或净损失	250	0	−250

人们难以预料哪一种结果会出现。假设管理者认为结果 A 的可能性最大，毫无疑问他们将重新调整公司的资本结构。因为股东们可赚得 250 元，也即是说，尽管股票价格跌落到 750 元，下降了 250 元，股东们仍可获得 500 元的股利，他们的净收益是 250 元（−250 + 500）。同时，公司的价值将提高 250 元（1 250 − 1 000）。假设管理者认为结果 C 最有可能发生，预期这种情况下股东将有 250 元的净损失，他们将不调整公司的资本结构。也即是说，股票价格跌落了 750 元，仅为 250 元。股东获得 500 元的股利，净损失是 −250 元（−750 + 500）。同时，公司的价值下降了 250 元（750 − 1 000）。最后，假设管理者认为结果 B 最有可能发生。资本结构的调整将不影响股东的利益，因为在这种情况下，股东的净收入为 0，同时公司的价值保持不变。

可见公司股东权益的变化与公司价值的变化是同方向的。当且仅当企业的价值上升时，资本结构的变化对股东有利；相反地，当且仅当企业的价值减少时，资本结构的变化不利于股东。管理者会努力使公司价值最大化，他们会选择他们相信可使企业价值最高的资本结构，因为该资本结构将对企业的股东最有利。换言之，企业资本结构决策的依据就是公司价值最大化。

第二节　早期资本结构理论

大卫·杜兰特 1952 年的研究成果是早期资本结构理论研究的正式开端之一，他提出了三种有关资本结构的理论：（1）净收益理论（NI）；（2）净经营收益理论（NOI）；（3）处于两者之间的传统理论。

三种理论的基本假设如下：公司零税率，公司负债资本成本为 R_B，自有资本成本为 R_e，加权平均资本成本为 WACC，已发行在外的公司债券市场价

值为 B，流通在外股票市场价值为 E，公司总价值为 V，$V = E + B$，用 B/E 代表财务杠杆的大小。但三种理论对投资者如何确定企业负债和股本价值的假设条件却不同。

一、净收益理论

净收益理论（NI）的假设条件为：（1）投资者以一个固定不变的比率 R_e 要求投资回报，即公司股权融资成本固定；（2）公司能以一个固定利率 R_B 发行所需的债务，并且债务成本 R_B 低于权益成本 R_e。图 7-1 揭示了净收益理论的结论。

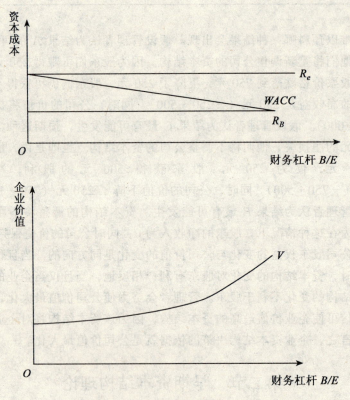

图 7-1　净收益理论图

净收益理论认为，负债资本成本较低，所以当财务杠杆提高时，加权平均资本成本持续下降，并逐渐接近负债成本 R_B，企业价值会因举债而上升。公司最佳资本结构即是图 7-1 上 WACC 与 R_B 的相交点，此时负债占 100%，公司资本总成本最低，企业总价值最大。

二、净经营收益理论

净经营收益理论与净收益理论假设截然不同，净经营收益理论假设投资者所要求的回报并不固定，即企业股权融资成本 R_e 是变化的，而且是随着企业负债增加而增加的。增加负债资本，虽然其成本较低，但同时也增加了公司的风险，这会使投资者要求更高的回报，从而提高自有资本的成本，一升一降，加权平均总成本 WACC 保持不变。净经营收益理论可用图 7-2 表示。

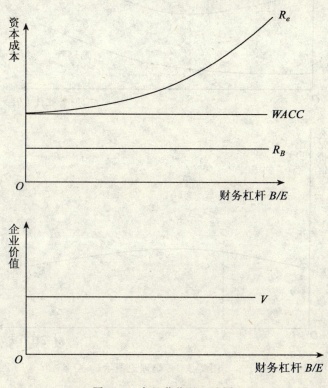

图 7-2 净经营收益理论图

根据这个理论，负债的成本可分为两部分：一部分是可用利息率代表的明示成本，另一部分为因负债增加而使自有资本成本增加的部分即非明示成本。公司不存在最佳的资本结构，因为财务杠杆的变化不影响公司总价值 V。

三、传统理论

传统理论是净收益理论和净经营收益理论的综合。它认为，在某种程度下，公司可以利用财务杠杆作用来降低加权平均的资本成本，增加其总价值。传统理论可用图7-3表示。

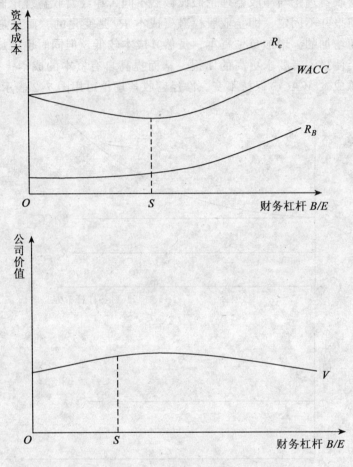

图 7-3　传统理论图示

在传统理论中，R_e 随着财务杠杆作用的增强而按照递增率上升；R_B 要等到财务杠杆作用明显后才上升；加权平均资本成本 WACC 最初随财务杠杆作用加强而下降，因为 R_e 的提高还没有抵消成本较低的负债成本所带来的好处，然而，超过一定限度时，R_e 上升幅度已抵消了负债成本带来的好处，WACC 提高的趋势也加强。公司资本结构的最佳点处于 WACC 的最低点 S。

对早期资本结构理论的评价：

（1）评价公司的价值仅考虑加权平均资本成本这一单一因素。

（2）早期资本结构理论是由一些有关投资者行为的假设组成，主要依靠的是经验判断，而不是可以用正式的统计分析进行检测的模型，缺乏实证分析。随着资本结构理论研究的深入，这些方面得到了有效克服。

第三节　MM　理　论

现代资本结构研究的新开端始于佛朗克·莫迪莱尼（Franco Modigliani）和默顿·米勒（Merton Miller）。他们以科学的、严谨的方式研究了资本结构，并于 1958 年发表了深具影响的论文——《资本成本、公司财务和投资理论》，对企业的价值与其资本结构的关系进行了严密的分析，总结出了著名的 MM 理论（或 MM 模型）。他们的研究成果使公司财务管理成为一门真正的科学，为以后的研究奠定了基础，并因此在 1990 年荣获了诺贝尔经济学奖。

一、MM 理论的假设条件

最初的 MM 模型具有严格的假设条件：

（1）经营风险可以 σ_{EBIT} 衡量；经营风险相同的企业处于同等的风险等级。

（2）股票和债券在完善的资本市场上进行交易。完善的资本市场意味着：①无佣金成本；②投资者（包括个人和机构）的借款利率和公司的借款利率相同；③所有目前和潜在的投资者对企业未来的 $EBIT$ 估计相同，即投资者对公司的未来收益和收益的风险的估计相同；④信息是对称的，公司管理者和投资者都可获得相同的公司信息。

（3）企业和个人的债务均为无风险债务，即所有债务利率均为无风险利率，而且，不会因债务的增加而改变。

（4）所有现金流量为永久年金，即企业为零增长，企业预期的 $EBIT$ 为常数，并且公司的债券是永久年金。这里预期的 $EBIT$ 是常数，是投资者的预期，但是实现了的 $EBIT$ 可以与预期的不同。

MM 首先分析了无公司税的条件下公司的资本结构与公司价值之间的关系，然后再考虑有公司税条件下的情况。

在证明 MM 理论各命题之前，先知道适用于所有 MM 命题的通用符号及含义是必要的：

E ＝公司普通股市值（每股价格×发行在外的股票数）；

E_L ＝杠杆企业的普通股票市价；

E_U ＝无杠杆企业的普通股票市价；

B ＝负债的市价；

$V = B + E$ ＝公司总价值；

$EBIT$ = 息税前盈余，假定其为一个常数；

R_e = 权益的期望收益率，也称权益成本；

R_B = 公司负债的利息率，即负债成本；

$WACC$ = 加权平均资本成本；

T_c = 公司所得税税率；

V_L = 杠杆企业的价值或负债企业的价值；

$V_U = E_U$ = 无杠杆企业的价值或无负债公司的价值。

二、无公司税条件下的 MM 模型

MM 模型所给出的命题是在没有公司所得税的条件下，公司的价值与公司资本结构之间的关系以及所有者权益收益率的确定。

（一）MM 命题 I （关于公司价值）

1. 内容

杠杆企业的价值等同于无杠杆企业的价值，或者企业价值与资本结构无关。

$$V_U = V_L$$

MM 命题 I 是一个极其悲观的结论：公司无法通过改变其资本结构构成的比例改变其流通在外的证券的总价值。也就是说，在不同的资本结构下，企业的总价值总是相同的。换言之，对企业的股东而言，既没有任何较好的也没有任何较次的资本结构。[1]

2. 证明[2]

使用反证法。在满足 MM 所有假设的情况下（$EBIT$ 相同、市场有效、无交易成本等），如果 V_U 不等于 V_L，会有两种可能发生：

（1）如果 $V_U > V_L$。假设投资者持有无负债企业的股票，比例为 α，其投资支出为 $\alpha E_U = \alpha V_U$，收益为 $\alpha EBIT$。此时投资者可建立一新的组合来达到同样的收益，同时可减少投资，其交易策略如表 7-3 所示。在投资组合比例改变之前，投资支出 $\alpha E_U = \alpha V_U$，投资者的收益为 $\alpha EBIT$。在投资组合比例改变之后，他的收益仍为 $\alpha EBIT$，但其投资支出为 αV_L。当 $V_U > V_L$ 时，则投资者所需投资 $\alpha V_U > \alpha V_L$，出售无负债企业的股票用其收入购买杠杆企业的债

---

① 原论文发表于 1958 年：F. Modigliani and M. Miller. The Cost of Capital Corporation and the Theory of Investment. *American Economic Review*，June 1958

② 蒋屏主编. 公司财务管理. 北京：对外经济贸易大学出版社，2001：303

券是值得的。但这一过程会增加杠杆企业的股票价格，同时无负债企业的股票价格会下降。这种情况一直会持续到 $V_L = V_U$ 时达到均衡。因为当 $V_U = V_L$ 时，投资者没有必要来改变其投资组合了。

表 7-3　　　　　　　　　　　**投资策略改变的投资与收益状况分析**

	所需投资	产生的收益
初始状况	αV_U	$\alpha EBIT$
（交易）出售无负债企业股票，购买：		
1. α 比例的负债企业的股票	$\alpha E_U = \alpha\,(V_L - B)$	$\alpha\,(EBIT - R_B B)$
2. α 比例的负债企业的债券	αB	$\alpha R_B B$
总投资（1 + 2）	αV_L	$\alpha EBIT$

（2）如果 $V_L > V_U$。假设投资者持有负债企业的股票，比例为 α。因此，其投资额为 $\alpha E_L = \alpha\,(V_L - B)$，其收益为 $\alpha\,(EBIT - R_B B)$。现在发生表 7-4 所示的交易，投资者以公司相同的利率借款，加上出售负债公司股票购买无负债公司股票。新投资所需总投资为 $\alpha\,(V_U - B)$，其投资收益仍为 $\alpha\,(EBIT - R_B B)$。当 $V_L > V_U$ 时，则总投资 $\alpha\,(V_L - B) > \alpha\,(V_U - B)$，投资者从负债企业转向无负债企业的股票就是值得的，可以更低的成本获得同样的收益。这种转移使负债企业股票价值降低，使无负债企业股票价值上升，直到 $V_L = V_U$，市场达到均衡。

表 7-4　　　　　　　　　　　**投资策略改变的投资与收益状况分析**

	所需投资	产生的收益
初始状况	$\alpha E_L = \alpha\,(V_L - B)$	$\alpha\,(EBIT - R_B B)$
（交易）出售负债企业股票，借款并买入 无负债企业股票		
1. 个人借款	$-\alpha B$	$-\alpha R_B B$
2. 购买 α 比例的无负债企业的股票	$\alpha E_U = \alpha V_U$	$\alpha EBIT$
总投资（1 + 2）	$\alpha\,(V_U - B)$	$\alpha\,(EBIT - R_B B)$

因此，在完备假设条件下，无论是公司借款，还是个人借款，投资者在相同的总投入下，可以获得相同的投资回报，企业的价值与其资本结构是无关的。当投资者个人借款购买无负债企业股票时，称之为自制财务杠杆。

例 7.2，有两个公司新成立，包括总资产均为 1 000 万元在内的所有条件都相同，惟一不同的是它们采用了不同的融资方式筹措资金：X 公司全部发行可流通股票，共 50 万股，每股价格为 20 元，形成一个无杠杆企业；Y 公司发行股票 25 万股，每股价格为 20 元，向银行借款 500 万元，年利率为 10%，形成一个杠杆企业。当经济状况好时，总资产收益率可达 25%，经济状况不好时，总资产收益率为 5%。经济状况好坏的概率各为 50%。两个企业各自股东的收益情况如表 7-5 所示。

表 7-5　　　　同等条件下杠杆企业和无杠杆企业权益收益分析

经济状况	经济状况较差	经济状况正常	期望
(1) 无杠杆公司			
总资产收益率（ROA）	5%	25%	15%
收益（万元）	50	250	150
股东权益收益率（ROE） ＝收益/股东权益	5%	25%	15%
每股收益（EPS）（元）	1	5	3
(2) 杠杆公司			
息前收益（EBI）（万元）	50	250	150
利息（10%）	50	50	50
息后收益（万元）	0	200	100
股东收益收益率（ROE） ＝息后收益/权益	0	40%	20%
每股收益（EPS）（元）	0	8	4

投资者李海准备进行投资，其自有资金为 2 000 元，两种策略可供其选择。策略 A：买入 100 股杠杆企业股票，每股价格为 20 元。策略 B：（1）从任一银行或经纪人处借入 2 000 元，利率为 10%（和企业借款利率相同）；（2）用所借入的 2 000 元加上自己的 2 000 元（共计 4 000 元）买进无杠杆企业的股票 200 股，每股价格为 20 元。两种策略进行投资的收益和成本如表 7-6：

表 7-6　　　　　　不同投资策略成本收益分析　　　　　　单位：元

策略 A： 买入杠杆企业的 100 股	经济状况较差	经济状况正常	期望
杠杆企业的 EPS	0	8	4
每 100 股收益	0	800	400
初始成本＝100 股×20 元/股＝2000			

策略 B： 借款并买入无杠杆企业的 200 股	经济状况较差	经济状况正常	期望
无杠杆企业每 200 股收益	$1 \times 200 = 200$	$5 \times 200 = 1\,000$	$3 \times 200 = 600$
2 000 元的利息（利率为 10%）	-200	-200	-200
净收益	0	800	400
初始成本 $= 200$ 股 $\times 20$ 元/股 $- 2\,000 = 2\,000$			

策略 B 成为自制财务杠杆。从表中可以看出，投资者买入杠杆企业的股票或个人借款买入无杠杆企业的股票，其收益相同，初始成本相同，即自制财务杠杆和公司财务杠杆等效，公司财务杠杆不能额外获利，自制财务杠杆也不能额外获利。

（二）MM 命题Ⅱ（权益成本或权益收益率）

从财务杠杆分析，杠杆企业似乎有利于投资者，因为投资的期望收益率随着财务杠杆的增加而增加。正如表 7-5 所显示的，无杠杆企业权益的期望收益率为 15%，而杠杆企业权益的期望收益率为 20%。

尽管期望收益率随着财务杠杆的增加而增加，然而风险也随着上升。考察表 7-5 可以看出这一点。随着息前收益在 50～250 万元之间变动，无杠杆企业股东的每股收益在 1～5 元之间变动，杠杆企业股东的每股收益在 0～8 元之间变动。杠杆企业的 EPS 的较大变化范围表明其股东承担的风险较高。换言之，在企业好的时期，杠杆企业股东获得的收益高于无杠杆企业股东；在企业糟糕的时期，情况则相反。

由第六章图 6-1 也能得出相同的观点。代表经营杠杆大的企业的那条线的倾斜度高于经营杠杆小的企业线的倾斜度。这也意味着在公司经营好时，杠杆股东的收益较大；而在公司经营差时，杠杆股东的收益较差，这暗示着财务杠杆有较大的风险。换言之，由于倾斜度表示净资产收益率对企业绩效（息前收益）的反应程度，它可以衡量股东之风险。

1. 内容

由于杠杆权益有较大的风险，作为补偿，它应有较高的期望收益率，MM 认为权益的期望收益率与财务杠杆正相关，因为权益持有者的风险随财务杠杆的增加而增加：

$$R_e = R_E + \frac{B}{E}\,(R_E - R_B) \tag{7-1}$$

其中，R_E 为完全权益企业的资本成本。根据 MM 命题Ⅰ，企业的

$WACC$ 固定不变，与资本结构无关，所以 $R_E = WACC$。

MM 命题 II 结论：权益的期望收益率是企业的负债—权益比的线性函数。负债公司的权益成本或权益收益率等于同一风险等级中无负债公司的权益成本加上根据无负债公司的股本成本和负债成本之差与负债比率确定的风险报酬。低成本的举债利益正好被股本成本的上升所抵消。

我们用图 7-4 来表示式 (7-1)，绘出权益成本 R_e 和负债—权益比（B/E）之间的关系。它是一条直线，表明财务杠杆对权益成本的影响。随着企业提高负债—权益比，每一单位的权益要用额外的负债来平衡，这就增加了权益的风险，同时提高了单位权益的期望收益率 R_e。

图 7-4 也显示出财务杠杆不影响 $WACC$。完全权益企业的资本成本 R_E 在图中是用一个负债为零的点来表示的，而 $WACC$ 则是一条不变直线。权益资本成本 R_e 与企业的负债—权益比有关。企业的加权平均资本成本 $WACC$ 与负债—权益比无关。

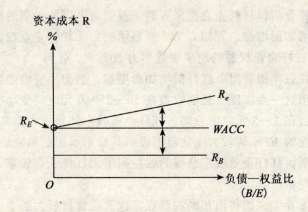

图 7-4　MM 命题 II：权益成本、债务成本和加权平均资本成本

2. 证明

由第五章可知，无税条件下企业的加权平均资本成本 $WACC$ 为：

$$WACC = \frac{E}{E+B} \times R_e + \frac{B}{E+B} \times R_B$$

根据 MM 命题 I：　　　　　　　　$WACC = R_E$

则：

$$\frac{E}{E+B} \times R_e + \frac{B}{E+B} \times R_B = R_E$$

等式两边都乘以 $(B+E)/E$，得：

$$\frac{B}{E} R_B + R_e = \frac{B+E}{E} R_E$$

等式右边可写成：$\dfrac{B}{E}R_E + R_E$。

将 $\dfrac{B}{E}$ 移到等式右边，重新调整后得到：$R_e = R_E + \dfrac{B}{E}(R_E - R_B)$。

MM 认为，如果用债务替代权益，企业的总资本成本不会降低，即使债务显得比权益便宜。原因在于当企业增加债务时，剩余权益变成较有风险。随着风险的增加，权益资本的成本也随之增大。剩余权益资本的成本增加抵消了更高比例的低成本债务筹资。事实上，MM 证明了这两种作用恰好相互抵消，因此，企业的价值和企业总资产成本与财务杠杆无关。

例 7.3，承例 7.2，无负债的 X 公司权益的期望收益率为 15%，而发行债务的 Y 公司权益的期望收益率为 20%，这个 20% 可以这样计算而来：

$$R_e = R_E + \frac{B}{E}(R_E - R_B) = 15\% + \frac{500}{500} \times (15\% - 10\%) = 20\%$$

三、有公司税条件下的 MM 模型

无公司税的 MM 模型给出了研究公司资本结构的一个很好的途径和框架。但不幸的是，它不符合现实。公司税（我国称为企业所得税）几乎在任何国家都存在，而且各国公司税对公司股息和债息的处理方法也几乎一致，即权益性投资者所获股利是税后的；允许公司债务性利息在税前支付。这使得杠杆企业和无杠杆企业的现金流不同，从而带来公司价值及权益性投资报酬率的差异。面对这一现实，莫迪莱尼和米勒进行了进一步的研究，提出有公司税条件下的 MM 模型。

根据无税条件下的 MM 模型，相同经营风险的企业，其价值相同，企业的价值与债务的存在与否及多少都无关。完全权益企业价值等于权益的价值，杠杆企业的价值等于权益价值和债务价值之和。

当存在公司税时，税收是公司成本，是公司的现金流出。这样，公司价值就是权益价值加债务价值减去税收的部分。对于经营风险相同，$EBIT$ 相同的企业，由于特殊的债务利息处理，财务杠杆发挥作用，使得完全权益企业面临的税收要高于（公司有盈利）杠杆企业，从而杠杆企业的价值要高于完全权益企业的价值，如图 7-5 所示。

（一）公司税下的 MM 命题 I（关于公司价值）

1. 内容

存在公司税条件下，杠杆企业价值是无杠杆企业价值与税减现值之和：

$$V_L = V_V + T_c B$$

其中第一项由没有债务税减的企业的现金流量决定，该项等于 V_U ——完

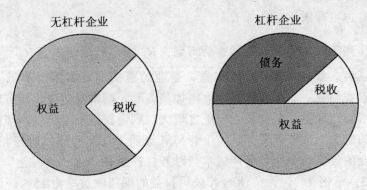

图 7-5　存在公司税的资本结构圆饼图

全权益企业的价值。T_cB 为永续性税减的现值。它是企业债务利息在所得税前扣除，免于纳税，企业的税负与企业的 $EBIT$ 不成比例，从而增加的 EPS。永续性税减与 MM 模型中企业为无增长企业假定有关，假定 $EBIT$ 不变，有理由假定不变的资本结构下，税收也是不变的。

公司税下的 MM 命题 I 告诉我们，企业借债是有好处的，税减随债务额的增大而增加，企业通过负债替代权益来提高其总现金流量和价值。企业价值与负债成线性正相关关系，税减越多，企业价值越大。

2. 证明

比较杠杆企业和无杠杆企业现金流，如表 7-7 所示。

表 7-7　　　　　　　　　　杠杆企业和无杠杆企业现金流比较

项目	无杠杆企业	杠杆企业
息税前收益（$EBIT$）	$EBIT$	$EBIT$
利息（利率 R_B）	0	R_BB
税前收益（EBI）	$EBIT$	$EBIT - R_BB$
税（税率 T_c）	$EBIT \cdot T_c$	$(EBIT - R_BB)T_c$
税后收益（EAT）	$EBIT(1 - T_c)$	$(EBIT - R_BB)(1 - T_c)$
股东和债权人的总现金流	$EBIT(1 - T_c)$	$EBIT(1 - T_c) + T_cR_BB$

把股东和债权人作为一个整体投资者看待，投资者从杠杆企业较无杠杆企业获得的总现金流多出一个 T_cR_BB。

它被称为债务的税减，是年金值（Annual Amount）。只要企业期望有确定的税收依托，我们就能假设税减的现金流量具有与债务利息相同的风险。因此，其价值能通过以利息率 R_B 作为贴现率来决定。假设现金流量是永续性的，税减的现值是：

$$\frac{T_c R_B B}{R_B} = T_c B \tag{7-2}$$

这样，企业股东和债券持有者的税后总现金流量是：

$$EBIT \times (1 - T_c) + T_c R_B B \tag{7-3}$$

式（7-3）中前半部分是无杠杆企业的税后现金流量，无杠杆企业的价值是 $EBIT \times (1 - T_c)$ 的现值：

$$V_U = \frac{EBIT \times (1 - T_c)}{R_E} \tag{7-4}$$

式中：$EBIT \times (1 - T_c)$——无杠杆公司税后的现金流量；

R_E——完全权益企业的资本成本，从公式中能看到 R_E 为税后现金流量的贴现率。

总现金流量的第二部分 $T_c R_B B$ 即税减，其现值应以 R_B 来贴现。

结果我们得到 MM 命题Ⅰ（公司税）：

$$V_L = \frac{EBIT \times (1 - T_c)}{R_E} + \frac{T_c R_B B}{R_B}$$

$$= V_V + T_c B$$

例 7.4，承例 7.2，X 和 Y 公司的所得税为 30%，以公司的期望值考虑，无杠杆企业 X 公司的价值等于：

$$V_U = \frac{EBIT \times (1 - T_c)}{R_E}$$

$$= \frac{150 \times (1 - 30\%)}{15\%}$$

$$= 700 \ （万元）$$

而杠杆企业 Y 公司的价值等于：

$$V_L = \frac{EBIT \times (1 - T_c)}{R_E} + T_c B$$

$$= \frac{150 \times (1 - 30\%)}{15\%} + 30\% \times 500$$

$$= 850 \ （万元）$$

X 公司的权益价值 = 公司价值 = 700（万元）

Y 公司的权益价值 = 公司价值 - 债务价值 = 850 - 500 = 350（万元）

杠杆企业公司价值较无杠杆企业公司价值高 150 万元（850 - 700），公司价值与杠杆的函数关系见图 7-6。债务减少公司税负，公司价值与债务正相关。

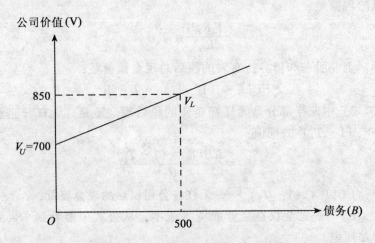

图 7-6 公司价值与财务杠杆的关系

存在公司税的 MM 命题 I 的缺陷：人们对该模型的批评在于模型中存在一个不可实现的假设，即假设会有无限的利息抵减能力。然而，公司实际上只能抵减利息至利润的限度，债务融资实际获得税收抵减的期望值显然低于具有无限抵减能力的期望值。这可能会有两种影响：首先，公司很可能提供少量债务以降低利率；其次，第一单位的债务很可能较最后一单位的债务更能增加公司的价值，因为后面单位债务的利息可能不可抵减。

图 7-7 提供了有限抵减能力的结论。当首次在资本结构中加入债务时，税收的抵减作用明显，公司价值应上升。随着越来越多债务的发行，利息的完全抵减作用变为极不可能，公司价值仍在增加，但增加的速度越来越慢。在某点，抵减能力的可能性低得足以使每一元债务的增加对公司而言就如同每一元权益的增加一样昂贵。之后，公司价值反而随杠杆的进一步增加而减少。

（二）公司税下的 MM 命题 II（权益的期望报酬率）

1. 内容

在没有税收情况下的 MM 命题 II 断定权益的期望收益率与财务杠杆之间存在正相关关系。该结论成立的原因在于权益的风险随财务杠杆而增大。在存在公司税的世界中，结论同样成立。此时的权益报酬率公式为：

$$R_e = R_E + \frac{B}{E} \times (1 - T_c) \times (R_E - R_B) \tag{7-5}$$

2. 证明

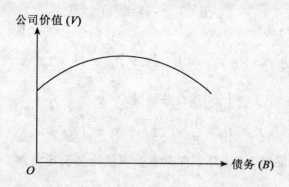

图 7-7　当利息抵减能力被限于利润时的公司价值

有公司税情形下 MMⅠ模型，杠杆企业市场价值的资产负债表可写成：

V_U = 无杠杆企业的价值	B = 债务
T_cB = 税减	E = 权益

　　无杠杆企业的价值仅是没有财务杠杆利益的资产价值。资产负债表表明，当增加债务 B 时，企业的价值增加了 T_cB。资产负债表的左半部分的期望现金流量可写为：

$$V_UR_E + T_cR_BB \tag{7-6}$$

　　由于资产的风险性，它们的期望收益率是 R_E。税减的风险与债务相同，故其期望收益率是 R_B。债权人和股东的期望现金值合计为：

$$ER_e + BR_B \tag{7-7}$$

　　式（7-7）反映了下列事实：股票获得 R_e 的期望收益率，而债务获得 R_B 的利息率。

　　由于在非成长型永续性模型中，所有的现金流量作为股利支付，流入公司的现金流量等于流入股东和债务人的现金流量，因此，式（7-6）和式（7-7）相等，即：

$$ER_e + BR_B = V_UR_E + T_cBR_B \tag{7-8}$$

两边除以 E，并减去 BR_B，重新调整后得：

$$R_e = (V_U/E) \times R_E - (1 - T_c) \times \left(\frac{B}{E}\right)R_B \tag{7-9}$$

由于杠杆企业的价值 $V_L = V_U + T_cB = B + E$，则：

$$V_U = E + (1 - T_c) \times B$$

因此，式（7-9）可写成：

$$R_e = [E + (1 - T_c) \times B] / E \times R_E - (1 - T_c) \times \left(\frac{B}{E}\right) R_B$$

将含有 $(1 - T_c) \times \left(\dfrac{B}{E}\right)$ 项合并后得：

$$R_e = R_E + \frac{B}{E} \times (1 - T_c) \times (R_E - R_B)$$

例 7.5，承前例 7.2，对于有 30% 公司税的 Y 公司而言，其权益期望报酬率为：

$$\begin{aligned}
R_e &= R_E + \frac{B}{E} (1 - T_c) \times (R_E - R_B) \\
&= 15\% + \frac{500}{350} (1 - 30\%)(15\% - 10\%) \\
&= 20\%
\end{aligned}$$

结果与例 7.3 分析结果一致。

该计算的图解见图 7-8。当 $R_E > R_B$ 时，R_e 随财务杠杆增加，财务杠杆增加企业权益的风险，作为补偿，权益的成本随之提高。图中 R_E 只是一个点，而 R_e、R_B 和 $WACC$ 是整条直线。

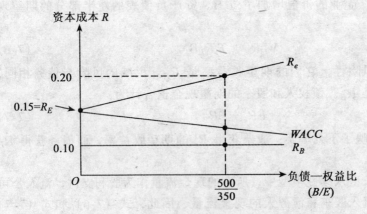

图 7-8　财务杠杆对债务资本成本和权益资本成本的影响

在没有税收时该结论也同样成立。正如本章前面所提到的 R_E 应大于 R_B，即由于权益（包括无杠杆权益）具有风险性，它的期望收益率应高于风险较低的债券的期望收益率。

第四节　资本结构理论的发展

无税的 MM 模型认为债务的多少不影响企业价值。这意味着公司在举债和发行股票的选择上可以随意。有税的 MM 模型因为有税减的好处，公司最优资本结构是 100% 债务，但现实是公司谨慎举债，债务达 100% 的公司几乎没有。这对 MM 理论的合理性提出了严峻的挑战。金融经济学家们着手对资本结构理论进行更为现实的研究，其成果主要有考虑财务困境成本的权衡模型、加入个人所得税因素后的米勒模型、信息不对称以及企业组织理论等，本节介绍具有代表性的权衡模型和米勒模型。

一、权衡模型

债务能为公司带来税收优惠，但它也可能使公司陷入财务困境。一方面债权人拥有的本金和利息的法定给付权会使公司在无法支付时陷入破产危机，破产程序的成本是公司财务困境的直接成本，其他诸如客户的丧失则成为财务困境的间接成本；另一方面，债务的存在会使陷入困境中的公司股东甚至管理者选择有悖于公司价值最大化的利己策略，对此造成的公司价值的降低称为代理成本。财务困境成本和代理成本的存在使公司价值构成变得复杂起来，在举债时需要考虑的因素增加。当然，权益也会有代理成本，尽管它看起来有些微不足道，但越来越多的学者在开始关注它的存在。

（一）财务困境的成本

财务困境成本又名破产成本，它是公司在面临破产时支付给股东和债权人之外的第三方的费用以及破产的威胁使公司价值减少的值。

1. 财务困境直接成本

它是公司清算和重组的法律成本和管理成本。当公司濒临破产时，债权人可能会聘请律师去交涉甚至起诉公司，相应地，公司可能聘请律师为自己辩护，后者直接增加公司成本。前者表面看来由债权人支付，但实际上债权人会在借款时索要更高的利率而最终由股东承担。破产的可能性对企业价值产生负面影响，但是，不是破产本身的风险降低了企业价值，而是与破产相关的成本降低了企业价值。

2. 财务困境的间接成本

企业出现了财务拮据，经理可能为了应付这一困境，会作出一些短期行为的决策，而供应商和客户则会采取回避的态度，这些都会影响企业价值，形成财务拮据的间接成本。

如果企业倒闭，经理和其他雇员会失去工作。处于财务拮据的企业的经理们很清楚这一点，因此会采取短期内能够使企业生存但冲淡了长期价值的行动。如：企业会推迟设备的维修，低价出售资产来筹资，削减成本支出等，使公司的产品或服务的质量受到影响，使企业的长期市场份额和价值受到侵蚀。同时，当企业出现财务困境时，客户和供货商都会有所警觉，这时他们通常采取"躲避"政策来避免进一步的损失。如：客户由于担心后续服务质量低劣甚至被取消而放弃购买该企业产品；供应商会担心货款不能及时支付而放弃提供货物。这些可能会将企业推向毁灭的深渊。

（二）债务代理成本

当拥有债务的公司处于破产可能性边缘，控制权仍掌握在股东手中时，股东一般会采用一些利己的策略来损害债权人的利益。这会增加债务的代理成本（Agency Cost），债务代理成本的增加反过来却会损害股东的利益，公司价值亦会受到影响。

1. 常见的股东利己策略

利己策略一：铤而走险。

当公司濒临破产时，经营风险就主要由债权人承担，此时股东采用高风险的投资项目是有利可图的。当高风险投资失败，股东无所谓损失，增大的是债权人本金和利息偿还的不可能性；当高风险投资成功，其高额的收益将主要为股东所获。因此，杠杆公司会为着股东的利益冒巨大的风险。

假设有一家杠杆公司，有两个相互独立的项目，一个低风险，一个高风险，其在繁荣和衰退时期，公司价值如表 7-8：

表 7-8　　　　　高风险项目与低风险项目对公司预期价值的影响

项目	情形	概率	公司价值 = 股票 + 债券	公司预期价值	股票预期价值	债券预期价值
低风险	衰退	0.5	100 = 0 + 100	150	50	100
	繁荣	0.5	200 = 100 + 100			
高风险	衰退	0.5	50 = 0 + 50	145	70	75
	繁荣	0.5	240 = 140 + 100			

可见，采用低风险项目，公司预期价值高于高风险项目，但关键在于低风

险项目的公司价值绝大部分为债权人拥有，股票价值所占比例较少。高风险项目虽然使公司整体价值降低，债权价值也有所降低，却提高了股票价值。因此，从股东角度来看采用高风险项目更为合算。这类使公司价值降低，而独提高股票价值的高风险项目的选择明显是以债权人的利益为代价的。

利己策略二：倾向于投资不足。

对具有很大破产可能性的杠杆公司来说，如果新项目的投资全部要由股东出资，那么不管该项目能否使公司脱离危难，股东都会对新项目犹豫再三。当然，如果公司注定要破产，新投资自然毫无意义，而现在的问题是：即使新投资有正的现金流，能减少公司破产的可能性，公司价值会得到提升，但因为债务索取权在先，新投资的所有利益可能都会归债权人所有。股东会因为收益和成本不成正比而放弃有正现金流的项目，体现出投资不足。这样一来，债权人的利益受到损害，公司也可能丧失避免破产的良好机会。

利己策略三：撇油。

公司处于财务困境时期却支付额外股利给股东，或采用其他方式（包括分配、转移等手段）将公司资产进行处置，只留下少量给债权人。

债务代理成本产生于公司破产的可能性，而且随着破产可能性的增大而增加。

2. 债权人的保护措施

当然，以上种种不利于债权人的行为，债权人并不会等到企业破产时才就范，债权人总是在事先就会想尽办法来保护自己。保护的措施有两种：一是直接提高债券利息率，来与高风险相匹配；另外一种就是采用低利率，但设定保护性条款（Protective Covenents）。对股东来说，不管哪一种办法都会相应提高其融资成本。

保护性条款类型包括消极条款和积极条款。

消极条款（Negative Covenent）用于限制或禁止公司可能采取的有损于债权人的行动。消极条款会在一定程度上降低公司经营的灵活性，对权益价值甚至公司价值都会有影响。典型的消极条款包括：

（1）对企业可支付的股利数额作出限制。

（2）企业不可将其任一部分资产抵押给其他贷款者。

（3）企业不可兼并其他企业。

（4）企业未经贷款者同意不可出售或租借其主要资产。

（5）企业不可发行额外长期债务。

积极条款（Positive Covenent）指定公司同意采取的行动或公司必须遵守的条件。和消极条款一样，积极条款限制公司经营者或者股东面对困难的主动性。积极条款可能包括：

(1) 公司同意保持其营运资本在最低水平。

(2) 公司必须定期提供财务报表给贷款者。

（三）公司价值的权衡模型

无公司税 MM 模型认为公司价值与资本结构无关，有税 MM 模型则认为财务杠杆会增加公司价值，使公司价值最大可有 100% 债务。但若考虑财务困境成本和债务代理成本后结果就不一样了。

图 7-9 显示了税收效应、财务困境成本和债务代理成本的综合作用。图中斜线代表在无破产成本世界中公司的价值。"∩"形曲线代表综合各种成本后的公司价值，当公司资本结构由完全权益转向少量债务时，"∩"形曲线也随之上升。这时，因财务困境的概率很小，财务困境成本的现值为最小。然而，随着债务的添加，财务困境成本和债务代理成本的现值以一个递增的比率上升。在某一点，由额外债务引发的这些成本现值的增加等于折扣税减现值的增加。税减增加杠杆公司的价值，财务困境成本和债务代理成本降低杠杆公司的价值，两个因素互相抵消，公司价值达到最大。此时的债务额在 B^* 点上，在图 7-9 中用 B^* 表示。换言之，B^* 是最优的债务量。超过这一点的破产成本增长快于税减折扣，公司价值因财务杠杆的进一步增加而减少。

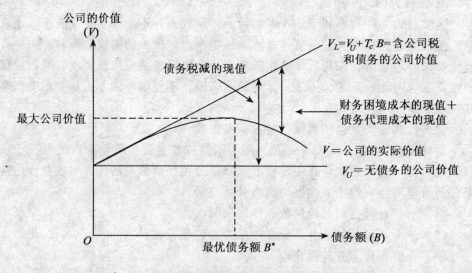

图 7-9　最优债务额和公司的价值

也可用圆饼理论阐述权衡模型：税收是对公司现金流的一种索取权，破产成本是对公司现金流的另一种索取权。圆饼理论认为所有这些权利只有一个支付源,那就是公司总的现金流。

公司的现金流＝支付给股东＋支付给债权人＋支付给政府＋支付给律师
＋支付给公司所有其他权利人

图 7-10 显示了新的圆饼图形。总现金流体现的公司价值由各权利人的索取权组成。

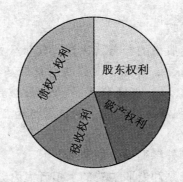

图 7-10　权衡模型的公司价值圆饼图

从权衡模型,我们可以简单地总结出以下寓意:

(1) 经营风险大的企业,其资产收益波动性大,在负债水平下发生财务困境的可能性也增大,同时,其财务困境的预期成本也越大。所以,经营风险高的企业较经营风险低的企业而言,最优资本结构一般在负债较低的点。

(2) 资产结构中,更多地使用无形资产(如专利、商誉)的企业和资产专用性较强的企业不能举借过多的债务。财务困境成本不仅取决于财务困境发生的概率,而且还取决于财务困境发生之后的状况。专用化的资产、无形资产在财务困境发生时更易失去其价值。

(3) 公司负税高的企业较公司负税低的企业举借更多负债是合算的。公司税赋高的企业能从负债中得到更多的税减利益,其他条件不变的情况下,税减的利益能够抵减更多的财务困境成本和债务代理成本。

权衡模型增加了两个影响财务杠杆程度的因素。可惜的是,现在还不存在一个公式能确切地决定特定公司的最优债务水平。这主要是因为无法精确地表述财务困境成本。财务困境成本很难用类似资本结构一样准确的数量度量出来,因为财务困境成本本身受许多非量化的因素决定。但权衡理论(或模型)可以导出这样一个观点:公司的资本结构决策可被视为是在债务的税收抵减优惠、财务困境成本和债务代理成本之间的抉择。它较 MM 理论提供了一个离现实更为接近的理论模型。

（四）一个容易忽略的因素——权益代理成本

根据权衡模型，公司资本结构中，债务的增加会增加财务困境成本和债务代理成本。同理，不容忽视的是公司权益的增加亦会相应增加代理成本，这种成本就是权益代理成本。权益代理成本体现为公司经营者为自身谋利而损坏权益所有者的利益，使公司价值降低。普遍被公司经营者用来损害权益所有者利益的策略有三种：

利己策略一：增加闲暇。

对一个拥有公司一定股份的经营者来说，如果公司采用股权方式再融资，提高资本结构中权益的比重，那么，此行为必然减少经营者对公司的占有比例，比如从 1/3 减少到 1/4。在经营者劳动成果被严重稀释的情况下，他（她）会减少工作时间或强度，因为勤奋的结果与经营者的所得可能并不是同比例增长的。

利己策略二：增加额外津贴或专职消费。

当经营者增加额外津贴和专职消费的承担者大为分散时，经营者有增加消费的动机。如果经营者是惟一的所有者，任何额外津贴或消费都会减少他（她）的所有者权益，而当经营者只有 1/3 甚至更少股份时，增加的额外津贴或消费有 2/3 甚至更多由别人承担。

在资本结构中，权益减少，债务增加，可以在某种程度上遏制以上两种策略的发挥。其基本思想来自于自由现金流量假说（Free Cash Flow Hypothesis）。公司债务具有法定偿付权，利息和本金的支付会减少公司的可支配的自由现金流。自由现金流的减少一方面使经营者即使有增加额外津贴和在职消费的动机，也会减少这样的机会；另一方面，若公司无法安排未来的债务偿付，公司将破产。鉴于此，自由现金流量假说认为从权益向债务的转移将提高公司价值，反之，从债务转向权益则会减少公司价值。

利己策略三：非盈利性投资。

这看来也许令人惊讶，一个拥有权益的管理者会采纳负净现值的项目，因为此项目下的股票价格将明显下跌。管理上的薪金一般随公司规模而增加，这意味着鼓励管理者在所有盈利项目都已被采纳之后接受一些非盈利项目。也即是说，当采纳一个非盈利项目时，对一个只拥有少量股东利益的管理者而言，股票价值上的损失可能少于薪金的增加。

谁来承担这些权益代理成本呢？新股东会考虑到以上相关成本，他们将只为股票支付低价。所以，权益代理成本的最终承担者是所有者。权益代理成本的存在使权衡模型中的公司价值发生变化，公司价值等于债务的税减加上权益代理成本的减少，减去财务困境成本和债务代理成本增加之和。

二、米勒模型

有税的 MM 模型，甚至权衡模型对于税收的考虑都还只是片面的。它们都认识到公司税会带来公司税减利益，增加公司价值，但都忽略了作为公司价值的最终利益分配者——投资者对公司经营结果的分享程度，公司价值的最终体现是投资者从公司分配的现金流。但现实的状况是，公司经营结果的现金流必须（几乎所有国家）交纳个人所得税（其中包括股利分配和债券利息所得税）后归投资者所有。因此，公司价值在考虑个人所得税后应作相应调整，调整的结果就是米勒模型①。

1. 内容

当存在对权益投资者征收的个人股利所得税和向债券投资者征收的债券利息所得税时，无负债企业的价值因为个人税而降低，负债企业价值则与公司税和个人所得税税率相关。

2. 证明

MM 模型的所有假设不变，根据有税的 MM 模型，加上个人股利所得税 T_e，借鉴式（7-4）得到无负债企业价值为：

$$V_U = \frac{EBIT \times (1 - T_c) \times (1 - T_e)}{R_E} \qquad (7\text{-}10)$$

分子项表明无负债企业的经营收益在扣除公司所得税和投资者股利个人所得税后剩下的余额。个人所得税降低了投资者的收入，从而个人所得税降低了无负债公司的价值。

对于有负债的公司价值，则证明如下：

权益投资者通过公司股利分配，最终获得的收益为：

$$(EBIT - R_B B) \times (1 - T_c) \times (1 - T_e)$$

其中 T_e 为股利个人所得税税率。

公司债权人投资收益为：

$$I \times (1 - T_B)$$

式中：I——公司年利息支出；

T_B——个人债券利息税率。

因此，股东和债权人作为一个整体投资者，能从公司获得的总现金流量为：

———————————————

① 米勒模型没有考虑财务困境成本和债务代理成本。

$$(EBIT - R_B B) \times (1 - T_c) \times (1 - T_e) + I \times (1 - T_B) \qquad (7\text{-}11)$$

式（7-11）可重写为：

$$EBIT \times (1 - T_c) \times (1 - T_e) + I \times (1 - T_B) \times \left[1 - \frac{(1 - T_c) \times (1 - T_e)}{(1 - T_B)} \right]$$

$$(7\text{-}12)$$

式（7-12）中第一项是无杠杆公司在所有税收之后的现金流量，该现金流量以无杠杆权益收益 R_E 折现，为无杠杆公司的价值 V_U。购买债券的投资者在支付所得税后获得现金流 $I \times (1 - T_B)$，该现金流以债券收益率 R_B 折现，得到企业负债的市场价值 $B = \dfrac{I \times (1 - T_B)}{R_B}$。

式（7-12）中第二项变为：

$$B \times \left[1 - \frac{(1 - T_c) \times (1 - T_e)}{(1 - T_B)} \right]$$

因此，杠杆公司价值表达式为：

$$V_L = V_U + \left[1 - \frac{(1 - T_c) \times (1 - T_e)}{(1 - T_B)} \right] \times B \qquad (7\text{-}13)$$

米勒模型的含义：

（1）$\left[1 - \dfrac{(1 - T_c) \times (1 - T_e)}{(1 - T_B)} \right] \times B$ 为杠杆利得，$\left[1 - \dfrac{(1 - T_c) \times (1 - T_e)}{(1 - T_B)} \right]$ 代替了有公司税的 MM 模型 $V_L = V_U + T_c B$ 中的 T_c。

（2）如果忽略所有的税收，该模型与无税的 MM 模型一致。

（3）如果忽略个人税收，该模型与有公司税的 MM 模型一致。

（4）如果股息收益税率与债券收益税率相同，即 $T_e = T_B$，则米勒模型与有公司税的 MM 模型 $V_L = V_U + T_c B$ 一致。这正是无个人税的结果。因此，只要权益分配的纳税率与在个人等级上的债务利息税率相同，个人税的引入不影响估价公式。

（5）如果 $(1 - T_c) \times (1 - T_e) = 1 - T_B$，则杠杆的价值为 0。表明企业负债税减的好处正好被较高的股东个人所得税所抵消，杠杆公司的价值等于无杠杆公司的价值。

图 7-11 描述了上述结论。

我国《个人所得税法》规定，股利分配所得税率和公司债券利息所得税率相同，均为 20%。因此，在我国，公司价值模型与有公司税而无个人所得税的 MM 理论一致。

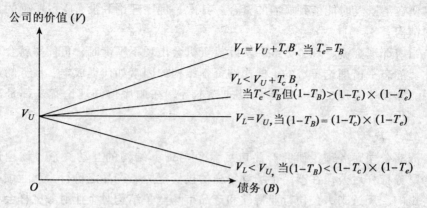

图 7-11　存在公司税和个人税时财务杠杆对公司价值的影响

三、资本结构理论的最新进展

不管是经典的有税或无税的 MM 模型，还是考虑个人所得税的米勒模型，甚至加入破产成本和债务代理成本的权衡模型，尽管它们越来越接近现实，但都有一个共同的假定，即企业的未来现金流是不变的。它意味着这些模型加入的所有因素是不变的，所诠释的过程和结果是静态的。因此，这些模型又被称为静态平衡理论。资本结构的静态平衡理论认为，最优资本结构是存在的，它是由企业考虑了公司及个人所得税、潜在破产成本、债务的代理成本与收益等约束后股东财富最大化的结果。但现实的状况却是企业内外部条件都不可能衡定不变，变化的内外部环境因素的加入，催生出超于静态平衡理论的新的资本结构相关理论。它们主要包括：融资优序理论、战略公司财务理论和行为公司财务理论。

（一）融资优序理论

Myers 和 Majluf 基于信息不对称问题研究了公司为新的项目融资时的财务决策，于 1984 年提出了资本结构的优序理论。优序理论表明，公司更愿意选择内部权益融资而非外部融资，而且，如果资金需要超过留存收益，则发行债务优于发行权益。

两个因素可解释该理论：（1）因要支付大量费用给投资银行家，外部融资是昂贵的；（2）当经理对公司情况了解的比股东多时（"不对称信息"），股东难以准确地估价外部权益，这会导致股东不愿意接受新权益的发行。

优序理论至少有两种关联含意。首先，公司将在经营好的期间储存现金以避免在经营不景气期间进行外部融资需求，也可以在经营好的时期使用少量债务以便在不景气时能借到所需的资金。其次，优序理论并没有暗示明确的目标资本结构。

当内部现金流、现金分红和实际投资机会出现不平衡时，负债率就会发生变化。静态平衡理论考虑的一些影响资本结构的因素如代理成本、债务的避税作用、非债务避税、潜在财务危机的成本等，在顺序偏好理论看来都是次要的。

（二）战略公司财务理论

战略公司财务理论研究产品市场竞争与资本结构的互动关系。该理论认为，财务杠杆对公司在产品市场竞争中的投资能力、产品定价行为和业绩都会产生影响。反过来，公司行业特性和产品市场竞争结构对企业财务杠杆会有反作用。战略公司财务理论有助于解释不同竞争结构的行业资本结构的差异。

首先，在一个充分竞争的产业中，高财务杠杆容易导致企业后续投资能力不足。企业资产可分为当前业务和增长机会，当前业务附属担保价值高，增长机会附属担保价值低。债权人往往在合约中严格约束企业投资高风险的项目，从而与股东产生利益冲突。因此，财务杠杆高不利于企业对增长机会的投资，或者说企业增长机会与财务杠杆负相关，即企业增长机会越多，财务杠杆越低，而且短期债务多，长期债务少。

其次，高财务杠杆还容易导致企业在产品价格战或营销竞争中的财务承受能力不足，被迫削减资本投资甚至退出。产品市场竞争过程必然出现价格战或营销战，利润和经营现金流入随之下降，财务杠杆高的企业容易最先陷入财务危机，引起客户、具有谈判地位的供应商、债权人等利益相关者出于自身风险控制的考虑采取对企业经营雪上加霜的行动，导致销售下降和市场份额萎缩，内外融资能力进一步减弱，最终退出市场。同时，财务杠杆低、现金充裕的竞争对手可能主动发动价格战或营销战（增加广告投入、给经销商让利等），降低产品利润和经营现金流入，逼迫财务杠杆高的企业陷入财务危机。因此，财务杠杆低本身成为一项竞争优势因素，特别是在主要竞争对手之间经营效率无差异时。

最后，宏观经济环境、商业周期和产业政策急剧变化，使财务杠杆高的企业陷入财务危机的可能性大大超过财务杠杆低的企业。

因此，考虑产品市场竞争后，融资优序理论受到质疑。当管理层因产品市场的竞争难以预测企业未来现金流时，会优先选择股权融资而不是债务融资。尤其当管理层预期未来投资项目很可能遭受巨大损失时，即使目前有大量现金或可以债务融资时，仍然会倾向于外部股权融资。

（三）行为公司财务理论

行为公司财务理论认为公司财务资本结构研究一直忽视资本市场供给条件对企业融资选择的影响。而事实上，企业融资选择实践中，更主要的是考虑资本市场融资条件的变化，而不是现有主流理论所认为的债务成本与收益的权衡。行为公司财务关注资本市场条件对企业融资决策的影响，认为企业融资行为与资本市场融资环境密切相关。企业融资机会或时机的选择是企业与资本市场博弈的结果。行为公司财务认为公司管理层是理性的，而股票市场却不那么理性，往往给企业价值错误定价，这使公司面临融资机会之窗或存在最佳融资时机，从而对公司投融资行为产生重要影响。

最初对企业融资选择行为和资本结构的观察和实证来自于对300多家美国公司管理层的问卷调查，结果表明2/3的企业财务主管认为"股票市场对公司股票价格的高估或低估是融资行为的重要考虑因素"。进一步的研究表明，公司往往根据资本市场条件变化选择融资时机，在股票市场高估时发行股票，低估时回购股票。同时，宏观经济条件对企业融资也会有影响。宏观经济条件显著影响无财务约束的企业融资选择，而对受到财务约束的企业融资选择影响不大。无财务约束的企业在宏观经济条件好时，可以选择融资时机，而受到财务约束的企业则别无选择。

四、综合案例①

北京水泥厂是国家"八五"重点建设工程，主要依靠建设银行贷款建成投产，是国有大中型骨干企业。随后其因缺乏资金，负债过高导致亏损，难以归还贷款本息，被国家经贸委确定为重点脱困企业之一。1999年4月底，中国信达资产管理公司对北京水泥厂实行债转股，并拟定了债转股方案。

（一）投资资金来源状况

北京水泥厂建设投资预算额为78 441万元，实际投资额为87 851万元，其中基建拨款仅为16 892.8万元，其余部分均为银行的贷款。具体投资来源情况如下：

1. 基金拨款16 892.8万元，占投资额的19%。其中，中央拨款34万元，北京市财政拨款8.2万元，北京建材集团公司拨款16 850.6万元。

2. 借款53 374.6万元，占投资额的61%，具体明细如表7-9所示。

3. 应付款17 583.6万元，占投资额的20%。

---

① 王化成主编. 财务管理教学案例. 北京：中国人民大学出版社，2001：166

表 7-9

贷款类别	金额（万元）	备　　注
中央拨改贷	126.3	
地方拨改贷	31.3	
中央清欠贷款	10 000	建行
中央经营基金	347	国家原材料投资公司
投资借款	32 500	建行
其他投资借款	3 000	建行 1 000 万元，开行 2 000 万元
中央债券转投资	4 000	
地方债券转投资	3 000	
建房贷款	370	
合计	53 374.6	

（二）财务状况

从北京水泥厂的财务报表看，其投产的前 3 年基本上是盈亏持平，但通过调查分析，发现北京水泥厂的财务报表不规范，例如把应计入成本的财务费用却列入递延资产科目，变成了资产。事实上，其 1996 年实际亏损 4 568 万元，1997 年实际亏损 6 270 万元，1998 年实际亏损 11 083 万元，3 年累计亏损近 2.2 亿元。1999 年，参照中国会计准则和相关的法律法规以及国际准则的有关规定和要求对北京水泥厂的财务报表进行调整后，北京水泥厂的累计亏损已达 5.41 亿元（截至 1999 年 5 月 31 日），远远超过其所有者权益，已完全是资不抵债。

截至 1999 年 6 月 20 日，北京水泥厂欠中国建设银行的长期贷款本金为 5.25 亿元，累计利息 4.45 亿元，本息总额 9.7 亿元。另外，截至 1998 年年底，北京水泥厂欠国家开发银行的长期贷款本金 2 687 万元，利息 1 453 万元，本息合计 4 140 万元；欠中国农业银行的短期贷款 1 000 万元。上述几笔贷款本息累计 10.21 万元。中国建设银行向北京水泥厂下达催收通知数十次，但北京水泥厂除在 1998 年年底支付 100 万元的短期贷款利息外，未支付中国建设银行其他利息和到期的贷款本金。

（三）亏损的原因

北京水泥厂自投产以来一直亏损，其亏损的原因主要体现在以下几个方面：

（1）建材行业不景气，水泥价格逐年下降。随着国家宏观政策的调整，1994 年以来我国建材行业逐步走向低谷，每吨水泥价格由 1996 年的 400 多元降为 1998 年的不到 300 元。北京水泥厂建设、投产的过程正好是水泥价格逐年下滑的时期。

（2）企业经营机制和管理有待进一步改善。首先，北京水泥厂存在低效和无效资产，资产效能低。企业投资 7 000 万元建造一条 2 公里多长的铁路专用线，但却没有用铁路运输过原材料及水泥制品，属于闲置资产。其次，几年来企业一直亏损，但却投资成立了北京水泥工贸公司、北京水泥厂综合服务公司、北京北飞铝合金公司、北京凤山度假村、北京北水建筑工程有限公司、北京京都北水物资有限公司等，这些公司的注册资金合计近 400 万元，但经营情况均不理想。

（3）资本结构不合理，财务费用偏高。北京水泥厂项目的自有资金偏少，只占整个投资的 19%。由于贷款的数量较大，利率较高，利滚利，导致其财务费用过高，产品的成本加大。1992 年建厂时利率平均达到 12% 左右。1996年投产后，按新会计制度规定，长期贷款利息计入当期损益，年财务费用达到 1.1 亿元。从企业成本构成分析，1998 年产品销售收入为 1.73 亿元，产品成本和期间费用为 2.84 亿元，亏损 1.11 亿元。在产品销售成本和期间费用中，产品成本为 1.42 亿元，占 50%；产品销售费用、税金及附加、管理费用为 0.13 亿元，占 4.6%；财务费用为 1.29 亿元，占 45.4%。

（4）原材料及人工成本偏高。北京水泥厂的石灰石等原材料开采成本高，而且由于运输距离远，运输成本较高，导致其竞争力下降。

（四）实施债转股的目的

债转股的目的是盘活商业银行的不良资产，使实施债转股的国有大中型企业扭亏为盈，同时促进企业转换经营机制，并建立现代企业制度。

（1）贷款利息将大幅度下降。转股前，北京水泥厂 1996～1998 年每年应支付贷款利息分别为 4 918 万元、7 798 万元、12 867 万元。据初步测算，转股后企业每年应支付的贷款利息将下降到约 2 500 万元，同 1998 年相比下降了 80% 以上，并还将逐年下降。仅就 1999～2001 年进行测算，企业减轻利息负担近 3 亿元。

（2）企业资本结构合理化。债转股前企业总负债为 11.36 亿元，据初步测算，转股后其负债将减少为 4.65 亿元，减少负债近 60%。企业资产负债率由原来账面的 80.1%，实际上的 117%，下降为 29.9%，企业的资本结构趋于合理化。

（3）企业扭亏为盈。转股前，企业每年亏损 1.1 亿元以上，转股后，企业财务费用大幅度降低。据测算，企业1999年可扭亏为盈，随着利息逐年减少利润逐年增加，2000年可实现利润2 000万元以上，同时每年可提取折旧4 000万元，财务费用2 000万元，使企业步入良性循环。

（4）盘活和回收银行不良资产。债转股前，9.7亿元的银行不良资产没有任何流动性，实际上是一笔死账。债转股后，企业经营得到改善，效益得到提高。北京建材集团公司通过其下属的股份公司上市及配股融资回购，使信达资产管理公司的股权在3年内得到变现，从而实现股权退出目标，并收回银行的大部分不良资产。

（五）债转股方案

截至1999年6月20日，北京水泥厂欠建行的长期贷款本金和利息累计9.7亿元。转到信达公司后，其中的6.7亿元转为信达公司对北京水泥厂的股权，由信达公司进行阶段性的经营和管理。北京水泥厂保留3亿元的长期债务，由重组后的北京水泥厂在5～7年内还清本息。开发银行的长期贷款本息3.03亿万元由北京建材集团承担，转为北京建材集团对北京水泥厂的股权。债务处置之后，北京水泥厂的资本结构发生了显著变化（见表7-10）。

表 7-10　　　　　　　债转股前后北京水泥厂资本结构对比表　　　　　单位：亿元

项　目	债转股前	债转股后
总资产	9.67	14.17
总负债	11.35	4.24
股东权益	-1.68	9.93
负债率（%）	117	29.9

债转股后，北京水泥厂的股权结构也发生了变化（见表7-11）。

表 7-11　　　　　　　债转股后北京水泥厂的股权结构　　　　　单位：亿元

总股本	信达资产管理公司	北京建材集团公司
9.73	6.7	3.03
100%	68.9%	31.1%

（六）盈利预测

北京水泥厂债转股后，每年可降低财务费用约1亿元，同时通过资产剥离，转换经营机制，降低各种成本，预计 1999 年可实现销售收入 1.89 亿元，在支付财务费用 2 000 多万元及提取 4 000 多万元折旧后，可实现利润约 1 900 万元。随着利息逐年减少，预计 2000 年可实现利润 2 000 万元以上。债转股后，北京水泥厂将步入良性循环的轨道。

另外，根据上述的预测，如果将北京水泥厂的利润全部分配，根据股权比例，信达公司每年将可获得约 1 300 万元以上的收入。

【本章小结】

1. 资本结构选择的依据是使公司价值最大化。

2. 在完美假设条件下的 MM 理论认为：

（1）无公司税时，财务杠杆企业和无杠杆企业价值相等，公司没有最优资本结构。权益资本收益率是企业的负债—权益比的线性函数。负债公司的权益成本或权益收益率等于同一风险等级中无负债公司的权益成本加上根据无负债公司的股本成本和负债成本之差与负债比率确定的风险报酬。

（2）有公司税时，由于税减的好处，财务杠杆企业价值高于无杠杆企业价值，极端的结论是，公司最佳资本结构为 100% 负债。权益资本收益率与负债—权益比成正比例关系。

3. 考虑破产成本和债务代理成本的权衡理论认为企业存在最佳资本结构。权衡理论提供了一个比 MM 理论更为接近现实的模型框架。

4. 考虑个人所得税后的米勒模型认为，当存在对权益投资者征收的个人股利所得税和向债券投资者征收的债券利息所得税时，无负债企业的价值因为个人税而降低，负债企业价值则与公司税和个人所得税税率相关。

5. 资本结构理论的最新发展使资本结构选择看起来更为复杂。外部环境对资本结构决策的影响作用不容忽视。

【思考与练习】

1. 税法中导致杠杆企业的价值高于非杠杆企业（除了资本结构不同外，其他一切与杠杆企业相同）的价值的玄机是什么？

2. 为什么是股东承担了破产成本？

3. 谁支付利己策略的成本？

4. 权益代理成本如何影响公司的资本结构？

5. 一家有 500 000 元债务的公司的市场价值是 1 700 000 元。EBIT 预期为永续性的。税前的债务利率为 10%，公司所得税税率为 34%。如果公司安全采用权益筹资，权益持有者股东将要求 20% 的收益率。

（1）若公司安全采用权益筹资，公司价值是多少？

（2）该杠杆企业的股东的净收益是多少？

6．聚雅公司是一家上市公司，其资本全部由权益资本组成，包括4 000万股，每股面值0.25元，现行市场价值1.60元的普通股。公司最近几年的年度盈利平均为1 280万元，资本的平均报酬率在未来几年内预期将继续保持目前的水平，每年的盈利都将作为股利支付出去。公司计划筹集部分资金用于扩大规模。资金的筹集可以通过发行认购比例为1∶4，每股发行价格为1.20元的配股权证，也可以通过发行相同金额、票面利率为10％的无担保债券。陈是持有该公司10 000股普通股的一个股东。

按照MM模型最初的假定（存在税收），计算并比较下列情况对陈的收益的影响：

（1）个人举借所需的钱用于配股；

（2）公司决定发行债券而不是进行配股。

从比较中是否可以得出一般性结论？

第八章　公司股权融资

【学习目标】

　　股权融资包括普通股融资、优先股融资和留存收益融资。通过本章的学习，学生应掌握公司各种股权融资工具的特点、成本、评价等相关问题；了解特殊的私募资本市场和风险资本的情况；认识各种股权融资方式的特点，并掌握这些融资方式的运用技巧。

第一节　普通股融资

一、普通股的种类

　　按股东权利和义务的不同，股票可分为普通股和优先股。普通股（common stock）是一种最常见、最重要、最基本的标准型股票。普通股是股份制企业发行的，代表着股东享有平等权利、义务，不加特别限制，股利不固定的股票。通常情况下，股份有限公司只发行普通股。

　　（一）按股票票面是否记名，股票可分为记名股票和无记名股票

　　记名股票是在股票票面上载有股东姓名或名称并将其记入公司股东名册的一种股票。记名股票同时附有股权手册，只有同时具备股票和股权手册，才能领取股息和红利。记名股票的转让、继承都要办理过户手续。

　　无记名股票是在股票票面上不记载股东的姓名或名称的股票。股东的姓名或名称不记入公司的股东名册，公司只记载股票数量、编号及发行日期。凡持有无记名股票者都可成为公司股东。无记名股票的转让、继承无需办理过户手续，只要将股票交给受让人，就可发生转让效力，移交股权。对社会公众发行的股票，可以为记名股票，也可以为无记名股票。

　　（二）按股票是否标明票面金额，可分为面额股票和无面额股票

　　面额股票是公司发行的在票面记载一定金额的股票。持有这种股票的股东，对公司享有权利和义务的大小，以其所拥有的全部股票的票面金额之和占

公司发行在外股票总面额的比例大小来确定。股票面额表明公司股东所承担的有限责任的最高限额。我国《公司法》规定，股票应当标明票面金额，并且发行价格不得低于票面金额。

无面额股票不标明票面金额，票面上只载明所占公司股本总额的比例或股份数，故也称为"分权股份"或"比例股"。无面值股票的价值随公司财产的增减而变动，而股东对公司享有的权利和承担的义务的大小，直接依股票标明的比例而定。1912 年，美国纽约州开始发行无面额股票，后被其他州仿效。

（三）根据股票投票权利的不同分类

根据股票投票权利的不同分类，股票可以分为全表决权股和部分表决权股；有表决权股和无表决权股；优先表决权股和次级表决权股。比如福特汽车公司的 B 类普通股属于非上市交易股（它作为信托资产由福特家族持有），这类股票只有 40％的投票表决权。GM 汽车公司除了普通股外，还有 E 股、H 股。E 股和 H 股分别只有 1/4 和 1/2 个表决权。

虽然一股一票的观念在美国具有很长的历史，不平等投票权颇受争议，但有趣的是，不平等投票权股票在英国及世界其他地方相当普遍。

许多公司发行两类股票，其用意在于公司的控制权。通过发行无表决权股票，公司管理者既可以维持原有的表决控制权，又能增加权益资本。Harry 和 Linda De Angelo[1] 发现，管理者持有的普通股通常具有优先表决权。Lease、Mc Connel 和 Mikkelson[2] 发现，优先表决权股票通常比其他同类次级表决权股票的市场价格高出 50％左右。

我国股票目前是"同股同权，同股同利益"，不存在上述全表决权股和部分表决权股、有表决权股和无表决权股、优先表决权股和次级表决权股的区分。

（四）我国上市公司的股权结构

在我国，由于历史原因，部分上市公司（即所发行股票已在证券交易所注册登记买卖的公司）的股权结构非常复杂。按照股票的所有者性质，可将股票分为个人股、法人股和国有股；按照股票是否能够上市交易，又可分为流通股和非流通股。

我国股份公司的上市发行可分为境内上市（单独发行 A 股或 B 股和同时

---

[1]　H. De Angelo, L. De Angelo. Managerial Ownership of Voting Rights: A study of Public Corporations with Dual Classes of Common Stock. *Journal of Financial Economics*, 14, 1985

[2]　R. C. Lease, J. J. Mc Connell, W. H. Mikkelson. The Market Value of Control in Publicly Traded Corporations. *Journal of Financial Economics*, 1983

发行 A、B 股）以及境外上市（发行 H、N、S、L 股）。因此，这部分上市公司的股权结构主要由国有股、境内法人股（包括发起人法人股和社会法人股）、境外法人股、内部职工股、转配股、基金配售股、流通 A 股、流通 B 股、境外流通股九种组成。

国有股是指有权代表国家投资的部门或机构以国有资产向公司投资形成的股份，包括以公司现有国有资产折算成的股份。国家股股东主要是由传统的国有企业的主管部门所组成，包括中央政府各部委、地方政府所属的国有资产管理机构，或由原企业的主管部门转变而成的集团公司等。国有股不能公开交易，但经中国证监会批准后可以转卖给国有企业。

法人股是指企业法人或具有法人资格的事业单位和社会团体以其依法可经营的资产向公司非流通股权部分投资所形成的股份。法人股股东包括国有法人股股东和非国有法人股股东两种。前者是指由国有企业改制后转成的公司法人，后者包括集体企业、乡镇企业、三资企业和私人企业等类型的法人。

内部职工股是公司上市前出售给职工和高级管理人员的一种股份。它实际上是上市公司的一种内部福利制度安排，并不与职工和高级管理人员的工作成绩挂钩。一般在持有两年之后，公司可向证监会申请内部职工股上市公开交易。自 1998 年 11 月 25 日起，股份公司公开发行股票时一律不再发行内部职工股。

转配股是上市公司的大股东以前在公司配股时，由于种种原因放弃配股，但把配股权售给公众股东后产生的一种配售股份，现已逐步上市流通。

基金配售股是根据中国证监会 1998 年 8 月 11 日发布的《有关证券投资基金配售新股有关问题的通知》规定，证券投资基金可参与发行量在 5 000 万股以上的新股配售。

A 股是指由我国境内的公司发行，供我国公众或法人买卖的，以人民币标明面值并以人民币认购和交易的，在上海证券交易所和深圳证券交易所上市的普通股票；A 股市场于 1990 年成立。

B 股是中国内地公司发行的人民币特种股票，B 种股票是以人民币标明面值但以外币认购和交易的普通股股票。B 种股票在我国上海、深圳两个证券交易所上市。B 股市场于 1992 年建立，2001 年 2 月 19 日前，只对外国及港澳台投资者和几家特许的国内证券公司开放。2001 年 2 月 19 日后，B 股市场对国内投资者开放。

H、N、S、L 股分别是指那些在香港、纽约、新加坡和伦敦上市交易的中国内地公司的股票。

二、普通股股东的权利

（一）投票选举董事的权利

投票方法分为累计投票法（Cumulative Voting）和直接投票法（Straight Voting）。累积投票法允许股东对某位董事累计投票。例如公司选举 6 位董事，某股东拥有 100 股股票，即共 600 张选票（6×100），该股东可将 600 张选票投给他所选中的某一位董事。在直接投票法下，每选举一名董事，该股东所能投票的最多数量就是他的股票数。累计投票的性质可用下式来说明：

$$N = \frac{m \times n}{l+1} + 1 \qquad (8-1)$$

式中：N——选举期望董事所需要的股票数；

m——某股东打算选出的董事数；

n——有权投票的所有普通股股数；

l——所需选出的董事数。

例 8.1，假设凯利公司将选出 6 名董事，一共有 15 位候选人，100 000 股可参加投票，如果一组股东希望选出 2 位董事，则他们必须拥有的股票数为：

$$N = \frac{2 \times 100\,000}{6+1} + 1 = 28\,572 \text{（股）}$$

如果该公司股票价格为 20 元，则获得两个董事会席位的成本是：28 572 ×20＝571 440（元）。在这里，一个小集团打算选出 1/3 的董事，然而他们拥有不到 1/3 的股份就能达到目标。因此，累计投票法具有保护小股东在公司控制权方面的利益的作用。

根据我国现行《公司法》"一股一票"的规定，我国采取直接投票法。

（二）委托代理投票权

委托代理投票权（Proxy）是股东授权他人代理其行使投票表决权的一种法定权利。为方便起见，许多公众持股公司的选举实际上是通过代理人进行的。

显而易见，公司管理者会试图争取尽可能多的委托投票权，但是，如果股东对公司的管理不满意，外部股东集团也可能通过委托方式尽可能多地获取选票，增加足够数量的董事，投票表决撤换公司当前管理者。这就会导致所谓的"委托代理之争"（Proxy Fight）。

（三）其他权利

（1）按比例分享公司股利的权利。

（2）公司破产清算时，有按股权比例分享剩余财产的权利。

（3）对需要在股东年会或特别会议上决定的事务（如兼并等）进行投票表决的权利。

（4）优先认股权，即有按比例购买公司新发行股票的权利。

当然，股东在行使以上权利之外，还须履行遵守公司章程、缴纳股款、不得退股等义务。

三、普通股资金成本

确定普通股的资金成本有两种方法：股利增长模型法和 CAPM 模型法。

（一）股利增长模型法

股利常数增长模型有：

$$P_0 = \frac{D_1}{R_e - g}$$

式中：R_e——投资者对股票的要求收益率，可以理解为资金的成本；

　　　D_1——下期的预期股利；

　　　P_0——股票价格；

　　　g——预期的股利增长率。

根据上式，得到股票的预期报酬率，也即是普通股资金成本的公式为：

$$R_e = \frac{D_1}{P_0} + g \tag{8-2}$$

考虑到新股的发行成本，假设发行成本费率为 f，则普通股的资金成本公式为：

$$R_e = \frac{D_1}{P_0 \ (1 - f)} + g \tag{8-3}$$

例 8.2，假设大华公司去年每股股利为 0.6 元，预期股利增长率为 8%，发行价格为 10 元，发行费率为 3%，求其资金成本。

$$R_e = \frac{D_1}{P_0 \ (1 - f)} + g = \frac{0.6 \ (1 + 8\%)}{10 \ (1 - 3\%)} + 8\% = 14.68\%$$

股利增长模型法的评价：

（1）股利增长模型仅适合于那些支付股利的企业，这意味着很多情况下这种方法无法使用。而且对那些发放股利的企业，也需要股利固定增长的关键假设，而实际情况并不如此。

（2）该方法对股利增长率的变动很敏感，比如股利增长率上升 1 个百分点，由于 D_1 也可能向上调整，所以，普通股资金成本将上调 1 个多百分点。

（3）没有明确地考虑风险。

（二）CAPM 模型法

根据 CAPM 模型，投资者对所投资股票的预期收益率为：

$$E(R_e) = R_F + \beta_e [E(R_M) - R_F] \tag{8-4}$$

式中：R_F——无风险利率；

β_e——股票的市场风险；

$[E(R_M) - R_F]$——市场风险溢价。

为使上式形式同股利增长模型一致，去掉符号 E 所代表的预期值，将 (8-4) 改写成：

$$R_e = R_F + \beta_e (R_M - R_F) \tag{8-5}$$

例 8.3，承例 8.2，假设市场风险溢价为 9%，无风险利率为 5%，大华公司股票的 β 系数为 1.08，则该公司股票的资金成本为：

$$R_e = R_F + \beta_e (R_M - R_F) = 5\% + 1.08 \times 9\% = 14.72\%$$

CAPM 模型法的评价：

该方法有两个基本的优点，一是可以根据股票的风险水平进行明确的调整；二是适用于所有的企业，而不仅仅是那些股利稳定增长的企业。

缺点在于，该方法需要知道市场的风险溢价和 β 系数，若是估计不准，普通股的资金成本就不会准确。

这两种方法计算出大华公司的股权资金成本比较接近，我们可以取其平均值 14.7% 作为其资金成本。

四、普通股的发行

（一）股票发行分类

（1）根据发行方式不同，股票发行分为公募发行（Public Offering）和私募发行（Private Placement）。公募发行又称公开发行，是指发行人通过中介机构向不特定的社会公众广泛地发售证券。私募发行又称私下发行或内部发行，是指向少数特定的投资人发行证券的方式。在美国，公募发行的公司需要到证券交易委员会(SEC)进行注册登记；而私募发行的对象可少于 35 个投资者，不需要注册登记。具体分类见表 8-1。① 目前我国股票发行方式主要为公募发行。

---

① 资料来源：斯蒂芬·A. 罗斯，罗德尔福·W. 威斯特菲尔德，杰弗利·F. 杰富著．吴世农等译．公司理财(第 5 版)．北京：机械工业出版社，2000：385

表 8-1　　　　　　　　　　　　股票的发行方法

方法	类型	定义
公募		
传统协商现金发行	包销现金发行	企业同一家投资银行协议承销和发售新股。承销商购买特定数量的股票，然后以更高的价格销售出去。
	代销现金发行	投资银行以协商的价格为企业销售尽可能多的股票。这种方式对于筹资数量的多少没有保证。
附权发行	附权直接发行	公司直接向现有股东发行新股。
	附权备用发行	同附权直接发行一样，这种方式给现有股东提供了特权认购安排。承销商保证筹集的资金额度。
非传统的现金发行	开架现金发行	合格的企业可以得到在两年内按需发行股票的授权，并在需要的时候进行发行。
	竞争性现金发行	企业可以以公开拍卖的方式而非协商的方式来选择承销商。
私募	直接募集	证券直接向购买者发售，这些人一般至少两年内不能出售这些股票。

（2）根据发行的阶段分为首次公开发行和股票增发。前者指公司第一次公开发行股票，后者指已经发行过股票的公司的新股发行。所有的 IPO 都是现金发行，SEO 可以采取现金发行，也可以采取附权发行。

股票增资的附权发行根据是否需要股东出资，又分为有偿增资发行、无偿增资发行和有偿无偿并行增资发行三种。

有偿增资是指投资者须按股票面额或溢价，用现金或实物购买股票。它包括向老股东配股和向第三者配股。

无偿增资是指公司不向股东收取现金或实物财产，而是无代价地将公司发行的股票交付给股东。它包括转增方式（将资本公积金转入股本）和股票分割方式（不增加股本，纯粹增加流通股数，降低了股票的票面金额和股价）。这种做法的目的不在于筹资，而是为了调整公司所有者权益的内部结构，增强股东的信心，提高公司的社会影响。

有偿无偿并行增资方式是指股份公司发行新股时，股东只需交付一部分股款，其余部分由公司公积金抵免。例如，新股每股面额 10 元，其中 6 元为有偿部分，4 元由公司公积金抵免转入。这样，股东只需支付 6 元即可获面额为 10 元的新股票。这种做法兼有增加资本和调整所有者权益内部结构的作用。

（二）首次公开发行（IPO）

1. 首次公开发行定价方法

（1）市盈率法。市盈率又称本益比（P/E），是指股票价格与盈利的比率。计算公式为：

$$市盈率 = \frac{股票市价}{每股收益}$$

按市盈率确定发行价格的计算公式为：

$$发行价 = 每股收益 \times 发行市盈率 \tag{8-6}$$

$$每股收益 = \frac{税后利润}{股本数}$$

确定每股收益有两种方法：一种为完全摊薄法，即用发行当年预测全部税后利润除以总股本，直接得出每股税后利润；另一种是加权平均法，即用发行当年预测全部税后利润除以加权总股本，直接得出每股税后利润。加权平均法下的发行价格计算公式为：

$$发行价 = 每股收益 \times 发行市盈率$$

$$每股收益 = \frac{税后利润}{发行前总股本数 + \dfrac{本次公开发行股本数 \times （12 - 发行月份）}{12}}$$

（2）净资产倍率法。净资产倍率法又称资产净值法，指通过资产评估和相关会计手段确定发行人拟募股资产的每股净资产值，然后根据证券市场状况将每股净资产乘以一定的倍率。计算公式为：

$$发行价格 = 每股净资产 \times 溢价倍率 \tag{8-7}$$

（3）现金流量折现法。现金流量折现法通过预测公司未来盈利能力，按一定的折扣率计算公司净现值，从而确定股票发行价格。该方法首先用市场接受的会计手段预测公司每个项目 j（共 m 个项目，$j = 1，2，\cdots，m$）未来若干年内（$i = 1，2，\cdots，\infty$）每年的净现金流量为 C_{ij}，再按照市场公允的折现率 R_e，分别计算出每个项目未来净现金流量的净现值。公司的总现值除以公司股份数 N，即为每股净现值。每股净现值进行一定幅度 f 的折扣，就得到发行价格 P。计算公式为：

$$P = (1 - f) \frac{\sum_{j=1}^{m} \sum_{i=1}^{\infty} \dfrac{C_{ij}}{(1 + R_e)^i}}{N} \tag{8-8}$$

（4）竞价确定法。投资者在指定时间内以不低于发行底价的价格并按限购比例或数量进行认购委托，认购期满结束后，交易所交易系统将所有有效申购委托按照"价格优先、同价位时间优先"的原则，将投资者的认购委托由高价位向低价位排队，并由高价位向低价位累计有效认购数量，累计数量达到或超过本次发行数量的价格，即为本次发行的价格。

如果在发行底价上仍不能满足本次发行股票的数量，则底价为发行价。发行底价由发行人和承销商根据发行人的经营业绩、盈利预测、市盈率、交易市场同类股票价格等因素协商确定。

我国股票发行定价的市场化改革自 1999 年起步。1999 年以前，新股发行都是由政府明确规定定价公式，限制 13～15 倍市盈率。1999 年 2 月，证监会发布了《发行定价分析报告指引》，其中规定，新股发行由发行公司与承销商在考虑公司盈利能力、所处行业及二级市场状况等的基础上协商定价，并可以通过路演询价等方式引入投资者的意愿，发行价格报证监会核准后正式确定。自此，新股发行取消了统一定价的模式。1999～2000 年，新股发行市盈率逐渐放宽，市场化定价得以逐步体现。2001 年 3 月，伴随发行核准制的实施，发行价格近乎完全放开，形成一个"市场化的高潮"。

2. IPO 与股价低估

国外研究发现，股票首次发行价格普遍地低于市场真实价格。Ibbotson 发现股票首次公开发行价低于市场真实价格的 11%。[1]Ritter 考察了 1977～1982 年之间 1 030 家公开发行的公司，发现包销的 IPO 在发行后交易的第一天，价格平均上涨 14.8%，代销的相对数字是 47.8%。[2]J. Parson 和 A. Raviv 发现多次发行的股票同样存在折价问题，只不过折价幅度小得多。[3]

由于过去我国监管机构在一定程度上成为新股发行定价的主导力量，新股发行价格并不是真正意义上的供求关系决定的价格，新股发行市场抑价现象较为严重。从统计的数据看，1993～1998 年间 626 家新股发行上市首日收盘涨幅平均值为 136.9%，远远高于其他证券市场新股上市首日收益率水平[4]。

3. 发行成本

同发行新股相关的成本被称为发行成本。发行成本一般分为 5 类（见表 8-2）。

---

[1] R. Ibbotson. Price Performance of Common Stock New Issues. *Journal of Financial Economics*，2，1975

[2] J. R. Ritter. The Costs of Going Public. *Journal of Financial Economics*，19，1987

[3] J. Parsons and A. Raviv. Underpricing of Seasoned Issues. *Journal of Financial Economics*，14，1985

[4] 朱生球，世界主要证券市场新股发行定价方式比较，国泰君安证券研究通讯，2002

表 8-2   新股发行成本 ①

分　类	说　明
承销佣金	指公开发行价格与公司得到收入之间的差额
其他直接费用	指发行人开销的不属于承销商报酬的部分，如申请费、律师费、会计师费等，报告在招股说明书里。
间接费用	这些成本没有反映在招股说明书里，包括为上市而花费的管理时间。
股价低估	对于公开招股的公司来说，低于真实价格出售股票而带来的损失。
绿鞋条款	该条款允许承销商以发行价格购买更多的股份。

（三）股票增发（SEO）

当上市公司再行融资发行新股时，如果新股被售给一般公众，现有股东所有权比例将会降低。如果公司章程包含有优先认股权，公司就必须把新发行的股票按比例出售给现有的股东。

以低于市场价格的价格向现有股东出售普通股被称为附权发行。附权发行赋予每个股东在确定的时间里根据其拥有股票的一定比率，以低于市场的价格从公司买入新股的选择权，这种选择权由所谓的认股权证或权证等证书予以证明。股东可以运用这些权利，按确定的价格买入股票，也可以出售这项权利（认股权证），或者让权证失效，权证失效的投资者届时所持有的股票市值将会下降。

1. 认股权证的价值

显而易见，认股权证具有价值。一般而言，认股权证的价值等于附有认股权证的股票价格（附权价格）与不附有配售认股权的股票价格（除权价格）之差。在已知认股价格和每一股票所需认股权数量的情况下，其计算公式为：

$$P_w = \frac{P_0 - P_s}{n + 1} \tag{8-9}$$

式中：P_w——认股权价值；

　　　P_0——附有认股权证的股票价格；

　　　P_s——股东的认股价格；

　　　n——购买 1 股新发行股票所要求的认股权数量。

例 8.4，假设坦普公司流通在外的股份有 100 万股，公司附权发行新股，新股认购价格为 30 元，目前市场价格为 40 元。股东每股股票获得 1 份认股权

———————————

① 资料来源：斯蒂芬·A. 罗斯，罗德尔福·W. 威斯特菲尔德，杰弗利·F. 杰富著. 吴世农等译. 公司理财（第 5 版）. 北京：机械工业出版社，2000：392

证，每 5 份认股权证可以以认购价格购买 1 股新股。计算认股权证的价值。

运用公式 (8-9)，该认股权证的价值为：

$$P_w = \frac{P_0 - P_s}{n + 1}$$

$$= \frac{40 - 30}{5 + 1} = 1.67 \ （元）$$

2. 附权发行对股票价格的影响

假设公司总股本为 N_0，发行之前，附有认股权证的公司股票价格为 P_0，股东的认股价格为 P_s，购买 1 股新发行股票所要求的认股权数量为 n，附权发行后的除权日 (Ex-rights Date) 价格为 P_e，则：

$$P_e = \frac{N_0 P_0 + \dfrac{N_0}{n} P_s}{N_0 + \dfrac{N_0}{n}} = \frac{nP_0 + P_s}{n + 1} \tag{8-10}$$

附权发行前后股票价格之差为：

$$P_0 - P_e = \frac{P_0 - P_s}{n + 1} \tag{8-11}$$

其值正好等于认股权证的价值（式 8-9）。另外，根据假设 $P_0 > P_s$，有 $\dfrac{P_0 - P_s}{n + 1} > 0$，$P_0 > P_e$，即除权价格下降，与附权发行之前价格相比，其值正好为认股权证的价值。

在例 8.4 中，该公司股票的除权价格为：

$$P_e = \frac{nP_0 + P_s}{n + 1}$$

$$= \frac{5 \times 40 + 30}{6}$$

$$= 38.33 \ （元）$$

目前股票价格与除权价格之差正好等于 1.67 元。

3. 附权发行对股东财富的影响

假设公司某股东拥有股票数量为 m，则：

(1) 发行之前，该股东股票资产价值为：

$$w_0 = mP_0 \tag{8-12}$$

(2) 附权发行，该股东行使认股权，以认股价格购买所有有权购买的新股，则其股票资产价值为：

$$w_1 = \left(m + \frac{m}{n} \right) P_e - \frac{m}{n} P_s$$

$$= mP_0 \tag{8-13}$$

（3）附权发行，该股东在市场上转让其认股权，则其资产价值为：

$$w_2 = mP_e + mP_w$$

$$= mP_0 \tag{8-14}$$

（4）附权发行，该股东未行使认股权，也未转让其认股权，则其资产价值为：

$$w_3 = mP_e \tag{8-15}$$

在此种情况下，股东资产损失 mP_w。

从式（8-12）～（8-14）可以看出，在附权发行的情况下，虽然股票除权价格低于附权发行前的价格，但老股东可以行使他们的认股权，也可以出售其认股权。在这两种情况下，老股东的资产都跟附权发行之前一样，没有发生变化。但老股东若不行使，或不转让认股权，其资产将会受到损失。

附权发行与公开发行相比，其优势在于前者的成本低于后者。究其原因：

（1）附权发行的承销佣金较低；

（2）附权发行的营销成本较小。其不利之处在于股票发行价格较低，融资额受限。

一般而言，与欧洲公司相比，美国公司不太愿意采用附权方式发行股票，尽管这样会使他们节省很大的成本。其原因在于：

（1）附权发行会稀释公司的收益；

（2）一些公司认为在附权发行中，虽然其发行成本较低，但与股东签订合约的交易成本和管理成本较高；

（3）另外一些公司认为附权发行不会增加公司股东的数量，而通常投资者数量的增加可以降低公司的资本成本。

（四）股票发行与投资银行

在公司股票发行的过程中，投资银行（Investment Bankers）起着十分重要的作用。它一般向拟发行股票的公司提供制作证券发行方案、证券定价、销售新证券等服务。美国著名的投资银行有美林（Merrill Lynch）、摩根斯坦利（Morgan Stanley）、高盛（Goldman Sachs）等。目前我国具有投资银行功能的金融机构主要是各大综合类证券公司，它们向拟发行股票的公司提供上市辅导、改制重组、制作股票发行方案、确定发行价格、承销股票等服务。

1. 承销的类型

承销是指发行公司将股票销售业务委托给证券承销机构代理。它包括包销和代销两种具体形式。

（1）包销。包销是指由投资银行一次性将发行公司的全部股票承购买下来，并垫支相当于股票发行价格的全部资本，然后将所购股票转销给社会上的投资者。若在规定的期限内，投资银行未将全部股票销售出去，则其自己认购剩余部分。这种方式对发行公司而言的有利之处是可以顺利、及时地将股票销售出去，获取所需资本，并可免于承担发行失败风险；不利之处在于要将股票以略低的价格销售给承销商，通常需支付较高的发行费用。

在这种销售方式下，为了使风险最小化，投资银行往往联合起来组成承销团或辛迪加（Syndicate）来分散风险和协助销售。在辛迪加中需要一个或多个管理者对发行进行组织或者共同管理，这个管理者被称为发行主管或主承销商。主承销商负责证券定价等所有事务，其他分销商则主要进行证券的销售并承担相应的风险和职责。

承销商购买和出售证券的价格差额被称为买卖价差，它是承销商的主要收益。

（2）代销。在这种方式下，投资银行代理股票发售业务。在规定期限内，如果它未能将全部股票出售，也不必承担认购股票的义务，而只需将剩余股票退还给发行公司，即由发行方承担发行风险。

据 Jay Ritter（1987）的研究，代销一般用于小规模的 IPO，而包销则通常用于大规模的 IPO。目前我国证券公司销售股票一般采取余额包销的方式。

2．投资银行的选择

公司可以通过协商发行或竞价发行来选择投资银行。在协商发行方法下，发行公司与一家或多家承销商合作，与之保持密切的关系，设计发行条件，确定证券发行的时机。在竞价发行方法下，发行公司指定其希望发行证券的类型，并邀请承销商公开报价，尔后将证券出售给出价最高的承销商。研究显示，协商发行成本高于竞价发行成本，但在美国协商承销仍然占据统治地位。

3．后期市场

后期市场是指股票初次出售给公众以后的股票交易时期。如果市场价格低于发行价，主承销商被允许自己买进股票，目的是在股票价格暂时回落的压力下支撑市场和稳定价格。

4．绿鞋条款

美国许多承销合同包含一项"绿鞋条款"（Green Shoe Provision，有时被称为超额认购权）。该条款给予承销团成员按照发行价格增购证券的选择权，其公开理由是满足过多的需求和超额认购。它通常持续大约 30 天时间，所涉及的数量不超过新发行股票的 15％。假如新发行证券在 30 天内市场价格涨到发行价之上，承销商就可以从发行人那里买入证券，然后立即将它们销售给公众。几乎所有的 IPO 和 SEO 都包含这样的条款，但是一般的债券发行不提供这样的条款。对承销团来说，"绿鞋条款"是一种好处，而对发行人来说，则构成一种成本。

五、普通股融资评价

(一) 公司的观点

1. 普通股融资的优点

(1) 普通股融资没有固定的股利负担。公司有盈利,并认为适于分配股利才分派股利;公司盈利较少,或虽有盈利但现金短缺,或有更好的投资机会,也可以少支付或不支付股利。而债券或借款的利息无论企业是否盈利,都必须按时支付。

(2) 普通股没有固定的到期日,无需偿还,成为公司的永久性资本(除非公司清算时才有可能予以偿还)。这对于保证公司对资本的最低需求,促进公司长期持续稳定的经营具有重要意义。

(3) 如果公司前景光明,普通股能以较其他证券为佳的条件销售给大众。原因在于:①普通股提供的报酬率通常比优先股和债券的报酬率高;②由于普通股代表公司的所有权,相对于优先股和债券而言,可以防止非预期性通货膨胀造成的损失。因为通货膨胀发生时,公司的所有资产都发生增值,而只有普通股股东才能享受这种增值。

(4) 公司发行普通股融资,可以在平时维持充分的举债能力。一些实证研究表明,维持足够的举债能力是大多数财务经理进行融资决策时的主要考虑之一。

2. 普通股融资的缺点

(1) 容易分散公司的控制权。由于普通股股东都享有投票权,故对外发行新股意味着将公司的部分控制权转移给了新的股东。除非像通用汽车公司那样,发行限制投票权的新型普通股股票,才可以降低控制权外流问题的严重性。因此,小公司和新成立公司常常避免股票融资,以免将公司控制权分散给他人。

(2) 资本成本较高。一般而言,普通股融资的成本要高于债务融资。这主要是由于投资于股票的风险较高,股东相应要求较高的报酬,并且股利从税后利润中支付;而使用债务资本的占用成本(表现形式如利息)却允许从计提所得税前的利润中扣除。此外,普通股的发行、上市等方面的费用也十分庞大。

(3) 公司过度依赖普通股融资,会被投资者视为消极的信号,从而导致股票价格的下跌,进而影响公司的其他融资手段的使用。

(二) 社会的观点

从社会的观点来看,普通股是一种非常理想的融资方式,因为它可以降低由于销售额或盈余波动所造成的对公司的冲击。而举债融资由于具有固定的利息和本金支出，公司经营形势不好时，往往导致公司破产。因此，就整个经济体系而言，如果太多的公司过度举债，则经济波动的幅度加大，其结果是，经济上的轻微衰退就会恶化成大的灾难。

第二节　优先股融资

一、优先股的概念和种类

（一）概念

优先股股票是指股份有限公司发行的，在分配公司收益和剩余财产方面比普通股股票具有优先权的股票。优先股常被看成是一种混合证券，介于股票与债券之间。优先股的发行对于公司资本结构、股本结构的优化，提高公司的效益水平，增强公司财务弹性，具有十分重要的意义。

从法律上讲，优先股是企业自有资金的一部分。优先股股东所拥有的权利与普通股股东近似。优先股的股利不像债务利息那样从税前扣除，而必须从净利润中支付。但优先股有固定的股利，这与债券利息相似，优先股对盈利的分配和剩余资产的分配具有优先权，这也类似于债券。近年来，美国许多新发行的优先股已经设有强制性偿债基金，这使它看起来更像债券。

另外，公司的不同利益集团，对优先股有不同的认识。普通股的股东一般把优先股看成是一种特殊债券，这是因为，它必须在普通股之前取得收益，分享资产；但是，从债券的持有人来看，优先股则属于股票，因为它对债券起保护作用，可以减少债券投资的风险，属于权益资金。从公司管理当局和财务人员的观点来看，优先股则具有双重性质，这是因为，优先股虽没有固定的到期日，不用偿还本金，但往往需要支付固定的股利，成为财务上的一项负担。所以，当公司利用优先股集资时，一定要考虑这两方面的特征。

（二）种类

按不同标准，可对优先股作出不同分类，现介绍几种最主要的分类方式。

1. 累积优先股和非累积优先股

累积优先股是指在任何营业年度内未支付的股利可累积起来，由以后营业年度的盈利一起支付的优先股股票。也就是说，当公司营业状况不好，无力支付固定股利时，可把股利累积下来，当公司营业状况好转，盈余增加时，再补发这些股利。一般而言，一个公司只有把所欠的优先股股利全部支付以后，才能支付普通股股利。

非累积优先股是仅按当年利润分配股利，而不予以积累补付的优先股股票。也就是说，如果本年度的利润不足以支付全部优先股股利，对所积欠的部分，公司不予累积计算，优先股股东也不能要求公司在以后年度中予以补发。

显然，对投资者来说，累积优先股比非累积优先股具有更大的吸引力，所以，累积优先股发行比较广泛，而非积累优先股则因认购者少而发行量小。

2. 可转换优先股与不可转换优先股

可转换优先股是股东可在一定时期内按一定比例把优先股转换成普通股的股票。转换的比例是事先确定的，其数值大小取决于优先股与普通股的现行价格。例如，每股可转换优先股的价格为100元，每股普通股的现行价格为25元，这时就可能规定在今后一定时期（如2年）内，以1股优先股转换成4股普通股。显然，在规定的2年内，只有当普通股价格超过25元，或优先股的价格不超过100元时，这种转换才有利于优先股股东。

不可转换优先股是指不能转换成普通股的股票。不可转换优先股只能获得固定股利报酬，而不能获得转换收益。

3. 参加优先股和不参加优先股

参加优先股是指不仅能取得固定股利，还有权与普通权一同参加利润分配的股票。根据参与利润分配的方式不同，又可分为全部参加分配的优先股和部分参加分配的优先股。前者表现为优先股股东有权与普通股股东共同等额分享本期剩余利润，后者则表现为优先股股东有权按照规定额度与普通股股东共同参与利润分配，超过规定额度部分的利润，归普通股所有。

4. 可赎回优先股和不可赎回优先股

可赎回优先股又称可收回优先股，是指股份公司可以按一定价格收回的优先股票。在发行这种股票时，一般都附有收回性条款，在收回条款中规定了赎回该股票的价格。此价格一般略高于股票的面值。至于是否收回，在什么时期收回，则由发行股票的公司来决定。

不可赎回优先股是指不能收回的优先股股票。因为优先股都有固定股利，所以，不可赎回优先股一经发行，便会成为一项永久的财务负担。因此，在实际工作中，大多数优先股均是可赎回优先股，而不可赎回优先股则很少发行。

从以上介绍可以看出，相对而言，累积优先股、可转换优先股、参加优先股对股东较有利，可赎回优先股则对股份公司较有利。

二、优先股股东的权利

优先股的"优先"是相对普通股而言的，这种优先权主要表现在以下几个方面：

（1）优先分配股利权。优先分配股利的权利，是优先股的最主要特征。优先股通常有固定股利，一般按面值的一定百分比来计算。

（2）优先分配剩余财产权。在企业破产清算时，出售资产所得的收入，优先股位于债权人的求偿之后，但先于普通股。其金额只限于优先股的票面价值加上累计支付的股利。

（3）部分管理权。优先股股东的管理权限是有严格限制的。通常，在公司的股东大会上，优先股股东没有表决权，但是，当公司研究与优先股有关的问题时有权参加表决。例如，如果讨论把一般优先股改为可转换优先股时，或推迟优先股股利的支付时，优先股股东都有权参加股东大会并有权表决。

三、优先股的资金成本

由于优先股每期有固定的股利支付率，所以优先股实际上就是一个永续年金。其资金成本为：

$$R_p = \frac{D}{P_0 \ (1 - f)} \tag{8-16}$$

式中：D——优先股的股息；

P_0——发行价格；

f——发行费率。

例 8.5，假定某公司优先版市价为 100 元，每股发放 10 元的股利，该公司发行优先股时，发行成本为 2%，求其资金成本。

根据式（8-16），资金成本为：

$$R_p = \frac{D}{P_0 \ (1 - f)} = \frac{10}{100 \ (1 - 2\%)} = 10.20\%$$

四、优先股融资评价

（一）从发行公司的角度评价

1. 优先股融资的优点

（1）没有固定到期日，不用偿还本金，事实上等于可供使用的无限期的贷款。而且，大多数优先股又附有收回条件，这就使得使用这种资金更有弹性。当财务状况较弱时发行，而财务状况转强时收回，有利于适应资金需求，同时也能控制公司的资金结构。

（2）股利支付既固定，又有一定弹性。一般而言，优先股都采用固定股利，但固定股利的支付并不构成公司的法定义务。如果财务状况不佳，则可暂时不支付优先股股利，因而优先股股东不会像债权人那样迫使公司破产。

（3）有利于增强公司信誉。从法律上讲，优先股属于自有资金，因而，许多分析家和信用评级机构在计算公司的杠杆作用时将优先股视作权益处理。对应那些被认为杠杆作用过高的公司而言，发行优先股为它提供了在不放弃控制权和不使负债率升高的情况下的一个可以利用的筹资方式。

2．优先股融资的缺点

（1）筹资成本高。因为优先股股利不能作为费用来处理以抵减所得税，所以优先股的税后资金成本要大于负债的税后资金成本。一般而言，公司的有效税率越高，则其使用优先股的成本就越大，愿意使用优先股融资的可能性就越小。

（2）筹资限制多。发行优先股，通常有许多限制条款。如，公司不能连续三年拖欠股息，公司有盈利必须先分给优先股股东，公司举债额度较大时要先征求优先股股东的意见，等等。

（二）从投资者的角度评价

1．优先股的优点

（1）优先股不但可以提供相当稳定而可靠的收益，而且当公司被清算时，优先股股东拥有先于普通股受偿的权利。

（2）公司投资者投资于其他公司的优先股，其股利有相当一部分（美国为80%）可以免税，从而使优先股对公司投资者具有相当大的吸引力。

2．优先股的缺点

（1）优先股股东负担了相当高比例的所有者风险，而他们所能获得的报酬却非常有限。

（2）即使公司有利可图，优先股股东并不能要求公司一定将股利发放给他们。

（3）对个人投资者而言，风险小于优先股的债券所能提供的收益率往往比优先股的收益率高。

（4）在公司刚刚渡过危机时，公司往往会试图去避免支付优先股的累计股利。这些公司经常在破产法的保护下进行重整，而优先股的股东在公司重整时通常不会得到更好的待遇。

筹资公司在选择不同类别的优先股时，应充分考虑投资者对不同的类型优先股的偏好。一般来说，在经济出现剧烈波动或经济衰退时，宜发行累积优先股；在公司的经营状况稳定增长时，可发行非累积优先股；在投资者要求较高持有收益时，可发行全部参与或部分参与优先股；在投资者要求资本收益和对公司较大的支配权，而甘愿承担一定风险时，可发行可转换为普通股的优先股；对于保守的投资者，可发行可转换为债券的优先股；在国际金融市场动荡不定，利率市场经营波动的条件下，宜发行股息率可调整的优先股；对于收入不稳定、支出有异常的投资者，可发行可赎回优先股。

第三节　留存收益融资

一、留存收益融资

留存收益是一个会计术语，是指公司净利润用于发放股利后的余额，包括盈余公积和未分配利润两项。从性质上讲，留存收益属于所有者权益。保留盈余的实质是所有者向企业追加投资，因而对企业而言是一种融资活动。从融资的角度看，普通股和优先股形成了股权融资的外部渠道，留存收益则构成了股权融资的内部渠道，因此有人将这种融资称为"内源融资"、"内部融资"或"收益留用融资"。

从会计的角度看，收益确认的计量是建立在权责发生制基础上的，而不一定有相应数额的现金净流量增加，因而企业不一定有足够的现金流将收益全部分派给所有者。另一方面，企业的所有者对于企业的再生产、投资机会、控制权、与优先股股东及债权人的契约等有通盘考虑，当期收益在弥补以前年度亏损之后也不一定将剩余收益全部分掉。

此外，法律法规从保护债权人利益、维持企业简单再生产和维持市场经济秩序等角度出发，限制企业将收益分光。我国《公司法》第 177 条规定："公司分配当年税后利润时，应当提取利润的 10% 列入公司法定公积金，并提取利润的 5% 至 10% 列入公司法定公益金。公司法定公积金累计额为公司注册资本的 50% 以上的，可不再提取。"因此，大多数情况下，企业在账面上实现利润的时候，要将一部分利润留在企业。

美国 1973 年的经济报告中曾提到，美国企业的内部资金来源，约占全部资金来源的 60%。鉴于此，有的财务学家甚至将收益留用融资看成最佳融资方式，在融资时相比发行债务、股票要优先考虑。为了说明问题，让我们考察一下美国公司历史上股利支付与内部融资的情况（见表 8-3）。

表 8-3　　　　　　　　　　1979～1995年美国融资模式（%）

项目	资金用途			资金来源			
	资本支出	净营运资本	总额	内部融资	外部融资	新债	新股
1979	84	16	100	79	21	18	3
1980	80	20	100	65	35	31	4
1981	66	34	100	66	34	37	−3
1982	66	14	100	80	20	18	2
1983	65	35	100	74	26	20	6
1984	64	36	100	71	29	45	−16
1985	78	22	100	83	17	36	−19
1986	72	28	100	77	23	41	−18
1987	67	33	100	79	21	37	−16
1988	70	30	100	80	20	46	−26
1989	71	29	100	71	21	45	−24
1990	76	24	100	77	23	36	−13
1991	87	13	100	97	3	−1	4
1992	72	28	100	86	14	9	5
1993	84	16	100	84	16	12	4
1994	76	24	100	72	28	34	−6
1995	80	20	100	67	33	42	−9

注：资料来源于 *Board of Governors of the Federal Reservs System*，*Flow of Funds Accounts*。

从表 8-3，我们能清楚地看到美国工业公司长期融资方式的几项特点。

（1）内部产生的现金流是资金融集的主要来源。通常，长期融资额中有 20%～90% 来自公司内部形成的现金流。

（2）一般而言，财务赤字可以借助举债和发行新股这两种外部融资方式予以填补。但是，外部融资最显著的方面之一是，新发行的权益资本（包括普通股和优先股）就总体而言并不是很重要，其净额通常只占融资总额的一小部分；20 世纪 80 年代末及近年来，该数字则出现了负值。

同其他国家的公司相比，美国公司更多地通过内部现金流融集资金。而其他国家的公司比美国公司更大规模地依靠外部权益资本融集资金。表8-4显示了美国同其他国家内源融资的比较情况。

表8-4　　　　　　1990~1994年各国内部融资的比较（%）①

项　　目	美国	日本	英国	德国	加拿大	法国
内部现金流	82.2	49.3	68.3	65.5	58.3	54.0
外部现金流	17.8	50.7	31.7	34.5	41.7	46.0
长期负债增长率	17.4	35.9	7.4	31.4	37.5	6.9
短期负债增长率	−3.7	9.7	6.1	−	3.8	10.6
股票融资增长率	3.5	5.1	16.9	−	10.3	12.4

　　高登·丹德森（Gordon Donaldson）曾对公司确定长期融资策略的方法进行过一番调查，所得的结果同这些数据相吻合。② 他发现：

　　（1）对于净现值（NPV）为正的项目，公司首选的融资来源是公司内部产生的现金流，即净利润加上折旧扣除股利的结果。

　　（2）公司将外部产生的现金流作为最后采用的融资手段。在选择外部融资方式时，公司会首先考虑用负债方式，最终才会借助普通股。

　　这个结果在一定程度上验证了Myers和Majluf提出的融资优序假说。

　　与发达国家惯常的"内部融资优先，债务融资次之，股权融资最后"的融资顺序不同，我国上市公司的融资偏好是股权偏好。

　　表8-5给出了我国上市公司内源融资和外源融资结构的演变，由此可见，我国上市公司具有强烈的外源融资偏好，1995~2000年，对于未分配利润U于0的上市公司，内源融资平均只有不到15%，85%以上是外源融资，而未分配利润小于0的上市公司，外源融资更是在100%以上，内源融资则为负。

　　① 资料来源：OECD 1995 edition, Financial Statements of Nonfinancial Enterprises。斯蒂芬·A．罗斯，罗德尔福·W．威斯特菲尔德，杰弗利·F．杰富著．吴世农等译．公司理财（第5版）．北京：机械工业出版社，2000：385

　　② G.G.Donaldson. *Corporate Debt Capacity*：*A Study of Corporate Debt Policy and Determination of Corprate Debt Capacity*.Boston：Harvard Graduate School of Business Administration，1961 及参见 S.C.Myers.The Capital Structure Puzzle. *Journal of Finance*，July 1984

表 8-5　　　　　　　我国上市公司的内源融资与外源融资结构(%)①

年份	未分配利润小于 0 的上市公司			未分配利润小于 0 的上市公司		
	内源融资	外源融资		内源融资	外源融资	
		股权	债务		股权	债务
1995	12.40	51.48	36.12	9.50	48.78	41.72
1996	14.75	49.40	35.85	3.23	39.37	57.40
1997	15.43	52.23	32.34	− 3.28	47.05	56.23
1998	13.73	46.17	40.10	− 10.55	50.63	59.92
1999	14.23	51.15	34.62	− 15.83	55.33	60.50
2000	19.19	53.23	27.58	−	−	−

二、留存收益融资的资金成本

留存收益的资金成本取决于股东对普通股所要求的必要报酬率。其计算方法有 CAPM 模型法、债券收益率加风险溢价法和股利增长模型法三种。设留存收益的资金成本为 R_S。

（一）CAPM 模型法（该方法前已述及，此处不再重复）

（二）债券收益率加风险溢价法

这是一种具有相当浓厚的主观判断性质的方法。其计算方法比较简单，只要在公司的债券利率上再加上 2% ～4% 的风险溢价即可，用公式表示为：

$$R_S = 债券利率 + 风险溢价 \tag{8-17}$$

例 8.6，若某公司的债券利率为 11%，证券分析师估计该公司的普通股风险溢价为 3.5%，则该公司留存收益的必要报酬率为：

$$R_S = 11\% + 3.5\% = 14.5\%$$

（三）股利增长模型法

$$R_S = \frac{D_1}{P_0} + g \tag{8-18}$$

由于留存收益融资不会产生发行成本，所以其资金成本一般小于普通股的资金成本。

———————————

① 资料来源：全景网络（西南民族大学郑长德等整理，2003 年）。

三、留存收益融资评价

1. 留存收益融资的优点

（1）留存收益融资基本不发生融资费用。企业从外界筹集长期资本，无论是采用发行股票、发行债券、资本租赁方式，还是采用银行贷款等方式，都需要支付大量的融资费用，而通过留存收益融资则基本无需发生这种开支。

（2）留存收益融资可使企业的所有者获得税收上的利益。在西方发达国家，资本利得税率相对较低，如果将盈余全部分给股东，股东收到股利往往要缴纳较高的个人所得税，因此，股东往往愿意将收益留存于企业，而通过股票价格的上涨获得资本利得。相应地，有些国家的法律会禁止企业过度地保留盈余，以防止税收流失。所以，留存收益融资也受到一定的限制。在我国，目前只对现金股利征收个人所得税，因此，留存收益高，股价上涨，资本利得实际上具有合理避税的作用。

2. 留存收益融资的缺点

（1）留存收益的数量常常会受到某些股东的限制。有些股东依靠股利维持生活，希望多发股利；有些股东对风险很反感，而且认为风险将随时间的推移而增多，宁愿目前收到较少的股利，也不愿等到将来再收到不肯定的较多股利或以较高的价格出售股票。所以，有些企业的所有者总是要求股利支付比率维持在一定的水平上，以消除风险。企业外部的股东觉得，经营者在信息上的占有优势，通过发放股利这种硬约束可以考验企业收益的质量。

（2）留存收益过多，股利支付过少，可能会影响到今后的外部融资。过多地利用内部融资，限制现金股利的发放，对于企业今后的外部融资——包括债务资本和权益资本都有不利的影响。原因在于，股利支付率较高的企业的普通股要比支付股利较少的公司的股票容易出售。同样，考虑购买优先股和债券的投资者也会对企业历史上的股利支付情况进行分析。一般投资者都会认为，如果一个企业能较多地向普通股股东支付股利，那么也会准时为优先股支付股息，并及时支付债券的利息与本金。因此，较多地支付股利，虽然不利于内部融资，但有利于说明企业具有较高的盈利水平和较好的财务状况，有利于外部融资。

（3）留存收益过多，股利支付过少，可能不利于股票价格的上涨，影响企业在证券市场上的形象。

第四节　私募资本市场

在美国，企业筹资渠道除了向金融机构借款，在证券市场公开发行股票和债券外，还可以到私募资本市场筹资。公开发行证券对企业财务要求较高，因此，到私募资本市场筹资的往往是刚刚创立或者处于财务困难中的公司。私募避开了公开发行所要求的注册登记等代价高昂的程序。

任何证券都可以进行私募，不过绝大多数进行私募的都是一般债券、可转换债券和优先股。由于未进行登记，私募的证券无法自由交易。因此，证券法规规定公司只能向被认为具有高深专业技能、能够独立确定投资价值的投资者，如保险公司、养老基金、商业银行、富有的个人等发行证券。

1990年，SEC通过了144A规则，在该规则下，证券发行人可将其未注册的证券销售给一个或多个投资银行，这些投资银行再将这些证券出售给"符合资格的机构投资者（Qualified Institutional Buyers，QIBs）"[①]，同时，该规则规定，这些机构投资者可以在发行之后的任何时间里进行私募证券的交易，从而使私募证券的流动性大大增强，提高了私募证券的吸引力。144A规则极大地促进了私募资本市场的发展。

私募作为一种发行方式，它在我国股份制改革初期就应用于定向募集公司向职工配售认股权证，而且它的应用从来就没有仅限于定向募集公司。1993年4月之前的股票公开发行，实际上是带有私募性质的一种混合方式。其后，随着"三公"原则的确立，私募转而被B股和H股发行所广泛采纳。在A股市场上真正出现包销余额的情况下，证券商也不得不启用这一方式作为补充。1998年，开元、金泰两基金设立后，A股对基金的配售又成为一项制度。另外，上市公司再次发行股票，除1998年7家公司进行增发试点外，都是向老股东配售。可以说，在A股首次发行市场以外的B股、H股和A股再次发行市场，私募都扮演着重要角色。

私募作为一种发行方式，目前在我国被禁止使用，《证券法》也没有明确的规定，随着机构投资者在我国的迅速成长，以及加入WTO，监管规则向国际靠拢，私募将会重新进入我国股票的发行市场。

[①]　符合资格的投资者被定义为可以自主决定投资至少1亿美元的国债或非关联公司证券的金融机构。它们之间可自由交易未在SEC登记注册的证券。

一、私募发行的特点

1. 优点

（1）发行费用较低。私募避免了证券注册、招股说明书的印刷以及取得信用评级等费用。而且私募的代理费从总体来说比公开发行的承销费用低得多，如果发行者与投资者直接协商，这种费用还可避免。

（2）融资速度快。私募不需要像公募那样要首先提出申请，并等到政府有关管理部门的核准后再进行融资。私募由于所受的法律约束较少，省去了履行法律规定程序所需的时间，所以它在企业急需资金时，要比公募更容易解决实际问题。

（3）发行方案和发行规模更具灵活性。私募投资者能够分析复杂的证券方案，发行者对发行条件加以修改以适应交易各方的要求变得十分容易。另外，由于不考虑发行后证券的流通问题，发行规模十分灵活。

（4）股票价格反应积极。研究发现，当一家公司宣布以私募方式发行债券、可转换债券或股票时，股票市场通常作出积极的反应，较大规模的债券私募能导致更为积极的市场反映。

2. 缺点

（1）更高的资本成本支出。为了补偿流动性的不足，私募发行的投资者与公开发行的证券相比，要求一个收益溢价。

（2）更严格的条款和更具有限制性的发行条件。私募投资者要求合约条款限制更为严格，以补偿较大的代理成本。这种合同条款限制了公司经营的灵活性，更可能使公司被迫放弃一些有利的投资机会。

二、风险资本

风险资本（Venture Capital）是私募资本市场的一个重要组成部分。

（一）风险资本的提供者

（1）传统上一小部分老牌、富有的家族为有前途的企业提供创业资本。例如，在过去很长一段时间，洛克菲勒家族为数量相当可观的成功企业提供了最初的资本。

（2）以提供投资基金为目的而组建起来的大批私人合伙和股份公司。合伙公司背后的组织者极有可能从诸如保险公司和退休基金之类的机构投资者那里筹集资本。

（3）大型工业企业或金融公司建立的下属风险资本机构。

（4）风险资本市场一些非正式的参与者。这些投资者经常被称为投资天使，不属于任何风险资本公司，在提供资金时扮演的是个人的角色。

（二）风险资本的融资阶段

A.V.Bruno 和 T.T.Tyebjee 将风险资本融资分为六个阶段。[①]

种子资金（Seed Money Financing）阶段。需要一小部分融资，以证实一个概念或开发一种产品。在此阶段，不包括市场推销。

起步阶段。风险资本向过去数年内开张的公司融资，极有可能支付市场推销和产品开发费用。

第一轮融资：在公司已投入起步资金后，追加投资，开始销售和生产。

第二轮融资：向目前正在销售产品但还未赚钱的公司提供指定用做流动资金的资金。

第三轮融资：向已经盈亏持平且正考虑扩张的公司提供融资。这类融资通常称为"层际融资"（Mezzanine Financing），这里指的层际融资是一种形象的比喻。层际是指建筑物中楼层之间的梯级，真正意义上的层际融资是指介于股权的"地面"和高级债权的"天花板"之间的融资安排，通常被认为是次一级债务，在股权和高级债权之间建立联系的桥梁，即它的具体方式是提供带有股权色彩的 5 年以上的可偿还的次一级债务。因此，层际融资是在股权和高级债权之间的一种新的融资手段。

第四轮融资：为在一年内可能公开上市的公司提供资金，这类融资通常称为"过桥融资"（Bridge Financing）。

当然，上面是最完整的风险资本融资步骤，在实际操作中，可能上述六个步骤不会都被执行，而且通常情况下，都不会被全部执行，资金的需求者要根据自己的实际情况确定使用哪一个阶段的融资。

三、风险资本的一些事实

尽管存在很大的风险资本市场，但事实上风险资本的获取途径非常有限。风险投资机构会收到大量主动提供的商业计划书，但其中大部分只会作一趟文件旅行。风险投资家在很大程度上依赖于非正式的律师、会计师、银行家和其他风险投资家网络来帮助识别潜在的投资项目。因此，私人接触对于进入风险资本市场是很重要的，它在很大程度上是一个"介绍"市场。

另外一个事实是，风险资本非常昂贵。在一次典型的交易中，风险投资家将会提出（而且得到）创业企业 40% 或更多的股权。风险投资家总是喜欢持

[①] A.V.Bruno, T.T.Tybjee. The Entrepreneur's Search for Capital. *Journal of Business Venturing*, winter 1985

有投票权的优先股，在企业被出售或清算的时候拥有不同的优先权。风险投资家一般要求（而且得到）在企业的董事会占有几个席位，甚至可能在高级管理层委任几名成员。

【本章小结】

1．股权融资包括股票融资、优先股融资和留存收益融资。

2．普通股的资金成本确定方法有股利增长模型法和 CAPM 法。

3．股票发行涉及发行条件、发行程序、发行定价、投资银行的作用。首次发行定价低估是全世界存在的现象，我国尤为严重。

4．普通股融资具有没有固定股息负担、增加资本、维持举债能力等优点，但也具有分散公司的控制权、成本较高等缺点。

5．优先股融资具有没有固定到期日、增加资本、优化股本结构、增强公司财务弹性等优点，但也具有成本较高、受限制较多等缺点。

6．留存收益融资资金成本的确定方法有 CAPM 模型法、债券收益率加风险溢价法和股利增长模型法。

7．留存收益融资具有不发生融资费用、节税等优点，但也具有受股东限制和减少股利支付的缺点。

8．私募资本市场为刚刚创立或者处于财务困难中的公司提供了融资渠道。

【思考与练习】

1．普通股有哪些种类？

2．普通股东的权利有哪些？

3．新股发行有哪些方法？

4．什么叫"绿鞋条款"？

5．新股发行具有哪些发行成本？

6．简述普通股融资的优缺点。

7．简述优先股融资的优缺点。

8．简述留存收益融资的优缺点。

9．私募发行的特点是什么？

10．假设洛克公司采用累计投票选举法，将选出 5 名董事，一共有 10 位候选人，100 000 股可参加投票，如果一组股东希望选出 1 位董事，则他们必须拥有的选票数是多少？如果该公司股票为每股 15 元，则其所花费的成本是多少？

11．丹顿石油公司的普通股刚刚发放了每股 3.50 元的股利，企业预期将永远保持 7% 的固定增长率。假如公司的股票以每股 70 元的价格出售，那么公司的股权成本是多少？

12. 迪爱公司股票的 β 系数是 1.25，市场风险报酬为 9%，国库券的当前收益是 5%。该公司最近发放的股利是每股 3.75 元，而且预期股利将以每年 5% 的固定增长率增长。假如该公司股票以每股 39 元的价格出售，则公司的股权成本是多少？

13. 肯夫电子公司 7 年前发行了为期 30 年，利率 10%，每半年付息一次的债券。这些债券当前的售价是账面价值的 120%。企业的所得税率为 38%。则：

（1）企业的税前成本是多少？

（2）企业的税后成本是多少？

（3）税前成本、税后成本哪个更为重要？为什么？

14. 北加州公司打算重新发行其优先股。这种优先股每股股利为 6 元，每股面值为 50 元，每股赎回价格为 52 元，有 50 000 股发行在外。该公司财务经理认为可以在现行市场条件下按 11% 的利率水平发行新的优先股。按照这个利率，新股可以按面值出售，全部面值价值为 2 500 万，发行成本为 780 000，纳税时抵扣，但提前赎债溢价不能抵扣。公司的边际税率为 30%，在新股发行和旧股赎回之间有 90 天的重叠期。试分析这项重发行计划是否可行。

第九章　长期负债和融资租赁

【学习目标】

　　本章主要要求学习公司长期负债融资中长期借款和债券融资的种类、成本、优缺点，以及融资租赁的形式和租赁决策方法；认识长期借款、负债融资、融资租赁的特点；掌握这些融资方式的运用技巧。

第一节　长　期　借　款

一、长期借款的概念和种类

（一）概念

　　长期借款是指企业向银行或其他非银行金融机构借入的使用期限超过一年的借款，主要用于购建固定资产和满足长期流动资金占用的需要。长期借款融资是企业的一种重要的长期负债融资方式。

（二）种类

　　长期借款的种类按不同的标准，可作如下分类：

　　1. 长期借款按用途不同，分为固定资产投资借款、更新改造借款、科技开发和新产品试制借款等

　　固定资产投资借款是指主要用于固定资产的新建、改建和扩建等基本建设项目的借款；更新改造借款是指用于企业固定资产更新、改造项目的借款；科技开发和新产品试制借款是指用于企业科技研究开发和新产品试制方面的借款。

　　2. 长期借款按提供借款的机构不同，分为政策性银行贷款、商业银行贷款和其他金融机构贷款

　　政策性银行贷款是指执行国家政策性贷款业务的银行向企业发放的贷款。如，国家开发银行提供的贷款，主要是满足企业承建国家建设项目的资金需求；中国进出口银行提供的贷款，主要用于满足企业进出口方面的资金需求（如满足扩大机电产品、成套设备出口等资金需求）；中国农业发展银行提供的

贷款，主要用于确保国家对粮、棉、油等政策性收购所需资金的供应。政策性银行贷款一般为长期贷款，通常贷给国有独资企业和国有控股企业。

商业银行贷款是指由各商业银行向工商企业提供的贷款，主要用于满足企业竞争性项目建设和弥补流动资金不足的资金需求。商业银行的贷款长期、短期均有。企业取得贷款后应自主决策、自担风险，到期还本付息。

其他金融机构贷款是指除银行以外的金融机构向企业提供的贷款，如企业向信托投资公司、财务公司、投资公司、保险公司等金融机构借入的款项。其他金融机构的贷款一般比银行贷款的期限长，利率也较高，对借款方的信用要求和限制条件比较严格。

3. 长期借款按有无抵押品作担保，可分为抵押贷款和信用贷款等

抵押贷款是指以特定的抵押品（如房屋、建筑物、机器设备、有价证券、存货等）为担保而取得的贷款。作为担保的抵押品必须是能够变现、质量较高的资产。长期贷款的抵押品通常为不动产和有价证券。如果贷款到期，企业不能偿还，银行等债权人将取消企业对抵押品的赎回权，并有权处理抵押品，所得款项用于抵消债务人所欠本息。抵押贷款有利于银行降低其贷款的风险程度，提高贷款的安全性，也有助于督促企业有效的使用贷款，及时偿债。当然，提供抵押品对于企业有许多约束，限制了企业对资产的自由使用权。

信用贷款是指企业不需要提供抵押品，仅凭自身信用或担保人的信誉就能取得的贷款。需要贷款的企业通常仅出具签字的文书即可得到信用贷款，但只有那些资本实力雄厚、财务形象佳、信誉良好的企业才能取得。由于信用贷款风险较大，债权人通常要提高利息率以获取风险补偿，而且往往还要附加一定的限制条件。

除了以上分类方式外，长期贷款还可按偿还方式分为到期一次偿还贷款和分期偿还贷款等。

（三）我国企业申请贷款应具备的条件

我国企业申请贷款应具备的条件主要有：具有法人资格；生产经营方向和业务范围符合国家政策，且贷款用途符合银行贷款规定的范围；贷款企业具有一定的物资和财产保证，或担保单位具有相应的经济实力；具有还贷能力；财务管理和经济核算制度健全，资金使用效益及企业经济效益良好；在银行开立有账户。

二、长期借款的保护性条款

长期借款期限长，风险大，因此，除借款合同的基本条款之外，银行等债权人通常还在借款的合同里附加各种保护性条款，以确保企业能按时足额偿还

贷款。保护性条款一般有以下三类：

（一）一般性保护条款

一般性保护条款是对贷款企业资产的流动性及偿债能力等方面的要求条款，这类条款应用于大多数借款合同，主要包括：

（1）企业需持有一定限额的货币资金及其他流动资产，以保护企业资金的流动性和偿债能力，一般规定企业必须保持最低营运资本净值和最低的流动比率；

（2）限制企业支付现金股利、再购入股票和职工加薪规模，以减少企业资金的过分外流；

（3）限制企业资本支出的规模，以减少企业日后不得不变卖固定资产以偿还贷款的可能性（其结果仍然是取得企业资产较高的流动性）；

（4）限制企业再举债规模，以防止其他债权人取得对企业资产的优先索偿权；

（5）限制企业的投资，如规定企业不准投资于短期内不能收回资金的项目，不能未经银行等债权人同意而与其他企业合并，以确保借款方的财务结构和经营结构。

（二）例行性保护条款

这类条款作为例行常规，在多数借款合同中都会出现，它可以堵塞因一般条款规定不够完善而遗留的漏洞，以确保贷款的安全。主要包括：

（1）借款方定期向提供贷款的银行或其他金融机构提交财务报表，以使债权人随时掌握企业的财务状况和经营成果；

（2）不准在正常情况下出售较多的非产成品（商品）存货，以保持企业正常的生产经营能力；

（3）如期清偿应缴纳的税金和其他到期债务，以防被罚款而造成不必要的现金流失；

（4）不准任何资产作为其他承诺的担保或抵押，以避免企业遭受过重的负担；

（5）不准贴现应收票据或出售应收账款，以避免或有负债；

（6）限制借款方租赁固定资产的规模，其目的在于防止企业负担巨额租金以致削弱其偿债能力，还在于防止企业以租赁固定资产的办法摆脱债权人对其资本支出和负债的约束；

（7）做好固定资产的维修保护工作，使之处于良好的运作状态，以保证生产经营能正常、持续地进行。

（三）特殊性保护条款

这类条款就是针对某些特殊情况而出现在部分借款合同中的条款，只有在特殊情况下才能生效。主要包括：要求企业的主要领导人购买人身保险，借款的用途不得改变，违约惩罚条款，等等。

上述各项条款结合使用，将有利于全面保护银行等债权人的权益，但借款合同是经双方充分协商后决定的，其最终结果取决于双方谈判能力的大小，而不是完全取决于银行等债权人的主观愿望。

三、长期借款的资金成本

（一）借款的资金成本的确定

借款利息是形成企业长期借款成本的重要因素。在企业向银行借款的合同中，银行往往要求企业在借款期内保持占借款金额一定百分比的存款余额，企业实际可使用的金额要比借款金额低，可企业必须按借款金额支付利息。银行借款无发行费用。长期借款的资金成本为：

$$R_L = \frac{M \times i \times (1 - T)}{C} \tag{9-1}$$

式中：M——企业借款总额；

i——银行贷款利率；

T——企业的所得税率；

C——企业实际可使用的金额。

例9.1，某企业向银行借款500万元，银行年借款利率为6%，银行要求企业保持借款额5%的存款余额，所得税率为30%，则借款成本为：

$$R_L = \frac{M \times i \times (1 - T)}{C} = \frac{5\,000\,000 \times 6\% \times (1 - 30\%)}{5\,000\,000(1 - 5\%)} = 4.42\%$$

（二）长期借款利率的调整

如果金融市场利率波动大，银行等债权人便不愿发放固定利率的长期贷款，而是发放变动利率贷款，即长期借款在借款期限内的利率不是固定不变的，而是根据情况作些调整。利率变动主要有以下三种情形：

1. 分期调整利率

这是借贷双方根据协商，在贷款协议中规定的可分期调整的利率。一般在基准利率的基础上，根据资金市场的情况每半年或一年调整一次利率，借款企业未偿还的本金按调整后的利率计算利息。

2. 浮动利率

这是指借贷双方根据协商，在贷款协议中规定的可根据资金市场的变动情况而随时调整的利率。企业借入资金时一般应开浮动利率票据，票据上载明借款期限和票面基本利率。但到期利率则要在票面基本利率的基础上，根据市场利率的变动加以调整计算。其基本利率通常可以市场上信誉较好的企业的商业票据利率为参考，或以市场上相同借款期的公认利率为准，然后在此基础上规

定一定的浮动百分比限度，作为票据定期计息的浮动利率。例如，某借款企业
2000年1月3日从市工商银行借入5年期600万元资金，借款的基本利率为
12%，上浮上限为30%，下浮下限为20%，到期一次还本付息，不计复利。
由于国家在这5年内多次降低了存贷款利息率，最后的执行利率为10%。

3．期货利率

这是指借贷双方，在贷款协议中规定到期的借款利率按期货业务的利率来
计算。借款到期或在借款期内规定的付息日到来时，应按当时期货市场利率计
算付息额，到期按面值还本。

随着经济业务的发展和环境的复杂多变，还会出现其他形式的变动利率。
企业财务人员应在长期借款时根据具体情况合理地应用不同的利率策略，使其
既对债权人有吸引力又对企业有利。例如，融资时估计市场利率已达到顶峰，
预期将下跌的，则可先进行短期贷款，或采用浮动利率，也可发行可提前赎回
的优先股等，获取短期资本，待利率水平下跌后，再借入利率较低的长期借
款，减少企业的利息费用。如筹资时市场利率较低，则可借入固定利率的长期
借款，这能大大降低企业的筹资成本。同时，企业财务人员要对还款方式和单
复利计算等各种条件进行仔细研究，选择对企业最有利的借款和还款方式。

四、长期借款的偿还

长期借款的偿还有多种方式，比如：定期付息到期偿还的方式；定期等额
偿还方式，即在借款期内连本带息均按相等金额分期偿还的方式；平时逐期偿
还小额本金和利息，到期偿还余下部分的方式。第一种偿还方式会加大借款到
期时的还款压力，而定期等额偿还会提高企业使用贷款的实际利率。

五、长期借款评价

1．长期借款的优点

（1）筹资速度快。发行股票和发行债券通常需要资料准备、层层申报与审
批、印刷、推销等事项，而长期借款只需与银行筹资贷款机构达成协议即可。
程序相对简单，所花时间较短，企业可以迅速获得所需资本。

（2）成本较低。利用长期借款筹资，取得长期借款的交易成本低，而且利
息可在税前支付，可减少企业实际负担的利息费用，因此，其比股票筹资的成本
低；与债券相比，长期借款的利率通常低于债券利率，而且筹资的取得成本较低。

（3）灵活性较强。在借款之前，企业根据当时的资本需求与银行等贷款机
构直接商定贷款的时间、数量和条件。在借款期间，若企业的财务状况发生某
些变化，也可与债权人再协商，修改贷款合同，如变更贷款数量、时间和条

件，或提前偿还本息。因此，借款筹资对企业具有较大的灵活性。

（4）便于利用财务的杠杆效应。长期借款不改变企业的控制权，因而股东不会出于控制权稀释原因反对借款。由于长期借款的利率一般是固定或相对固定的，这就为企业利用财务杠杆效应创造了条件。当企业的资本报酬超过了贷款利率时，会增加普通股股东的每股收益，提高企业的净资产收益率。

2. 长期借款的缺点

（1）财务风险高。长期借款有固定的还本付息期限，企业应如期付息，到期还本。在企业经营不景气时，这种情况无异于釜底抽薪，会给企业带来更大的财务困难，甚至可能出现不能支付而被债权人提起破产诉讼的情况。当然，企业若能与银行等债权人协商进行债务重组，将债务展期、减免部分本息、降低利息率、债转股等，则可暂时缓解危机。

（2）限制条款多。长期借款合同对借款用途有明确规定，对企业资本支出额度、再融资、股利支付等行为有严格的约束，以后企业的生产经营活动和财务政策必将受到一定程度的影响。

（3）筹资数额有限。长期借款的数额往往受到贷款机构资本实力的制约，不可能向发行债券股票那样一次筹集到大笔资本，无法满足企业大规模融资的需要。

第二节　债券融资

一、债券的概念和种类

（一）债券的概念

债券是发行人为筹集债务资本而发行的，约定在一定期限内还本付息的一种有价证券（又称长期应付票据）。根据发行主体的不同，债券可以分为国债和企业债券。国债指由国家发行的债券。国债的发行主体是国家，所以它具有最高的信用等级，被公认为是最安全的投资工具。企业债券是指从事生产、贸易、运输等经济活动的企业发行的债券。非公司制企业发行的债券称为企业债券，股份有限公司和有限责任公司发行的债券称为公司债券，简称公司债。在西方国家，只有股份公司才能发行企业债券，所以在西方国家，企业债券即公司债券。在我国，企业债券泛指各种所有制企业发行的债券。我们在公司理财中所谈到的债券是指企业债券，以下简称债券。债券筹资是一种直接融资，面向广大社会公众和投资者，对发行企业的资格有严格的要求。企业发行债券的目的通常是为其大型投资项目募集大额长期资本。从性质上讲，债券与借款一样是企业的债务，发行债券一般不影响企业的控制权，发行企业无论盈利与否必须到期还本付息。

（二）债券的种类

债券可按不同标准分类，除了在第四章中对债券的分类外，债券还可以从以下角度进行分类。

1. 按债券票面上是否记名，可将债券分成记名债券和无记名债券

记名债券是指在债券票面上注明债权人姓名或名称，同时在发行公司的债权人名册上进行登记的债券。转让记名债券时，除要交付债券外，还要在债券上背书和在公司债权人名册上更换债权人姓名或名称。投资者须凭印鉴领取本息。这种债券的优点是比较安全，缺点是转让时手续复杂。

无记名债券是指债券票面上未注明债权人姓名或名称，也不用在债权人名册上登记债权人姓名或名称的债券。无记名债券转让时交付债券即生效，无需背书，因而比较方便。我国发行的债券一般是无记名债券。

2. 按能否转换为公司股票，分为可转换债券与不可转换债券

可转换债券是指债券持有者可以根据规定的价格将债券转换为发行企业股票（一般为普通股）的债券。这种债券在发行时，对债券转换为股票的价格和比率等都作了详细规定。对发行企业来讲，发行这种债券可以大大降低其利率，节约企业的利息支出。同时，其转换会稀释普通股股东的控制权。另外，如果转股价格规定不合理，债券持有者在规定时间内不行使转换权，而发行企业又没有足够的思想准备，有可能引起大规模集中性的本息兑付而导致企业破产。我国《公司法》规定，可转换债券的发行主体是股份有限公司中的上市公司。

不可转换债券是指不能转换为发行企业股票的债券。大多数债券属于这种类型。

3. 按有无抵押担保，可将债券分为信用债券、抵押债券和担保债券

信用债券又称无抵押担保债券，是仅凭债券发行者的信用发行的、没有抵押品或担保人的债券。企业发行信用债券往往有许多限制条件，这些限制条件中最重要的称为反抵押条款，即禁止企业将其财产抵押给其他债权人。由于这种债券没有具体财产作抵押，因此，只有历史悠久、信誉良好的公司才能发行这种债券。

抵押债券是指以一定的抵押品作抵押而发行的债券。这种债券在西方比较常见，当企业没有足够的资金偿还债券时，债权人可将抵押品拍卖以获取资金。抵押债券按抵押物品的不同，又可分为不动产抵押债券、设备抵押债券和证券抵押债券。

担保债券是指由一定保证人作担保而发行的债券。当企业没有足够的资金偿还债务时，债权人可要求保证人偿还。我国 1998 年 4 月 8 日颁布的《企业

债券发行与转让管理办法》规定，保证人应是符合《担保法》的企业法人，且应同时具备以下条件：（1）净资产不能低于被保证人拟发行债券的本息；（2）近三年连续盈利，具有良好的业绩前景；（3）不涉及改组、解散等事宜或重大诉讼案件；（4）中国人民银行规定的其他条件。

4．按能否上市，分为上市债券和非上市债券

可在交易所挂牌交易的债券为上市债券；反之为非上市债券。上市债券信用度较高，价值高，且变现速度快，故而较吸引投资者，但上市条件严格，且要承担上市费用。

5．按照债券是否可提前赎回，分为可提前赎回债券与不可提前赎回债券

前者指发行企业在特定的时间内可按溢价收回的债券，一般在债券票面的背后要规定一些条款，如溢价比率、收回时间等；后者指发行企业将按债券票面上约定的到期日偿还债券本金的债券。

6．按照偿还方式，分为一次偿还债券和分次偿还债券

一次偿还债券是指在到期日发行企业一次偿还全部本金的债券。

分次偿还债券有两种情况：一是企业对同次发行的债券规定不同的到期日；二是企业对同一种债券的本金分次偿还，于到期日全部偿还完毕。采用分次偿还债券方式，可以逐渐减少债券的流通量，维持债券的市价和企业信用，同时，还本的现金流出量与项目产生的现金流入量时间上较为一致，是比较合理的还本方式。

7．按照其他特征，分为收益公司债券、附认股权债券、附属信用债券等

收益公司债券是指只有当公司获得盈利时才向持券人支付利息的债券。这种债券不会给公司带来固定的利息费用，对投资者而言收益较高，但风险也较大。附认股权债券是指附带允许债券持有人按特定价格认购公司股票的债券。这种认股权通常随债券发放，具有类似可转换债券的特性，其利率一般低于公司债券。附属信用债券是指当公司清偿时，受偿权排列顺序低于其他债券的债券，其利率一般高于一般债券。

二、债券契约

债券契约是记载债券发行人与债券持有人双方所拥有的权利与义务的法律文件，为了促使发行公司切实履行债券契约中的有关条款，以保护债券持有人的权益，债券契约通常规定有受托人（Trustee）（通常由银行的某一部门来担任），其职责主要有：（1）认证债券的发行；（2）监督公司履行合约条款；（3）在公司迟迟不付清本息时，代表债券持有人利益采取适当的行动。

典型的债务契约可能是一份几百页纸的文件，其中主要是限制性条款

（Restrictive Covenants），其目的在于尽可能地防止公司在发行债券后发生任何使债券品质受损的行为。限制性条款主要包括以下事项：（1）在哪些情况下，公司能够在债券到期前将债券赎回；（2）公司的利息倍数必须维持在何种水平，它才能够出售新债券；（3）公司的盈余必须符合哪些条件才能支付股利。

需要指出的是，美国大多数公司的债券契约在 20 世纪 30 年代或 40 年代就已经成熟，一直使用至今。因此，这些年来有很多债券契约相同但发行时间却各异的债券流通在外。也就是说，在同一家公司中，发行时间不同的同一种类债券，其利率与到期时间可能各不相同，但他们在债券契约中给予债券持有人的保障则完全一样。

（一）保护性条款

保护性条款是用于限制借款公司的某些行为，分为积极条款和消极条款。消极条款通常包括：

（1）限制公司的股利支付额。

（2）公司不能将任一资产抵押给其他债权人。

（3）公司不能兼并其他企业。

（4）未征得其他人同意，公司不能出售或出租公司的主要财产。

（5）公司不能发行其他长期负债。

积极条款则将公司所同意采取的行动或必须遵守的条件具体化。如：

（1）公司同意将其运营资本维持在某一最低水平。

（2）公司必须定期向债权人提供财务报表。

（二）偿债基金计划

偿债基金是出于债券清偿的目的而设立的由债券信托人管理的账户。通常，公司每年会向信托人支付一笔款项，信托人则从市场上按固定百分比，以债券的票面价值赎回公司的债券。发行的债券通常按顺序编号，故公司可以采用抽签的方式决定应赎回的债券。

偿债基金计划对债权人具有双刃效应：

（1）偿债基金对债权人提供额外保护。身陷财务困境的企业可能在偿债基金的支付方面有困难。因此，偿债基金的支付状况向债权人提供了一种预警系统。

（2）偿债基金赋予公司一种极具吸引力的权利。一旦债券价格下跌并低于债券面值，公司就可按较低的市场价值购入债券，用于满足偿债基金的需求。假如债券价格上升并且高于其面值，则公司可按较低的债券面值购回公司债券，从而有损债券持有人的利益。尽管如此，在同等条件下，人们还是愿意购买有偿债基金规定的债券。也就是说，拥有偿债基金的债券的利率，可低于不拥有偿债基金规定的债券的利率。

（三）赎回条款

大多数债券都有赎回条款，赎回条款允许公司在某一规定期限内以事先确定的价格赎回全部债券。一般而言，赎回价格大于债券的票面价值，赎回价格同票面价值之间的差额称为赎回升水。

赎回条款对公司非常有利，但对投资者则会造成潜在的损失。对公司而言，当市场利率低于公司发行债券利率时，公司就可利用赎回条款将债券赎回而避免支付高于市场利率的利息。对投资者而言，如果市场利率高于票面利率，则会由于公司不赎回债券而受损；如果市场利率低于票面利率，则会由于公司赎回债券而损失高于市场利率的赚钱机会。因此，只有可赎回债券利率高于不可赎回债券提供的利率时，投资者才会购买可赎回债券。

需要指出的是，赎回条款中的债券赎回与偿债基金条款中的债券赎回有着本质的区别：（1）前者为了保护发行公司的利益，后者则为了保护债券持有人的利益；（2）前者赎回时需支付赎回溢价，后者赎回时不需要支付赎回溢价；（3）前者赎回率高达 100%，后者只按固定比率赎回；（4）前者需要较高的报酬率，后者只需要较低的报酬率。

三、债券融资的资金成本

债券融资的税后资金成本为：

$$R_B = \frac{R_D \times (1 - T)}{1 - f} \qquad (9\text{-}2)$$

式中：R_D——债券的税前成本；

T——公司的边际税率；

f——发行成本费率。

例 9.2，某公司债券的票面利率为 12%，公司所得税率为 30%，发行成本费率为 5%，则其税后资金成本为：

$$R_B = \frac{R_D \times (1 - T)}{1 - f} = \frac{12\% \times (1 - 30\%)}{1 - 5\%} = 8.84\%$$

四、债券的评级

（一）评级的标准

债券的信用等级表示债券质量的高低。债券的信用等级通常由独立的中介机构来评定，投资者根据这些中介机构的评级结果选择债券进行投资。西方国家的债券评级始于 20 世纪初，目前美国两家主要的信用评级机构为标准普尔投资者服务公司（Standard & Poor's)和穆迪投资者服务公司（Moody's Investor Service)。

　　不同国家对债券的评级不尽相同，即使同一个国家的不同评级机构，其评级也有差异，但有一点是相同的，即都将债券按发行公司的还本付息可靠程度、财务质量、项目状况等因素，用简单的符号、文字说明等公开提供给广大投资者。目前，世界各国已基本对债券信用评级形成惯例，具体等级见表9-1，各等级的含义见表9-2。

表 9-1　　　　　　　　　　债券的信用等级①

名称	高级	较高级	投机级	低级
标准普尔	AAA、AA	A、BBB	BB、B	CCC、CC、C、D
穆迪	Aaa、Aa	A、Baa	Ba、B	Caa、Ca、C、D

　　有时，标准普尔和穆迪会调整债券等级。标准普尔使用"＋、－"符号，"A＋"代表A级中的最高级别，"A－"代表A级中的最低级别，穆迪采用"1、2、3"，其中"1"代表最高级别。

表 9-2　　　　　　　　　　债券评级各等级的含义②

标准普尔	穆迪	含　义
AAA	Aaa	该债券到期具有极高的还本付息能力，投资者没有风险
AA	Aa	该债券到期具有很高的还本付息能力，投资者基本没有风险
A	A	该债券到期具有一定的还本付息能力，经采取保护措施后，有可能按期还本付息，投资者风险较低
BBB	Baa	该债券到期还本付息资金来源不足，发行企业对经济形势的应变能力较差，有可能延期支付本息，投资者有一定的风险
BB	Ba	该债券到期还本付息能力较低，投资风险较大
B	B	该债券到期还本付息能力低，投资风险较大
CCC	Caa	该债券到期还本付息能力很低，投资风险很大
CC	Ca	该债券到期还本付息能力极低，投资风险极大
C	C	发行企业面临破产，投资者可能血本无归
D	D	该种债券无法按时支付利息以及归还本金

---

　　①　资料来源：斯蒂芬·A.罗斯，罗德尔福·W.威斯特菲尔德，杰弗利·F.杰富著．吴世农等译．公司理财（第5版）．北京：机械工业出版社，2000：415

　　②　参考郭复初主编．财务管理（第1版）．北京：首都经济贸易大学出版社，2003：317

在表9-2中，2个"A"或3个"A"代表安全性极高的债券；1个"A"或3个"B"（或1个"B"，2个"a"）的债券为投资级债券，其安全性下降，但仍较安全。美国法律规定，大多数银行和其他机构投资者只允许持有债券等级至少为投资级的债券，而等级为2个"B"（或1个"B"，1个"a"）或其以下的债券，其违约的可能性很大，因此，法律禁止很多金融机构购买。

（二）债券等级的重要性

债券的等级对公司和投资者来说都非常重要。首先，债券等级是债券风险的指示器，因而债券等级对其利率及公司的负债资金成本有直接的影响；其次，由于多数债券机构投资者受法律限制，只能购买投资级以上的债券（如慈善组织不得购买A级以下债券），因而如果公司的债券等级低于BBB级，则新债券的销售由于缺乏机构投资者而出现销售困难；最后，债券等级对公司今后负债资金的取得也会产生影响。

等级低的债券风险大，市场限制多，因此它们比高等级的债券所要求的收益率要高。二级市场上，债券报酬与其等级级别成反向关系（见图9-1）。

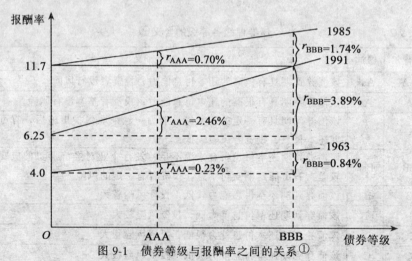

图9-1　债券等级与报酬率之间的关系①

注：r_{AAA}代表AAA级公司债券的风险溢价

　　r_{BBB}代表BBB级公司债券的风险溢价

根据穆迪公司的一项统计报告：1980年Aaa级债券的利率平均为11.94%，Aa级债券的利率平均为12.5%，A级债券的利率平均为12.89%，

---

① 资料来源：Standard & Poor's. *Securities Price Index Record*

Baa（相当于标准普尔的 BBB）债券的利率平均为 13.67%。这完全符合风险收益均衡原理。

（三）债券等级的变化

信用评级机构会定期检查已流通在外的债券，再根据发行公司经营情况的变化，偶尔调高或调低其债券等级。此外，当公司宣布即将发行大量新债时，信用公司也会马上开始审查其信用情况。因此，如果公司最近的生产经营情况不佳，且信用审查机构尚未审查其信用等级时，公司最好使用定期贷款或短期负债来融资，避免公开发行新债券。

五、债券发行

（一）债券发行的资格和条件

在我国，根据《公司法》的规定，股份有限公司、国有独资公司和两个以上的国有企业或者两个以上的国有投资主体投资设立的有限责任公司，具有发行债券的资格。从发行条件来讲，主要条款涉及发行债券的最高限额、发行公司自有资本最低限额、公司获利能力、债券利率水平等。根据我国《公司法》的规定，发行公司债券的具体条件如下：

（1）股份有限公司的净资产额不低于人民币 3 000 万元，有限责任公司的净资产额不低于人民币 6 000 万元；

（2）累计债券总额不超过公司净资产的 40%；

（3）最近三年平均可分配利润足以支付公司债券一年的利息；

（4）筹集资金的投向符合国家产业政策；

（5）债券的利率不得超过国家限定的利率水平；

（6）国务院规定的其他条件。

此外，发行公司债券所筹集的资金，必须按审批机关批准的用途使用，不得用于弥补亏损和非生产支出。上市公司发行可转换债券必须具备其他一些条件，例如，财务报表经过注册会计师审计无保留意见；最近三年连续盈利，从事一般行业其净资产利润率在 10% 以上，从事能源、原材料、基础设施的公司净资产利润要求在 7% 以上；发行本次债券后资产负债率必须小于 70%；利率不得超过同期银行存款利率；发行额度在 1 亿元以上；证券管理部门的其他规定。

发行公司发生下列情形之一的，不得再次发行公司债券：前一次发行的债券尚未募足的；对已发行的公司债券或其债务有违约或者延迟支付本息的事实，而且仍处于继续状态中的。

（二）债券发行的程序

（1）作出决议。公司在实际发行债券之前，必须由股东（或董事会）作出债券的有关决议，具体决定公司发行债券的总额、票面金额、发行价格、募集办法、偿还日期及方式等内容。

（2）提出申请。我国《公司法》规定，公司申请发行债券须由国务院证券管理部门批准。申请时应提交公司登记证明、公司章程、公司债券募集办法、资产评估报告和验资报告。

（3）公告募集办法。发行公司债券的申请经批准后，公开向社会发行债券时，应当说明债券募集办法。根据我国《公司法》的规定，公司债券募集办法中应当载明本次发行债券总额、债券面额、票面利率、还本付息的期限与方式、债券发行的起止日期、公司净资产额、已发行而未到期的公司债券总额、债券的承销机构等事项。公司若发行可转换债券，还应在债券募集办法中规定具体的转换办法。

（4）委托证券机构发售。公司债券的发行方式一般有私募发行和公募发行两种。前者是指由发行公司直接将债券发售给投资者，此方式因限制较多在我国极少采用。后者是指在发行公司通过承销团向社会出售债券，发行公司可以选择代销或包销方式。按我国有关法律、法规要求，应采用公募方式。

（5）交付债券，收缴款项，债券登记。发行公司公开发行公司债券，由证券承销机构发售。投资者直接向承销机构付款购买，承销机构代理收取债券款，交付债券。发行结束后，发行公司向承销机构收缴债券款并结算代理费及预付款项。

（三）债券的发行价格

债券的发行价格有三种：等价发行、折价发行和溢价发行。等价发行又叫面值发行，是指按债券的面值出售；折价发行是指以低于债券面值的价格出售；溢价发行是指按高于债券面值的价格出售。

债券之所以会存在溢价发行和折价发行，是因为资金市场上的利息率是经常变化的，而企业债券一经发行，就不能调整其票面利息率。从债券的开印到正式发行，往往需要经过一段时间，在这段时间内如果资金市场上的利率发生变化，就要靠调整发行价格的方法来使债券顺利发行。

在分期支付利息，到期一次还本，且不考虑发行费用的情况下，债券发行价格的计算公式为：

$$发行价格 = \sum_{t=1}^{N} \frac{票面金额 \times 票面利率}{(1+市场利率)^t} + \frac{票面金额}{(1+市场利率)^N} \tag{9-3}$$

当然，资本市场上的利率是复杂多变的，除了考虑目前利率外，还要考虑利率的变动趋势。实际工作中确定债券的发行价格通常要考虑多种因素。

六、债券的收回与偿还

（一）债券的偿还时间

债券偿还时间按其实际发生与规定的到期日之间的关系，可分为提前偿还与到期偿还两类，其中后者又包括分批偿还和一次偿还两种。

（1）提前偿还。提前偿还又称提前赎回或收回，是指在债券尚未到期之前就予以偿还。只有在发行债券的契约中明确规定了有关允许提前偿还的条款，企业才可以进行此项操作。提前偿还所支付的价格通常要高于债券的面值，并随到期日的临近而逐渐下降。具有提前偿还条款的债券可使企业融资有较大的弹性。当企业资金有结余时，可提前赎回债券；当预测利率下降时，也可提前赎回债券，而后以较低的利率来发行新债券。

（2）分批偿还。如果一个企业在发行同一种债券的当时就以不同编号或不同发行对象规定了不同的到期日，这种债券就是分批偿还债券。因为各批债券的到期日不同，它们各自的发行价格和票面利率也可能不相同，从而导致发行费较高。这种债券便于投资人挑选最合适的到期日，便于发行。

（3）一次偿还。到期一次偿还的债券是最为常见的。

（二）债券的偿还形式

债券的偿还形式是指在偿还债券时用什么样的支付手段。可使用的支付手段包括现金、新发行的本公司债券（简称新债券）、本公司的普通股股票（简称普通股）和本公司持有的其他公司发行的有价证券（简称有价证券）。其中前三种较为常见。

（1）用现金偿还债券。现金是债券持有人最愿意接受的支付手段，因此本形式最为常见。

为了确保在债券到期时有足额的现金偿还债券，有时企业需要建立偿债基金。如果发行债券契约的条款中明确规定用偿债基金偿还债券，企业就必须每年都要提取偿债基金，且不得挪作他用，以保护债券持有者的利益。

（2）以新债券换旧债券，也叫"债券调换"。企业之所以要进行债券的调换，一般有以下原因：①有的企业发行债券后，由于市场利率下降或者原有债券契约中订有较多的限制条款，不利于企业的发展；②把多次发行、尚未彻底偿清的债券进行合并，以减少管理费；③有的债券到期，但企业现金不足。

（3）用普通股偿还债券。如果企业发行的是可转换债券，那么，可通过转换成普通股来偿还债券。

（三）债券偿还的有关规定

我国《企业债券发行与转让管理办法》对债券的偿还作出了明确的规定。面向社会公开发行的企业债券，在债券到期兑付之前，应由发行人或代理兑付机构于兑付日的 15 天以前，通过广播、电视、报纸等宣传工具向投资人公布债券的兑付办法，其主要内容应包括：（1）兑付债券的发行人及债券名称；（2）代理兑付机构的名称及地址；（3）债券兑付的起止日期；（4）逾期兑付债券的处理；（5）兑付办法的公布单位及公章；（6）其他需要公布的事项。

债券到期前 3 天，债券发行人应将兑付资金划入指定的账户，以便用于债券的偿还。

七、债券调换决策

在利率下降时，公司可能会发现自己的未付债券或优先股要支付比现行市场利率更高的息票率，而一般公司债券或优先股在发行时都有允许公司以溢价强制赎回的赎回条款。此时，公司面临着债券调换决策，即是否溢价赎回现有债券，再发行新债券的问题。公司是否进行债券调换决策的关键在于，收回未偿还债券，发行到期日和风险相等的新债券，前者与后者的净现值之差（NPV）是否大于 0。

假设公司有未清偿债券总面额为 M，n 年后到期，息票率为 r_1，每年支付一次利息，具有赎回条款，赎回溢价率为 s。那么，面值为 1 000 元的债券的赎回价格为 1 000 $(1+s)$。当前市场利率为 R，同类型债券的息票率为 r_2，公司适用的边际税率为 T，假定不存在交易成本。则债券调换决策的步骤如下。

第一步，求出税后贴现率。同等风险新债券的税后利率为：

$$R_T = R(1 - T) \tag{9-4}$$

第二步，求出旧债税后现金流出总现值：

$$PV_1 = \sum_{t=1}^{n} \frac{M \times r_1 \times (1 - T)}{(1 + R_T)^t} + \frac{M}{(1 + R_T)^n} \tag{9-5}$$

第三步，求出新债券的税后现金流出总现值。新债券税后现金流出分为三个部分：

（1）支付赎回溢价。它可以作费用扣减，其税后成本为：

$$C_0 = M \times s \times (1 - T) \tag{9-6}$$

（2）新债券每年的利息费用为：

$$C_{new} = M \times r_2 \times (1 - T) \tag{9-7}$$

（3）新债券税后现金流出总现值为：

$$PV_2 = C_0 + \sum_{t=1}^{n} \frac{C_{new}}{(1 + R_T)^t} + \frac{M}{(1 + R_T)^n} \tag{9-8}$$

第四步，求出债券调换的净现值：

$$NPV = PV_1 - PV_2 \tag{9-9}$$

如果 $NPV > 0$，说明调换可行；如果 $NPV < 0$，则调换不可行；如果 $NPV = 0$，则调不调换无所谓。

例 9.3，某公司有未清偿债券 1 000 万元，5 年后到期，息票率为 16%，每年支付一次利息。对同类型的债券息票利率为 10%，当前市场利率为 10%，1 000 元面值债券的赎回价格是 1 050 元，公司适用的税率是 40%。假定不存在交易成本，求证该债券调换的可行性。

（1）税后现金流量的变化应按适当的税后贴现率贴现。同等风险新债券的税后利率为：

$$R_T = R\ (1 - T) = 10\%\ (1 - 40\%) = 6\%$$

（2）旧债券现金流出的现值为（在没有交易成本的情况下）：

$$
\begin{aligned}
PV_1 &= \sum_{t=1}^{n} \frac{M \times r_1 \times (1 - T)}{(1 + R_T)^t} + \frac{M}{(1 + R_T)^n} \\
&= \sum_{t=1}^{5} \frac{1\ 000 \times 16\% \times (1 - 40\%)}{(1 + 6\%)^t} + \frac{1\ 000}{(1 + 6\%)^5} \\
&= \sum_{t=1}^{5} \frac{96}{(1 + 6\%)^t} + \frac{1\ 000}{(1 + 6\%)^5} \\
&= 1\ 151.66(万元)
\end{aligned}
$$

（3）计算发行新债券的税后现金流出。

①支付赎回溢价为 50 万元，它可以作费用扣减，其税后成本为：

$$C_0 = 50(1 - 40\%) = 30(万元)$$

②新债券每年的利息费用为：

$$C_{new} = M \times r_2 \times (1 - T) = 1\ 000 \times 10\% \times (1 - 40\%) = 60(万元)$$

③新债券第 5 年需偿还的本金为 1 000 万元，则新债券税后现金流出总现值为：

$$
\begin{aligned}
PV_2 &= C_0 + \sum_{t=1}^{n} \frac{C_{new}}{(1 + R_T)^t} + \frac{M}{(1 + R_T)^n} \\
&= 30 + \sum_{t=1}^{5} \frac{60}{(1 + 6\%)^t} + \frac{1\ 000}{(1 + 6\%)^5}
\end{aligned}
$$

$$= 1\ 030.02(万元)$$

（4）债券调换的净现值为：

$$NPV = PV_1 - PV_2 = 121.64(万元) > 0$$

由于 $NPV > 0$，说明调换可行。

八、债券融资的创新

（一）零息债券

零息债券（Zero-Coupon Bonds）是以较高的折扣发行的债券，也称为初始发行折价债券（Original-Issue Discount Bonds）、大幅折价债券（Deep-Discount Bonds）、纯折价债券（Pure-Discount Bonds），它不是周期性地支付息票利息，其利息的计算是体现在债券的价值随着时间越来越接近到期日而增加，到期日，债券按全部面额赎回。

零息债券的久期等于其发行期限，因此它经常被投资者用做资产和负债的配套管理，以消除利率风险。例如，有一家保险公司，预测从现在起5年内需支付10万元的死亡保险金额。公司无法确定5年内是否有足够的资金用于偿债，于是购入面值为10万元的5年期零息债券。这样，不管利率如何变动，公司购入的零息债券都足以偿还10万元的债务。

除上述优点之外，对发行公司而言，零息债券还具有以下优点：

（1）债券到期前，公司不必支付任何利息或本金。

（2）零息债券折价发行，可给公司增加一系列现金净流入量，因为这部分折价费用可以用来抵减需交纳的所得税。这意味着，零息债券在其寿命期间内可通过节省所得税支出的方式来提供一系列现金流入量。

零息债券的缺点，主要表现在：

（1）这种债券一旦发行，不能提前赎回，除非公司愿意提前按面值偿还。

（2）零息债券到期时，公司会有大量的现金流出。

（二）浮动利率债券

浮动利率债券（Floating-Rate Bonds）是指票面利率随一般利率水平变动的债券。其调整率一般同国库券利率或30年期国家债券利率挂钩。浮动利率债券最先由花旗银行（Citibank）在1974年发行，头10个月利率为9.7%，后来每半年调整一次，调整到比当时3个月国库券利率高1%。

大部分浮动利率债券都规定有出售条款和息票率上下限条款。

出售条款规定，浮动利率债券持有人有权在息票支付日按债券面值兑换债券。通常情况下不允许投资者在债券的有效年限初期兑换所持有的债券。

息票率上下限规定，债券息票率受上下限约束。比如，息票率的最低界限为 8%，最高界限为 14%。

浮动利率债券是通货膨胀的产物，20 世纪 80 年代早期，西方世界的通货膨胀率达到了一个史无前例的高峰，长期债券的价格也因而急剧下降，甚至一些应该没有风险的美国国库券价值也缩减了一半。公司债券、抵押债券以及其他固定利率的长期债券上的问题就更为突出。损失最为惨重的自然是那些拥有固定利率债券的贷款人。在金融业，特别是储蓄、贷款及保险行业中，破产或为了避免破产而发生的强迫合并到处可见。其结果是除非采用高利率，许多贷款人不愿意采用固定利率的方式将资金贷放给借款人，因而浮动利率债券就自然成了人们的宠物。

由于浮动利率债券的息票率会随着市场利率变动，浮动利率债券总是能按债券面值或接近债券面值的价格出售。因此，浮动利率债券通常不附加赎回条款。

（三）收益债券

收益债券（Income Bonds）是指公司收入充足时，公司才会向债券持有人发放利息。

从发行公司的角度看，收益债券相对传统债券是一种更低廉的负债方式，因为其利息同传统债券一样具有抵税的作用，两者具有相同的税收优势。然而，发行收益债券的公司遭遇财务风险的可能性较小，因为当公司收益不足而无法支付债券利息时，收益债券并不处于违约状态，从这点看，它跟优先股具有相似之处。

（四）垃圾债券

垃圾债券（Junk Bonds）是指评级低于标准普尔 BB 级或低于穆迪 Ba 级的债券，又称为高收益债券或低级债券。

垃圾债券的特点是高风险和高报酬并存。通常在两种情况下可以发行垃圾债券：（1）公司陷入财务困境；（2）在企业合并或融资收购中。

九、债券融资的评价

1．债券融资的优点

（1）资本成本较低。利用债券筹资的成本要比股票筹资的成本低。这主要是因为债券的发行费用较低，债券利息在税前支付，有一部分利息由政府负担了。

（2）可以发挥财务杠杆作用。无论发行公司收益多少，债券持有人只收取固定的有限的利息，而更多的收益可用于分配给股东，增加其财富，或留归企业以扩大经营。

（3）保障公司控制权。债券持有人一般无权参与发行公司的管理决策，因此发行债券一般不会分散公司控制权。

2．债券融资的缺点

（1）财务风险较高。债券通常有固定的到期日，需要定期还本付息，财务上始终有压力。在公司不景气时，还本付息将成为公司严重的财务负担，有可能导致公司破产。

（2）限制条件较多。发行债券的限制条件较长期借款、融资租赁的限制条件多且严格，从而限制了公司对债券融资的使用，甚至会影响公司以后的筹资能力。

（3）筹资规模受制约。公司利用债券筹资一般受一定额度的限制。例如我国《公司法》规定：累计债券总额不得超过公司净资产的 40%。

第三节　融资租赁

固定资产通常是企业从事各种商业活动的前提条件。企业获得固定资产的途径，一方面可以通过固定资产投资获得，并反映在资产负债表中；另一方面，可以通过租赁方式获得。20 世纪 50 年代以前，固定资产的租赁范围一般仅限于土地和建筑物等房地产。然而，到现在，几乎任何类型的固定资产都可以租赁。到了 20 世纪 80 年代，美国企业界经由租赁方式而取得的固定资产已超过全部固定资产的 20%。

一、融资租赁的含义

租赁是指出租人在获取一定的报酬的条件下，授予承租人在约定的期限内占有和使用财产权利的一种契约性行为。

融资租赁又称财务租赁，是指由租赁公司按承租单位要求出资购买设备，在较长的合同期内提供给承租单位使用的信用业务，由于它可满足企业对资产的长期需要，故有时也称为资本租赁。

（一）融资租赁与经营租赁的区别

融资租赁以融资为目的，是区别于经营租赁的一种长期租赁形式，两者的区别见表 9-3。

表 9-3　　　　　　　　　　　融资租赁与经营租赁的区别

项目	融资租赁	经营租赁
租赁程序	由承租人向出租人提出正式申请，由出租人融通资金引进承租人所需设备，然后再给承租人使用	承租人可随时向出租人提出租赁资产要求
租赁期限	租期一般为租赁资产寿命的一半以上	租赁期短，不涉及长期而固定的义务
合同约束	租赁合同稳定，在租期内，承租人必须连续支付租金，非经双方同意，中途不得退租	租赁合同灵活，在合理限制条件范围内，可以解除租赁契约
租赁资产的维修保养	租赁期内，出租人一般不提供维修和保养设备方面的服务	租赁期内，出租人提供设备维修、保养、保险等服务
租赁期满的资产处置	租赁期满后，租赁资产的处置有三种方法可供选择：将设备作价转让给承租人；由出租人收回；延长租期续租	租赁期满后，租赁资产一般要归还给出租人

（二）典型的融资租赁程序

典型的融资租赁程序为：

（1）即将使用设备的企业（承租人）根据自己的需要，选定所需设备和制造商或供应商，并就有关供货条款（如价格、交货日期）进行谈判。承租人对设备及供货人的选定是其自己的权利，不依赖于出租人的判断和决定，出租人不得干涉承租人对供货商和设备的选择，但可以向承租人推荐供货人或设备。

（2）承租人寻找一家租赁公司（出租人），并签订租赁契约，在制造商或供应商处预定这一设备。租赁的条件是：分期摊还出租人的全部投资并加上出租人应得的投资收益。

（3）出租人从制造商或供应商处买下预定的设备。

典型的融资租赁程序可用图 9-2 来表示。

二、融资租赁的形式

（一）售后租回

售后租回是指拥有土地、建筑物或设备的企业将资产卖给另一家企业或租赁公司，并同时达成协议，按一定的条件将此资产再租回的融资租赁行为。资产的售价大致为市价。采用这种租赁形式，出售资产的企业可得到相当于售价的一笔资金，同时仍然可以使用资产。当然，在此期间，该企业要支付租金，

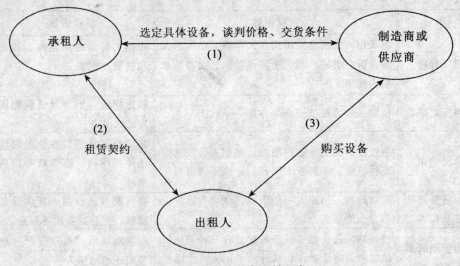

图 9-2 典型的融资租赁程序

并失去了财产所有权。售后租回可看成是一种抵押贷款方式，只不过在这种租赁条件下，抵押资产的所有权已经转移。

（二）直接租赁

直接租赁是指承租人直接租赁，并付出租金。直接租赁的出租人主要是制造厂商、租赁公司，除制造厂商外，其他出租人都是从制造厂商购买资产出租给承租人。

（三）杠杆租赁

杠杆租赁要涉及承租人、出租人和资金出借者三方当事人。从承租人的角度来看，这种租赁与其他租赁形式并无区别，同样是按合同的规定，在基本租赁期内定期支付定额租金，取得资产的使用权。但对出租人却不同，出租人只出购买资产所需的部分资金（如30%），作为自己的投资，另外以该资产作为担保向资金出借者借入其余资金（如70%）。因此，它既是出租人又是借款人，同时拥有对资产的所有权，既收取租金又要偿付债务。如果出租人不能按期偿还借款，那么资产的所有权就要转归资金出借者。

三、租赁对税负和财务报表的影响

（一）对税负的影响

租金可以减免所得税。如果没有限制，公司将采取租赁方式使用设备，使设备在比加速折旧更短的寿命期内折旧完，从而达到节税的目的。

例 9.4，某公司计划引进一条生产线，其价值为 1 000 万元。该生产线寿命期是 5 年，残值为 0，若采用年限总额加速折旧法折旧，年折旧额如表 9-4 所示。

表 9-4   折旧对税收的节省   单位：万元

年	1	2	3	4	5
年折旧额	333	267	200	133	67
税款节省额（$T = 40\%$）	133.2	106.8	80	53.2	26.8

如果以 6% 的折现率计算，税款节省额的现值为 349.29 万元。

假设企业可通过租赁获得该生产线，租期是 3 年，每年租赁费用是 333 万元，并附有购买选择权。租金是可减免税收的，因此，这 3 年每年可提供的税款节省额现值是：

$$333 \times 0.40 \times A_{0.06}^3 = 356 （万元）$$

由此看来，虽然租金和折旧两者提供的税款节省额相等（不考虑时间价值皆为 1 000 万元），但是，租赁只有 3 年，税款节省额来得更快些，因此现值较高。所以，如果一种契约可以称作租约，并且税收处理可以按租约来处理，那么与设备的折旧避税方法比较，租赁的避税作用更有利于企业。鉴于这种因素，出于税收的目的，各国对此在不同程度上作了相应的有关规定。比如，美国国内税务局对租赁的要求是，租赁契约必须是符合国内税务局标准的真正的租约，而非分期付款购买资产。检查条款主要有：

（1）租赁期满，租赁资产是否存在较高的残值，通常分析标准是租赁期不超过该资产 90% 的寿命；

（2）承租人不能享有在租赁期满时重新租赁或以名义价格购买的选择权；

（3）租赁付款额必须是合理的，使出租人不但能收回本金，还能取得一定的利息收入；

（4）租赁期必须少于 30 年，否则就可视为购买资产。

从国内税务局的角度看，正当租赁交易的主要要求是：

（1）租赁期必须少于 30 年，否则，这种租赁将被认为是一种销售形式；

（2）租金必须体现给出租人一个合理的利润，即在投资的 7% ~ 12% 之间；

（3）租期届满时，须给承租人在与外部其他同样的正当提供者之间进行自由选择的权利；

（4）不能有再购置的选择权，如果有，也仅赋予承租人与外部提供者相等的竞购地位。

（二）租赁对财务报表的影响

租赁一度被称为"资产负债表外的筹资"。即租赁费用作为经营费用出现在企业收益表上，但租赁契约的租赁资产却不出现在企业的资产负债表上。但现在不同了，美国财务会计标准委员会颁布了财务会计标准委员会13号公告（FASB Statement No.13），要求将某些类型的租赁资本化，并反映在资产负债表中。

例9.5，假定有两家企业B和L，需要获得价值2 000万元的设备，获得这一设备的渠道可以是借钱购买或租赁。假如，企业B借钱购买此设备，而企业L通过租赁获得此设备，有关资产增加前和资产增加后两家企业的资产负债表如表9-5所示。

表9-5 　　　　　　　　　　**租赁对资产负债表的影响**　　　　　　　　单位：万元

企业B和企业L的资产负债表			
资产增加前：			
流动资产	1 000	负债	1 000
固定资产	1 000	股东权益	1 000
总资产	2 000	负债及股东权益	2 000
资产负债比率＝1 000/2 000＝50%			

资产增加后：							
企业B（借款购买）				企业L（租赁）			
流动资产	1 000	流动负债	3 000	流动资产	1 000	流动负债	1 000
固定资产	3 000	股东权益	1 000	固定资产	1 000	股东权益	1 000
总资产	4 000	负债及权益	4 000	总资产	2 000	负债及权益	2 000
资产负债比率＝75%				资产负债比率＝50%			

由此可见，企业B借了2 000万元来购买此资产，因此，资产和负债都出现在资产负债表上，它的资产负债比率也从原来的50%上升到75%。而企业L是租赁该资产，如果是融资租赁，租赁所需的固定费用可能等于或高于贷款的费用，支付不了租金如同支付不了利息一样可以导致企业破产。因此，在融资租赁条件下，企业L的财务风险应该与企业B相同。但是，企业L的资产负债比率保持50%不变。这样仅仅凭一纸资产负债表无疑会给投资者造成误导。为了避免企业L的投资者错误地高估该企业的财务状况，美国财政部门

要求企业在财务报表上用脚注的形式披露其租赁情况。

如果企业通过融资租赁获得该设备，虽然从法律形式上承租人未获得该项资产的所有权，但从交易的实质内容上讲，出租人专门为承租人购买了设备，并且承租人在租金中除偿还了设备的成本外，还给予了出租人一定的收益率，因此，租赁资产上的风险和收益都已转移给了承租人，承租人支付不了租金，如同支付不了利息一样将导致企业破产。上述企业 L 和企业 B 具有相同的财务风险，只有将其租入资产记录在资产负债表上，才能充分反映企业在某一时日所拥有的经济资源和所承担的债务责任，才不会使投资者错误地估计企业的财务状况。

为了正确地反映企业融资租赁对企业财务状况的影响，美国财务会计标准委员会颁布的财务会计标准委员会 13 号公告要求：对参与了融资（资本）租赁的企业，具有不符合规定的审计报告，企业必须重新将租赁的资产作为固定资产、未来支付租金的现值作为负债列示在资产负债表上。这个过程叫做"租赁资本化"。经过这样的处理，企业 L 的负债比率与企业 B 的负债比率就一样了，如表 9-6 所示。

表 9-6	企业 L 租赁资本化后的资产负债表		单位：万元
流动资产	1 000	流动负债	1 000
固定资产	1 000	租金的现值	2 000
租赁资产的现值	2 000	股东权益	1 000
总资产	4 000	负债及权益	4 000
	资产负债比率 = 3 000/4 000 = 75%		

因此，企业签署融资租赁协议的结果会使企业的负债比率提高，同时也改变了企业的资本结构，如果企业需要保持原定的最佳资本结构的话，则需要筹集额外的股本来支持。在融资租赁中，租金的意义在于冲减融资租赁而产生的长期负债，租金以租赁摊销和利息支出的形式列入收益表，因而租金包含了固定资产价值摊销、出租人收益和长期负债的财务费用这三项。

另外，融资租赁的资产实际上已由出租人转移给了承租人，因此，出租人不再计提相应的折旧，该资产的折旧应由承租人计入生产费用，列入收益表。

那么，怎样衡量一项租赁是否融资租赁，是否应将其租赁资本化呢？一般来说，一项租赁如具备下列一个或一个以上的条件，应视该租赁为融资租赁，要将租赁设备资本化列示在资产负债表上：

（1）租赁期满，资产所有权转移给承租人；

（2）租约中规定承租人廉价购买租赁资产的选择权；

（3）租赁期间等于或超过资产预计经济寿命的 75%；

（4）租赁开始时，对出租人的最低租赁付款现值等于或大于租赁资产公允价值的 90%。

四、融资租赁决策

出租人和承租人都面临着租赁决策，站在承租人的角度，主要从成本的角度评价租赁，分析是租赁成本低还是购买资产成本低。站在出租人的角度，则主要从收益的角度评价租赁，分析租金是否能抵补成本，并带来收益。下面我们仅从承租人的角度分析，即融资租赁决策。

租赁与贷款类似，它使得公司必须支付一系列的租赁费用，如果公司无法按时支付，公司将可能破产。因此，在评价融资租赁方案时，最恰当的办法是将融资租赁成本与贷款融资成本进行比较，取成本总现值最小的方案。

例9.6，假定我们已收集到以下资料：

（1）ZHJ 公司准备添置成本为 20 000 000 美元的设备（包括运送与安装成本），寿命期 5 年。这种设备可以提供 10% 的投资减税，减税总额为 2 000 000 美元。因此，ZHJ 公司若用贷款购买设备，则只需筹款 18 000 000 美元。

（2）银行贷款利率为 10%，若 ZHJ 公司采用 5 年期贷款方式筹措 18 000 000 美元，这样该公司 5 年之中每年必须支付的金额为：

$$年度贷款偿还额 = \frac{贷款总额}{资金现值系数}$$

$$= \frac{18\ 000\ 000}{FVA(10\%,5)}$$

$$= \frac{18\ 000\ 000}{3.79079} = 4\ 748\ 350.6（美元）$$

（3）ZHJ 公司还可以采用融资租赁的方式来获得这一设备。其租赁条件是：租赁期 5 年，每年须向出租人付以 5 000 000 美元的租金，而且在 5 年期满后，出租人将收回设备。

（4）此设备至少可使用 5 年，5 年后其净残值为 1 000 000 美元。另外，ZHJ 公司预计 5 年后仍然需要此设备，则在 5 年以后有权以 1 000 000 美元的价格将此设备买下。

（5）租赁合同规定，出租人将负责维修工作；而如果 ZHJ 公司将这一设备买下，则它每年年底必须向制造商支付 1 000 000 美元的设备维修费。

（6）在加速回收系统下，设备的回收期间为 5 年，而当时 ZHJ 公司的有效税率为 40%，并假定这一税率 5 年内维持不变。

（7）最后，如果 ZHJ 公司购入此设备后，其设备的折旧基础为：

折旧基础＝原始购置成本－投资减税税额／2

＝20 000 000－2 000 000／2

＝19 000 000（美元）

根据上述资料，我们可以将两种不同融资方式——租赁与贷款计划下的现金流量分析列表计算如表 9-7 所示。

计算说明：

表 9-7 第一部分显示的是贷款购买时所涉及的各种现金流出量及其现值。在此，我们首先运用贷款摊销表来计算每年的贷款支出及其利息费用，并运用折旧摊销表来计算每年的折旧费用；然后再将每年的贷款支付，来自利息和折旧的所得税节省，以及维修费用相加，以确定贷款购买计划每年给 ZHJ 公司带来的现金流出量；最后将其折算成现值并求和。

表 9-7　　　　　　　ZHJ 公司租赁与贷款购买的净现值分析　　　　　单位：万美元

项　　目	年　　度				
	1	2	3	4	5
（一）贷款购买分析					
1．贷款摊销表					
（1）贷款支付额	474.84	474.84	474.84	474.84	474.84
（2）利息费用	180.00	150.52	118.08	82.41	43.19
（3）本金支付	294.84	324.32	356.76	392.43	431.65
（4）贷款余额（年末）	1 505.16	1 180.84	824.08	431.65	—
2．折旧摊销表					
（5）折旧基础	1 900	1 900	1 900	1 900	1 900
（6）年度折旧率（年限总额加速折旧法）	0.33	0.27	0.20	0.13	0.07
（7）折旧费用	627.00	513.00	380.00	247.00	133.00
3．现金流出量					
（8）贷款支付	474.84	474.84	474.84	474.84	474.84
（9）所得税节省[（利息＋折旧）×0.40]	322.80	265.41	199.23	131.76	70.48
（10）税后维修费用	60.00	60.00	60.00	60.00	60.00
（11）净现金流出量[（8）－（9）＋（10）]	212.04	269.43	335.61	403.08	464.36

续表

项　目	年　　度				
	1	2	3	4	5
(12)现值系数	0.943 4	0.890 0	0.839 6	0.792 1	0.747 3
(13)贷款购买成本的现值	200.04	239.79	281.78	319.28	347.02
(14)贷款购买成本的总现值	1 387.91				
(二)租赁分析					
(15)租赁成本	300.00	300.00	300.00	300.00	300.00
(16)五年后设备残值	100.00				
(17)净现金流出量	300.00	300.00	300.00	300.00	400.00
(18)租赁的现值[(12)×(17)]	283.02	267.00	251.88	237.63	298.92
(19)租赁成本的总现值	1338.45				
(三)成本比较租赁的利益	1 387.91－1 338.45＝49.46				

现值系数的计算，因为借款成本为10％，所得税率为40％，所以资金税后成本为6％，以此为贴现率，5年的复利现值系数分别是0.943 4、0.890 0、0.839 6、0.792 1、0.747 3。

表9-7的第二部分计算的是租赁成本现值。本例中，出租人打算每年向公司收取500万美元的租赁费，如果ZHJ公司接受上述条件，它在未来5年中所支付的租赁费均可作为费用来处理以抵减所得税，因而它实际上只需负担300万美元的租赁成本，其计算公式是：

税后租赁成本＝租金支付－所得税节省

＝租金支付（1－税率）

＝500×（1－0.4）＝300（万美元）

表9-7的第二部分还列示了5年后设备的购买价格，即残值。之所以将这部分也算作租赁成本，是因为ZHJ公司计算在5年后继续使用该设备，因而它会在第5年后向出租人购买。

表9-7的第三部分则列示了两种不同的融资方式所需花费的净现值的差额为49.46万美元。说明采用融资租赁较之采用贷款购买的融资办法，可使ZHJ公司节省净现金流出49.46万美元。很显然，在本例中，ZHJ公司应采用融资租赁这一比较恰当的融资方式。

一般而言，如果公司无利可图或扩展迅速，以致产生了大量无法全部用完的投资减税，则公司可以采用租赁融资的方式来取得它所需要的固定资产。因为此时的租赁可使公司将消化不掉的投资减税交给出租人使用，然后出租人再以向公司（承租人）收取较低租赁费的方式作为回报。

此外，和投资减税一样，折旧也可以用来抵减公司的所得税。折旧固然无法给一家正处于亏损状态的公司带来任何好处，但对边际税率相当高的承租人而言，它就非常有价值了。可以看出，投资减税和加速折旧等税务方面的考虑，是目前存在于大多数租赁背后的支配力量。正因为如此，近年来铁路公司、航空公司以及一些由于国际竞争过于激烈而无利可图的制造公司都是租赁业务的大量使用者。

五、融资租赁筹资评价

1. 融资租赁筹资的优点

（1）筹资速度快。租赁往往比借款购置设备更迅速、更灵活，因为租赁是筹资与设备购置同时进行，可能缩短设备的购进、安装时间，使企业尽快形成生产能力，有利于企业尽快占领市场，打开销路。

（2）限制条款少。如前所述，债券和长期借款都签订有相当多的限制条款，虽然类似的限制在租赁公司中也有，但一般比较少。

（3）设备淘汰风险小。当今，科学技术迅速发展，固定资产更新周期日趋缩短，企业设备陈旧过时的风险很大，而利用融资租赁可减少这一风险，因为融资租赁的期限一般为资产使用年限的 75%，不会像自己购买设备那样整个期间都承受风险，且多数租赁协议都规定由出租人承担设备陈旧过时的风险。

（4）财务风险小。租金在整个租期内分摊，不用到期归还大量本金。许多借款都在到期日一次偿还本金，这会给财务基础较弱的公司造成相当大的困难，有时会造成不能偿付的风险。而租赁则把这种风险在整个租期内分散，可适当减少不能偿付的风险。

（5）税收负担轻。租金可在税前扣除，具有抵免所得税的效用。

2. 融资租赁筹资的缺点

融资租赁筹资的最主要缺点就是资金成本较高。一般说来，其租金要比从银行借款或发行债券所负担的利息高得多。在企业财务困难时，固定的租金也会构成一项较沉重的负担。

【本章小结】

1. 长期负债融资包括长期借款和债券。长期借款具有筹资速度快、成本低、方式灵活的优点，但也具有财务风险高、限制条件多、融资额度有限的缺点。

2．债券融资具有成本低、发挥财务杠杆作用、保障公司控制权等优点，但也具有财务风险高、筹资规模受限制等缺点。

3．融资租赁包括售后租回、直接租赁、杠杆租赁等形式。

4．融资租赁具有筹资速度快、财务风险小、限制条款小等优点，但也具有资金成本高等缺点。

【思考与练习】

1．简述长期借款融资的优缺点。

2．简述公司债券融资的优缺点。

3．债券契约一般包括哪些条款？

4．融资租赁具有哪些形式？

5．简述融资租赁的优缺点。

6．某企业向银行借款 200 万元，银行年借款利率为 5%，银行要求企业保持借款额 5% 的存款余额，所得税率为 20%，则其借款成本是多少？

7．某公司债券的票面利率为 10%，公司所得税率为 30%，发行成本费率为 5%，则其税后资金成本是多少？

8.ECSSON 公司的税率为 34%，决定发行 1 亿美元的 7 年期债券。现有三种方案：（1）公开发行，息票率为 8%，半年付息一次，发行费用为 900 000 美元；（2）私募发行，息票率为 8. 375%，半年付息一次，发行费用为 500 000 美元；（3）发行欧洲债券，息票率为 8.125%，一年付息一次，发行费用为 1 100 000 美元。计算：

（1）各种方案的借款成本。

（2）哪种方案的借款成本最低？

（3）ECSSON 公司在确定筹资方案时，还应考虑哪些其他因素？

9．某债券按 7% 的年利率，半年付息一次，面值为 1 000 元，到期收益率为 6%，计算该债券的发行价格。

10．某公司有未清偿债券 1 000 万元，3 年后到期，息票率为 16%，每年支付一次利息。对同类型的债券，当前市场利率为 10%，1 000 元面值债券的赎回价格是 1 100 元，公司适用的税率是 30%。假定不存在交易成本，求证该债券调换的可行性。

11．科迪公司想获得一台价值 100 000 元，经济寿命为 8 年的印刷机。第 8 年末，该机器残值为 8 000 元。该资产的折旧按 5 年类资产标准计提。公司可以采用租赁或借款两种融资方式。租赁付款额为，8 年内每年年初支付 16 000；如果借款购买，借款利率为 14％，每年年初还款（利息按抵押贷款方式摊销）。公司税率为 40％。试求哪种融资方式的现金流出现值较低？

第十章　公司融资决策中的选择权问题

【学习目标】

通过本章学习，学生应掌握期权的基本知识，能够运用期权的基本知识来研究公司融资中的选择权问题，对股票、债券这类传统融资工具能够重新用期权思想分析其特性；了解认股权证、主管股票期权、可转换债券等含有期权的金融工具的特点、价值构成、定价以及对公司的影响。

第一节　期权合约

一、期权的概念

期权是一种赋予持有人在某个给定日期或之前的任何时间以固定价格购进或出售一种资产的权利的合约。这种合约的持有人不承担必须购进或出售的义务。合约中给定的时间为到期日，在此时间之后期权失效。合约中的固定价格称为敲定价格或执行价格。如果期权只能在到期日执行，称为欧式期权。如果期权在到期日或到期日之前的任何时间都可执行称为美式期权。

根据期权合约赋予持有人到期拥有权利的不同，分为看涨期权（也叫买入期权）与看跌期权（也叫卖出期权）。看涨期权赋予持有人在一个特定时期以某一特定价格购进一种资产的权利。看跌期权赋予持有人在一个特定时期以某一特定价格出售一种资产的权利。

每一期权合约都有两方。一方是持有期权多头头寸的投资者（购买期权合约的一方）；另一方是持有期权空头头寸的投资者（出售或承约（Written）期权合约的一方）。期权的出售方事先收取现金，但之后有潜在的负债。

在期权交易中有四种基本的期权头寸：看涨期权的多头；看涨期权的空头；看跌期权的多头；看跌期权的空头。

二、期权的盈亏

我们用 X 代表执行价格，以 S_T 代表标的资产到期日价格。到期时，期权合约的盈亏状况为：

看涨期权多头盈亏：$\max\ (S_T - X,\ 0)$

看涨期权空头盈亏：$-\max\ (S_T - X,\ 0)\ =\min\ (X - S_T,\ 0)$

看跌期权多头盈亏：$\max\ (X - S_T,\ 0)$

看跌期权空头盈亏：$-\max\ (X - S_T,\ 0)\ =\min\ (S_T - X,\ 0)$

用图 10-1 表示为：

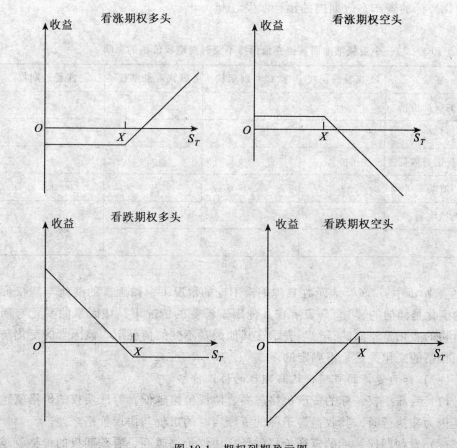

图 10-1　期权到期盈亏图

三、影响期权价格的因素

影响期权价格的有以下六个因素，它们通过影响期权的内在价值与时间价值来影响期权的价格。我们可以考察一个变量增加而其他变量保持不变时各因素对期权价格的影响。这些影响可以用表 10-1 来反映。

(1) 标的资产的市场价格；

(2) 期权的执行价格；

(3) 期权的有效期；

(4) 标的资产的波动率；

(5) 无风险利率；

(6) 标的资产有效期内的预计派发红利。

表 10-1　　　一个变量增加而其他变量保持不变时对期权价格的影响①

变量	欧式看涨期权	欧式看跌期权	美式看涨期权	美式看跌期权
标的资产价格	+	−	+	−
执行价格	−	+	−	+
期权的有效期	?	?	+	+
波动率	+	+	+	+
无风险利率	+	−	+	−
红利	−	+	−	+

表 10-1 中："＋"表示在其他因素不变的情况下，该因素的变化与期权价格的变化是同向的；"－"表示在其他因素不变的情况下，该因素的变化与期权价格的变化是反向的；"?"表示在其他因素不变的情况下，该因素的变化与期权价格的变化关系是不确定的。

(一) 标的资产的市场价格与期权的协议价格

(1) 看涨期权：标的资产价格越高、协议价格越低，看涨期权的价格就越高；因为在执行时，其收益等于标的资产当时的市价与协议价格之差。

(2) 看跌期权：标的资产价格越低、协议价格越高，看跌期权的价格就越

---

① 转引自 Johu C.Hull. 期权、期货和其他衍生产品. 北京：华夏出版社，2000：141

高；因为在执行时，其收益等于协议价格与标的资产当时市价之差。

（二）期权的有效期

（1）美式期权：有效期越长，期权价格越高。由于可以在有效期内的任何时间执行，有效期越长，多头获利的机会就越多；有效期长的期权不仅包含了有效期短的期权的所有执行机会，而且还有更多的获利机会。

（2）欧式期权：随着有效期的延长，欧式期权的价值并不一定必然增加。欧式期权只能在期末执行，因此期限长的期权的执行机会并不一定包含有效期短的期权的所有执行机会。

例如：考虑同一股票的两个欧式看涨期权，一个到期期限为1个月，另一个到期期限为2个月。假定，预计在六周后将支付大量红利。由于红利会使股票价格下降，这就有可能使有效期短的期权的价值超过有效期长的期权的价值。

（三）标的资产的波动率

波动率越大，对期权多头越有利，期权价格也应越高。

标的资产的波动率是用来衡量标的资产未来价格变动的不确定性的指标。

期权多头的最大亏损仅限于期权价格，而最大盈利额则取决于执行期权标的资产市场价格与协议价格的差额。

（四）无风险利率

无风险利率对期权价格的影响可以从两个角度来考察：

1. 从比较静态的角度，比较不同利率水平下的两种均衡状态

（1）对预期收益率和贴现率的影响：

① 对预期收益率的影响：如果一种状态下无风险利率水平较高，则标的资产的预期收益率也应较高，这意味着对应于标的资产现在特定的市价 S_0，未来预期价格 $E(S_T)$ 较高。

② 对贴现率的影响：如果一种状态下无风险利率水平较高，则贴现率较高，未来同样预期盈利的现值就较低。

（2）对期权的影响：

① 对于看跌期权：利率上升引起未来预期价格 $E(S_T)$ 的升高与预期盈利现值的降低。这两种效应都将减少看跌期权的价值。

② 对于看涨期权：利率上升引起未来预期价格 $E(S_T)$ 的升高，使期权价格上升。利率上升引起预期盈利的现值降低，使期权价格下降。前者的效应大于后者，因此对于较高的无风险利率，看涨期权的价格也较高。

2. 从动态的角度考察，即考察一个均衡被打破到另一个均衡的过程

（1）对标的资产价格和贴现率的影响：

① 对标的资产价格的影响：在标的资产价格与利率成负相关时（如股票、债券等），当无风险利率提高时，原有均衡被打破，为了使标的资产的预期收益率提高，均衡过程通常是通过同时降低标的资产的期初价格和预期未来价格来实现的，只是前者的降幅更大。

② 对贴现率的影响：当无风险利率提高时，原有均衡被打破，贴现率也上升。

（2）对期权的影响：

① 对于看涨期权：利率上升对标的资产价格和贴现率产生影响，这两种效应都将使期权价格下降。

② 对于看跌期权：利率上升对标的资产价格和贴现率的影响，前者效应为正，后者效应为负。前者效应通常大于后者，因此净效应是看涨期权价格上升。

从两个角度得到的结论刚好相反。具体应用时要注意区别分析的角度。

（五）标的资产的收益

标的资产分红付息等将减少标的资产的价格，而协议价格并未进行相应的调整，因此，在期权有效期内，标的资产产生收益将使看涨期权价格下降，看跌期权价格上升。

四、期权定价的 Black-Scholes 公式

（一）Black-Scholes 公式的前提假设

（1）对卖空不存在障碍和限制。

（2）交易成本和税收是零。

（3）期权都是欧式的。

（4）不支付股票红利。

（5）股票价格是连续的，即没有跳跃。

（6）市场连续运作。

（7）短期利率已知且固定。

（8）股票价格是对数正态分布的。

（二）Black-Scholes 公式

$$c = SN(d_1) - Xe^{-r(T-t)}N(d_2) \tag{10-1}$$

其中：

$$d_1 = \frac{\ln(S/X) + (r + \sigma^2/2)(T-t)}{\sigma\sqrt{T-t}}$$

$$d_2 = \frac{\ln(S/X) + (r - \sigma^2/2)(T-t)}{\sigma\sqrt{T-t}} = d_1 - \sigma\sqrt{T-t}$$

式中：S——现行股价；

X——看涨期权的执行价格；

r——连续无风险利率（年度的）；

σ^2——股票连续收益的方差（每年的）；

t——现在时刻；

T——期权到期时刻；

$N(d)$——标准正态分布随机变量小于或等于 d 的概率。

（三）欧式期权的平价关系

可以证明，在市场无套利的均衡的状况下，具有相同执行价格与到期日的看涨期权与看跌期权，它们的价值有着密切的联系，存在如下买卖权平价：

标的资产价格 + 看跌期权价值 − 看涨期权价值 = 执行价格现值

即：
$$S + p - c = Xe^{-r(T-t)} \tag{10-2}$$

期权在公司理财中能够得到广泛应用，很多公司的融资决策都与期权有关。一方面，传统的融资方式都可视为隐匿的期权，重新用期权来诠释；另一方面，很多新型的融资决策或融资工具中都镶入了期权，成为含有期权的复合金融工具。

第二节　股票和债券的期权分析

波利公司获得举办一次国际博览会的特许权，此次博览会结束后，该公司解散。该公司通过发行股票和债券来为此次商业活动融资。期初筹集股本金100 万美元，在明年归还全部债务时，应付的利息和本金是 800 万美元。该公司预测了在四种可能情况下明年的现金流状况，见表 10-2：

表 10-2　　　　　　　　波利公司现金流预测　　　　　　　单位：万美元

项目	博览会成功	博览会基本成功	博览会基本失败	博览会失败
还本付息前现金流	1 000	850	700	550
利息和本金	800	800	700	550
持股人的现金流入量	200	50	0	0

从表 10-2 中可见，前两种情况出现时，在债权人得到全部本利和后，持股人还能得到剩余的现金流；后两种情况出现时，债权人得到了公司全部的现金流量，但仍低于债权人的本利和，持股人收益为 0。

我们借助这个例子，用期权来分析债券和股票。

一、用看涨期权分析股票、债券

(一) 持股人

我们把到期末时持股人的现金流入量看做是公司现金流入量的函数。当公司的现金流量小于 800 万美元时，持股人现金流入量为 0。当公司的现金流量超过 800 万美元之后，持股人现金流入量为这个超额部分。到期时，持股人的现金流量随公司现金流量的变化而变化。其情况如图 10-2。

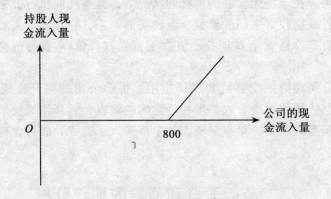

图 10-2　用看涨期权分析股票

由此可见，股票其实是一个看涨期权的多头，它的标的资产是公司本身，执行价格为 800 万美元。

当到期公司的现金流量大于 800 万美元时，持股人将选择执行这个期权，即是从债权人手中用 800 万美元买下该公司。持股人的收益是公司的现金流与他们支付的 800 万美元之差。如果博览会成功，这个差值是 200 万美元；如果博览会基本成功，这个差值是 50 万美元。

当公司的现金流小于 800 万美元时，持股人将不会执行他们的期权，此时，他们将离开公司，债权人得到公司的全部现金流量。

(二) 债权人

我们把到期末时债权人的现金流入量也看做是公司现金流入量的函数。当公司的现金流量小于 800 万美元时，债权人获得全部现金流入量。当公司的现金流量超过 800 万美元时，债权人的现金流入为 800 万美元。到期时，债权人的现金流量是随公司现金流量的变化而变化的。可以看到，债权人的财务状况可以表述为两种权利：

（1）拥有公司；

（2）签订了一个执行价格为 800 万美元的关于该公司的看涨期权。

其盈亏状况如图 10-3 所示。

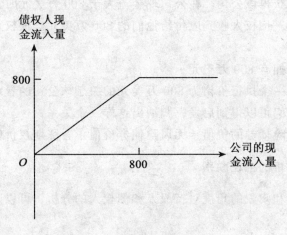

图 10-3　用看涨期权分析债券

二、用看跌期权分析股票、债券

我们也可用看跌期权来分析持股人和债权人的情况。

（一）持股人

期末，当公司的现金流量小于 800 万美元时，持股人就将把公司交与债权人，用放弃股权换取注销持股人已欠债权人的 800 万美元。持股人实际获得的利益是债务本息 800 万美元与公司价值之差。此时相当于持股人以 800 万美元的价格把公司卖给了债权人。当到期时现金流量大于 800 万美元时，持股人保留公司所有权。

由此可见，持股人的财务状况可表述为：

（1）拥有公司；

（2）欠债权人本息和为 800 万美元；

（3）持股人拥有执行价格为 800 万美元的关于该公司的看跌期权。

到期时现金流入低于 800 万美元时，看跌期权是实值的，持股人执行这个看跌期权，将公司以 800 万美元卖给债权人。当到期时现金流入大于 800 万美元时，看跌期权是虚值的，持股人不执行期权。因而，持股人保留公司的所有权，但连本带利支付给债权人 800 万美元。

（二）债权人

在公司现金流小于800万美元时，持股人执行看跌期权，即债权人有义务支付公司800万美元，由于公司已欠债权人800万美元，此时，双方的义务抵消，债权人直接获得该公司。在公司现金流大于800万美元时，持股人不执行看跌期权。此时，债权人收到应付给他们的800万美元。债权人的财务状况可表述为：

（1）债权人拥有800万美元；

（2）出售了一个执行价格为800万美元的关于该公司的看跌期权。

从这里，我们可以得到启发，归纳出这样一个关系：

风险债券的价值＝无风险债券价值－看涨期权价值

三、两种分析的内在联系

以上从买权和卖权的角度对持股人和债权人的分析，可以归纳为表10-3：

表 10-3　　　　　　　　对波利公司持股人和债权人的期权分析①

	持股人	债权人
从看涨期权的角度分析	拥有执行价格为800万美元的公司看涨期权	（1）拥有公司 （2）签订了一个执行价格为800万美元的公司看涨期权
从看跌期权的角度分析	（1）拥有公司 （2）欠债权人本息和为800万美元 （3）持股人拥有执行价格为800万美元的公司看跌期权	（1）债权人拥有800万美元 （2）出售了一个执行价格为800万美元的公司看跌期权

因为买卖权存在平价关系，故：

标的资产价格＋看跌期权价值－看涨期权价值＝执行价格现值

此时，标的资产不是股票，而是公司本身。执行价格是800万美元，即公司债务到期本息和。将执行价格800万美元按无风险利率折现的现值视为一无风险债券价值。因此有：

公司价值＋公司看涨期权价值－公司看跌期权价值＝无风险债券价值

---

① 本部分参考 Stephen A. Ross, Randolph W. Westerfield, Jeffrey F. Jaffe. 公司理财（第五版）（中译本）. 北京：机械工业出版社，2000：442

对于持股人：

公司看涨期权价值＝公司价值＋公司看跌期权价值－无风险债券价值

　　　　从看涨期权　　　　　　　　　从看跌期权

　　　　　的角度分析　　　　　　　　　的角度分析

等式左边是从看涨期权角度分析持股人的状况，等式右边是从看跌期权角度分析持股人状况，从上面等式看到，两种角度的分析是等价的。

同理，对于债权人：

公司价值－公司看涨期权价值＝无风险债券价值－公司看跌期权价值

　　　　从看涨期权　　　　　　　　　从看跌期权

　　　　　的角度分析　　　　　　　　　的角度分析

等式左边是从看涨期权角度分析债权人的状况，等式右边是从看跌期权角度分析债权人状况，从上面等式看到，两种角度的分析是等价的。

第三节　认股权证

一、认股权证的功能

认股权证（Warrants）是一类特殊的期权，它允许其持有人有权利但无义务在指定的时间以确定的价格直接向发行公司购买普通股的证券。每一份认股权证明确规定了持有人可以购买的股票份数、协议价格（也称执行价格（Exercise Price））以及到期日（Expiration Date）。

认股权证有时会被公司作为一种证券单独发行，有时也被用在债券、优先股和新股发行时作为吸引投资者的附加证券。在大多数情况下，认股权证的发行是附在债券上的，债券合同中的借贷协议注明了认股权证和债券能否单独出售和流通。一般情况下，在实际的市场交易中认股权证通常又可以与原始的证券剥离开来，单独进行交易。

通过附加认股权证，公司可以在发行合同上给予更低的债券付息，较低的优先股红利支付和增加新股发行的融资数量。这一点对新兴公司尤其重要，由于知名度低，信用等级也低，使其债券筹资的成本往往很高，通过配送认股权证可以降低融资成本。

认股权证的条款可以根据公司的需要而定，当发生股票分割与支付红利时，执行价格与认股权证的数目也要作相应的调整，从而使认股权证不受其影响。

二、认股权证与看涨期权的差异①

从持有者的角度来讲，认股权证与以普通股为标的物的看涨期权非常相似，它们都给予持有者按确定的价格购买普通股的权利。

从公司的角度来讲，认股权证与以普通股为标的物的看涨期权有很大的差别。其一，发行者不同，看涨期权由个人发行，而认股权证由公司发行。其二，认股权证的执行需要公司发行新股，这就增加了公司的股票数。而看涨期权执行只需要卖方交割已经发行的股票，公司的股票总数不变。其三，当认股权证的持有者以执行价格购买股票时会为公司带来现金流，执行看涨期权不会给公司带来现金流。这些不同点使得具有相同条款的认股权证与看涨期权有不同的价值。

下面我们用一个例子来说明认股权证与看涨期权的区别。

例10.1，假设两个投资者高江与洛菲各出资1 500美元成立一家名为康华的股份公司，该公司共有两份股票证书，由高江与洛菲各自拥有一份。公司惟一的资产是价值3 000美元的六盎司白金。

1．发行看涨期权时的情况

假设高江后来决定以其在康华公司拥有的股份作为标的物发行一份看涨期权，并将这份期权卖给了另一投资者周克。这份看涨期权规定了持有者在下一年度以1 800美元的价格购买高江的股份。如果白金市场价格已超过每盎司600美元，那么康华公司的价值也相应超过3 600美元，每份股票的价值也高于1 800美元。此时如果周克决定执行期权合约，那么高江必须以执行价格卖给周克，尽管其股份价值已高于1 800美元，但他只能收1 800美元。

看涨期权的执行并不影响公司的资本结构，康华公司的股份数与以前一样，仍然是两份股票证书。只不过高江的股份现在由周克持有。

如果白金的市场价格上升至每盎司700美元，周克持有的是看涨期权并且执行了这个期权，此时公司的价值为4 200美元，周克拥有公司资产1/2的要求权。因此，周克执行看涨期权获得的收益是：4 200/2 − 1 800 ＝ 300美元。

2．发行认股权证的情况

如果高江没有向周克出售看涨期权，而是康华公司召开股东会议，以投票方式通过了康华公司发行一份认股权证的决议，并将该认股权证出售给了周克。认股权证赋予了周克以1 800美元的执行价格购买康华公司一份股票的权

———————————————————

① 本部分主要参考了 Stephen A. Ross, Randolph W. Westerfield, Jeffrey F. Jaffe. 公司理财（第五版）（中译本）. 北京：机械工业出版社，2000：471～474

利。如果周克执行了这份认股权证，那么康华公司将会增发一份新的股票证书给周克，并按执行价格向周克收取 1 800 美元。

从表面上看，看涨期权与认股权证似乎没有区别，认股权证的执行价格与看涨期权的执行价格都是 1 800 美元；当白金市场价超过 600 美元时，执行看涨期权和认股权证都是有利可图的。但是，由于执行认股权证会增加公司股本，产生稀释作用，从而导致周克的收益减少。

假定白金的市场价格上升至每盎司 700 美元，且周克执行了认股权证。此时公司的股份变为三份，每份股票证书代表对公司的白金资产有 1/3 的要求权。因为周克向公司支付了 1 800 美元，公司的价值也相应增加。

公司的新价值＝白金资产的价值＋周克对公司的出资额

＝4 200＋1 800＝6 000（美元）

因为周克对公司资产有 1/3 的要求权，所以他的股票价值为 2 000 美元（6 000/3）。通过执行认股权证，周克获得的收益为：2 000－1 800＝200（美元）。

可见，执行认股权证所获得的收益要少于执行看涨期权所获得的收益，这就是认股权证的稀释效应。原因在于执行认股权证，公司需要增发新股份，引起公司股份数目增加，使公司净利润面对更多的股份总数，从而使每股收益降低。而执行看涨期权只是原有股份在不同所有者之间的转移，股份总数没有变化，每股收益也不发生变化。

我们设 n 为公司原来在外发行的股份数，n^* 为公司发行并被执行的认股权证数。从以上分析可知：

执行一份看涨期权获得的收益＝一份股票的价值－执行价格

$$= \frac{\text{公司净价值}}{n} - \text{执行价格} \qquad (10\text{-}3)$$

执行一份认股权证
获得的收益 ＝认股权证执行后一份股票的价值－执行价格

$$= \frac{\text{公司的净价值}＋\text{执行价格}\times n^*}{n + n^*} - \text{执行价格}$$

$$= \frac{n}{n + n^*} \times \left(\frac{\text{公司净价值}}{n} - \text{执行价格} \right) \qquad (10\text{-}4)$$

比较两公式最后一个表达式可以看到：执行认股权证所获得的收益只占由执行无认股权证公司的看涨期权所获得收益的一个比例部分，该比例为 $n/(n+n^*)$，实际上就是认股权证执行前的公司股份数除以认股权证执行后的公司股份数的比率。这个比率小于 1。这就是为什么由执行认股权证所获得的收益总是少于由执行看涨期权所获取的收益的主要原因。

三、认股权证的价格影响因素

影响认股权证价格的因素有六个方面：执行价格、股票价格、无风险利率、公司权益的波动率、稀释效应和距离到期日的时间长度。

执行价格和股票价格对认股权证的价格影响是显而易见的，它们对认股权证的价格影响正好相反。当其他条件不变时，执行价格越低，认股权证的价格越高；而标的股票的价格越低，认股权证的价格越低，反之亦然。

无风险利率对认股权证价格的影响是通过对资金成本的影响而实现的，认股权证的时间价值主要就是通过持有认股权证而使投资者可以获取标的股票价格上升的好处。认股权证在获取这一好处的时候具有很强的杠杆效应，用很少的认股权证资金占用就可以获得直接持股所需较大资金量同等的好处。因而无风险利率越高，认股权证的价格也越高。

公司权益的波动实际上就是认股权证的风险。在完全市场的假设之下，要投资者去承担较高的风险必须要有相应的风险报酬，即高风险高收益。由此可见，如果一个公司的价值变动比较大，投资者可能获得的收益也会很大，其认股权证的价格就高。相反，假如一个公司的价值变动很小甚至不变，则投资者持有认股权证所能得到的收益主要也就来源于其时间价值。投资者没有多少风险可承担，也就很难得到标的股票价格变化可能带来的好处。

认股权证的持有者只有当公司股票的价值高于认股权证的执行价格时，才会选择行使认股权证所赋予的权利，用规定的较低的执行价格去向公司买入股票，然后在市场上以较高的市场价格卖出股票，赚取这两个价格之间的差额。由于"没有免费的午餐"，认股权证持有者所赚取的价差会对公司的价值产生影响，其结果就是认股权证的稀释效应。

距离到期日的时间长度决定了认股权证的时间价值。与通常的买入期权相比，认股权证的有效期通常都比较长，大多数为 5～10 年之间，有的甚至是无限期的。由此，认股权证中所包含的时间价值就比较大，对认股权证的时间价值进行充分的考虑也因此而十分重要。

四、认股权证的定价

对认股权证的定价方法主要有两类：一类就是通过对 Black-Scholes 期权定价公式进行稀释效应的调整，另一类就是二叉树定价方法。在此我们主要对 Black-Scholes 期权定价公式的各种变化进行讨论。

在与 Black-Scholes 期权定价公式类似的假定之下，修正稀释效应的 Black-Scholes 认股权证定价公式是一个隐式方程：

$$W = \left(\frac{Mq}{N + Mq}\right)\left[\left(S_t - \sum_i \mathrm{e}^{-rt_i}\right)D_i + \frac{M}{N}WN(d_1) - \mathrm{e}^{-r(T-t)}X(d_2)\right] \qquad (10\text{-}5)$$

其中：

$$d_1 = \frac{\left[\ln\left(S_t - \sum_i \mathrm{e}^{-rt_i}\right)D_i + \frac{M}{N} + r(T-t)\right]}{\sigma\sqrt{T-t}} + \frac{1}{2}\sigma\sqrt{T-t}$$

$$d_2 = -d_1 - \sigma\sqrt{T-t}$$

式中：W 为认股权证的价格，S_t 为股票价格，X 为执行价格，N 为发行在外的总股本，M 为认股权证的发行量，q 为每一认股权证可购买的股数，r 为无风险利率，T 为认股权证的有效期，σ 为每一单位公司权益的波动率，$N(d)$ 为累积正态分布函数，t_i 为第 i 次红利支付距当前的时间，D_i 为第 i 次每股红利支付金额。

使用稀释效应调整的认股权证定价模型有以下几个方面的不足：

（1）没有考虑在红利支付之前执行；

（2）由于税收等原因而使虚值认股权证有展期的可能性；

（3）无风险利率是随机变化的；

（4）权益的方差是一个随机变量，权益的波动率与权益的总值成反比等。

对上述这些原因的考虑使得定价模型有许多变化形式。1973 年 Merton 放宽了无风险利率为常数的假定，在定价公式中允许利率是一个随机变量。认股权证的有效期一般都很长——五年以上，在这样长的时期内假定公司权益的波动率为常数与现实出入太大。为此，1975 年 Cox 提出了固定波动率弹性（CEV）定价模型，在 CEV 模型中，假定股票收益的波动率满足下述关系：

$$\sigma_P = \sigma_1 P^{\Psi-1} \qquad (10\text{-}6)$$

式中：σ_P——股价为 P 个单位货币时的波动率；

σ_1——股价为 1 个单位货币时的波动率；

Ψ——0～1 之间的常数。

当 $\Psi = 1$ 时，CEV 定价模型就是 Black - Scholes 公式，因而它是一类更广泛的定价公式；但对这一类定价公式来说，Ψ 的确定是一个难点。

1990 年 Lauterbach 和 Schultz 对 25 000 多个认股权证的日数据进行实证分析，用 $\Psi = 0.5$ 的 CEV 模型与修正稀释效应的 Black-Scholes 定价公式进行比较。从实证的结果来看，固定波动率弹性定价模型的预测误差要比后者减小 10%～20%。

由于红利分配、流动性和风险偏好等原因导致认股权证提前执行的可行性增大，对实值认股权证的影响较大，实际发生的价格增长比用定价公式给出的大。对虚值认股权证来说，由于存在展期的可行性，使得其价值要大于定价公式给出的值。为此，在定价公式中需要考虑提前执行的影响。

第四节 主管股票期权

不少公司发行一种员工股票期权，它是一种认股权证，是公司给予公司员工购买本公司股票的选择权，持有这种权利的员工可以在股票期权计划约定的时期内以约定的认股价格（也称行权价格）购买约定数量的本公司股票。

员工股票期权其实也是一种融资手段，这里的"资"不是一般意义上的资金，而是人力资源。公司的员工股票期权是公司对人力资源的一项投资。

员工的股票期权可以是针对公司的任一员工，从公司最高级别的主管到最低层的雇员。根据股票期权所针对的对象不同，常常分为主管（经理）（以下简称主管）股票期权和职工持股计划。在实践中，更为典型和普遍的是主管股票期权。我们下面主要介绍主管股票期权。

一、主管股票期权的概况

主管股票期权本质上是公司给予其高层管理人员的报酬，该报酬能否取得完全取决于公司激励目标（股价超过行权价格）能否实现。在管理者购买股票即行权以前，股票期权持有人没有任何的现金收益。如果行权期内公司股价持续低于行权价格，期权持有人就失去了行权的利益，因此，期权持有人为了获得最大的个人利益，就必须努力经营，创造良好的经营业绩，使得公司股价持续上扬。

在股票期权计划中包含着四个基本要素，即受益人、有效期、行权价和数量。由于激励目的和激励的力度可能不同，在具体实施股票期权计划时，对这四个要素有不同的规定。

1. 受益人

期权的受益人即拥有者，是期权计划所要激励的对象，目前国外的发展趋势已从公司的高层管理人员扩展到全体员工，甚至可以为少量外部关系人员。其实施目的，是为公司招募和留住人才，激发员工责任心和创造力。

2. 有效期

受益人在一定期限内可以行使期权所赋予的权利，超过这一期限就不再享有这种特权。有效期一般定为5～10年。许多公司在有效期中附加一些具体的限制条件，防止短期行为。例如，购买股票转让套利最短期限不能低于2年或3年；分期购买，即规定期权拥有者每年只能购买总量中的一定数量的股票进行转让套利。

3．行权价

行权价即股票期权受益人购买股票的价格。

4．数量

股票期权的数量是在股票期权计划中股票期权受益人所能够购买的全部股票数量，它反映了股票期权的规模。此外，根据对企业经营的影响作用不同，各层次人员授予期权数量也不一样。

20世纪80年代以来，股票期权的经理激励方式在发达国家的企业中得到越来越广泛的应用。数据表明，全球500家大工业企业中有90%已向其经营者和高级管理人员推出了股票期权的报酬激励计划。20世纪70年代以来，美国实行经理股票期权激励计划的企业数量以每年大约七八百家的速度在稳步增加。[①]1992～1998年，1 900家上市公司及普尔指数500家公司（S&P500 Firms）的CEO报酬构成数据显示，美国企业CEO所获得的薪酬组合中股票期权所占的比例在稳步上升并成为其薪酬组合中最主要的部分。1998年，美国上市公司CEO的薪酬组合中，35.01%是股票期权，而S&P500家公司达37.65%。另外，一组最新的数据显示，美国规模100亿美元以上的大公司，其CEO的薪酬构成是：基本年薪占17%，奖金占11%，福利计划占7%，长期激励计划占65%。1999年薪酬最高的50位总裁的平均股票收益占其总薪酬的94.92%，而在80年代中期，100家最大企业经理的报酬来自股票期权的只有2%。[②]

二、主管股票期权的理论解释

主管股票期权的理论基础主要是委托代理理论和人力资本理论。

委托代理关系即为契约关系，是一个人或更多的人（委托人）聘用另一个人或更多的人（代理人）代理他们来履行某些业务，包括把某些决策权委托给代理人。由于委托人与代理人之间的信息不对称、契约不完备，代理人的行动不能直接被委托人观察到，从而产生代理人不以委托人利益最大化为目标的道德风险和逆向选择。代理人与委托人的目标函数不一致，他们会采取有利于各自利益的效用最大化行为，这最终将导致经理机会主义的做法，而这是以损害

---

① Gretchen Morgerson. The Consequences of Corporate America's Growing Addiction to Stoc Options. *The New York Times*, November 9, 2000

② 资料来源：Tod Perry. April 2000. CEO Compensation in the 1990s. Table 2. www.ssrn.com

委托人长期利益为代价的。为减少代理人采取机会主义行为和所有者对其进行监督的成本，风险收入是一个不可缺少的变量。

现代企业制度是以公司法人制度为主体的，在公司法人治理结构中，委托人追求企业的长期利益，代理人追求短期利益。而公司购并、重组以及长期投资等重大决策给企业带来的影响往往是长期的，效果可能在 3～5 年甚至 10 年后才能体现在公司的财务报表上。如果公司高层管理人员的薪酬结构完全由基本工资及年度奖金构成，那么，出于个人利益考虑，作为公司决策者的高层管理人员可能会倾向于采用那些在短期内会给公司财务带来有利影响的计划，而放弃那些有利于公司长期发展的计划。为了防止这种现象，使企业效率最大化，必须让企业的剩余索取权最大可能地同剩余控制权相对应。没有这种对应，想诱使拥有剩余控制权的一方达到某一努力水平几乎是不可能的。这里指的剩余控制权是契约中没有特别规定的活动的决策权，一般为经理所拥有。如此，对经理最有力的激励是让他拥有剩余索取权。具体到股份公司而言，就是让高级主管同股东共同分享剩余，而不是让高级主管领取固定高额工资。显然，高级主管股票期权制度正是基于这种目的。

人力资本理论认为：人力作为必不可少的生产要素，与货币、实物等资本产权一样，共同参与企业利润的创造，具有资本的特征。人力资本是非常重要的生产要素。特别是当人类跨入新经济时代情况下，人力资本正在或已经取代货币资本而成为社会、经济发展的战略资本，在宏观和微观层面上都是如此。

人力资本作为生产要素与其他生产要素不同，它与其所有者（主管）不可分离，具有专有性：一方面，人力资本的所有者完全决定人力资本使用和发挥作用的状况；另一方面，其他人（如股东）要使用这种人力资本需要对其所有者进行激励。这就使得承认主管的人力资本价值，并给予主管相应于其人力资本所有权的企业剩余索取权，成为现代企业发展的一种必然要求。这也为股票期权提供了最为本质的理论支撑。主管股票期权制度以股票期权形式让主管获得了企业的剩余索取权，包括获取利润的权利和承担风险的责任。这是对人力资本价值的认可和肯定。而且，因为股票期权收益的最大化要求公司股价最大化（股东财富最大化），使得主管的目标函数和股东的目标函数达到内在的一致，减少了主管的机会主义行为和股东对其进行监督的成本。

委托代理理论和人力资本理论的核心是通过让主管参与剩余索取权的分配，赋予主管以物质资本所有者身份，增强主管的所有者意识。他不仅要从代理人角度重视企业经营业绩，还要以所有者身份致力于企业利润最大化，促使他以双方共同利益为目标来进行经营管理。正是由于主管股票期权的独特作用，主管股票期权激励方式才在西方国家广泛应用。

三、发行主管股票期权的利弊

以对主管股票期权的理论解释为基础，在公司理财中可以进一步分析股票期权对公司有利和不利的影响。

（一）股票期权制度的优越性

其一，有利于企业可持续地吸引和稳定优秀人才。股票期权制度对优秀人才的吸引力远比现金大。一方面，股票期权制度可以比较客观地体现人才的人力资本的价值；另一方面，它能够把自己的所得紧紧地与自己的贡献联系在一起，使人才有一种事业上的成就感。此外，股票期权制度还通过设定有关的限制性条款而稳定人才队伍。

其二，以股票期权作激励减少了企业的现金支出，使激励成本在激励强度相同的情况下降到最低。股票期权是一种非现金的激励方式，是建立在公司收益实现基础上的未来过程的市场化收入预期。这种收入是在资本市场中实现的，在实施过程中，公司始终没有大规模的现金流出。同时，以现金或以增发新股的形式实施股票期权，公司的资本金会增加，若不行使期权，对公司现金流量不会产生任何影响。

其三，股票期权有利于吸引外部的投资。股票期权特别是经理层的股票期权经常需要大量的融资。为了实施股票期权，企业常常要增发新股或进行股票回购，这都需要外部资金的投入。而且在国外，对股票期权进行投资是一个很好的金融品种。也就是说，企业（主要是高科技企业）通过股票期权就可以获得大量的外部投资。

其四，股票期权是一种长期激励机制，它有利于克服主管人员的短期行为。

其五，股票期权制度有利于降低代理成本。作为委托人，所有者必须支付给代理人一定的代理成本。这一成本既包括以薪酬、红利形式支付给经营者的费用，还包括由于经营者决策失误而造成的企业损耗。前一种成本是可见的，后一种成本是隐性的。采用期权制，可以使经营者转化为"准所有者"，使之不遗余力地寻找创造利润的空间与机会，努力避免因决策而造成的损失，这就大大减少了隐性成本。同时，企业以薪金与红利形式支付的费用也会由于期权的采用而相应减少。

（二）股票期权制度的弱点

其一，股票期权造成企业利润的虚假。股票期权不涉及实质性的现金流出，在会计处理上也不作为费用去冲减利润，从而使得这种支付方式被认为是奖励管理层的一种廉价方法。例如绝大多数的美国企业采用的是固定股票期权，并在会计处理上采用内在价值法，即只要期权认购价高于或等于给予期权日的股票市价，期权费用为零。由此造成的结果是，美国企业的利润普遍高估，企业的股票价值存在泡沫。

其二，过度的期权导致非最佳效应。随着股票期权数量的增加，对公司而言必然产生一个成本问题。因为每给一股实际上都是给超额的那一块，对公司来说其成本是非常高的。另外一个问题是摊薄效应，净利润固定而股数增加，则会使每一股的收益下降，每一股的价值下降。但公正地讲，这些问题是完全可以通过对股票期权制度的内在机理进行修改而加以解决的。

四、主管期权的价值

确定主管期权的价值，需要运用 Black-Scholes 定价公式。不同主管期权具有一些不同的特征，如对主管持有固定时期的期权、冻结时期的期权、执行之前的期权的要求不同，都会对期权价值产生影响。股票在期间是否支付红利，也对期权价值有重要影响。

例 10.2，假设克纳公司主管期权的执行价格 X 等于现行股价 S 为 617 280 美元，因而总的执行价格为股票的面值总和。假设无风险利率 r 为 7%，期权到期时间 $t = 5$ 年。同时我们忽略认股权证执行期权所引起的稀释，把它视为看涨期权。我们根据股票的历史收益数据估算出股票的方差 $\sigma^2 = (0.206\ 5)^2 = 0.042\ 6$。

这样，我们可以利用 Black-Scholes 模型估计出这位主管的期权价值。

$$C = SN(d_1) - Xe^{-rt}N(d_2) \tag{10-7}$$

$$d_1 = \left[\left(r + \frac{1}{2}\sigma^2\right)t\right] / \sqrt{\sigma^2 t} = 0.988\ 9$$

$$d_2 = d_1 - \sqrt{\sigma^2 t} = 0.989\ 2 - 0.465\ 1 = 0.524\ 1$$

$$N(d_1) = 0.838\ 6$$

$$N(d_2) = 0.700\ 9$$

$$e^{-0.07 \times 5} = 0.704\ 7$$

$$C = 617\ 280 \times [0.838\ 6 - (0.700\ 9 \times 0.704\ 7)] = 212\ 761.46(美元)$$

第五节　可转换债券

一、概念

可转换债券（Convertible Bond）是公司债券的特殊形式，也是一种混合型的金融产品，它兼有债权性和期权性的特点。它的债权性体现在其转换成普通股之前，可转换债券的持有者是发行企业的债权人，享有定期获得固定利息的权利。如可转换债券在到期后仍未被转换成普通股，投资者有权收回债券的本金。它的期权性表现在它赋予持有者一种选择的权利，即在规定的时期内，投资者具有选择是否将债券转换成发行企业的普通股的权利。这样的选择权实质上是一种买入期权，在规定的转换期内，投资者既可以行使转换权，也可以放弃转换权。

可转换债券的票面利率一般较相同等级的普通公司债券的利率低，投资者之所以愿意接受较低的利率，是因为他们更看重该种转债所附有的转换成企业股票的选择权。当发行企业的股票市场表现良好，股价持续上涨时，可转换债券的持有者可以按照低于当时股价的转换价格将转债转换成公司的普通股，不但能获得转换利益，并且能成为企业的股东。如果企业的股价低迷，投资者就可能会选择持有债券以获得稳定的利息收入，或按期收回投资本金。作为一种混合型的金融衍生工具，可转换债券具有其他普通融资工具所不可比拟的优势。

一般而言，可转换债券应该具备如下一些要素：

（1）基准股票。这是可转换债券的标的物，即可转换债券可以转换成的那种股票，又称为正股。

（2）票面利率。可转换债券的票面利率通常低于普通债券利率和银行利率。这是由于可转换债券主要靠可转换性来吸引投资者认购，因而票面利率只是起到了给予投资者一个最低收益率的作用。

（3）转换价格和转换比率。转换价格是发行时确定的将债券转换为股票时应付的每股价格。它一般高于发行时股票的市场价格（这高出的部分称为转换溢价）。否则，就将意味着贴现发行，必然影响发行公司与股东的利益。转换比率是每份债券可以换取的股票的份数。转换价格与转换比率的乘积等于债券的票面价值。

（4）转换期限。这是发行公司受理债权转股权的指定期限。一般来说，转换期限较长，将有利于债券持有人选择时机行使选择权，也有利于发行公司比较主动地应付期限之内的各种情况。

可转换债券在出现股票分拆和公司发放红利时要作相应的调整，以保护可转换债券持有人的利益。许多公司发行可转换债券时，还设有如下保护条款：

（1）赎回条款。这是保护发行公司及其原有股东利益的一项条款，它规定发行公司在可转换债券到期之前可以按一定条件赎回债券。

（2）回售条款。这是保护投资者利益的条款，它规定投资者在债券到期之前可以按一定条件要求发行公司回收债券。

二、可转换债券的价值评估①

可转换债券的价值可以分为以下三个部分：纯粹债券的价值、转换价值和期权价值。下面我们借助一个例子来进行分析。

例 10.3，在 2001 年 11 月 1 日，西特技术公司发行了在 2020 年到期的可转换公司债券，面值为 1 000 美元，其票面利率为 6.75%，半年支付一次利息（即半年支付利息 33.75 美元）。债券持有人在到期前任一时间可以把一份债券转换成 23.53 份股票。通过这次债券发行，西特技术公司筹集到 3 亿美元的资金，这笔资金将用于新厂的投资建设。

（一）纯粹债券的价值

纯粹债券的价值是指可转换债券在我们不考虑其可以转换为普通股的权利而仅将它作为债券持有时的价值，它是可转换债券的最低价。纯粹债券的价值取决于一般利率水平和违约风险。

假设西特公司发行信用债券的评级为 A，且在 2003 年 11 月 1 日的 A 级债券是以 4% 的收益率定价的，则有：

$$\text{纯粹债券的价值} = \sum_{t=1}^{37} \frac{33.75}{(1+4\%)^t} + \frac{1\,000}{(1+4\%)^{37}} = 880.36(\text{美元})$$

西特公司的可转换债券的价值不会在较长时间低于纯粹债券的价值。

图 10-4 描述了纯粹债券价值和股价的关系。在图 10-4 中纯粹债券的价值是一条直线，它暗含了这样一个假设：可转换债券是无违约风险的，因此它不依赖于股价。

（二）转换价值

转换价值（Conversion Value）是指如果可转换债券能以当前市场价格立即转换为普通股，则这些可转换债券所能取得的价值。这是可转换债券的又一价值底线。转换价值的典型计算方法是：将每份债券所能转换的普通股股票份数乘以普通股的当前价格。

在 2001 年 11 月 1 日，每份西特公司可转换债券能够换取 23.53 份该公司的普通股股份。此时，西特公司普通股股价为 22.625 美元。所以，可转换债券的价值为：

$$23.53 \times 22.625 = 532.37（美元）$$

---

① 本部分参考 Stephen A. Ross, Randolph W. Westerfield, Jeffrey F. Jaffe. 公司理财（第五版）（中译本）. 北京：机械工业出版社，2000：476～483

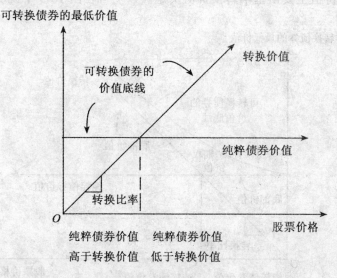

图 10-4 既定利率下的可转换债券价值和普通股价值

一份可转换债券不能以少于该转换价值的价格卖出，否则就会出现无风险套利。

假如西特公司的可转换债券以低于 532.37 美元的价格交易，那么，投资者将会购买可转换债券，并立即向西特公司要求换成普通股，然后将换得的普通股出售获利。获利的金额等于股票出售的价值减去可转换债券的转换价值。无风险套利的结果是可转换债券的价格恢复至转换价值之上。

因此，可转换债券拥有两个价值底线：纯粹债券价值和转换价值。转换价值是由公司的基本普通股价值所决定的。这也可以在图 10-4 中得到说明。随着普通股价值的涨落，转换价值也相应涨落。若西特公司普通股上涨 1 美元，那么其可转换债券的转换价值也相应上涨 23.53 美元。

（三）期权价值

由于可转换债券有选择的权利，持有者不必将可转换债券立即转换为股票，可以通过等待并在将来通过比较纯粹债券价值与转换价值的高低来选择对自己有利的策略（即是转换普通股还是当做债券持有）。这份通过等待而得到的选择权（期权）也有价值，它将引起可转换债券的价值超过纯粹债券价值和转换价值。

当公司普通股的价值比较低的时候，可转换债券的价值主要显著地受到其基本价值如纯粹债券价值的影响。然而，当公司普通股价值比较高的时候，可转换债券的价值主要由基本转换价值决定。以上可在图10-5中说明。

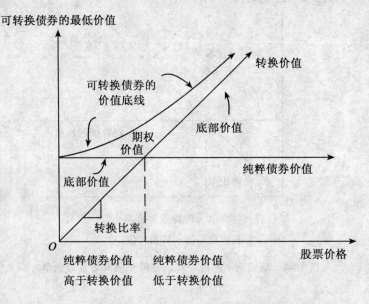

图10-5　可转换债券价值与股票价值（给定利率水平）

图10-5表示：可转换债券价值等于其纯粹债券价值和转换价值二者之间的最大值与其期权价值之和：

可转换债券价值 = max（纯粹债券价值和转换价值）＋ 期权价值

例10.4，假设茅尔顿公司（Moulton）有1 000股普通股和100份债券。每份债券在到期日的面值为1 000美元。这些债券均为贴现债券，且不支付息票。在到期时，每份债券能够转换为10股新发行的普通股。

对于茅尔顿公司可转换债券的持有者来说，在什么情况下将这些可转换债券换成该公司的普通股才是有利的呢？

如果这些可转换债券的持有者将其换成普通股，他们将会收到1 000份（10×100）普通股股票，再加上公司原来就有1 000份普通股股票，故公司在外发行的普通股股份数就达到2 000份。因此，转券的持有者现在成了公司的股东，并拥有茅尔顿公司50％的普通股股份，这些股份价值高于公司价值的一半。而如果转券的持有者还是将其当做债券持有的话，他们将会收到100 000美元的现金。对茅尔顿公司债券的持有者来说，该如何决策是显而易见的。只要转换后的这部分普通股价值高于100 000美元，他们就选择将债券换成普通股（或即公司价值的一半高于100 000美元）。或者说，只要公司价值高于200 000美元，债券持有者会作出上述决定。反之，可转换债券持有者还是将其当做债券持有会更合算。

三、发行可转换债券的利弊分析

莫迪莱尼和米勒指出：如果不考虑税收和破产成本，公司价值与其筹资方式（即是发行股票还是发行债券）无关。MM 理论是一个较广泛的理论，在可转换债券领域中也是成立的（本书证明略）。其定理在这里可调整为：无论是发行可转换债券还是其他融资工具，对公司价值来说均无影响。

在公司财务中可转换债券是最有争议的问题之一，在实务界中也是件令人困惑的事情，其原因在于可转换债券本身利弊兼有，在不同情况下给发行公司带来的后果是不一样的。为了把事实与幻想区分开，不至于使读者太迷惑，我们在这里列举一些已形成定论的学术观点。

（一）可转换债券与纯粹债券

在其他条件相同的情况下，可转换债券的票面利率会比纯粹债券低。例如，若纯粹债券的利率为10％，那么可转换债券的利率可能只有9％。投资者之所以会接受可转换债券较低的利率，原因在于他们可能会从债券转成股票的过程中获取潜在收益。

假设一家公司在认真考虑了发行可转换债券还是纯粹债券后，决定还是发行可转换债券。这项决策在公司股票价格发生不同变化时，对公司利益的影响是不一样的。我们考虑以下两种情形：

情形 1：股价在可转换债券发行后上涨。公司一般都喜欢看到本公司的股票市价往上涨。然而，在股价上涨的情形下，公司若在以前发行的是纯粹债券而非可转换债券的话，那么公司会受益更多。虽然公司对发行可转换债券所支付的利息要少于纯粹债券的利息，但是公司必须以低于市场的价格向可转换债券的持有者支付所转换的股票。

情形 2：股价在可转换债券发行后下跌或者上涨得不够多。公司一般不愿意看到本公司股票下跌。然而，在股价下跌的情形下，公司在以前发行的若是可转换债券而非纯粹债券的话，这对公司是有利的。这是因为可转换债券的持有者不会将其换成普通股而是继续当做债券持有，并且可转换债券的利率又处于较低水平，故公司的利息成本较低。

小结：与纯粹债券相比较而言，若公司决定发行可转换债券，在其发行后的时期里该公司股票表现出色，这反而对公司是不利的；但若公司股票的表现差劲，则发行可转换债券是有助于公司的。在一个有效的证券市场中，股价是随机游走的，谁也不能预测股价。因此，我们无法推论可转换债券是优于还是劣于纯粹债券。

(二) 可转换债券与普通股

假设一个公司在仔细考虑了可转换债券和普通股之后，决定还是发行可转换债券。同样这项决策在公司股票价格发生不同变化时，对公司利益的影响是不一样的。这里我们仍旧考虑两种情形。

情形 1：可转换债券发行后，其公司股票价格上涨幅度较大。在该种情况下，公司以前发行的若是可转换债券而非股票的话，公司将受益匪浅。

情形 2：可转换债券发行后，其公司股票价格下跌或者上涨幅度不够大。没有公司愿意看到本公司股票价格下跌。然而，在该情形下，公司以前发行的若是股票而非可转换债券的话，这倒是件好事。公司之所以能从发行普通股中受益，是因为发行价要高于发行后的市场价。这也就是说，公司能收到比其随后股票价值要多的现金。值得注意的是，股价的下跌不会对可转换价值造成更多的影响，那是因为纯粹债券已锁定了价值底线。

小结：与普通股比较而言，若公司股票在可转换债券发行后的市场表现出色，则发行可转换债券对公司有利。相反，若公司股票在随后的市场表现很差，那么发行可转换债券对公司是不利的。在有效的证券市场上，没人能预测未来的股价走势。因此，我们没法说明发行可转换债券是优于普通股，还是劣于普通股。

在一个有效的资本市场中，比起其他融资工具来说，可转换债券既不是免费的午餐，也不是昂贵的午餐。一份可转换债券实际上是一份纯粹债券和一份可以购买普通股的看涨期权的组合。可转换债券的市场价和纯粹债券价值的差价部分，就是投资者为这份内嵌的看涨期权所支付的价格。在一个有效市场中，这是一个合理的价格。

一般而言，如果公司表现良好，发行可转换债券会比发行纯粹债券要差，但会优于发行普通股。相反地，如果公司表现糟糕，发行可转换债券会比发行纯粹债券要好，但比不上发行普通股。

四、发行认股权证和可转换债券的原因

一般来讲，发行可转换债券或认股权证的公司有以下特点：

(1) 发行可转换债券的公司，其债券信用评级要低于其他公司。

(2) 对于高成长和高财务杠杆的小公司来说，其更倾向于发行可转换债券。

(3) 可转换债券一般都是次级债券，而且是无担保的。

从对使用可转换债券或认股权证的公司的分析，人们得到了公司发行认股

权证或可转换债券的一些解释。以下对这方面的解释作一典型介绍。

（一）与现金流量相配比的融资决策

如果普通证券融资成本较高，公司在发行证券时就要考虑将证券未来的现金流与公司在未来经营所产生的现金流二者尽量匹配起来，以免产生支付危机。对于那些新兴的、希望和风险并存的快速成长型公司来说，它们宁愿发行可转换债券或附有认股权的债券。这样，它们能够承担较低的利息成本。而当公司发展到很成功的时候，就会考虑改变可转换债券或认股权证这类融资工具了，因为此类证券会导致比较昂贵的股权稀释效应。当然，这在公司能全额承担这一责任时才会发生。

（二）风险协同效应

另一项主张发行可转换债券和附有认股权证的债券的观点认为：当很难准确评估发行公司的风险时，这两种融资工具是有用的。设想你正在对一家刚创建不久的公司所开发的一种新产品进行评估。该产品属于一种生物基因产品，它的作用在于可能会提高在北方气候下的玉米产量，但它可能也有致癌的副作用。对于这种类型的产品，很难准确地将其价值评估出来。同时，该公司的风险也很难确定，它可能是高风险，也可能是低风险。如果你能肯定该公司的风险较高，那么你就会按较高的收益率对该公司的债券定价，比如说该收益率是15%。反之，如果你能确定该公司的风险较低，那么你就会按较低的收益率对该公司的债券定价，比如说该收益率为10%。

可转换债券和附有认股权证的债券对风险评估所产生的误差有一定程度的免疫作用。这是因为可转换债券和附有认股权证的债券均含有两部分价值，即纯粹债券价值和以公司股票为标的物的看涨期权的价值。如果该公司被证实是低风险公司，那么，纯粹债券部分的价值就会比较高，而看涨期权部分的价值则较低。相反地，如果公司被证实是一家高风险的公司，那么其纯粹债券部分的价值较低，而看涨期权部分的价值较高。

风险会对可转换债券和附有认股权证的债券的不同组成部分的价值具有不同的影响，并且这些不同的影响还会相互抵消。尽管这样，市场和购买者还是要对公司的增长潜力进行合理评估，从而确定这些证券的价值。但这种努力是否会大大少于对纯粹债券评估所需付出的努力，这点还不能肯定。

（三）代理成本

与筹集资金有关的代理问题，可以由可转换债券来解决。由于纯粹债券可以看做无风险债券减去以公司资产为标的物的看跌期权，这会促使债权人作出举措让公司进入低风险的经营活动。相反地，普通股股东则有让公司接受高风险项目的激励。具有负值NPV的高风险项目将会把财富从债权人手中转移到股东手中。如果这些矛盾不能解决，那么公司可能就会放弃有利可图的投资机会。然而，因为可转换债券具有权益的特点，所以发行可转换债券来代替纯粹债券，财富转移发生的情况就会减少。也就是说，可转换债券可以降低代理成本。现实世界里，与之相关的另一个迹象则是可转换债券的债券契约中的限制性条款要比纯粹债券少得多。

【本章小结】

1. 期权是一种赋予持有人在某给定日期或之前的任何时间以固定价格购进或出售一种资产的权利的合约。它根据其持有人拥有权利的不同分为看涨期权和看跌期权。期权最终的盈亏主要取决于执行时标的资产的市场价格与合约中约定的执行价格的差。

2. 对于股票和债券，我们可以用期权的观点来进行分析，并且用看涨期权与看跌期权进行分析是内在一致的，满足买权卖权平价关系。

3. 认股权证是与看涨期权既有联系又有区别的一类特殊期权，认股权证常常作为债券、优先股和股票发行时的附加证券，它与公司融资相关。影响认股权证价格的因素有六个方面，包括执行价格、股票价格、无风险利率、公司权益的波动率、稀释效应和距到期日时间的长短。可以运用稀释效应调整后的 Black-Scholes 期权定价公式对期权进行定价。

4. 主管股票期权也是一种融资手段，但是这里的"资"不是一般意义上的资金，而是人力资源。主管股票期权的理论基础主要有委托代理理论和人力资源理论。发行主管股票期权有利有弊。主管股票期权也可以用 Black-Scholes 期权定价公式对其进行价值评估。

5. 可转换债券是公司债券的特殊形式，也是一种混合型的金融产品，它兼有债券和期权的特点。可转换债券的价值可分为纯粹债券价值、转换价值和期权价值三部分。其价值＝max（纯粹债券价值和转换价值）＋期权价值。

【思考与练习】

1. 普拉公司的欧式看涨期权从今天起一年后到期，执行价格是 35 美元。无风险利率是 7％。该公司的股票正在以每股 37 美元的价格出售，股票收益率的方差估计值是 0.004。

（1）用 Black-Scholes 模型为该看涨期权定价。

（2）假如方差的估计值调整为 0.006 4，看涨期权的价格又是多少？

（3）如果该公司的股票跌至 35 美元，方差仍为 0.006 4，该期权的价格是多少？

2．环球不动产合伙有限公司正在进行一个新项目。若该项目成功，一年后公司的价值将是6.5亿美元，但若最终失败，公司将只值2.5亿美元。公司现有价值是4亿美元。公司已公开发行的一年期债券的总面值为3亿美元。短期国库券利率是7%。问，权益的价值是多少？负债的价值是多少？

3．假设上一题中的环球不动产合伙有限公司决定实施一项较有风险的项目：一年后公司的价值要么是8亿美元，要么是1亿美元，这取决于计划是否成功。问，权益的价值是多少？负债的价值是多少？债权人更喜欢哪个项目？

4．即使期权使公司的花费大于主管们的价值，公司还要向主管们发行期权，为什么？为何不只给现金并平分剩余部分，那不是使公司和主管双方的处境都更好吗？

5．赫特是PTC公司的首席执行官。他的纯年薪是100万美元。PTC股票的现行价格是每股50美元。赫特先生刚获得PTC董事会赠予的价值100万美元PTC平价股票的股份期权。该期权四年后到期。PTC股票的变异度按年计约为25%。试确定赫特先生的股票期权价值。

6．认股权证和上市交易的看涨期权之间最主要的区别是什么？

7．认股权证在被执行后，为什么会引起股权稀释？

8．公司如何损害认股权证持有者的利益？

9．转换比率、转换价格和转换溢价是什么？

10．可转换债券的价值是由哪三个要素构成的？

11．为什么公司要发行可转换债券和附有认股权证的债券？

12．为什么在到期前可转换债券持有者不会自愿将其换成普通股？

13．什么时候公司可以对可转换债券进行强制转换？为什么？

14．GR公司卖给费斯科太太一份认股权证。在卖出之前，公司有两份对外发行的股票。高德先生和洛克菲勒女士各拥有其一。公司的资产是七盎司白金，其市价为1盎司500美元。认股权证的协议价格（执行价格）为1 800美元，所有进入公司的资金都用来购买更多的白金。费斯科太太为该认股权证将付出500美元。

（1）在出售认股权证之前，GR股票的价格是多少？

（2）当白金价格为多少时，费斯科太太会执行其认股权证？

（3）假设白金价格突然升至520美元/盎司，GR公司的价值是多少？费斯科太太会如何做？GR公司的股价是多少？费斯科太太的收益是多少？

（4）如果高德先生卖给费斯科太太一份看涨期权，她的收益是多少？

（5）为什么费斯科太太的收益会不同？

15．瑞安家用产品公司发行了利率为8%的430 000美元的可转换债券。

每一份可转换债券可以在到期日前的任一时刻换成 28 股该公司普通股股票。

（1）假设债券市价为 1 000 美元，瑞安普通股市价为 31.25 美元，分别求出转换比率、转换价格、转换溢价。

（2）假设债券市价为 1 180 美元，瑞安普通股市价为 31.25 美元，分别求出转换比率、转换价格、转换溢价。

（3）如果瑞安普通股市价上涨了 2 美元，那么此刻债券的转换价值是多少？

16. 一份面值为 1 000 美元的可转换债券，可按每股 180 美元的转换价格去换取普通股股票。该普通股目前市价为 60 美元/股，其转换价值是多少？

第十一章　股利政策的理论与实践

【学习目标】

　　本章主要要求学习股利政策理论、实践中的股利政策、股利政策影响因素、股票股利、股票分割和股票回购。股利政策理论围绕股利政策与公司价值的关系有股利无关理论、股利相关理论。学生应理解和掌握各种股利政策理论，了解实践中的股利政策、股利政策影响因素，掌握股票股利、股票分割和股票回购原理及其在实践中的应用。

第一节　股利政策理论

　　股利分配作为企业收益分配的一个重要方面，无疑应服从收益分配目标，即体现企业价值最大化的要求。然而，有关股利分配是否影响企业价值问题，理论界目前大体存在两种观点，一种观点认为股利分配政策的选择不影响企业价值，即股利无关理论；另一种观点则是股利分配政策的选择会影响企业价值，即股利相关理论。

一、股利无关理论

　　股利无关理论认为公司的价值取决于其资产的获利能力或其投资政策，而盈利在股利和留存收益之间的分割方式并不影响这一价值，即股利政策与企业价值无关。该理论也称 MM 理论（前面章节已进行过简要介绍）。

　　MM 理论的关键就是股利支付对股东财富的影响正好被其他融资方式所抵消。因此，股东对股利和留存收益及随之而来的资本利得是无偏好的。一个简单的证明如下：

　　证明一：

　　假定期初每股市价被定义为期末股利加上期末股票市价之和。即：

$$P_0 = \frac{1}{1+R}(D_1 + P_1) \tag{11-1}$$

式中：P_0——时点为 0 的每股市价；

  R——股票的必要报酬率，或贴现率；

  D_1——时点为 1 时的每股股利；

  P_1——时点为 1 时的每股市价。

在时期 1，公司的新增投资额为 I，X 为该期的新增利润。为维持现金平衡，公司需发行 m 数量的股票，价格为 P_1。则：

$$mP_1 = I - (X - nD_1) \tag{11-2}$$

时点 0，公司的价值为：

$$V_0 = nP_0 = \frac{1}{1+R}(nD_1 + nP_1) = \frac{1}{1+R}[nD_1 + (n+m)P_1 - mP_1] \tag{11-3}$$

将式（11-2）代入式（11-3），得：

$$V_0 = \frac{1}{1+R}[(n+m)P_1 - I + X] \tag{11-4}$$

式（11-4）没有 D_1 项的出现，而且假定 X、I、$(n+m)P_1$ 和 R 都独立于 D_1，于是可得出结论：公司的现时价值与其现行股利政策无关。股东通过增加股利所得正好被其股票价值终值的下降所抵消。

证明二：

股利无关理论还可以通过下面的案例来说明。

例 11.1，假定盖博公司是一家已营业若干年的全权益公司，其股份总额为 1 000 股，根据协议公司将在一年后解散。假如该公司财务负责人能够非常准确地预测现金流量，并根据现有资料，预计公司将在时间 $t = 0$ 时，即马上收到 10 000 元的现金流量，在下一年末，即 $t = 1$ 时，收到 10 000 元的现金流量，此外，该财务负责人确认没有其他的正 NPV 项目可以利用。现根据三种不同的股利政策计算每股价值（设贴现率为 10%）：

（1）假设每年末的股利等于现金流量。在这种情况下，公司的价值可表示为：

$$V_0 = D_0 + \frac{D_1}{1+r}$$

$$= 10\ 000 + \frac{10\ 000}{1+10\%} = 19\ 090.91(元)$$

每股价值为：

$$10 + \frac{10}{1+10\%} = 19.09\ (元)$$

（2）首期股利大于现金流量。现假定公司立即按每股 11 元，总额

11 000 元发放现金股利。由于当前的现金流量只有 10 000 元,不足的 1 000 元只有通过发行股票或债券来解决。假定采用发行债券筹集,债券年利率也为 10%,则股东的股利收入情况为:第一年 11 000 元,第二年 8 900 元(即第二年末的现金流入 10 000 元扣除债券本息 1 100 元)。在这种情况下,公司和股票的价值为:

$$V_0 = D_0 + \frac{D_1}{1+r}$$

$$= 11\ 000 + \frac{8\ 900}{1+10\%} = 19\ 090.91(元)$$

每股价值为:

$$11 + \frac{8.9}{1+10\%} = 19.09\ (元)$$

(3)首期股利小于其现金流量。假定公司目前分配现金股利 9 000 元,小于现金流入 10 000 元,多余的 1 000 元用于投资收益率为 10% 的项目,则第二年末的现金流入量为 11 100 元(10 000 + 1 000 × (1 + 10%))。在这种情况下,公司和股票的价值为:

$$V_0 = D_0 + \frac{D_1}{1+r}$$

$$= 9\ 000 + \frac{11\ 100}{1+10\%} = 19\ 090.91(元)$$

每股价值为:

$$9 + \frac{11.1}{1+10\%} = 19.09\ (元)$$

上述三种情形说明:股利政策的变化不会影响公司和股票的价值。为了充分证明股利分配与企业价值无关,无关理论者还通过股东的"自制股利"予以说明。所谓自制股利,就是在没有公司所得税和个人所得税,且在资本利得与股利之间没有所得税差异的情况下,股东以股利收入为基础,通过自己的理财行为来调整现金流入,使其达到所希望的现金流入量。

例如,上例中,假定公司采取第一种股利分配方案,即目前和下年均按现金流入 10 000 元支付股利,但股东希望获得第二种方案所反映的现金流入,即在本年末获得 11 000 元的股利支付,此时,股东可于本年末出售价值 1 000 元的股票,收回 1 000 元的现金,使本年末现金流入金额达到 11 000 元。由于出售了 1 000 元股票,按 10% 的报酬率测算,下年末将会减少现金流入 1 100 元(1 000 × (1 + 10%)),即下年末股东可获现金流入为 8 900 元(10 000 - 1 100),股票价值总额为 19 090.91 元(11 000 + 8 900 / (1 + 10%)),每股价值仍然为 19.09 元。

反之，如果股东希望获得的股利小于现金流入 10 000 元，比如 9 000 元，则多余的 1 000 元可用于投资收益率为 10％的项目，那么第二年末的现金流入量为11 100 元（10 000＋1 000×（1＋10％））。股东股利收入的现值总额，即股票价值总额仍然为 19 090.9 元（9 000＋11 100／（1＋10％）），每股价值也仍然为 19.09 元。

以上分析，大致说明了无关论的基本论点，即在符合无所得税、无交易费用以及投资者的期望收益率相同等假设的前提下，公司的股利分配将不影响其股票价值，也即公司股票价值完全由其投资的获利能力和风险组合所决定，与股利政策无关，并且由于股东能够通过自制股利方式调整现金流量，因而他们对公司股利分配将会毫不在乎。

现代股利政策理论认为，MM 定理是正确的，但是其正确性只有在完善的资本市场、理性行为和充分确定性等假设下才能成立。然而，现实中，MM 定理所假定的条件过于偏离现实，以致使其结论与现实不相吻合。

二、股利相关理论

有关股利相关理论的观点很多，大致可分为三大类：其一是高股利将增加企业价值；其二是低股利将增加企业价值；其三是股利分配对企业价值的影响具有不确定性。

（一）高股利将增加企业价值

持该类观点的人认为股利的高低决定着股票价值的高低，股利愈高，其股票价格也就愈高，企业价值愈大，反之则相反。证明这种观点又有好几种理论。

1．"在手之鸟"

Gordon[1] 认为，在投资者心目中，当前的股利收益是确定的，而留给公司形成的未来资本利得则具有不确定性，每位股东都是风险规避者，偏好于取得现金股利收入，所以股利支付比率高的股票价格常高于股利支付率低的股票价格。用公式表示：股票预期收益率 $R_e = D_1/P + g$。投资者认为股利收益率 D_1/P 的风险小于成长率 g，当公司降低股利支付率时，其股票必要报酬率 R_e 紧跟着上升，以作为投资者负担额外风险的补偿。因此，股利比率与股价—收

---

[1] Gordon, Myron. Dividends, Earnings, and Stock Prices. *Review of Economics and Statistics*, 1959 (41)：99-105

益比率是正相关的。这种理论强调股利发放的重要性，认为"双鸟在林，不如一鸟在手"。故而该理论又称"在手之鸟"理论（Bird-in-the-hand Theory）。

2. 信号揭示理论

罗斯证实了增加股息（或增加债务）是明智的、无法效仿的市场信号，说明公司前景较好。为使一个信号有效，需满足四个条件：①管理人员必须有动力发布正确的信号，即使信号不是好消息；②一家成功公司的信号不会被另一家较差的竞争者轻易模仿；③这一信号必须与可看见的事件相联系（如今日高股息必须与较高的未来收益相联系）；④以最低的成本发布信息。1977 年，罗斯建立信号平衡式，证明成功公司的管理人员有动力支付较高的股息，以获取最大化补偿金；不成功公司如果管理人员支付较高股息，错误地向市场发出信号，可能因为市场对公司目前价值评价较高而收益较高。但最终当公司由于现金流不足而倒闭时，他们将承担个人资本损失。

1985 年，M. Miller 和 K. Rock 在 *Journal of Finance* 上发表的《不对称信息下的股利政策》也阐述了股利的信号揭示作用。[1] 在 Miller 和 Rock 的模型中，股利的信号传递作用来自于投资者的信心，他们认为作为内部人的管理者对公司目前的经营状况和前景拥有权威信息，在这种情况下，股利的高低就成了股东及潜在投资者获取公司信息的一个途径。当公司提高股利支付率，意味着向股东和潜在投资者传递公司稳定发展，前景良好的信息，从而会导致股价上升。反之，若公司降低股利支付率，表明公司在向市场传递收益可能下降或前景不佳的信息，从而引起股价下跌。

另外，谢弗林（Shefrin）和斯塔特曼（Statman）从心理学角度对投资者的股利偏好行为进行了解释，认为一些投资者不愿意出售股票，是因为如果股价随后上升，那么他们就会感到后悔。[2]

（二）低股利将增加企业价值

支持该观点的理论有：

1. 资本成本理论

从资本成本方面考虑，低股利意味着公司留存增加，对外筹资的规模将会减小。对外筹资费用高于留存收益成本，因此，当公司有资金需求时，减少股

---

[1] Miller, Merton H., and Kevin Rock. Dividend Policy Under Asymmetric Information. *Journal of Finance*, 1985（40）：1031-1051

[2] Hersh M. Shefrin and Meir Statman. Explaining Investor Preferences for Cash Divendends. *Journal of Financial Economics*, 1984（13）：253-282

利分配,扩大收益留存能够降低资金的综合成本,而当其他因素确定时,资本成本降低,必然会使企业价值增加。

2. 税差理论

Litzenberger 和 Ramaswamy 在 1979 年从现实税收差异的角度提出了税差理论(LR 理论),认为由于股利收益税与资本利得税在交纳的数额或时间上存在着差异,具体说,由于现实的股利收益税一般高于资本利得税,且股利收益税在纳税时间上要先于资本利得税,因而低股利分配能够给股东带来税收好处,从而增加股票价值。[①]

例 11.2,假设有股票 X 和股票 Y,股票 X 的资本收益为 10%,股利收益为 5%;股票 Y 的资本收益为 5%,股利收益为 10%,则两者的税前收益率皆为 15%。

如果一投资者所适用的资本税率为 20%,股利税率为 30%,两只股票的税后收益如表 11-1 所示。

表 11-1 不同收益结构股票的税后利益比较

		资本收益率 +	股利收益率 =	总收益率
股票 X	税前收益	10%	5%	15%
	税收	−2%	−1.5%	−3.5%
	税后收益	8%	3.5%	11.5%
股票 Y	税前收益	5%	10%	15%
	税收	−1%	−3%	−4%
	税后收益	4%	7%	11%

可见由于资本税和股利税税率的差异,发放低股利的股票 X 比发放高股利的股票 Y 的税后收益多 0.5%。一个极端情况是投资者永远持有股票 X,则其资本收益不用交税,股票 X 将比股票 Y 的税后收益多 1.5 个百分点。见表 11-2。

---

① Litzenberger, Robert H., and Krishna Ramaswamy. The Effect of Personal Taxes and Dividends on Capital Asset Prices. *Journal of Financial Economics*, 1979 (7): 163-195

表 11-2   没有资本税的股票的税后收益比较

		税后资本收益率 +	税后股利收益率 =	税后总收益率
股票 X	税后收益	10%	3.5%	13.5%
股票 Y	税后收益	5%	7%	12%

从现实情况看，美国 20 世纪 70 年代与 80 年代初的税法曾规定，长期资本利得税不同于普通所得税，长期资本利得只有 40% 必须交纳所得税（此税法在里根总统执政期间已取消，现在的国会议员建议恢复）。因此，若投资者的边际税率为 48%，则他的股利收益 48% 需交纳给政府，而他若得到的是长期资本利得，则仅需交纳 19.2% 的税收。自然，投资者会喜欢公司少支付股利，而将较多的盈利留在公司使股票价格上涨，同时，为了获得较高的资本利得，投资者将愿意接受较低的股票报酬率。

我国税法规定，股东因股票投资所获得的现金股利，必须按照 20% 的固定税率缴纳所得税，而对买卖股票所获得的资本收益不征收资本收益税。因此，从税收的角度讲，较低的股利支付对股东有利。

（三）股利分配对企业价值的影响具有不确定性

支持该观点的具体理由有以下几点：

1. 股利分配取决于资本成本率与净资产收益率的差异

在只考虑内部融资，不考虑外部融资的情况下，假设公司的净资产收益率为 ROE，收益留存比率为 b，则股利发放率为 $(1-b)$，容易计算，公司的每股收益和股利增长率 $g = ROE \cdot b$。根据股利贴现模型（DDM），公司股票的价值为：

$$V = \frac{E_1(1-b)}{R_e - ROE \times b} \tag{11-5}$$

式中：V——股票的价值；

E_1——下年的每股收益；

$E_1(1-b)$——下年的股息；

R_e——股票的必要收益率。

（1）当 $b=0$ 时，公司收益全部发放给股东，公司价值 $V = \dfrac{E_1}{R_e}$。

（2）当 $b>0$ 时，容易证明 $\dfrac{E_1(1-b)}{R_e - ROE \times b} > \dfrac{E_1}{R_e}$ 的必要条件是：

$$\frac{R_e}{b} > ROE > R_e \tag{11-6}$$

当满足必要条件，$\dfrac{\partial V}{\partial b} = \dfrac{E_1(ROE - R_e)}{(R_e - ROE \times b)} > 0$ 时，说明公司股票价值随着留存收益的增加而增加，同时也说明股利分配取决于资本成本率与净资产收益率的差异。

2. 股利分配通过公司所得税与个人所得税的差异影响股票价值

假设公司的剩余现金为 A，公司和股东面临相同的投机机会，收益率均为 R，公司的实际所得税率为 T_c，股东的所得税率为 T_e，则：

（1）发放现金股利，n 年后，股东的现金流入为：

$$C_t = A(1 - T_e)[1 + R(1 - T_e)]^n \tag{11-7}$$

（2）由公司投资 n 年后，再将收益分配股东，股东的现金流入为：

$$C_T = A(1 - T_e)[1 + R(1 - T_c)]^n \tag{11-8}$$

可以证明：

当 $T_e < T_c$ 时，$C_t > C_T$；

当 $T_e = T_c$ 时，$C_t = C_T$；

当 $T_e > T_c$ 时，$C_t < C_T$。

因此，在公司和个人面临相同的投资机会时，股票价值要受公司和个人所得税的影响，股利分配取决于这两种税率的差异。

例11.3，某公司有 1 000 元的剩余现金，公司可保留现金去投资 10% 的国库券，也可以现金股利形式发放给股东，股东同样可投资相同收益率的国库券，假设公司所得税率为 34%，个人所得税率为 28%。在两种策略下，若干年后（如 5 年）股东所获现金是不同的。

（1）发行现金股利，股东将收到 720 元（1 000 × （1 - 0.28））的税后现金，股东税后收益率为 7.2%（10% × （1 - 28%））。因此，5 年的现金流入为：

$$720 \times (1 + 7.2\%)^5 = 1\ 019.31 （元）$$

（2）由公司投资，则税后收益率为 6.6%（10% × （1 - 34%）），现金流入为：

$$1\ 000 \times (1 + 6.6\%)^5 = 1\ 376.53 （元）$$

股东可望获得的现金 = 1 376.53 × （1 - 0.28） = 991.10 （元）

由此可见，在个人所得税小于公司所得税时，应发放股利，相反，则不发放现金股利。值得说明的是，美国税法规定：当一家公司投资于其他公司的股票少于 20% 时，其收到的股利 70% 可以免征所得税；持有其他公司 20% ~ 80% 的股票时，其收到的股利 80% 可以免征所得税；持有其他公司 80% 以上的股票时，其收到的股利 100% 可以免征所得税。而个人不能享受以上税收优惠，当公司的实际税率较个人所得税率低时，过多发放股利就不是最佳选择。

3. 顾客效果

这一理论的产生基于投资者对股利的不同偏好。有的投资者进行股票投资是为了获得稳定的收入，而有的投资者进行股票投资的目的则主要是为了获得资本利得，甚至有的既希望获得当期的股利收入，又希望拥有一定数量的资本利得。股东对股利的偏好，既源于其对当期股利的重视程度，又源于股利收入与资本利得之间在税收上的差异。正是这个原因，有的投资者希望公司支付率高一些，有的希望股利支付率低一些。正是投资者对股利收入及资本利得的不同偏好，公司只要在一段时间内保持其股利政策的相对稳定，总能吸引一部分投资者购买其股票，因为总有那么一部分的投资者的投资目标与公司的政策相一致。

4. 追随者效应

这是一种较新的股利理论，是上述各种理论折中的产物。该理论认为：股东的资本增值和股利收入是股东投资收益的两种完全不同的收入来源，前者作为资本利得被课征利得税，后者作为股利所得被课征所得税，通常后者的税率往往高于前者的税率。由此可见，处于不同税收等级的股东在即期收益和远期收益之间将会表现出偏好上的差异。对于边际税率较高的股东而言，他们希望支付较少的股利，以便能够降低纳税和减少交易费用，并希望通过资本利得所带来的好处，更多地获取即期的投资收益。因此，这种理论认为，公司应当根据股东的偏好和自己的投资政策来制定股利政策，而不必强求去寻找所谓的统一规律。

第二节　实践中的股利政策

上节主要从理论上探讨了股利对公司价值的影响。实践中股利发放受很多实际因素的限制，从而形成不同风格的股利政策。

一、剩余股利政策

剩余股利政策是为维护公司最佳资本结构而采用的政策模式。其基本要点是当公司有着良好投资机会时，根据一定的目标资本结构（最佳资本结构），测算出投资所需权益资本，并将其先从盈余中留用，然后将剩余的盈余作为股利予以分配。按照这种股利政策进行操作时，主要进行以下四个步骤：（1）确定目标资本结构，在此资本结构下，加权平均资本成本将达到最低水平；（2）确立目标资本结构下投资所需的权益资本数额；（3）将投资所需的权益资本数额从盈余中扣除；（4）将扣除投资所需盈余后的剩余盈余作为股利向股东分配，不足则发行新股。

例 11.4，假设某公司的最佳资本结构为：40％为债务融资，60％为股权融资。公司经营过程中产生了 400 万元内部资金，可用来作为股权融资或用来分配股利。

公司正在考虑五个投资项目。A、B、C、D 四个项目的预期收益率超过资本加权成本，可予接受，但考虑到资金限制，公司只采纳 A、B、C 三个项目，这三个项目共需资金 500 万元。考虑到公司最优负债比率为 40％，则需借 200 万元（500×40％）的新债，同时，内部留存收益提供 300 万元（500×60％），还剩下 100 万元可用于支付红利，无需发行新股。

为进一步说明剩余股利理论，假设 D 项目也被接受，则共需资金 800 万元，其中债务融资为 320 万元，股权融资为 480 万元。因为内部资金只有 400 万元，所以还要发行 80 万元新股，这样一来，公司就不能再支付红利了。

该种股利政策的优点在于能使公司维持最佳资本结构，使综合资本成本最低；缺点是不利于股利的稳定支付，特别是在公司的投资需求在各个期间不稳定的情况下，可能导致股利大幅度波动。

二、固定股利或稳定增长股利政策

该种政策模式是为了维持稳定的股利支付而采用的一种政策模式。其基本要点是将每年发放的股利固定在某一水平上，并在较长时期内保持不变，只有当公司认为未来盈余会显著地、不可逆转地增长时，才提高年度的股利发放额。在存在通货膨胀的情况下，由于公司的盈余会随之提升，故大多数以往采用稳定股利支付政策的公司，转而实施稳定增长的股利政策。

（一）采用该政策的主要理由

（1）稳定的股利向市场传递公司正常发展的信息，有利于树立公司良好形象，增强投资者对公司的信任，稳定股票价格。

（2）稳定的股利政策有利于投资者安排股利收入和支出，特别是那些对股利有着很强依赖性的股东尤为如此。

（3）股利稳定的股票有利于机构投资者购买。许多国家的政策机构为控制和防范机构投资风险，对属于社会保障、保险等方面的机构投资者的证券投资作了法律上的限制。在这种情况下，对于采用固定或稳定增长股利政策的企业，其股票无疑会首先受到机构投资者的青睐。

（二）存在的缺陷

该种股利政策尽管有利于股利的稳定支付，但也存在着以下缺陷：

（1）股利支付与企业盈余相脱节，使股利分配水平不能反映企业的绩效水平。

（2）当企业盈余较低时仍要支付固定股利，这可能导致企业资金短缺，甚至陷入财务困境。

三、固定股利支付率政策

该股利政策的基本要点是确定一个股利占盈余的比例，长期按比例支付股利。在该股利政策下，各年股利额将随企业经营的好坏而上下波动，获利较多的年份，支付的股利额较多，获利较少的年份，则股利支付额较少。

主张该股利政策的主要理由是它能体现股利与盈余的关系，即多盈多分、少盈少分、不盈不分，这就有利于公平地对待每一位股东。该股利政策的缺陷在于当企业盈余在各个期间波动不定时，其支付的股利也随之波动，这就不利于树立和稳定公司形象。

四、低正常股利加额外股利政策

该股利政策的基本要点是：一般情况下，企业每年只支付某一固定的、数额较低的股利，在盈余多的年份，再根据情况向股东发放额外股利。

主张该股利政策的主要理由在于：

（1）能使企业具有较大的财务灵活性，即当公司盈余较少或因有较好的投资机会而需要大量投资时，可维持较低的正常股利，股东不会因此而失望；而当公司盈余较多或无投资需要时，可适度增发股利，以增强投资者的持股或投资信心，提升股票价格。

（2）能使那些对股利依赖性强的股东有稳定的固定收入，从而吸引住这部分股东。

五、股利再投资计划

在 20 世纪 70 年代，多数公司开始实行股利再投资计划，从而股东们可将所得股利以股票的形式再投资于该公司。目前，多数公司都推行股利再投资计划，平均约有 25％的股东参加该计划。股利再投资计划可分为两种：（1）只涉及已在市场上流通的"旧股"型计划；（2）包括新发行股票的"新股"型计划。不论哪种计划，即使只收到股票而不是现金，股东都必须根据所得的股利交纳税款。

在上述两种类型的股利再投资计划下，股东们可自己决定是继续接受股利，还是用所得股利在该公司购买更多股票。在"旧股"型计划下，若股东选择再投资，那么作为受托人的银行将提走全部再投资资金（除去费用），在股票市场购买该公司股票，而后按比例记到各股东名下。因为这是大宗买卖，故而经纪成本较低。这种计划对不需要将现金作本钱消费的小股东有利。

"新股"型计划是将股利投资于新发行的股票，从而能为公司筹集新资本。近年来许多公司如 AT&T、施乐、联合碳化等公司靠推行这种计划筹集到了相当数量的权益资本。公司对股东免收费用，还按低于实际市价的 3%～5% 的折扣出售股票。这些成本均由公司承担，用以取代通过投资银行筹资产生的成本。

第三节　股利政策的影响因素

公司管理者在制定股利政策时，除考虑对公司的价值影响因素外，还要考虑法律、企业、股东等诸多实际因素。

一、法律因素

法律因素也就是有关法律法规对股利分配的限制，综观国内外的相关法规，对股利分配的限制主要有以下几个方面：

1. 资本保全限制

资本保全限制又称资本减损规则，即规定企业不能用资本（包括股本和资本公积）发放股利。

2. 企业积累限制

企业积累限制即规定企业必须按净利润的一定比例提取盈余公积。

3. 净利润限制

净利润限制即规定企业年度累计净利润必须为正数时才能发放股利，以前年度亏损必须足额弥补。

4. 无偿债能力限制

无偿债能力限制即禁止缺乏偿债能力的企业支付现金股利。该项规定目前主要见于美国一些州的法律规范中，我国则尚未将此纳入法律规范，而仅在借贷契约或协议的相关条款中有所涉及。这里的"无偿债能力"包括两种含义：一是企业负债总额超过了资产价值总额；二是企业不能向债权人支付到期债务。

5. 超额积累利润限制

超额积累利润限制即规定当股利收益税高于资本利得税时，企业不得因税收考虑而超额积累利润，一旦企业的保留盈余超过法律许可的水平，将被加征额外税收。目前我国法律尚未就公司积累利润作出限制性规定。

二、企业因素

企业因素也就是企业在经营及财务方面对股利分配的限制，具体有以下几个方面：

1. 盈余的稳定性

一般而言，盈余相对稳定的企业可支付相对较高的股利，而盈余不稳定的企业则宜采用低股利政策。因为对于盈余不稳定的企业来说，低股利政策不仅可以减少因盈余下降而造成的股利无法支付以及股价急剧下降的风险，而且还可以将更多的盈余用于投资，以提高企业的权益资产比重，减少财务风险。

2. 资产的流动性

企业资产的流动性决定着现金支付能力的强弱，因而是股利分配应考虑的重要因素。一般而言，资产流动性好，其现金支付能力相对较强，现金股利的分配率也可相对较高；反之，若资产流动性差，则企业应控制现金股利的分配。

3. 举债能力

企业现金支付能力的强弱不仅取决于资产的流动性，还取决于企业的举债能力，这一举债能力可以表现为一个信贷限额（Line of Credit），或从银行取得的循环信贷（Revolving Credit），或金融机构愿意增加信贷规模的一种非正式意愿。对于具有较强举债能力的企业来说，由于能够及时地筹措到所需资金，因而可采取相对宽松的股利政策；反之，若企业的举债能力弱，则为保持必要的支付能力，宜采用较紧的股利政策。

4. 投资机会

对于有着良好投资机会的企业来说，通常需要有强大的资金支持，因而应控制现金股利，将大部分盈余留存下来进行再投资；对于缺乏良好投资机会的企业来说，为避免资金闲置，可支付较高的现金股利。一般而言，处于成长期的企业多采取低股利政策，而进入成熟期的企业多采取高股利政策，出现"收获"（Harvesting）现象。如图 11-1 所示。

5. 资本成本

与增发普通股相比，保留盈余不需花费筹资费用，其资本成本较低，是一种比较经济的筹资渠道。所以，从资本成本考虑，如果企业扩大规模，需要增加权益资本时，不妨采取低股利政策。

6. 公司的资金需求

具有较高的债务偿还的企业，可以通过举借新债、发行新股筹集偿债需要

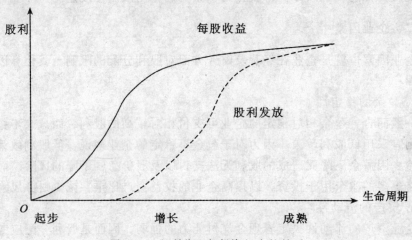

图 11-1　股利分配与投资机会的关系

的资金，也可以用保留盈余偿还债务。如果举借新债的资本成本高或受其他限制而难以进入资本市场时，企业也应当减少现金股利的支付。

三、股东因素

企业进行股利分配时应考虑的股东因素主要有以下几个方面：

1. 股东的纳税地位

税负是影响股东财富的一项重要因素，也是企业在选择股利政策时应考虑的主要因素。这里的税负因素主要指股利收益税与资本利得税的差异。从理论上说，若股利收益税高于资本利得税，应控制股利分配；反之，则可扩大股利分配。此外，还应考虑纳税方式及其对股东收益可能产生的影响。根据我国法律，现金股利收入的税率是20％，而股票交易尚未征收资本利得税，因此多留少派的股利政策可能给股东带来更多的资本利得收入，从而达到少纳所得税的目的。在国外，现金股利收入已纳入股东的个人收入范围，按累进递增的比率缴纳个人所得税。在这种情况下，如果一个企业拥有很大比例的富有股东，一般倾向于多留少派；反之，如果一个企业绝大部分股东属于低收入阶层，其所适用的个人所得税率较低，甚至未达到征收个人所得税的起征点，这些股东就会注重当期股利，而不愿冒风险去获取以后的资本利得。

2. 股东的投资机会

本着股东财富最大化的原则，如果企业将留存盈利用于再投资所得的报酬低于股东利用股利收入投资于其他机会所得的报酬，则企业应控制盈余留存，而适度扩大现金股利。在实际执行分配时，尽管企业对每位股东的投资机会及其投资报酬率难以评估，但至少应对风险相同的企业外部投资机会或获得的投资报酬率加以评估。如果评估显示在企业外部有更好的投资机会，则企业应选择多支付现金股利，少留盈利的股利政策；相反，如果企业的投资机会可以获得比其他外部投资机会更高的投资报酬率，则企业应选择低股利支付率的股利政策。

3．股东的股权稀释

企业支付较高的现金股利，就会导致留存盈余的减少，这又意味着将来发行新股的可能性增大。在股东拿不出更多的资金购买新股时，其所持股权必然受到稀释。如果股东对现有股利政策不满意，他们就会出售其所持股份，外部集团掌握企业控制权的可能性也就增大。

4．股东的稳定收入

如果一个企业拥有很大比例的富有股东，这些股东多半不会依赖企业发放的现金股利维持生活，他们对定期支付现金的要求不会显得十分迫切；相反，如果一个企业绝大部分股东属于低收入阶层，他们生活来源的一部分甚至全部将来自于现金股利收入，这部分股东就会特别关注现金股利，特别是稳定的现金股利的发放。

四、其他因素

影响股利政策的其他因素主要包括不属于法律规范的债务合同约束，政府对机构投资者的投资限制以及因通货膨胀带来的企业对重置实物资产的特殊考虑等。

1．债务合同约束

为保护贷款人的利益，企业的债务合同特别是长期债务合同，往往有限制企业现金股利支付的条款，只有在流动比率、利息保障倍数和其他安全比率超过其规定的最小值后，才能支付股利，这使得企业只能采取低股利政策。

2．机构投资者的投资限制

机构投资者包括养老基金、储蓄银行、信托基金、保险企业和其他一些机构。政府对机构投资者所能进行的投资限制往往与股利、特别是稳定股利的支付有关。如果某一企业想更多地吸引机构投资者，它一般应采用较高并且稳定的股利支付政策。

3．重置实物资产的考虑

在通货膨胀的情况下，企业固定资产折旧的购买力水平下降，会导致没有足够的资金来源重置固定资产。这时较多的留存盈余就会成为弥补固定资产折旧、购买力水平下降的资金来源。因此，在通货膨胀时期，企业股利政策往往偏紧。

第四节　股票股利与股票分割

前面我们探讨的股利政策，实际上仅为现金股利政策，但公司的股利发放除现金方式外，也可以采取股票股利的方式。所谓股票股利就是公司用股票而非现金作为支付给股东的股利。

股票分割是指将高面额股票拆换为低面额股票的行为，例如将 1 股面值为 2 元的股票拆换为 2 股面值为 1 元的股票。股票分割与股票股利的经济意义基本相同，不同之处主要在于会计处理方法。具体来说，股票股利需要增加"普通股"和"资本公积"两个科目的余额，而股票分割对公司的权益账户不会产生变化。股票股利没有改变所有者权益总额，但改变了权益结构，而股票分割既不改变权益总额，也不改变权益结构。

纽约股票交易所规定，当派发的股票数量不超过现在外部股份数量的 25％时，称为股票股利，超过 25％则称为股票分割。

一、股票股利

（一）股票股利的概念及特点

股票股利是企业以发放的股票作为股利的支付方式。相对于其他股利支付方式，股票股利具有以下特点：

（1）股票股利的发放只改变所有者权益各项目的结构，而不影响所有者权益总额。

例 11.5，S 公司为一上市公司，其股东权益情况如表 11-3 所示。

表 11-3　　　　　　　**S 公司发放股票股利前的股东权益情况**　　　　　　单位：元

普通股（每股面值 1 元，1 000 000 股）	1 000 000
资本公积	1 000 000
留存收益	3 000 000
股东权益合计	5 000 000

假定该企业宣布发放 10％，即 100 000 股的股票股利，股票当前市价为每股 15 元，则股票股利发放后的所有者权益如表 11-4 所示。

表 11-4	S公司发放股票股利后的股东权益情况	单位：元
普通股（每股面值1元，1 000 000股）		1 100 000
资本公积		2 400 000
留存收益		1 500 000
股东权益合计		5 000 000

可见，企业发放股票股利的实质是股东权益各项目数额的新分配，即股票股利按股票市值从留存收益账户转移到普通股股本和资本公积账户中，实际上也就是将股票股利按市场价值予以资本化。

（2）从理论上讲，当企业的盈余总额以及股东的持股比例不变时，每位股东所持股票的市场总值保持不变。

例11.6，假定 M 公司当年盈余为 880 000 元，某股东持有 50 000 股普通股，则发放股票股利对该股东的影响如表11-5所示。

表 11-5	股票股利对股东持股比例的影响	单位：元
项目	发放股票股利前	发放股票股利后
每股收益（EPS）	880 000／1 000 000 ＝ 0.88	880 000／1 100 000 ＝ 0.8
每股市价	10	10／（1＋10％）＝ 9.09
持股比例	50 000／1 000 000×100％ ＝ 5％	55 000／1 100 000×100％ ＝ 5％
所持股总市值	50 000×10 ＝ 500 000	55 000×9.09 ＝ 500 000

可见，在企业盈余总额及股东持股比例一定的情况下，发放股票股利会导致每股收益和每股市价下跌，但企业的股票的总市值以及每位股东所持股票市值保持不变。

（二）对股票股利的评价

从企业分配的现实情况看，不仅现金股利与股票股利并存，而且相当多的企业和股东更青睐于股票股利政策或股票股利政策与现金股利政策的联合使用。

1．股票股利对股东的意义

（1）可以使股东获得股票价格相对上涨的收益。尽管从理论上分析，公司发放股票股利会导致股价等比例下跌，但事实上由于分发股票股利通常意味着公司有良好的获利潜力和发展前景，因而其股价下跌的幅度相对有限，即股价下跌比例通常低于发放股票股利的比例。特别是在公司分发少量股票股利（如2%～3%）的情况下，股价变动无论在数额上，还是在时间上均不会明显，这样，对股东来说就无疑能够享受价格相对上涨所带来的收益。例如，某投资者持有 M 公司股票 1 000 股，目前市价每股 10 元，公司按 10% 的比例分发股票股利，分发股票股利后股票市价下跌 5%，即每股 9.5 元，则该投资者所持股票每股价格相对上涨了 0.45 元（1 100×9.5/1 000－10），因价格相对上涨所带来的收益为 450 元（0.45×1 000）。

（2）可以使股东获得节税收益。在公司分发股票股利的情况下，若股东需要现金，则可将其分得的股票股利出售。由于一些国家（如我国）税法规定，对出售股票所获得的资本利得征收所得税的税率低于对现金股利收益征收所得税的税率，能够节约所得税支付。

2. 股票股利对企业的意义

（1）有利于企业保留现金。股票股利作为一种分配方式，一方面具有与现金股利类似的市场效应，如向市场传递着公司发展良好的信息，可以稳定或提升股票价格；另一方面又能使企业保留现金用于再投资所需，有利于企业长期发展。

（2）有利于增强企业股票的流动性。发放股票股利能够在一定程度上降低股票价格，从而有利于吸引更多的中小投资者，活跃企业股票的市场交易，增强股票的流动性和可变现性。

3. 股票股利的缺陷

分配股票股利有许多相对优势，但也有着不可忽视的缺陷：

（1）由于发放股票股利的手续和程序相对复杂，因而其费用负担也相对较大。

（2）分发股票股利尽管能够减少企业当前的现金支付，但可能加重企业以后的经营压力和财务负担。随着股票股利的发放，企业的股本总额不断扩大，在这种情况下，企业的收益水平若没有相对提高，将会导致每股盈余下降，这无疑会损害企业的市场形象，引发股价下跌。同时，随着股本规模的扩大，当企业在某一时间需分配现金股利时，其现金支付压力将会随之加大，甚至可能导致企业陷入财务困境。

二、股票分割

1. 股票分割对股东权益的影响

例 11.7，承前例，S 公司在股票分割前的股东权益情况同表 11-3。

假设公司股票实施 1:2 分割，则分割后的股东权益状况如表 11-6 所示。

表 11-6　　　　　　　　S 公司股票分割后的股东权益状况　　　　　　单位：元

普通股（每股面值 0.5 元，2 000 000 股）	1 000 000
资本公积	1 000 000
留存收益	3 000 000
股东权益合计	5 000 000

从表 11-6 中可以发现，公司股票除面值减小，股份数增多外，权益账户没有发生改变。

2．实施股票分割的理由

（1）通过股票分割，可增强企业股票的流动性。

（2）由于股票分割常见于成长中的企业，因此企业进行股票分割往往被视为一种利好消息而影响其股票价格，这样，企业股东就能从股份数量和股票价格的双重变动中获得相对收益。

（3）较低的股票价格意味着更好的交易空间，从而增加公司流通股的总价值。

（4）股票股利和股票分割可能暗含着管理层对公司前景的信心。从这个意义上说，股票股利或股票分割也是一种吸引注意力的手段，当然这些信号是否更有说服力还有待验证。

国外实证研究发现，股票在分割前 1 年大约有 54％的超额收益率。这说明，股票分割是在股价不正常上升之后进行的，而分割消息的传出又刺激股票的增值。一般在信息公布前后两天的股票的非正常收益率超过 3％。股票分割后，投资者将继续获得近 8％的高额收益率。尽管分割后的股票价格会有所上升，但仍无法回到分割公布日的价格水平，这一现象可解释为市场失灵的表现。另外一些使用不同股票和不同期间的研究结果表明，股票分割后并无超额收益，或者只有极少的超额收益。

最后尚需强调，无论是股票股利还是股票分割，其对企业和股东的利益效应是建立在企业持续发展的基础之上的，如果发放股票股利或进行股票分割后并没有伴随着利润和现金股利的相应增长，那么，其产生的股价上涨必将是短暂的。

第五节　股票回购

所谓股票回购（Repurchase）是指上市公司购回部分流通在外的股票，使其成为库藏股而退出流通。最近几年股票回购已经成为一项主要的财务活动，而且看起来会持续下去。1986年，菲利普石油公司购回了8 100万股普通股票，总值达41亿美元，创该公司历史最高记录。再如，大西洋石油公司购回了价值为40亿美元的6 700万股股票。1997年通用汽车公司完成了50亿美元的股票回购计划。1998年IBM回购了价值35亿美元的股票。

一、股票回购的方式

股票回购主要有三种方式：固定价格招标收购、降价式拍卖收购、公开市场回购。

（一）固定价格招标收购（Fixed-Price Tender Offer）

公司向股东提供一份正式的招标书，注明购买股票的数量和既定的购买价格。购买价格（Bid Price）通常高于现行市场价格，股东可以按这个既定价格出售他们的股票，也可以继续持有股票。招标收购期持续两到三个星期。如果股东出售的股份比公司最初收购的要多，那么公司可以选择收购全部剩余或部分剩余股票，不过公司没有义务这样做。通常，公司招标收购中发生的交易成本比在公开市场上购买股票的成本要高得多。

（二）降低式拍卖收购（Dutch-Auction Tender Offer）

每一位股东都有机会向公司提供他或她愿意按某一特定价格出售股票的数量。事先，公司会具体说明它愿意回购的股份数量以及它将接受的最低和最高价格。最低价格通常会略高于现行市价。在收到所有的个人投标以后，公司在以上价格范围内将它们从低到高的价格顺序排列，最后决定能全部购回所确定股份数量的最低价格。这一价格将支付给所有按这一价格或低于这一价格提供股票的股东（若向那些提供临界价格（Cutoff Price）的股东购买，则按比例进行）。价格相同的事实会鼓励一些股东提供低投标价格，这将有利于公司。

与固定价格收购不同的是，降低式拍卖收购方式下，公司不知道最终的回购价格。在这两种方式中，无论是以固定价格还是在降低式拍卖下以最低价或高于最低价的价格收购，投标提供的数量都是不确定的。降价式拍卖收购近年来已成为一种流行的回购方式，在某些特定年份中甚至超过了固定价格招标收购。大公司比小公司更倾向于使用降价拍卖收购，而不是使用固定价格招标收购。

（三）公开市场回购（Open-Market Purchases）

公开市场回购时，公司与其他投资者一样通过经纪机构购买其股票。佣金往往是通过协商而定。如果回购方案是逐渐展开的，它的作用将使股价上升。当然，证券交易委员会的某些规定会限制公司为其股票抬价的行为。因此，公司需花费较长时间来积累较大数量的股份。由于这些原因，当公司要回购大量股份时，招标收购更为合适。

布雷南（Brennan）和塞克尔（Thakor）1990 年提出了一个有关公司分配现金的理论，认为小规模分配时有可能选择现金股利，而招标方式回购在大规模分配中占主导地位。公开市场回购适合中等规模。[1] 两位作者是基于信息少的股东容易被信息较多的股东剥夺财富的认识而形成他们的理论的。在信息成本固定情况下，大股东对将要出现的招标回购更知情。因此，除非是小股东的税率很高，否则他们会选择股利。

二、现金股利与股票回购

支付现金股利的一种替代方法是股票回购，回购使市场上公司的流通股票数量减少。如果回购不会对公司产生不良影响，那么，在总收益不变的情况下，在外流通的股票的每股收益额将会有所增加，从而导致股价上涨，这意味着股利将被资本利得所替代。当避税很重要时，股票回购可能是现金股利政策的有效替代品。

假设公司股份总数为 n，公司股票市盈率为 m，年度利润为 A_0，闲余资金为 A_1，股票回购价格为 P，忽略佣金、税收和其他不完全因素，则：

（1）如果用闲余资金发放现金股利，每股价值为：

$$v_0 = \frac{A_1}{n} + \frac{A_0}{n} \times m \qquad (11\text{-}9)$$

（2）如果用闲余资金回购公司股票，每股价值为：

$$v_1 = \frac{A_0}{n - \dfrac{A_1}{P}} \times m \qquad (11\text{-}10)$$

令 $v_0 = v_1$，解关于 P 的方程，得：

$$P = \frac{A_1}{n} + \frac{A_0 \times m}{n} \qquad (11\text{-}11)$$

式（11-11）表明，只要股票回购价格满足这个关系式，对股东来说，股利将被资本利得所替代，股东无所谓发放股利还是回购股票。

若考虑税收问题，假设现金股利税率为 t，资本利得税率为 T，且 $t > T$，则：

[1]　Michael J. Brennan, Anjan V. Thakor. Shareholder Preferences and Dividend Policy. *Journal of Finance*, 1990 (45): 993-1018

$$v_0' = \frac{A_1}{n}(1 - t) + \frac{A_0}{n} \times m \qquad (11\text{-}12)$$

$$v_1' = \frac{A_0}{n - \dfrac{A_1}{P'}} \times m(1 - T) + \frac{A_1 \times m \times T}{n} \qquad (11\text{-}13)$$

令 $v_0 = v_1$，解关于 P' 的方程，得：

$$P' = \frac{A_1}{n} + \frac{A_0 \times m}{n} \times \frac{1 - T}{1 - t} \qquad (11\text{-}14)$$

式（11-14）表明，在存在税收的情况下，只要股票回购价格满足这个关系式，对股东来说，股利将被资本利得所替代，股东无所谓发放股利还是回购股票。

例 11.8，假设 W 公司外发股票 100 000 股，拥有 300 000 元（每股 3 元）的多余现金，目前正准备将这笔资金作为额外股利发放给股东。公司预计发放股利后，年度利润为 450 000 元，即每股 4.5 元。同类公司市盈率为 6，因此该公司的股票价格为 27 元。

如果公司用多余现金回购自己的股票，假设标购价为 30 元，则公司可回购 10 000 股，这样发行在外的股票为 90 000 股。由于外发股票数量减少，每股利润将升至 5 元。市盈率仍为 6，无论是发放股利，还是回购股票，公司面临的经营风险和财务风险相同，因此回购后公司的股票价格将达到 30 元。

如果忽略佣金、税收和其他不完全因素，发放股利与回购股票对股东的效果一样。在公司发放股利的情况下，每位股东将拥有每股价值 27 元的股票和 3 元的股利，总价值 30 元。在回购股票的情况下，每位股东将拥有价值 30 元的股票，或者出售该股票获得 30 元的现金。具体情况见表 11-7。

表 11-7　　　　　　股利发放与股票回购对股票价值的影响　　　　　　单位：元

项目	总额	每股收益（或价格）
发放股利		
股票总数	100 000	
计划股利	300 000	3
发放股利后年度利润	450 000	4.5
发放股利后股票市场价值	2 700 000	27
股票回购		
股票总数	90 000	
发放股利后年度利润	450 000	5
发放股利后股票市场价值	2 700 000	30

可见，在完全市场里，公司和股东是无所谓发放股利还是回购股票的。就上面的例子，如果现金股利所得税率为 20%，资本利得税率为 0，则发放现金股利时每股价值为 29.4 元，若发放股票股利，则每股价值为 30 元，股东每股可多获 0.6 元的价值，可见在股利税率大于资本利得税率的税收环境下，股票回购具有避税作用。但股票回购价格发生调整时，避税作用可能不复存在。

三、股票回购的其他作用

1．巩固既定控制权

股票回购是一条加强内部人对公司控制权的途径，因为它减少了流通在外的股票数量。如果内部人不将自己持有的股票卖给公司，他们将持有公司更大比例的股份，因此控制力更强。

2．改善资本结构

任何产业都面临上升、成熟和衰退的生命周期。在上升期，公司内部融资不足，往往通过发行股票融资来加快资本市场的形成。当产业进入衰退期后，公司资金虽较为充裕，却由于行业进入衰退期而不愿扩大投资。这时，通过股票回购，不仅可以改善公司资本结构，还可以提高每股收益。

3．反收购策略

股票回购在国外经常被用做重要的反收购策略。由于股票回购可提高公司股价，减少流通在外的股份，从而使收购方难度加大。但回购的股票无表决权，因此公司需要将股票再卖给稳定股东，才能起到反收购的作用。

4．增加公司股利分配的灵活性

公司在短期内获得较高收益时，如果认为较多的现金只是暂时现象，为了维持原来股利分配的稳定性，不再提高股利分配比例，此时可回购股票，增加公司在股利分配策略上的灵活性。而收回的库藏股既可用于调换或购回公司其他已发行的可转换债券，也可将库藏股在适当时机再行出售以获取额外资金，而不必另行发行新的证券。

5．信号效应

股票回购会产生信号效应。例如，如果管理者相信股票价值被低估而不允许提供其个人拥有的股票，那么一个积极的信号会被传递到市场上。在这样的情况下，回购价格超过现时股票的溢价部分将反映管理者确信的低估程度。

在一项对 1 300 起股票回购交易的研究中发现，有 90% 的回购是在二级市场上进行的，剩下的 10% 是通过固定价格招标收购和竞价拍卖完成的。公开市场回购通常是在股票价格经历了超跌时发生，而固定价格和竞价方式通常是在股票有一定正常收益时发生。在宣布回购之后，三种方式下的股价都会大幅上扬（在回购宣布当天，固定价格方式平均上扬幅度为11％，竞价方式为8％，公开市场方式为2％）。当回购期满之后，股票价格一般不会跌回到原来宣布回购前的价格水平。[①]

四、股票回购的负面作用

世界各国法律为保护债权人利益，维护证券市场的交易秩序，大都对股票回购作出了比较具体的规定。这是因为股票回购存在以下弊端：

1. 债务风险增加

公司回购股票，除无偿收回外，都无异于股东的退股和公司资本的减少，而公司资本的减少则从根本上动摇了公司的资本基础，削弱了对公司债权人的财产保障。

2. 容易导致人为炒作

上市公司回购其公司股票，容易导致其利用内幕信息进行炒作，或对一系列财务报表指标进行人为操纵，加剧公司行为的非规范化，使投资者蒙受损失。如果某公司被认为在操纵其股票价格，证券交易管理委员会（SEC）就可能提出质询。当公司计划在近期出售其股票或进行兼并谈判并将其股票兑换成被兼并公司的股票时，政府管制将防止公司进行太多的回购。

3. 避税惩处

公司回购股票，若涉嫌避税，可能会受到税务部门的严厉惩处。例如，在美国，如果国内税务署认为某公司股票回购的目的主要是为了逃避股利税，那么根据《税法》中有关非正当收益积累的条款规定，该公司就会被课以重罚。当然这种惩罚主要针对私有公司进行，几乎没有一个公众持股公司会遇到这种情况，尽管有的公有公司甚至回购了在外股票数的一半。

【本章小结】

1. 股利政策理论是关于公司股利政策与公司价值的理论，总体来说，包括股利无关论和股利相关论两个观点。

2. 股利无关论认为股利分配不影响企业价值，即股利政策与企业价值无关。该理论也称MM理论，由米勒和莫迪莱尼于1961年在他们一篇讨论股利政策的文章中首次提出。

---

① Robert Comment, Gregg A. Jarrell. The Relative Signalling Power of Dutch-Auction and Fixed-Price Self-Tender Offers and Open-Market Share Repurchases. *Journal of Finance*, 1991（46）：1254

3. 有关股利相关论的理论观点大致可分为三大类：其一是高股利将增加企业价值；其二是低股利将增加企业价值；其三是股利分配对企业价值的影响具有不确定性。

4. 实践中的股利政策包括：剩余股利政策、固定股利或稳定增长股利政策、固定股利支付率政策、低正常股利加额外股利政策和股利再投资计划。

5. 股利政策的影响因素有法律因素、企业因素、股东因素和其他因素。

6. 股票股利就是公司用股票而非现金作为支付给股东的股利。股票分割是指将高面额股票拆换为低面额股票的行为。股票股利具有使股东股票价格相对上涨和节税的好处，股票分割具有增强企业股票流动性的效果。

7. 股票回购是指上市公司购回部分流通在外的股票，使其成为库藏股而退出流通的行为。避税很重要时，股票回购可能是现金股利政策的有效替代品。

【思考与练习】

1. 股利政策理论主要存在哪些观点？

2. 现实生活中的股利政策有哪些？

3. 影响股利政策的因素有哪些？

4. 股票股利和股票分割对企业产生什么影响？

5. 股票回购对企业的作用是什么？

6. 对于以下描述的公司，你预期它的股利支付率是中、高还是低，并解释为什么。

（1）一家公司其所有权大部分为内部拥有，并且这些所有者都是高收入者。

（2）一家拥有众多理想投资机会的公司。

（3）一家中等增长的公司，流动性较强并且有许多未使用的借款能力。

（4）一家支付股利的公司正碰到了未预期到的盈利下降趋势。

（5）一家盈利不稳定并有较高经营额的公司。

7. 某公司在未来的 5 年中，会发生以下的净收入和资本性支出

单位：千元

年份	1	2	3	4	5
净收入	2 000	1 500	2 500	2 300	1 800
资本性支出	1 000	1 500	2 000	1 500	2 000

目前公司拥有发行在外的普通股100万股,并且支付每股1元的股利。

(1) 如果公司使用剩余股利政策,计算每年每股股利以及需外部融资的金额。

(2) 如果维持目前的每股股利,计算每年需外部融资的金额。

(3) 如果需维持50%的股利支付率,计算每年的每股股利以及需外部融资的金额。

(4) 在以上三种股利政策下:①哪一种政策使股利之和最大?②哪一种政策使外部融资的金额最小?

8. Do-Re-Me公司生产乐器并维持适度的增长速度。该公司刚支付完股利,并打算下一年里每股支付1.35元的股利。目前每股市价为15元,预期股价每年上涨5%。

(1) 如果要求的权益报酬率为14%,不计税收,运用MM模型,计算到年底的每股市价为多少?如果不支付股利,股价又是多少?

(2) 股东乔斯普通收入的所得税税率为30%,但是他的实际资本利得税率为26%,如果他打算持有该股票一年,每股预期的税后报酬率为多少?

9. 马尔卡设备公司使用剩余股利政策。预期来年获取200万元的税后净盈余。该公司资本结构全部为权益性资本,投资资本成本为15%。公司将这一成本视为留存盈余的机会成本。由于发行费用和价格高,普通股的融资成本更高,为16%。

(1) 如果公司拥有150万元的投资项目,预期报酬率超过15%,那么公司应支付多少股利(在200万元的盈余中支付)?

(2) 如果拥有200万元的投资项目,预期报酬率超过15%,那么股利又将是多少?

(3) 如果有300万元的投资项目,且预期报酬率超过16%,股利又会是多少,还需做什么?

10. 特雷有限公司由于最近巴西订购大量的土豆而取得巨大成功。这种交易估计以后不会再有,该公司拥有6 000 000元的剩余资金。公司希望通过股票回购来分配资金。目前,其发行在外的股票有2 400 000股,每股市价为25元。公司希望回购10%的股票,即240 000股。

(1) 假设没有信号效应,公司应该提供一个什么样的回购价格?

(2) 公司通过回购一共将分配多少资金?

(3) 如果公司打算通过现金股利分配这部分资金,则分配后每股市价为多少(不考虑税收)?

11. 克莱顿·金公司的股东权益账户如下：

单位：元

普通股（面值 8 元）	2 000 000
额外缴入资本	1 600 000
留存盈余	8 400 000
股东权益合计	12 000 000

目前每股市价为 60 元。

（1）如果发生以下情况，股东权益账户以及发行在外的股份数额会发生什么样的变化：

① 发放 20％的"小比例"股票股利；

② 以 1 分 2 的股票分割；

③ 以 2 并 1 的反股票分割。

（2）在不考虑信息或信号影响的情况下，计算发放 20％ 的股票股利以后普通股每股售价为多少？如果考虑信号影响呢？

12. 10 月份，巴克斯特·洛里公司出现现金剩余，以每股 42.5 元的价格回购其发行在外 180 万股中的 10 万股，宣布回购以前股价为 37 元。公司惊讶地发现股东竟然愿意提供近 100 万股，只好在提供的股东中按比例购回 10 万股。

（1）为什么有这么多股东提供股票？公司应该以何种价格回购股票？

（2）在回购中谁得利？谁受损？

13. 辛格尔顿电子公司可以每股 98 元的价格回购其发行在外的 1 400 万股中的 100 万股。宣告以前每股市价为 91 元。

（1）公司的招标回购价合适吗？

（2）回购以后股价涨到 105 元，如果没有其他有关公司或股东的信息，该如何解释这一现象？

第四编　营运资本管理

　　营运资本，在公司理财中是一个被广泛运用的重要概念，然而，在不同的场合却有不同的解释和用法。对会计而言，营运资本通常是指净营运资本，也就是流动资产与流动负债之差额。它可用来衡量企业的短期偿债能力及其避免发生流动性风险的程度。对财务而言，则主要关注的是总营运资本，也就是包括现金、有价证券、应收账款以及存货等全部流动资产。它可用来分析企业营运资本的构成及其财务合理性。对公司理财的管理决策而言，关注流动资产与流动负债的净差额即净营运资本是没有什么意义的，尤其是这个差额在不断的变化。因而，公司理财的管理决策对营运资本的管理，既要关注总营运资本的管理，为维持全部流动资产而进行的融资活动（尤其是流动负债）的管理；又要关注营运资本的变化及其影响。

　　营运资本的管理，无论是流动资产和流动负债的变动，还是净营运资本的变动，其影响通常是在一年之内或者超过一年的一个营业周期内。这在公司理财的决策分析中属于短期决策问题，所涉及的主要问题是公司短期的现金流入与流出，以及产生现金的能力。短期理财决策与长期理财决策最主要的区别在于现金流量的时间长度。然而，短期的现金流量不仅直接反映了公司的经营状况，而且直接影响到公司的偿债能力并由此产生流动性风险。所以，加强营运资本的管理，确定有效的短期理财策略，对于现代公司理财而言，也是一个十分重要的问题。根据营运资本的内容及其管理要求，公司的短期理财策略所要解决的主要问题是：（1）为付款而保留的现金的合理水平是多少；（2）订货数量及时间如何安排；（3）给予客户信用的标准、条件及其额度；（4）是申请短期借款还是推迟付款。

第十二章　短期财务规划

【学习目标】

　　短期财务规划是企业实现有效经营的重要手段。通过财务规划，不仅能使企业保持最佳的短期资产投资状态，而且更重要的是使企业财务经理通过短期财务规划了解现金流量的产生和使用以及现金缺口，并通过有效的短期融资来弥补资金缺口，从而提高企业生产经营活动的有效性和产生现金流量的能力。通过本章的学习，学生应明确以下问题：短期财务规划的重要性；现金预算的基本原理；短期融资战略及融资渠道的选择。

第一节　短期财务规划原理

一、短期财务规划的重要性

（一）企业财务规划的含义

　　企业财务规划是为实现企业未来的财务目标而制定的财务方案和行动准则，其内容应包括：（1）确定企业的财务目标；（2）分析目前的财务状况与既定目标之间的差距；（3）预测未来可能发生的变化和干扰，制定为实现财务目标应采取的行动。可见，财务规划是对未来财务工作所作的总体安排。根据所安排的时间长短来划分，企业财务规划可以分为长期财务规划和短期财务规划。

　　长期财务规划是指期限在一年以上的财务规划，通常有五年规划、十年规划等。制定长期财务规划的目的是为确保公司持续发展而从财务方面考察企业的战略决策。长期财务规划的内容主要包括：（1）选择最有利的投资机会；（2）采用最佳的财务杠杆水平；（3）确定最合理的股利分配方案。有关长期财务规划的内容在以上各章中进行了详细讨论，本章的主要任务是讨论短期财务规划所要解决的主要问题，通常涉及一年以内的现金流入和流出。

短期财务规划是指期限在一年以内的财务规划，通常又称为年度财务计划。其同长期财务规划之间最重要的区别是现金流量的时间长短。短期财务规划通常涉及企业的经营活动。例如：企业订购原材料支付现金，预期在一年之内销售产成品并收回现金。在这一过程中，企业应如何筹措并保留适度的现金，如何安排存货的订购、规模及其构成，如何利用商业信用及其信用管理等，这些问题都必须通过短期财务规划作出安排。因此，短期财务规划是一项影响流动资产和流动负债且该影响通常涉及一年之内的经营活动的决策分析。

（二）短期财务规划的重要性

短期财务规划之所以重要，是因为通过这种规划能够解决现代企业在经营活动中的实际问题，这些问题主要有：（1）通过什么方式融通短期所需资金；（2）为付款而保留现金的合理水平是多少；（3）存货的订购数量及时间如何安排；（4）给予客户的信用标准、条件及其信用额度。

通过短期财务规划，可以对上述问题进行科学的决策分析并作出系统的安排，从而保持企业经营活动的连续性和有效性，提高现代企业在经营活动中产生现金流量的能力。

现代企业的经营和发展，不仅要有长期的发展战略，还要有短期的经营策略，二者缺一不可。通过制定和实施长期财务规划，促使企业实现持续盈利增长的发展目标；通过制定短期财务规划，对企业的经营活动进行合理的安排，不仅能够提高企业的营运能力，而且也有助于企业持续盈利增长目标的实现。

二、短期财务规划的内容

如前所述，短期财务规划是一项影响流动资产和流动负债且该影响常常涉及一年之内的决策分析。流动资产是指包括现金和预期在一年之内转换为现金或被耗用的其他资产，主要有：现金、短期证券、应收账款和存货。流动负债通常是指预期在一年以内需要支付现金的义务，主要有短期借款、应付账款、应付票据和其他应付款。流动资产与流动负债之差在财务上被称为净营运资本。短期财务规划就是在描述和分析企业短期经营活动及其对现金和营运资本的影响的基础上对企业未来一年以内的现金流量及营运资本的变动作出合理的安排。因此，短期财务规划的核心内容就是跟踪现金流量与净营运资本的变动，并对引起这种变动的资产和负债进行合理的安排。

（一）现金与营运资本

1998 年 3 月，中华人民共和国财政部制定了《企业会计准则——现金流量表》，该准则对现金及其现金流量等相关概念作出了规范性的定义：

1. 现金

现金是指企业的库存现金以及可以随时用于支付的存款。具体包括：库存现金，存入金融企业随时可以用来支付的存款，"其他货币资金"账户核算的外埠存款、银行汇票存款、银行本票存款和在途货币资金，等等。不能随时用于支付的存款如定期存款则不应作为现金。定期存款中如果提前通知金融企业便可支取的定期存款则应包括在现金范围内。

2. 现金等价物

现金等价物是指企业持有的期限短，流动性强，易于转换为已知金额现金，价值变动风险很小的投资。现金等价物虽然不是现金，但其支付能力与现金的差别不大，可视为现金。一项投资被确认为现金等价物必须同时具备四个条件：期限短，流动性强，易于转换为已知金额现金，价值变动风险很小。其中，期限短一般是指从购买日起，三个月内到期，如可以在证券市场上流通的三个月内到期的短期债券投资等。

3. 现金流量

现金流量是某一段时期内企业现金流入和流出的数量。例如企业销售产品、提供劳务、出售固定资产、向银行借款等取得现金，形成企业的现金流入；购买原材料、接受劳务、购建固定资产、对外投资、偿还债务等支付现金等，形成企业的现金流出。但是，企业现金形式的转换不会产生现金的流入和流出。现金流量信息能够表明企业经营状况是否良好，资金是否紧缺，企业偿付能力大小，从而为投资者、债权人、企业管理者提供非常有用的信息。

4. 营运资本

营运资本是一个广泛运用的概念，不同的场合有不同的解释。会计上，营运资本通常是指净营运资本，即流动资产与流动负债的差额，它一般用来衡量企业的短期偿债能力及其避免发生流动性风险的程度。有效的营运资本管理，要求企业以一定的净营运资本为基础，才能保证生产经营活动的正常进行。从理财角度讲，营运资本主要是指企业的流动资产和流动负债。如果流动资产等于流动负债，则投资于流动资产上的资本是由流动负债融通的；如果流动资产大于流动负债，则与此相对应的差额要以长期负债或股东权益的一定份额为其资本来源；如果流动资产小于流动负债，则表明一部分短期融资投资于长期资产上。以上三种形态，体现了公司的不同融资及资本组合策略。因而，从公司理财的角度讲，对营运资本的管理，更注重于对全部流动资产和流动负债的组合管理上，这也是本章对营运资本管理所采用的概念。

（二）现金流量及其变动

现金流量及其变动，在现代企业的理财活动中是十分重要的财务信息，这种财务信息主要通过财务报表来提供。下面以东南实业有限公司 2002 年的财务报表（表 12-1、表 12-2、表 12-3）为例说明其现金流量及其变动情况。

表 12-1   **资产负债表**

编制单位：东南实业有限公司   2002 年 12 月 31 日   单位：人民币元

资　产	年初数	期末数	负债及所有者权益	年初数	期末数
流动资产			流动负债		
货币资金	1 406 300	820 745	短期借款	300 000	50 000
短期投资	15 000		应付票据	200 000	100 000
应收票据	246 000	46 000	应付账款	953 800	953 800
应收账款	300 000	600 000	其他应付款	50 000	50 000
减：坏账准备	900	1 800	应付工资	100 000	100 000
应收账款净额	299 100	598 200	应付福利费	10 000	80 000
预付账款	100 000	100 000	应交税金	30 000	205 344
其他应收款	5 000	5 000	其他应付款	6 600	6 600
存货	2 580 000	2 574 700	预提费用	1 000	
待摊费用	100 000		一年内到期的长期负债	1 000 000	
流动资产合计	4 751 400	4 144 645	流动负债合计	2 651 400	1 545 744
长期投资			长期负债		
长期投资	250 000	250 000	长期负债	600 000	1 160 000
固定资产					
固定资产原价	1 500 000	2 401 000			
减：累计折旧	400 000	170 000			
固定资产净值	1 100 000	2 231 000			
在建工程	1 500 000	728 000	所有者权益		
固定资产合计	2 600 000	2 959 000	实收资本	5 000 000	5 000 000
无形资产	600 000	540 000	盈余公积	150 000	185 685.15
递延资产	200 000	200 000	其中：公益金		11 895.05
无形资产递延资产合计	800 000	740 000	未分配利润		202 215.85
			所有者权益合计	5 150 000	5 387 901
资产总计	8 401 400	8 093 645	负债及所有者权益总计	8 401 400	8 093 645

表 12-2   利 润 表

编制单位：东南实业有限公司   2002 年度   单位：人民币元

项目	本年累计数
一、产品销售收入	1 250 000
减：产品销售成本	750 000
产品销售费用	20 000
产品销售税金及附加	2 000
二、产品销量利润	478 000
减：管理费用	158 000
财务费用	41 500
三、营业利润	278 500
加：投资收益	31 500
营业外收入	50 000
减：营业外支出	19 700
四、利润总额	340 300
减：所得税	102 399
五、净利润	237 901

表 12-3   现金流量表

编制单位：东南实业有限公司   2002 年度   单位：人民币元

项目	行次	金额
一、经营活动产生的现金流量		
销售商品提供劳务收到的现金	1	1 181 000
收到增值税销项税额	2	161 500
现金收入合计	3	1 342 500
购买商品，接收劳务支付的现金	4	349 800
支付给职工以及为职工支付的现金	5	300 000
支付的增值税款	6	142 466
支付的所得税款	7	97 089
支付的除增值税、所得税以外的其他税费	8	2 000

续表

项目	行次	金额
支付的其他与经营活动有关的现金	9	70 000
现金支出小计	10	961 355
经营活动产生现金流量净额	11	381 145
二、投资活动产生的现金流量		
收回投资所收到的现金	12	16 500
分得股利或利润所收到的现金	13	30 000
处置固定资产而收回的现金净额	14	300 300
现金收入小计	15	346 800
购建固定资产所支付的现金	16	451 000
现金支出小计	17	451 000
投资活动产生的现金流量净额	18	－104 200
三、筹资活动产生的现金流量		
借款所收到的现金	19	400 000
现金收入小计	20	400 000
偿还债务所支付的现金	21	1 250 000
偿还利息所支付的现金	22	12 500
现金支出小计	23	1 262 500
筹资活动产生现金流量净额	24	－862 500
四、现金及现金等价物净增加额		
补充资料		
1．不涉及现金收支的投资和筹资活动	25	
2．将净利润调节为经营活动的现金流量	26	
净利润	27	237 901
加：计提的坏账准备或转销的坏账	28	900
固定资产折旧	29	100 000
无形资产摊销	30	60 000
待摊费用摊销	31	100 000

项目	行次	金额
处置固定资产的收益	32	−50 000
固定资产报废损失	33	19 700
财务费用	34	21 500
投资收益	35	−31 500
存货减少	36	5 300
经营性应收项目的增加	37	−49 000
经营性应付项目的减少	38	−52 690
增值税净增加额	39	19 034
经营活动产生的现金流量净额	40	381 145
3. 现金和现金等价物的净增加情况		
货币资金期末余额	41	820 745
减：货币资金期初余额	42	1 406 300
现金等价物的期末余额	43	0
减：货币资金期初余额	44	0
现金和现金等价物的净增加额	45	−585 555

表 12-3 可以清楚地反映东南实业有限公司一年来的现金流量变动情况：

（1）现金和现金等价物的净增加额为 −585 555 元，说明现金流入量小于现金流出量，在一定程度上反映出该公司的现金紧缺。

（2）现金流的构成情况分析：

① 经营活动产生的现金流量净额为 381 145 元，说明营运资本运行良好，所产生的现金流入量大于现金流出量，其经营活动有一定的产生现金的能力。

② 投资活动产生的现金流量净额为 −104 200 元，说明投资活动的现金流出量大于现金流入量，其中主要是购建固定资产所支付的现金较多，真正从投资中所得到的现金收益较少，说明该公司的投资活动产生现金的能力较差。

③ 筹资活动产生的现金流量净额为 −862 500 元。说明该公司的筹资活动的现金流出量大大超过现金流入量，其中主要是偿还债务支付的现金较大，因而该公司存在着债务偿还的压力。

（3）现金的来源和运用情况分析。

结合上述会计报表，通过分析得出现金的来源和运用情况及其净营运资本的变动情况（如表 12-4 所示）：

表 12-4 现金来源与运用表

编制单位：东南实业有限公司　　　　　　2002 年度　　　　　　单位：人民币元

项目	金额
现金来源	
经营活动现金流	
净利润	237 901
折旧（包括无形资产摊销）	160 000
经营活动现金流	397 901
长期负债增加	560 000
现金来源总计	957 901
现金运用	
固定资产增加	459 000
净营运资本增加	498 901
现金运用合计	957 901
净营运费变动	
流动资产变动（净增加额）	− 606 755
现金及现金等价物	− 585 555
短期投资	− 15 000
应收票据	− 200 000
应收账款	299 100
存货投资	− 5 300
待摊费用	− 100 000
流动负债变动（净增加额）	− 1 105 656
短期借款	− 250 000
应付票据	− 100 000
应付福利费	70 000
应交税金	175 344
预提费用	− 1 000
一年内到期的长期负债	− 1 000 000

表 12-4 给我们演示了资产负债表上的现金余额及现金流量变动额与经营活动现金流之间的差别。经营活动产生的现金流为 397 901 元，筹措长期负债

产生 560 000 元的现金来源，两项合计的现金来源为 957 901 元，主要运用于：固定资产投资增加 459 000 元，净营运资本增加 498 901 元。现金来源等于现金运用。

需要说明的是，按照《企业会计准则——现金流量表》编制的现金流量表中的经营活动产生的现金流量净额 381 145 元，为收支相抵后的净增加额。按间接法对净利润调整为现金流量，是对影响经营活动产生的现金流量的所有项目进行了调整。而在分析现金流量的来源和运用中，经营活动的现金流量为 397 901 元，其对净利润的调整仅仅是调整了固定资产折旧和无形资产摊销等长期资产的影响，而未对营运资本的变动影响进行调整。二者的差额 16 756 元则表现为净营运资本的变动。这主要是为了分析的方便，说明现金流量与营运资本以及长期资产变动的关系。

（三）经营周期与现金周转期

短期财务规划主要是关注企业的短期经营活动及其所产生的现金流量。按照马克思再生产理论，一个典型的制造性企业的短期经营活动表现为不断循环的物流过程和价值流过程的统一。

物流过程：制造性企业的短期经营活动的物流过程包括供应、生产和销售三个阶段，即原材料采购，产品的生产和产品的销售。这种供、产、销的循环要求企业以市场为导向，以销售为核心决定产品的生产和材料的采购，以保证供、产、销的顺利进行。

价值流过程：与供、产、销循环相适应的价值运动表现为货币资本、生产资本和商品资本的循环。这一过程的起点和终点都是货币资本，即以筹资支付原材料货款到销售产品收回现金完成一次循环。因此，短期经营活动的循环始终表现为货币资本的循环，为使这一循环顺利进行，其价值流运动的基本要求是，时间上继起和空间上并存。对此，必须对企业的经营活动及其所体现的现金流进行系统的规划，也就是把企业短期经营活动所体现的物流过程和价值流过程结合起来分析由物流所引起的价值流的变化特征及其相关的财务决策问题。表 12-5 是一个典型的制造型企业的短期经营活动所包括的一系列事件和决策。

表 12-5　　　　　　　　　经营活动包括的一系列事件和决策

事　　件	决　　策
购买原材料	定购多少存货
支付购货款	借款还是让现金枯竭

事　件	决　策
生产产品	选择什么样的生产技术
销售产品	是否要给客户提供信用
收款	如何收款

这些活动导致了现金流入与流出的非同步、不确定的模式。不同步是因为原材料货款的支付与产品销售的现金回收不在同一时间发生；不确定是因为将来的销售与成本不能确切的知道。由于现金流入与流出的非同步和不确定性，从而导致经营周期与现金周转期的不一致。因此，在短期财务规划中，就必须深入分析经营周期与现金周转期不一致的影响因素及其规律。

前面第一章图 1-2 表明一个典型制造性企业的短期经营活动的经营周期和现金流量时间线的关系和区别。由于存在现金流入与流出的非同步和不确定性，企业推迟付款和推迟收款等商业信用，导致经营周期与现金周转期的不一致，以原材料采购到应收账款收现这段时间间隔形成一个经营周期（Operating Cycle）。现金周转期（Cash Cycle）始于原材料货款付现，结束于应收账款收现。经营周期应等于存货周期和应收账款周期之和，存货周转期是原材料到货，产品生产和销售所需的时间，应收账款周转期是以产品销售到收回现金所需的时间，现金周转期是现金支出到现金收回这段时间，可以看成是经营周期减去应付账款周转期，即：

$$现金周转期 = 经营周转期 - 应付账款周转期 \qquad (12\text{-}1)$$

如果将存货周转期定义为原材料到货并投入生产至产品的销售，不包括应付账款的延期付款期，则现金周转期又可定义为：

$$现金周转期 = 存货周转期 + 应收账款周转期 - 应付账款周转期$$

例 12.1，以东南实业有限公司为例，有关数据资料见前述会计报表，通过计算存货、应收账款和应付账款的周转期，可以确定其经营周期和现金周转期。

（1）存货周转期：

平场存货 ＝（2 580 000 + 2 574 700）／2 = 2 577 350（元）

存货周转次数 ＝ 销售成本／平场存货

＝ 750 000／2 577 350 = 0.29（次）

存货周转期（天数）= 360／0.29 = 1 241（天）

（2）应收账款周转期：

假定东南实业有限公司的销售全部为赊销而没有现金销售。

平均应收账款＝（646 000＋546 000）/2＝596 000（元）

应收账款周转次数＝赊销额/平均应收账款

＝1 250 000/596 000＝2.1（次）

应收账款周转期（天数）360/2.1＝171（天）

需要说明的是，在计算平均应收账款时，应该同时包括应收账款和应收票据，因为应收票据也是产生于销售业务。

（3）应付账款周转期：

平均应付账款＝（1 053 800＋1 153 800）/2＝1 103 800（元）

应付账款周转次数＝销售成本/平均应付账款

＝750 000/1 103 800＝0.68（次）

应付账款周转期＝360/0.68＝529（天）

同样，在确定平均应付账款时，也应同时包括应付账款和应付票据。

（4）经营周转期：

经营周转期＝存货周转期＋应收账款周转期

1 241＋171＝1 412（天）

（5）现金周转期：

现金周转期＝经营周转期－应付账款周转期

＝1 412－529＝883（天）

由于该公司的销售少，而存货规模较大，所以确定的周转期较长。上述计算表明，企业的经营周转期与现金周转期存在不一致现象，现金流入与流出存在缺口。这种缺口跟经营周期和应付账款周转期的长短相关，可以通过改变存货周期、应收和应付账款周期来缩小其缺口，也可以通过短期融资来填补其缺口。

第二节　短期融资策略

一、短期融资的原则与特点

（一）公司为什么要进行短期融资

现代公司进行短期融资主要是基于以下原因：

1. 满足公司流动资产所需的资金来源，实现资产和负债的期限结构的最优组合

公司的资产可以分为流动资产和长期资产，而负债也可分为流动负债和长期负债。一般来说，公司的流动资产占资产总额的比重约为40%，如果这部

分资产以融通长期资金来满足，显然成本太高，也不需要。因此，一般通过融通短期资金来满足流动资产的需要，保证以尽可能低的成本满足流动资产的资金需求，是短期融资管理的重要目标。

2．规避利率风险

在市场利率条件下，利率变化可能给债务人带来损失，也可能带来收益，这在很大程度上取决于公司的融资结构。如果公司采取固定利率融资，那么，当预测未来利率会上涨时，降低短期融资比重，增加长期融资，将减少一部分因利率上升而增加的成本；相反，当预测未来利率会下降时，降低长期融资比重，增加短期融资，也会减少一部分利息支出。如果公司采取可变利率融资，及时调整长期融资和短期融资的比重，将减少因利率变化可能给公司带来的利息支出损失。由此可见，公司进行灵活的融资结构管理，对一个负债公司的生存和发展具有十分重要的意义。

（二）短期融资管理的原则

现代公司的经营是在利润最大化原则指导下进行的。一般而言，公司的经营规模将根据利润最大化原则进行调整，以求实现规模经济。与此同时，由于季节性和经济周期的变动，也将引起经营规模的波动，从而导致对资金需求的变化。但是，无论公司经营规模发生怎样的波动，对短期资金需求始终存在一个相对稳定的量，这就是保证公司正常经营所需的最低需要量。因此，公司的经营对短期资金需求存在波动性和相对稳定性两个特征。由此，在短期融资管理的原则上，主要有以下三种类型，并形成三种不同的资产负债组合。

1．稳健型融资原则

稳健型融资原则的特点是，公司不但用长期资金融通永久性资产，还融通一部分甚至是全部波动性资产。

2．积极型融资原则

积极型融资原则的特点是：公司以长期融资满足一部分永久性资产，余下的永久性和全部波动性资产全部靠短期融资来满足。

积极型融资具有较大的风险，这种风险除了旧债到期可能借不到新债偿还外，还存在利率上升的风险。当然，高风险也可能有高收益。如果公司的经营正常，融资环境比较宽松，或者公司正赶上利率下调的好时期，那么，在利息成本上会受益很多。这也是为什么一些企业采取积极型融资原则的原因。

3．中庸型融资原则

中庸型融资原则的特点是：对波动性资产采用短期融资来满足，对于永久性资产则采用长期融资来满足。

这种融资原则，可以避免因融资期限短而引起的还债风险，也可以减少由于过多地借入长期资金而支付高额利息，从而实现资产和负债在期限结构上的相互匹配。

（三）短期融资的特点

尽管短期融资比长期融资的偿债风险高，但短期融资也有许多优点是长期融资不可比拟的。全面分析短期融资的特点，有助于公司财务管理人员作出正确的融资决策。短期融资与长期融资相比较，有以下突出的特点：

1. 融资速度快

期限短，受市场变化的影响较小，因而，短期融资的手续相对简便，在短期内可以融通到所需资金。相反，如果公司进行长期融资，由于融资期限长，受市场变化的影响较大，债权人为了保证资金安全，必须进行较详尽的财务及经营情况审查，这将需要花费较长的时间。此外，债权人出于安全的考虑，可能在融资协议中增加一些限制性条款，这在一定程度上增加了融资的难度。

2. 相对成本较低

这里所说的相对成本，是指对于长期融资而言，短期融资的利率相对较低。因为长期融资的风险对于债权人来说相对较高，这就需要较高的利息收益进行补偿。正常情况下，如果公司使用短期负债而非长期负债来满足资金需求，那么，融通短期资金，公司负担的利息成本会相对较低。

3. 借款人的风险较高

对借款人来说，融通短期资金所面临的风险主要有：（1）融资环境的不确定性导致融资存在可能失败的风险。（2）融资期限的短期性导致公司随时面临偿债压力的风险。（3）金融市场的波动性使公司面临利率波动的风险。由于以上风险的存在，而使公司常常陷入财务困境。

二、短期融资方式

短期融资方式很多，但总体上可以分为两类：一类是自然性融资方式；另一类是协议性融资方式。以下将具体分析这两类融资的不同方式及其特点。

（一）自然性短期融资

自然性短期融资是公司在生产经营过程中自然形成的短期融资来源，是公司在日常交往中自然发生的，具体包括商业信用和因费用在前、支付在后而形成的应计费用两类。

1. 商业信用

商业信用是公司在商品销售过程中以赊销方式向买方提供的信用。商业信用是短期融资的最主要方式，它的形成与商品交往直接联系，手续简便，并随正常交易行为而产生，是一种自发性的短期融资来源。

公司利用商业信用融资，在财务上所表现的形式主要有：应付账款、应付票据、预收账款。其中典型的形式是应付账款。

（1）应付账款。应付账款是企业因购买货物而暂欠供货方的未付货款。这是企业最常见的一种短期融资方式。暂欠供货方货款就等于供货方给予企业一笔短期信贷，且通常不计利息。同时供货方提供的这种商业信用形式相对于金融机构提供贷款而言更为便捷。因而，几乎所有公司都不同程度地利用商业信用形式融通短期资金。

（2）应付票据。应付票据是企业基于延期付款商品交易而出具的反映债权债务关系的一种商业汇票。按照商业汇票的承兑人不同可分为商业承总汇票和银行承兑汇票两种。在我国，商业汇票一般不带息，也不支付协议费，更不用提供实物担保。应付票据同应付账款一样，在融资功能上具有很多相同的功效。同时，由于票据的可流通性，其在融资方面具有一些与应付账款所不同的限制因素。

（3）预收账款。预收账款是卖方企业在交付货物之前向买方预先收取部分或全部货款的信用形式。就卖方而言，相当于从购买方便捷地筹得一笔无息的而以后只能用货物来抵偿的资金，使企业提前获得资金的使用价值。预收账款一般用于生产周期相对较长，资金需要量大的货物或紧俏商品的销售。但在买方市场的情况下，以这种方式融资往往难以奏效。

以上三种商业信用形式，都产生于商品交易过程中，属于应付货款类。在实际操作中，它们除了受到提供信用的规模、方向以及时间等因素的限制外，还要受到过度欠款而使信誉受损的制约，同时还往往有一些信用条件，如信用标准、付款期限以及折扣等。对此，企业采用商业信用融资，必须根据企业实际的资金需要量，对上述限制因素进行综合分析，以便作出正确的融资决策。

2. 应计费用

应计费用是另一种自然融资方式，在财务上通常表现为以下形式：应付工资、应付福利费、应交税金、其他应付款和预提费用等。通常应计费用具有以下特点：（1）费用发生在前而支付在后或先提后用；（2）有确切的支付日期和金额，且数额较小；（3）通常无成本。由于应计费用的数额较小，并且有些应计费用（如税款）具有强制性，企业不能自主而灵活地利用，所以，在短期融资决策中，一般不作重点考虑。

自然性短期融资由于是企业在生产经营过程中自然形成的，与协议性融资方式相比具有以下特点：（1）融资的自然性。只要生产经营持续进行，交易双方达成延期收付款的一致意见，则融资就会自然形成。（2）融资的便利性与易得性。这种融资方式使用便捷，不会像银行借款般手续烦琐，不必提供担保，因而便利且易得。（3）融资方式使用具有持续性。企业在生产经营过程中，会持续性地使用这种融资方式。（4）融资成本的低廉性。使用这种融资方式，一般无融资费和资金使用费等融资成本，即使有成本，也比较低廉。由于以上特点，企业常常使用这种融资方式融通短期资金。但是如果企业过度地使用商业信用融资，在一定程度上会使企业的信誉下降，同时由于随时面临偿债的压力，会使企业常常面临债权人讨债而因信誉下降无法筹措偿债资金的财务困境。

（二）协议性短期融资

协议性短期融资主要有短期借款，应付短期债券等形式。使用这些方式融资均需要与贷款者签订融资协议，故称协议性短期融资。

1. 短期借款

短期借款，是企业向银行或其他金融机构借入的期限在一年以内的借款。其信用条件主要有：信用标准、信用额度、借款抵押、补偿性余额、贷款承诺费等。

（1）信用标准。信用标准是银行向借款人提供贷款的条件。只有符合条件的借款人才能在银行取得借款。这些贷款条件，从理论上讲，包括财务的和非财务的信用标准。财务上的信用标准主要是借款人的财务状况和还贷能力；而非财务上的信用标准主要是借款人的品德、才能、资本、环境和保障等因素所反映的借款人的还款意愿。从法律上讲，《贷款通则》对借款人的信用条件作了明确的规定。银行在向借款人提供借款时，必须对这些信用条件进行全面的调查分析，以保证资金的安全，相应地增加借款人取得借款的难度。

（2）信用额度。信用额度是借款人与银行之间签订的正式或非正式借款协议中关于借款人最高额度的规定。按照协议规定，借款人可以在规定的期限内向银行借入不高于这一额度的资金。

（3）补偿性余额。西方国家银行发放贷款时，一般要求借款人保留贷款额的10%～20%留存到银行。这种做法的目的主要是保证贷款的安全。由于有补偿性余额，借款人的实际负债成本要比名义成本高。比如，某公司需借入8万元借款。由于银行要求必须保留贷款额的20%作为补偿余额，为此，公司必须借入10万元才能满足需要。如果名义利率为8%，那么对公司来说，实际负担的利率则是10%：

$$\frac{100\ 000 \times 8\%}{100\ 000 \times (1 - 20\%)} = 10\%$$

（4）承诺费。承诺费一般是在借款人与银行签订的正式的周转信用协议中。在协议的有效期内，只要公司的借款额度未超过最高限额，银行就必须满足公司任何时候提出的借款要求，因而公司可以随时获得借款。但公司通常要对信用额度的尚未被使用部分向银行支付一笔承诺费，因而其借款的负债成本将会提高。例如，某公司与银行签订了最高额度为 100 万元的周转信用协议，为期一年，利率为 8%，实际借款 80 万元，期满尚有 20 万元额度未使用，如果承诺费率为 6%，则公司的实际负债成本为 9.5%。

$$\frac{800\,000 \times 8\% + 200\,000 \times 6\%}{800\,000} = 9.5\%$$

除此之外，信用条件还有贷款偿还方式、贷款方法以及利息计算方式等。这些因素不仅增加了借款人取得贷款的难度，同时也提高了借款人的实际负债成本。

2. 应付短期债券

应付短期债券是一种在货币市场上出售的无担保、可转让的短期债券。作为一种货币市场融资工具，只有信誉卓著的企业才能将它用做短期融资的方式。与银行贷款相比较其有以下特点：一是发行申请的审批手续麻烦；二是融资时间相对较长；三是对发行者的财务行为限制严格；四是负债成本相对较高。因此，利用短期债券融资，往往是信誉较高的企业偶尔所采取的融资方式，对多数企业而言，银行短期借款则是主要的短期融资方式。

三、短期融资策略

一个稳健经营的企业在确定短期融资策略时至少应考虑以下几个因素：

（一）企业在流动资产上的投资规模

企业在流动资产上的投资规模决定了短期融资的需求。这通常是通过与企业总营业收入水平（即销售额）相比较来衡量的。如前所述，企业短期融资原则可分为稳健型、积极型和中庸型三种类型，不同的类型在短期融资的策略上存在很大的差异，下面主要介绍稳健型融资策略和积极型融资策略。

1. 稳健型融资策略

稳健型融资策略在流动资产上的投资规模，一般保持流动资产与总营业收入的高比例。主要包括：（1）持有大量的现金余额和短期证券；（2）保持高水平的存货投资；（3）放宽信用条件，保持高额的应收账款。由于采用此种策略会存在大量的现金余额和短期证券，因而在一定程度上可以减轻偿债的压力，避免因流动性不足而导致财务危机所引发的财务风险；同时由于存在大量的存货，可以为客户提供快速的交货，因而不仅可以增加销售，还可能降低缺货成本。另外，由于企业放宽了信用条件，将在一定程度上增加销售，但要承担应收账款的增加而带来的信用风险。

2．积极型融资策略

积极型融资策略在流动资产的投资规模上，往往限制流动资产与总营业收入的比例。一般包括：（1）保持低水平的现金余额，很少进行短期证券的投资；（2）对存货进行小规模投资；（3）限制赊销，保持低水平的应收账款。积极型融资策略，由于存在现金短缺，往往会面临流动性风险，而存货短缺又会影响到销售，加大缺货成本。

（二）流动资产的融资结构

流动资产的融资结构，可以用短期负债与长期负债的比例来衡量。在财务分析上，通常采用资产负债率和产权比率等指标来分析企业的融资结构。不同的融资策略，实际上主要体现在融资结构的差异上。积极型融资意味着短期负债相对于长期负债的比例高，即融通高比例的短期负债来满足企业长期资产的资金需要。这种融资策略往往会因为流动负债的随时偿还而导致财务危机的风险。稳健型融资意味着少量的短期负债和大量的长期负债，其融资主要通过长期负债和所有者权益来融通。这种融资虽然降低了财务风险，但是资金的利用效率较低，资金成本增大。

（三）短期融资成本

融资成本是短期融资决策中最基础、也是最重要的决定因素，融资的目的是要以最低的融资成本融通适合需要的资金。不同的融资方式，其融资成本的决定因素不同，因而，融资成本的确定也不同。

1．商业信用的成本

企业通过商业信用融资，在财务上通常表现为应付账款。在规范的商业信用行为中，债权人为了控制应收账款的期限和规模，往往向债务人提出信用政策。信用政策包括信用期限，折扣期以及折扣比例等内容。如"2/10、n/30"表示客户若在 10 天内付款，可享受 2% 的货款折扣，若 10 天后付款，则不享受购货折扣优惠，商业信用期限最长不超过 30 天。如果买方企业在规定的折扣期内没有付款而采取推迟付款，则意味着买方企业放弃折扣而获得信用。这种因获得信用而放弃的折扣即为所付出的代价，其被称为隐含利息成本。

在商业信用中，卖方企业给予购货折扣和享受折扣的期限的目的，是促使客户尽快付款，以控制卖方企业的应收账款规模。至于买方企业是否接受折扣优惠并提前付款，需要考虑放弃这笔现金折扣的隐含利息成本是否太高，现举例说明如下：

例 12.2，[1] 假定通达电脑公司每年都从皮特电脑公司购买 6 000 万元的零

---

[1]　参见陈琦伟主编．公司金融．北京：中国金融出版社，1998：150

件，皮特公司给通达公司的商业信用条件是"2/10、n/30"，通达公司若扣除2%的购货折扣后，平均每天的进货额为：

$$60\ 000\ 000 \times (1 - 2\%)/360 = 163\ 333.33(元)$$

如果通达公司接受折扣并于第10天付款，则平均应付账款额为：

$$163\ 333.33 \times 10 = 1\ 633\ 333(元)$$

即通达公司可以从皮特公司得到1 633 333元的免费商业信用。

如果通达公司不打算享受2%的购货折扣，那么，它可以得到的商业信用额是：

$$163\ 333.33 \times 30 = 4\ 900\ 000(元)$$

也就是说，放弃折扣，通达公司就可以多得到3 266 667元的商业信用资金（4 900 000 - 1 633 333）。这些资金可以用来归还银行贷款，也可以用来购买存货，添置固定资产等。

但是，通达公司获得3 266 667元的额外信用是以放弃2%的购货折扣为代价的。这相当于放弃了1 200 000元（60 000 000×2%）的价格优惠。如果用放弃的折扣额与因放弃折扣换来的额外信用进行比较，就可以计算出放弃折扣的成本。

$$放弃折扣的成本 = \frac{放弃的折扣额}{因放弃折扣增加的信用额} \tag{12-2}$$

$$= 1\ 200\ 000/3\ 266\ 667$$

$$= 36.7\%$$

放弃折扣的成本还可以用另一种方法计算：

$$放弃折扣的成本 = \frac{折扣率}{1 - 折扣率} \times \frac{360}{信用期 - 折扣期} \tag{12-3}$$

$$= \frac{2\%}{1 - 2\%} \times \frac{360}{30 - 10}$$

$$= 36.7\%$$

如果信用期延长到60天，则放弃折扣的成本为：

$$\frac{2\%}{1 - 2\%} \times \frac{360}{60 - 10} = 14.7\%$$

从上述计算可知，信用期越长，放弃折扣的成本就越低。购货方是否放弃折扣而融资，除考虑因延期付款而使信誉受损等其他因素外，应将放弃折扣的成本与银行贷款成本（利率）进行比较，如果放弃折扣的成本比银行贷款利率高，则公司放弃折扣而增加商业信用就是不合算的，至于用放弃折扣而增加的商业信用归还银行贷款，则更是不明智之举。正是在这个意义上，称放弃折扣成本为商业信用的隐含利息成本。

2. 银行贷款成本

银行贷款成本是公司获得银行贷款而付出的代价，其内容主要包括借款利息和筹资费用。借款利息可以在税前扣除，因而借款成本通常以税后成本来表示。银行借款成本的一般确定方法可用如下公式来计算：

$$\text{银行借款成本率} = \frac{\text{利息费用}}{\text{借款额} - \text{筹资费}} \times (1 - \text{所得税率}) \qquad (12\text{-}4)$$

或：

$$\text{银行借款成本率} = \frac{\text{利率}}{1 - \text{筹资费率}} \times (1 - \text{所得税率}) \qquad (12\text{-}5)$$

一般来说，短期借款几乎很少有筹资费，因此，借款成本主要取决于借款利率，而借款利率又主要取决于借款人的资信程度、借款期限、经济环境以及担保情况等因素。同时，由于银行提供贷款的条件不同，利息计算的方式不同，借款成本的确定也存在差异。

在利息计算方式中，由于我国规定不按复利计算，一般只按单利法计算利息成本，因而通常可按借款成本的一般计算方法加以确定。但如果按贴现方式发放贷款或者在附加利率的情况下，借款成本的确定方法可按下列方式来确定：

在贴现贷款方式下，银行会在发放贷款的同时先扣除利息，因此，借款人的借款成本会提高。假定某借款人以贴现方式向银行借入 1 年期贷款 20 万元，名义利率 10%，银行将扣除 2 万元利息，企业实际借得 18 万元借款。因此，贷款的有效利率为：

$$\text{贴现贷款的有效利率} = \frac{\text{利息}}{\text{借款额} - \text{利息}} = \frac{\text{名义利率}}{1 - \text{名义利率}} \qquad (12\text{-}6)$$

$$= \frac{2}{20 - 2} = \frac{10\%}{1 - 10\%} = 11.11\%$$

附加利率的计算方式往往用于分期付款的情况。在分期还款方式下，借款成本会更高。例如，某借款人以分期还款方式借入 20 万元，名义利率 6%，还款方式为 12 个月的均衡还款。因此，借款人全年平均拥有的借款额为 10 万元（20/2），全年的借款利息为 1.2 万元（20×6%），则借款人的实际借款利率为：

$$\text{有效利率} = \frac{\text{利息}}{\text{平均借款额}} \qquad (12\text{-}7)$$

$$= \frac{1.2}{10} = 12\%$$

可见分期还款会使实际借款利率大大提高。

（四）理想的融资模型

在一个理想的经济状态下，短期资产总可以用短期负债来筹措资金，长期资产可以用长期负债和所有权益来筹措资金。在这种经济里，净营运资本总为0。用图 12-1 表示如下：

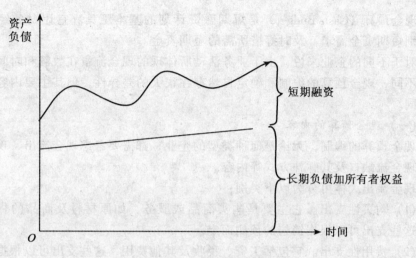

图 12-1　理想的融资模型

　　上述模型被称为理想的融资模型，并且仅仅表现为一种理想状态。在现实经济中，流动资产和流动负债的运动总是表现为不一致。首先，流动资产中必然有一部分是相对稳定的，并且是被长期占用的。由于季节性、临时性原因而导致一部分流动资产呈波动状态。与此相对应的资金来源同样应具有相对稳定性和波动性特征。其次，流动资产中有相当一部分的流动性较弱，比如存货，如果流动资产等于流动负债，则偿债能力（尤其是短期偿债能力）就自然减弱，这使企业常常面临偿债的压力。基于上述原因，流动资产往往应大于流动负债。因此，在现代企业的融资策略中，应结合资产变化的特点来安排融资，保持合理的现金储备，保持资产与融资在期限结构上相匹配，而不是追求数额上的一致性。这才是较理想的现实选择。

第三节　短期融资计划

　　在企业的资金营运活动中，为了实施较理想的短期融资战略，财务经理必须根据短期资产的投资需求来制定较理想的短期融资计划。其核心内容在于确定短期的现金流量，一方面使现金余额保持在较合理的水平上，另一方面根据短期资金缺口安排合理且低成本的短期融资方式和融资的时间选择，使企业的现金流量既能满足支付的需要，又不至于发生闲置的情况。

一、现金预算

现金预算（Cash Budget）是短期融资计划的基本工具。它让财务经理随时识别短期资金需求，及时筹措所需的短期资金。

对于不同的企业来说，由于业务活动所体现的现金流量在数额和时间上的波动不同，现金预算的编制和确定自然存在很大的差异性，但其主要内容却基本相同。

（一）现金预算的内容

现金预算的编制，无论是何种类型的企业，都需要考虑现金流出、现金流入、现金流缺口及其弥补方式等内容。

现金流出大体可分为以下类别：

（1）购买性支出。它主要是购买商品或服务，如原材料及商品的货款支付，这些支出可以根据销售的预测而定。

（2）费用性支出。它包括工资、税收及其他费用，这些支出可以根据费用预算及定额来确定。

（3）资本支出。这是为购买长期资产而进行的现金支付，不过这部分支出一般可根据长期投资计划来确定，并且在短期内并非是经常发生的，因而容易确定。

（4）长期融资性支出。它主要是支付长期债务的利息以及因权益融资而支付给股东的股利。这部分支出一般也是比较稳定的。

现金流入一般可分为以下类别：

（1）销售及应收账款的现金流入。这部分现金流入可根据销售计划及收账计划来确定，不过，不同的企业这部分现金流入的波动性存在很大的差异，因而是不好把握的现金流入项目。

（2）对外投资的现金流入。它主要包括收回的债息及红利。这部分现金流入可根据投资协议的约定来确定，并且也是容易把握的。

（3）融资性现金流入。它主要是针对借款及权益性融资所形成。

以上现金流入，对于一个正常经营的企业来讲，最主要的是因销售及应收账款的现金流入，这部分现金流量的产生状况，直接体现了一个公司的"造血功能"的强弱，而借款及融资所形成的现金流入往往在于弥补其资金缺口。财务经理通过分析和记录现金的流入与流出，就可直接反映出一定时期的资金缺口。

（二）现金预算的企业差异

一个企业的现金流入和现金流出，如果表现出长期的稳定性，且有规律可循，那么，这类企业现金预算的编制就变得十分简单，且容易控制。这种状况主要取决于：一是企业的业务类型，二是企业的经营管理水平。如果一个企业的业务活动相对稳定，且经营管理水平较高，那么，这类企业的现金流量就呈现出相对稳定的状态，并且也容易控制；反之，如果一个企业的业务活动不稳定，且管理水平较差，那么，其现金流量的波动就会较大，现金预算的编制及其融资的安排就较为困难，并且往往会面临着现金的短缺，会因无法随时筹措所需资金而导致财务困境。

二、短期融资计划

根据现金预算，公司的财务经理可以确定短期资金需求。现金预算将告诉财务经理短期内的现金缺口如何，需要多少借款。在现代金融市场上，企业可以通过多种渠道筹资来解决短期资金不足的问题。其中主要包括：银行贷款、票据融资、发行短期债券以及其他融资方式。

1. 银行贷款

为临时性的现金不足而筹资的最普遍使用的方法是短期的银行贷款，包括无抵押贷款（即信用贷款和保证贷款）、抵押贷款以及票据贴现，我国目前最主要的贷款方式是抵押贷款。

随着票据市场的发展，票据贴现在我国也将得到更快的发展，成为重要的贷款方式。

2. 发行短期债券

如果企业因银行贷款抵押等条件较严不易取得短期贷款时，企业将转向金融市场，通过发行短期债券来筹措所需现金。

3. 其他融资方式

随着金融市场的发展，企业融资的方式和途径进一步扩大。比如，可以通过将应收账款等债权进行整合，以债权证券化形式提前收回债权来实现融资的目的；或者是通过推迟付款等商业信用形式来解决现金不足的问题。不过，后一种方式将直接影响到公司的信誉，并且要承担融资成本，对此，必须进行综合考虑，权衡融资所产生的收益和所承担的成本。

【本章小结】

1. 本章介绍了营运资本管理。营运资本涉及短期资产和负债，尤其是现金流量的产生和变动，对此，我们从现金流量的角度进行短期财务规划，研究短期融资策略。

2. 现金流量的管理涉及成本最小化问题，不同的短期融资其成本是不同的，对此须进行具体分析和衡量。

3．在理想的经济里，公司能精确地预测到现金的短期资金来源与运用，从而使净营运资本保持为零。在现实中，净营运资本为公司满足不断变化的债务提供缓冲，财务经理寻求每种流动资产的最优水平。

4．财务经理可以利用现金预算来确认短期资金需求，根据不同的短期融资策略来确定和选择不同的融资方式。

【思考与练习】

1．净营运资本与现金之间有何区别？

2．经营周期与现金周转期有何区别？

3．是什么原因使得现实中无法保持净营运资本为零的理想状态？

4．某企业信用条件为"3/20、2/35、1/50、n/90"，估计分别有30％、20％、20％（按赊销额计）的顾客愿意享受现金折扣，全年赊销收入2 160万元，收回的应收账款将有80％用于再投资，期望收益率为10％，试计算应收账款的平均回收期，应收账款投资额和应收账款持有成本。

5．某企业原有现金折扣条件为"3/10、n/30"，现改为"1/20、n/60"，年赊销收入将从500万元增加到600万元，平均收账期从20天变为24天，应收账款管理成本从5万元提高到6万元，销售成本从300万元变为360万元，坏账损失率为5％，变动成本率为80％，期望再投资报酬率为15％。问，哪种信用政策较好？

6．某企业的信用条件是"2/10、n/30"，如果放弃折扣的成本是多少？如果信用期延长为60天，放弃折扣的成本又是多少？如果向银行借款的成本率为8％，是否放弃折扣？

第十三章 现金管理

【学习目标】

本章所要讨论的是企业如何进行现金管理。由于现金具有高流动性和低盈利性的特点，所以现金管理的根本目标是在保证企业高效、高质地开展经营活动的情况下，尽可能地保持最低现金持有量。通过本章的学习，学生应明确现金资产的基本特征，一个企业持有现金的目的和动机，现金最低量的确定以及管理的有效方法和策略。

第一节 公司持有现金的动机

一、现金的基本特征

如何定义现金，是现金管理的首要问题。经济意义上的现金定义包括库存现金，商业银行中的支票账户存款；而财务管理中的现金，除了货币资金外，还包括短期的高质量的有价证券，其中最主要的是短期国库券，即所谓现金等价物。因此，本章所讨论的现金是结合现金等价物来研究的经济上的狭义的现金，而现金等价物所包括的有价证券则是现金的一种特殊形式。

现金具有较强的流动性和非盈利性两个基本特征。所谓较强的流动性是指企业可以随时运用现金进行支付，因而企业必须保持充足的现金来满足支付的需要。而非盈利性则是指现金一般不会给企业带来收益，因而企业所保留的现金不宜太多。基于这两方面的基本特征，决定了企业现金管理的最基本要求是保持适度的现金量，也就是，在现金管理中，企业更关心的是如何通过有效的现金收支使现金余额达到最小。

二、公司持有现金的动机

公司持有一定数量的现金，主要基于下列动机：

1. 支付的动机

支付的动机，即交易的动机，是指公司为了满足生产经营活动中的各种支付需要而保持现金。这是企业持有现金的主要动机。公司在生产经营过程中，购买材料、支付工资、缴纳税金、偿还到期债务、派发现金股利等都必须用现金支付。现金收支存在时间上的差异，因此，企业持有一定数量的现金余额以应付频繁的支出是十分必要的。

2. 预防的动机

预防的动机是指企业为了应付意外事件而必须保持一定数量的现金的需要。由于存在许多不确定性因素的影响，企业在生产经营活动中总会遇到一些意想不到的事件，需要企业额外支付现金。

3. 投机的动机

投机的动机是指企业持有一定量现金以满足某种投机行为的现金需要。其目的是为了在投机行为中获取更大的收益。

以上三种原因，是企业持有一定现金余额的最主要的动机。其中，支付动机和预防动机的目的在于支付，主要取决于交易量的大小和预防的能力；而投机动机则是利率的函数，与企业在金融市场上的投资机会及企业对待风险的态度有关。在实际的生产经营中，企业应当保持多少现金余额，一般应综合考虑以上各方面的持有动机及市场的变动。

三、现金管理的目的

基于现金所具有的较强流动性和非盈利性的基本特征，在企业生产经营活动中，应在加强现金管理，保证经营活动所需现金的同时，尽可能节约资金使用，并设法从暂时闲置的现金中获取最多的利息收入。现金管理应力求做到既能保证公司交易所需要的现金，降低风险，又不使企业过多的闲置现金。即现金管理的根本目标是在保证企业高效、高质地开展经营活动的情况下，尽可能地保持最低现金余额。为此，现金管理的基本内容在于：（1）确定适当的目标现金余额；（2）有效地进行现金收支；（3）使现金和有价证券进行有效的转换。

第二节 目标现金余额的确定

基于公司持有现金动机的需要，必须保持一定量的现金余额，即目标现金余额（Target Cash Balance）。该余额的确定，最基本的要求是在持有过多现金产生的机会成本与持有过少现金而带来的交易成本之间进行权衡，使总成本达到最低。经济学家们提出了许多模型，常见模式主要有现金周转期模型、鲍默尔模型、米勒—欧尔模型等。

一、现金周转期模型

现金周转期模型是从现金周转的角度出发，根据现金的周转速度来确定最低现金余额。现金周转期是指从现金投入生产经营开始，到最终转化为现金的过程。这一过程经历三个周转期：一是存货周转期；二是应收账款周转期；三是应付账款周转期。现金周转期可用下列方式计算：

$$现金周转期 = 存货周转期 + 应收账款周转期 - 应付账款周转期$$

$$(13-1)$$

根据现金周转期来确定目标现金余额，可用下列方法确定：

$$目标现金余额 = \frac{公司年现金需求总额}{360} \times 现金周转期 \qquad (13-2)$$

例 13.1，ABC 股份有限公司预计全年需要现金 1 800 万元，存货周转期为 120 天，应收账款周期为 80 天，应付账款周转期为 70 天，求目标现金余额是多少？

$$现金周转期 = 120 + 80 - 70 = 130 （天）$$

$$目标现金余额 = 1\ 800/360 \times 130 = 650 （万元）$$

现金周转模型不仅是最基本的模型，而且易于计算。该模型的适用是基于以下假设：第一，公司的经营及现金流动是持续稳定的；第二，公司的现金需求是确定的，不存在不确定性因素的影响；第三，现金流出的时间发生在应付款支付的时间。只有同时具备以上三个假设条件，现金周转模型才具有适用性，如果上述条件不具备，则确定的目标现金余额将发生偏差，并且会由于不确定性因素的影响而使公司出现现金短缺，陷入困境。

二、鲍默尔模型

公司持有现金是要花成本的，要保持最低的现金余额，要使持有现金的成本达到最低，这就需要在持有过多现金产生的机会成本与持有过少现金而带来的交易成本之间进行权衡。一般说来，随着现金持有量的增加，持有现金的机会成本也随之增加，而出售有价证券获取现金的交易成本也将随之下降。我们用图 13-1 表示现金持有量与相关成本的关系。

William Baumol 第一次将机会成本与交易成本结合起来，提出了现金管理的正式模式，即鲍默尔（Baumol）模型。该模型的基本假设是：（1）公司以一种稳定而可预测的速度来耗用现金；（2）来自公司营运的现金流入量也以一种

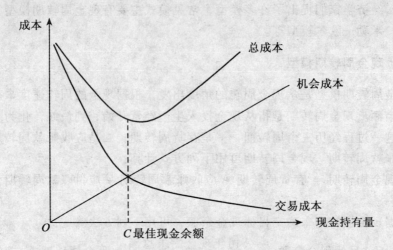

图 13-1　现金持有量与成本的关系

稳定而可预测的速度来发生；（3）公司的净现金流量也是以稳定而可预测的速度发生。在以上假设条件下公司现金余额的变动呈现均衡而有规律的变动（如图 13-2）。

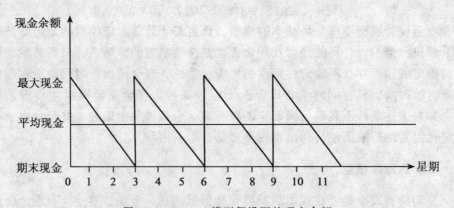

图 13-2　Baumol 模型假设下的现金余额

　　假定公司一周稳定地耗用现金 100 万元，而每周现金流入 90 万元，则每周的现金净需要量为 10 万元，如果公司在 $T=0$ 时间开始营业时，持有的现金为 30 万元，每周净现金流出量为 10 万元，那么，公司的现金余额在第三周结束时降至 0，而且它持有的平均现金余额为 15 万元（30÷2）。因此，公司在第三周结束时必须出售有价证券或借入现金来补充其现金余额。补充现金时必然会发生交易成本（如出售有价证券的佣金），因此建立大量的初始现金余额将降低与现金管理有关的交易成本，然而，现金余额越大，持有现金的机会成本也就越大。

如果以 C 代表现金余额，则 $C/2$ 代表平均现金余额；C^* 代表最佳现金余额（即目标现金余额）；F 代表证券买卖或得到贷款的固定成本；T 代表一定时期内（通常为一年）交易所需的现金总量；R 代表持有现金的机会成本（等于放弃有价证券的收益率，即利息率）。

$$现金余额的总成本 = 持有现金的机会成本 + 交易成本 \tag{13-3}$$

$$总成本 = 平均现金余额 \times 机会成本 + 交易次数 \times 每次交易成本$$

则：
$$TC = C/2 \cdot R + T/C \cdot F \tag{13-4}$$

当 $C = C^*$ 时，总成本降至最低。如果对总成本公式关于现金余额求导并令导数等于 0，则有：

$$C^* = \sqrt{\frac{2TF}{R}} \tag{13-5}$$

此公式被称为最低现金余额的 Baumol 模型。

例 13.2，假定某公司一周的现金净流出量为 10 万元，每次证券交易的固定费用 F 为 150 元，利率为 15%，一年总的现金需要量 $T = 10 万 \times 52 = 520$ 万元，则最低现金余额为：

$$C^* = \sqrt{\frac{2TF}{R}} = \sqrt{\frac{2 \times 150 \times 5\ 200\ 000}{15\%}} = 101\ 980(元)$$

公司每年的交易次数为 T/C^*，即：

$$5\ 200\ 000 \div 101\ 980 = 51 （次）$$

公司每年持有现金的总成本为：

$$TC = \frac{101\ 980}{2} \times 0.15 + \frac{5\ 200\ 000}{101\ 980} \times 150 = 15\ 297.06(元)$$

Baumol 模型对现金管理提供了一个最基本的思维方式，然而在许多方面还存在局限性。该模型假定现金流入和流出是稳定的、可预测的，没有考虑诸如季节性、临时性以及业务内容的不同而使现金流量呈现不稳定且不可预测的情况。可以说，该模型是最简单、最直观的确定最佳现金量的模型。

三、米勒—欧尔模型

米勒—欧尔（Miller-orr）模型提供了一种能在现金流入量和现金流出量每日随机波动情况下确定目标现金余额的模型。

米勒—欧尔模型认为，公司持有现金的数量取决于以下因素：

（1）持有现金的机会成本；

（2）持有现金与证券之间的转换成本；

（3）公司现金流量是由外界决定的，波动是不可控制的；

（4）公司收入和支出现金的量是不可预测的，而且是不规则的。

图 13-3 说明了米勒—欧尔模型的基本原理。该模型建立在对控制上限（H），控制下限（L）以及目标现金余额（Z）这三者进行分析的基础之上。

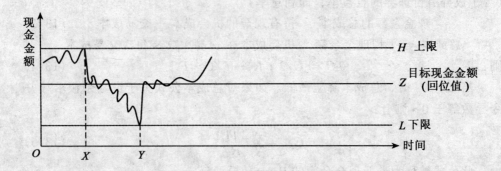

图 13-3　米勒—欧尔模型

企业的现金余额在上、下限间随机波动，当现金余额处于 H 和 L 之间时，不会发生现金交易。当现金余额升至 H 时，比如 X 点（上限），则企业将购入有价证券，使现金余额降至 Z。同样地，当现金余额降至 L 时，如点 Y（下限），企业就需要售出有价证券，使现金余额回升到 Z。

米勒—欧尔模型与 Baumol 模型相比较，其相同之处在于依赖交易成本和机会成本，且每次交易有价证券的交易成本 F 假定是固定的，而每期持有现金的机会成本则是有价证券的利率。与 Baumol 模型不同的是，米勒—欧尔模型每期的交易次数是随各期变化而变化的一个随机变量，它取决于现金流入与现金流出的不同模式。因此，其每期的交易成本就决定于该期有价证券的期望交易次数。类似地，持有现金的机会成本是每期期望现金余额的函数。

下限 L 的设定取决于企业对现金短缺风险的承受程度。一般可以设为零，但为了保险起见，可以设为正值或满足银行补偿余额的要求。设定 L 后，该模型就可以解出目标现金余额 Z 和上限 H。假定企业每日现金流量服从正态分布，现金持有政策（Z，H）的期望总成本等于期望交易成本和期望机会成本之和。令期望总成本最小来确定现金回位值 Z 和上限 H。

$$Z^* = \sqrt[3]{\frac{3F\sigma^2}{4R}} + L \qquad (13\text{-}6)$$

$$H^* = 3Z^* - 2L \tag{13-7}$$

式中：＊——最优值；

σ^2——日净现金流量的方差。

平均现金余额为：

$$平均现金余额 = \frac{4Z - L}{3} \tag{13-8}$$

例 13.3，假定每次证券交易成本 $F = 1\,000$ 元，年利率为 10%，且日净现金流量的标准差为 2\,000 元。则：

日机会成本 R 为：

$$(1 + R)^{365} - 1 = 0.1$$

$$1 + R = \sqrt[365]{1.10} = 1.000\,261$$

$$R = 0.000\,261$$

日净现金流量的方差为：

$$\sigma^2 = 2\,000^2 = 4\,000\,000$$

假设 $L = 0$，则：

$$Z^* = \sqrt[3]{\frac{3 \times 1\,000 \times 4\,000\,000}{4 \times 0.000\,261}} + 0$$

$$= \sqrt[3]{11\,494\,252\,873\,563}$$

$$= 22\,568(元)$$

$$H^* = 3Z^* - 2L = 3 \times 22\,568 = 67\,704(元)$$

$$平均现金余额 = \frac{4Z - L}{3} = \frac{4 \times 22\,568}{3} = 30\,091(元)$$

要运用米勒—欧尔模型，现金的管理必须做好以下几点：

(1) 设定现金余额的控制下限。该下限与管理者确定的最低安全边际有关。

(2) 估计日现金流量的标准差。

(3) 确定利率。

(4) 估计买卖有价证券的交易成本。

通过以上四步就可以计算出现金余额的上限和回位值。在实际操作时，可以不严格按上述方式进行，而是按照对未来一定时间内现金变化方向进行预测的结果来操作。例如，当现金余额超过上限时，应预测未来的变化走势，如果现金余额会自动下降，则不必采取行动；但若现金余额将持续超过上限较长时间，则应购入有价证券使现金余额恢复到回位值 Z。米勒—欧尔模型说明最优回位点及平均现金余额都与现金的变异性正相关，因此，现金流量易受不确定性影响而波动较大的企业，应保持更大数额的平均现金余额。

四、目标现金余额的其他影响因素

上述模型只是为了寻求公司保持合理的现金余额而提供的一般方法。实际上，一家公司到底保持多少现金余额较为合理，要受到多种因素的影响，除上述模型所涉及的因素之外，还将受到其他因素的影响，有时甚至是起决定性作用的因素。概括起来，主要有以下因素的影响：

1. 公司的业务类型及现金收支的特点

如果公司的业务活动所引起的现金收支频繁，并且具有不可预测性，比如银行，则目标现金余额将较多。

2. 借贷

企业可以通过出售有价证券来获取现金，也可以通过信贷方式来借入现金。如果一家公司的现金流量变化大，并且有价证券的投资额小，则需要靠借贷来支付未能预计的现金流出。在这种情况下，如果借贷市场较易取得借款，并且成本较低，那么，公司所保持的目标现金余额就小，反之则大。

3. 其他因素

诸如宏观经济环境。人们持有现金的偏好等多种因素都将直接影响到公司的现金余额。由于市场的多变性，现金收支的诸多不可预见性，多数企业持有的现金比现金余额模型所确定的现金余额要多。

第三节 现金收支管理

公司在现金管理中，除了科学而合理地确定目标现金余额外，还应当加强现金收支的日常管理，以提高现金管理的效率。

一、加速现金回收

当公司销售产品提供劳务后，最重要的环节就是尽快收回现金。而现金的回收时间大体包括邮程时间、支票处理时间和支票结算时间。这一收账过程所需时间的长短取决于企业客户和企业开户银行所在地及企业回收现金的效率。为了尽快回收现金，企业一般可采用锁箱法、集中银行法、电子技术法等现金快速回收方法，尽可能缩短收款浮账时间。所谓收款浮账时间是指被支票邮寄流程、业务处理流程和款项到账流程所占用的收账时间的总称。

1. 锁箱法

锁箱法是运用最广泛的加速现金回收的方法。它是为接收应收款项而设置的一种邮政专用信箱，故又叫邮政专用信箱法，或叫密码箱法。现金回收过程开始于客户将支票邮至邮政专用信箱而非直接邮至企业，专用信箱由企业所在地的某一开户银行保管。在典型的锁箱法服务系统中，当地银行每天都将几次开启专用信箱收取支票，银行将这些支票直接存入企业账户，免除了公司办理收、存入银行的一切手续，缩短了公司办理收账与存储的时间。

2．集中银行法

使用锁箱法是企业从客户处回收支票并将支票存入存款银行的方法之一，另一种加速现金回收的方法可以更快速地将企业资金从各存款银行转入企业所在地的开户银行，这种方法称为集中银行法。其目的在于从客户邻近的银行收取客户付款支票，再通过这些银行将资金划转到企业所在地开户银行。集中银行法在缩短了支票邮程时间的同时，也大大地缩短了支票的银行结算时间，由此实现了加速回收现金的目的。

3．电子技术法

当客户的支票进入当地银行业务网络后，下一步的工作就是将资金从当地的存款银行转入企业所在地的开户银行。处理这一工作最快速的方法就是电汇。它采用电子技术在电脑网络上进行资金划转，节省了支票的邮程时间和结算时间。

二、延期付款

加速现金回收是现金管理的一种方法，而延期付款则是另一种方法。这种方法在不影响公司商业信誉的前提下，尽可能地推迟应付款项的支付期，充分利用供货方所提供的信用优惠，积极采用应付账款、现金支付浮差等手段，试图延长支票的邮程时间和结算时间。所谓现金支付浮差是指企业开出支票，而该支票在被提示付款前，其支票金额为支付浮差，仍是企业可以运用的现金量。

三、现金流量同步管理

在现金管理中，公司应当合理安排供货和其他现金支出，有效地组织销售和其他现金流入，尽可能地使现金流入和现金流出在数额和期限上趋于一致，则公司就可以将其所持有的交易性现金余额降到最低的水平，这就是所谓的现金流量同步法。这对于减少银行借款，降低利息费用，增加利润有着重要的意义。

【本章小结】

本章讨论企业如何进行现金管理。

1. 企业持有现金的目的和动机在于满足企业交易、预防和投机的需要。

2. 企业最佳现金持有量取决于持有现金的成本和未来现金流入量的影响因素，企业可以通过几种模型来确定最佳的现金量。

3. 企业可以充分利用各种方法来进行现金收支的管理。

【思考与练习】

1. 企业持有现金的动机有哪些？

2. 什么是目标现金余额？

3. Baumol 模型和 Miller-orr 模型各自的优缺点是什么？

4. 本公司预计年度存货周转期为 100 天，应收账款周转期为 65 天，应付账款周转期为 54 天，预计全年需要现金 1 200 万元。则，最佳现金持有量是多少？

5. 某公司有 4 种现金持有方案，各方案有关成本资料如下表所示。

单位：元

项目＼方案	A	B	C	D
现金持有量	25 000	35 000	45 000	55 000
管理成本	3 500	3 500	3 500	3 500
机会成本率	11%	11%	11%	11%
短缺成本	8 700	4 100	3 560	0

求该公司的最佳现金持有量。

第十四章　信　用　管　理

【学习目标】

任何一家公司都必须重视信用管理，在尽可能地降低信用风险的前提下，合理地利用商业信用进行赊销，以提高企业的经济效益。本章主要研究信用管理的基本原理和方法。通过本章的学习，学生应在以下几个方面有较系统的认识和把握：信用政策的制定与管理；信用分析的原理和方法；应收账款的科学管理。

第一节　信　用　政　策

一、信用政策的内容

公司通过赊销向客户提供商业信用，由此产生应收账款。信用政策，即应收账款的管理政策，是公司为应收账款投资进行规划与控制而确立的基本原则和行为规范。其内容由信用标准、信用条件和收账政策等要素所组成。

（一）信用标准

信用标准是公司用来衡量客户是否有资格享有商业信用的基本条件，也是客户要求赊销所具备的最低条件，西方企业通常采用预期的坏账损失率作为标准。然而，信用标准的制定应对客户进行综合考虑。如果公司制定的信用标准过低，就会有利于企业扩大销售，提高产品的市场占有率，但坏账损失风险和收账费用将因此而大大增加；如果公司信用标准的制定过高，许多因信用品质达不到设定标准的客户被拒之于门外，这样虽然能降低违约风险及收账费用，但这也会严重影响公司产品销售，延误公司市场拓展的机会。

制定信用标准，通常应从以下三个基本方面对客户进行考察：

1. 充分了解同行业竞争对手的情况

同业竞争对手采用什么信用标准是公司制定信用标准的必要参照。从竞争对手的具体做法上了解对手正在或将要采取何种竞争策略，有利于公司制定出不至于使自己丧失市场竞争优势，且切合实际的具有竞争性的信用标准。如果不考虑同业对手的做法，有可能使公司信用标准不适当而陷入困境。信用标准过高会失去市场竞争优势，信用标准过低又会使企业背负沉重的财务负担。

2. 考虑公司所能承受违约风险的能力

如果公司具有较强的违约风险承担能力，就应设定较低的信用标准来提高公司的市场竞争力，多争取客户，广开销售渠道；反之，公司承担违约风险的能力较为脆弱，就只能选择较为严格的信用标准，以尽可能地降低违约风险程度。

3. 认真分析和掌握客户的资信程度

制定公司信用标准，通常是在调查、了解和分析客户资信情况后，确定客户的坏账损失率的高低，对客户信用作出评估，再在此基础上决定是否给客户提供赊销，提供多少赊销。

通过上述几方面的综合考察，运用信用分析和评估来确定客户的信用等级，并以此作为信用标准的确定依据，制定出合理的信用标准。在国外，除了对客户进行信用评估外，还采用例外管理制度确定是否授予信用。

现代的信用部门经理所采用的例外管理制度主要是针对风险高的客户的一种管理制度。这套制度包括两个步骤：（1）根据客户的风险程度，利用统计的方法将客户分成五至六个等级；（2）信用部门经理将时间与注意力集中在最可能发生问题的客户上。例如，信用部门经理将公司的客户划分为五个等级，如表 14-1 所示。

表 14-1　　　　　客户风险等级表①

风险等级	未能收现信用销售额（%）	客户所处等级的比例（%）
1	0~0.5	60
2	0.5~2	20
3	2~5	10
4	5~10	5
5	超过10	5

如果客户属于第一个等级，则他们的信用到期后，公司可以自动将信用展

① 陈琦伟主编．公司金融．北京：中国金融出版社，1998：412

期，且公司每年只需审查一次他们的信用情况。公司也可以自动地将不超过某一特定额度的交易信用授权于第二等级的客户，但公司每隔三个月就必须对他们的财务状况进行分析；而如果公司发现他们的财务状况已经恶化，则应该将他们下降到第三等级中。如果公司客户属于第三或第四个等级，则只有在获得公司的特别核准后，这些客户才能享受到公司的交易信用。最后，如果客户属于第五等级，他们将不可能得到任何信用，而且只能按照现金付款的条件进行交易。

（二）信用条件

信用条件，是指企业要求顾客支付赊销款项的条件，由信用期限、折扣期限与现金折扣（率）三项组成。信用条件的基本表现形式如"2/10、n/30"——如果客户是在 10 天内付款，则能享受销售价格 2% 的现金折扣；如果放弃折扣优惠，则全部款项必须在 30 天内付清。在此，30 天为信用期限，10 天为折扣期限，2% 为现金折扣（率）。如果指明的信用条件是"n/60"，则客户可在从开票日起的 60 天内付款，但是，提前付款却没有现金折扣。

一般地，公司在设置信用期限时必须考虑如下三个因素：

（1）客户不付款的概率。公司的客户若处于高风险行业，公司也许会提供相当苛刻的信用条件。

（2）金额大小。如果金额较小，信用期限则相对较短。因为小额的应收账款的管理费用较高，同时小客户也比较不重要。

（3）商品容易腐坏的程度。如果货品的抵押价值低，并且不能长时间保存，公司就应授予较严格的信用。延长信用期限实际上降低了客户的买入价格，因此，这通常会导致销售额上升。

例 14.1，[①]Edward Manalt 是 Ruptbank 公司（以下简称"R 公司"）的财务主管，他正考虑公司最大客户的要求。该客户想在一笔 10 000 美元的交易中得到"20 天内付款享受 3% 现金折扣"的销售条件。也就是说，客户只想支付 9 700 美元（10 000×（1－0.03））。正常情况下，该客户在 30 天内付款，不享受现金折扣。R 公司的债务资本成本是 10%。Edward 已算出信用条件对公司现金流的影响。他假定，在两种信用条件下，客户接到支票到支票变现所要求的时间都是一样的。他计算的两种方案的现值（PV）如下：

在当前政策下的现值：

———————————

① 斯蒂芬·A. 罗斯，罗德尔福·W. 威斯特菲尔德，杰弗利·F. 杰富著 . 吴世农等译 . 公司理财（第 5 版）. 北京：机械工业出版社，2000：587

$$PV = \frac{10\ 000}{1 + 0.1 \times \dfrac{30}{365}} = 9\ 918.48(美元)$$

在新政策下的现值：

$$PV = \frac{9\ 700}{1 + 0.1 \times \dfrac{20}{365}} = 9\ 647.14(美元)$$

他的计算结果表明，R 公司提供现金折扣将导致公司损失现值 271.34 美元（9 918.48 - 9 647.14）。因此，当前政策对 R 公司更为有利。

上例中，我们假定信用的授予并不产生附带效应。然而，授予信用的决策也许会导致销售额上升并涉及不同的成本结构。下面的例子就说明了信用授予决策对销售额水平和成本变动的影响。

例 14.2,[1] 假定 R 公司 1 美元的销售额中有 0.5 美元的变动成本。如果公司提供 3% 的现金折扣，客户的订单规模将增加 10%。也就是说，在 3% 的现金折扣下，客户将其订单规模增加到 11 000 美元。同时，由于 3% 的现金折扣条件，若该客户在 20 天内付款，则只需付 R 公司 10 670 美元（11 000 ×（1 - 0.03））。由于变动成本是 5 500 美元，满足更大规模订单的成本也增加了。这时净现值（NPV）的计算如下：

在当前的政策下的净现值：

$$NPV = -5\ 000 + \frac{10\ 000}{1 + 0.1 \times \dfrac{30}{365}} = 4\ 918.48(美元)$$

在新政策下的净现值：

$$NPV = -5000 + \frac{10\ 670}{1 + 0.1 \times \dfrac{20}{365}} = 5\ 611.86(美元)$$

很显然，新信用政策对公司更为有利。净现值的增加是由几个不同因素的相互作用、相互抵消导致的，这些因素包括较大的初始成本、较早的现金流入、销售额的增加以及现金折扣等。

现金折扣是信用政策的最后一个构成要素，它是对提前付款的顾客所打的折扣，包括价格折扣和期限折扣。现金折扣是通过权衡不同现金折扣的成本和利益来分析使用的。例如，一家公司可能决定把它在 30 天内付款的赊销策略改成如果在 10 天内付款打 2% 的折扣；如果在 30 天内付款就支付货款的

---

① 斯蒂芬·A. 罗斯，罗德尔福·W. 威斯特菲尔德，杰弗利·F. 杰富著 . 吴世农等译 . 公司理财（第 5 版）. 北京：机械工业出版社，2000：587

100％。这种改变提供了两点好处：（1）吸引了认为折扣是价格下降的新顾客；（2）这种折扣缩短了赊销期限，许多老顾客会为了享受折扣而及时付款。公司提供的这些好处就是折扣所花的成本，最优折扣建立在边际成本和边际收益刚好相等的一点上。

如果销售是季节性的，公司可能使用季节性折扣，通过提供这种优惠，公司吸引部分顾客提前存货，节省了仓储费用，也刺激了销售。

（三）收款政策

收款政策，也称回收策略，是指公司回收过期应收账款应遵守的原则、程序、对策和方法。例如，对未超过 10 天尚未付款的客户不予过多打扰；对过期 10 天的客户写信催款；对于过期 30 天以上的客户除再寄措辞严厉的信件之外，还可打电话催收；对于过了 90 天后依旧尚未付款的客户，可向法庭起诉。为了尽可能地将坏账损失降低到最低程度，公司还是有必要采取较强硬的措施来进行账款催收工作的。不过，回收政策的宽严程度不同，则涉及的成本和效益也不同。因此，公司在制定回收政策时，必须谨慎权衡成本和效益。回收政策的改变，会影响到销售额、回收期限、坏账损失的百分比以及客户愿意享受购货折扣的百分比。

一般来讲，公司收账政策的确定，应综合考虑以下三个方面的情况：

1. 区别客户实际情况，制定因人而异的收账政策

运用统计分析的方法，对过去历年拖欠账款的客户的情况进行分类，对不同类型的客户，在不同的情况下采用不同的对策，从而明确在什么情况下发信，什么情况下打电话，什么情况下派人催收，什么情况下起诉打官司，等等。

2. 将回款责任与销售人员个人利益挂钩

促使销售人员在产品销售之后，及时地催收货款。

3. 改变和调整企业经营观念、经营方式，提供能满足消费者及用户不断变化的需求

长时间拖欠应收账款，不能及时回收，不能仅仅看成是销售部门的问题，它与企业整个生产经营活动密切相关。如果企业的产品质量低劣，不适销对路，即使派出更多的人去催讨货款，也不会有成效。因此，企业要从根本上防止坏账损失，就必须不断地调整企业产品设计观念、经营观念和经营方式，时刻瞄准消费者及用户多样化、个性化的需求，不断提供令消费者及用户满意的服务和产品，增进社会福利，使消费者剩余最大化。

二、影响信用政策的其他因素

除了上面讨论的信用标准、信用条件、回收策略等因素外，在制定信用政策时还应考虑其他因素。

(一) 盈利潜力

到目前为止，我们强调了提供信用销售的成本对信用政策的影响，然而信用销售还有利于加速商品流转，扩大市场份额，提高企业的盈利潜力。只要能有效地控制因赊销而产生的应收账款违约风险，通常赊销比现金销售的盈利更多。因此，在制定信用政策时，就必须考虑赊销对提高盈利潜力的影响。

(二) 信用工具

过去大部分信用销售是通过赊账提供的，这意味着惟一正式的证明是发票，买主在上面签字，证明商品已经收到而未付款。随着信用销售的正规化，信用政策工具也随之产生。

1. 汇票

汇票是比较正式的信贷工具，一般由买方开出，分为即期汇票和远期汇票。远期汇票由银行或商业公司承兑后就分别成为银行承兑汇票或商业承兑汇票。与货运单据在一起的汇票又称为跟单汇票。

2. 期票

在国外，期票也称为本票，是由买方开出的正式的文字负债凭证，票面写明负债额与还款期。在赊账销售中，若信用期已过而买方仍未付款，则卖方会要求买方开出期票。这时，卖方的资产负债表上相应的应收账款数额会转换为应收票据。

3. 信用证

信用证是国际贸易中最常用的信用工具，对买卖双方都提出了很高程度的保护。信用证由买方委托银行开出，承诺将兑现卖方汇票。信用证把企业信用转换为银行信用，使国际贸易中的信用风险大大降低。信用证一般都是不可撤销的。

4. 有条件销售合同

这种合同规定直到买方付款后，买方才能拥有商品的法律所有权。它主要用在如机器、厂房、设备等商品的销售上。有条件销售合同的一个优势是卖方在买方违约的情况下，能重新得到商品，这种特征使不可行的赊销变为可能，它将市场利率打入付款计划中。

除以上分析外，法律的因素也是构成影响信用政策的主要成分。

三、信用政策的制定

信用政策的制定，除了全面考虑信用政策的内容和影响因素外，还应该考虑成本及风险因素的影响，选择较科学的方法，以此制定出科学而合理的信用政策。

（一）风险的考虑

一家公司在进行销售活动时，通常面临着两种选择，或者说面临两种互斥的信用策略，即公司是提供信用，还是不提供信用。

例 14.3，假如 LI 公司是一家计算机程序的专业公司，如果公司决定，不向客户提供信用时，它能以 50 美元的价格销售公司现有的计算机软件，估计该程序的单位生产成本是 20 美元；而另一个备选策略是提供信用。此时，LI 公司的客户会在一定时间以后付款，但 LI 公司估计，当它提供信用时，它可能卖出更高的售价并实现较高的销售额 ，但同时也面临着客户违约而导致货款无法收回的风险。

策略 1：不提供信用。如果 LI 公司不提供信用，现金流入将不会延后，在第 0 期的净现金流量（NCF）为：

$$NCF = P_0 Q_0 - C_0 Q_0 \tag{14-1}$$

式中：P_0——第 0 期收到的销售单价；

$\qquad C_0$——第 0 期发生的单位成本；

$\qquad Q_0$——第 0 期的销售数量。

第 1 期的现金流量为 0，LI 公司在不提供信用时的净现值只是第 0 期的净现金流量，即：

$$NPV = NCF$$

在不授予信用且 $Q_0 = 100$ 时，净现值计算如下：

$$(50 \times 100) - (20 \times 100) = 3\,000(美元)$$

策略 2：提供信用。我们假定 LI 公司向所有客户提供一期的信用。影响决策的因素如表 14-2 所示。

符号（′）表示在选择策略 2 时的变量。如果公司提供信用，且新客户全额付款，则公司将在 1 期后收到 $P'_0 Q'_0$ 的收入，成本支出 $C'_0 Q'_0$ 发生在第 0 期。如果新客户不付款，则公司支付成本 $C'_0 Q'_0$，但收入却为 0。在本例中，客户付款的概率 $h = 0.90$。在提供信用时，因吸引新客户，销售量增加为 200。此时，由于存在管理信用政策成本，单位成本也提高了，为 25 美元。

表 14-2   **影响提供信用决策的因素**

项 目	策略 1 不提供信用	策略 2 提供信用
单位售价	$P_0 = 50$ 美元	$P'_0 = 50$ 美元
销 售 量	$Q_0 = 100$	$Q'_0 = 200$
单位成本	$C_0 = 20$ 美元	$C'_0 = 25$ 美元
付款概率	$h = 1$	$h = 0.90$
信用期限	0	1 期
折 现 率	0	$R_b = 0.01$

每种策略下的期望现金流量如表 14-3 所示。

表 14-3   **两种策略下的期望现金流量表**

	期望现金流量	
第 0 期	第 1 期	第 2 期
不提供信用	$P_0 Q_0 - C_0 Q_0$	0
提供信用	$-C'_0 Q'_0$	$h \times P'_0 Q'_0$

请注意，授予信用导致延后 1 期的期望现金流入为 $h \times P'_0 Q'_0$。当前发生的成本无须折现。提供信用时的净现值为：

$$NPV(提供信用) = \frac{h \times P'_0 \times Q'_0}{1 + R_b} - C'_0 Q'_0 \qquad (14-2)$$

$$= \frac{0.9 \times 50 \times 200}{1.01} - 200 \times 25$$

$$= 3\,910.89(美元)$$

因为授予信用时的 NPV 比不提供信用时的 NPV 要大，所以，LI 公司应当采纳提供信用的策略。提供信用与否的决策对客户的付款概率相当敏感。当概率变为 0.808 时，无论采用哪种政策，对 LI 公司来说都是无差异的。计算如下：

$$NPV(提供信用) = \frac{h \times P'_0 \times Q'_0}{1 + R_b} - C'_0 Q'_0$$

$$= \frac{0.808 \times 50 \times 200}{1.01} - 200 \times 25$$

$$= 3\,000(\text{美元})$$

授予信用与否的决策取决于以下四个因素：

（1）提供信用时的延后收入 $P'_0 Q'_0$；

（2）提供信用时的当期成本 $C'_0 Q'_0$；

（3）客户付款概率 h；

（4）适当的基准折现率 R_b。

（二）客户违约风险的估计

更准确地估计客户违约概率将有助于作出更正确的决策。公司如何决定是否值得花费财力获取关于客户信用情况的新信息呢？

例 14.4，对 LI 公司来说，判别出哪些客户最可能不付款是很有意义的。不付款的整体概率是 0.10。由某独立公司所进行的信用调查表明，LI 公司 90% 的客户在过去五年内盈利状况良好且从未违约。盈利差的客户更可能不付款。事实上，这些盈利差的公司 100% 都曾对以往的债务违约。

LI 公司想避免对信用不好者提供信用。在授予信用时，考虑每年 $Q'_0 =$ 200 单位的预测销售量中，180 单位的购买客户在过去五年内盈利状况良好且从未对以往的债务违约，剩下 20 单位的购买客户是盈利状况差的公司，LI 公司估计所有这些盈利状况差的公司都将违约。这些信息如表 14-4 所示。

表 14-4　　　　　　　　　　　客户违约信息表[①]

客户种类	销售数量	违约概率	期望违约销售量
盈利状况良好的客户	180	0%	0
盈利状况差的客户	20	100%	20
总计	200	100%	20

对违约客户授予信用时的净现值是：

$$NPV = \frac{h \times P'_0 \times Q'_0}{1 + R_b} - C'_0 Q'_0 = \frac{0 \times 50 \times 20}{1.01} - 20 \times 25 = -500(\text{美元})$$

这就是提供软件所支出的成本。假如 LI 公司不花代价就能辨别出这些客户，那么它肯定不会向该类客户提供信用。

———————————

① 斯蒂芬·A. 罗斯，罗德尔福·W. 威斯特菲尔德，杰弗利·F. 杰富著．吴世农等译．公司理财（第 5 版）．北京：机械工业出版社，2000：590

事实上，LI 公司为获得某客户在过去五年内的盈利状况是否良好的资料，必须在每个客户身上花费 3 美元。则对 200 个客户进行信用调查的期望成本为：

$$信用调查成本 = 信用辨别损失减少 - 信用辨别成本 \qquad (14\text{-}3)$$
$$= 500 - 3 \times 200 = -100(美元)$$

此时，对 LI 公司来说，进行客户信用调查并不值得——为避免 500 美元的损失，需支付 600 美元。

（三）未来销售

到目前为止，LI 公司尚未考虑到提供信用能在未来时期（不仅是下个月）永久性地增加销售量水平的可能性。另外，客户在当期支付与不支付的模式提供了对下期信用决策有用的信息。我们应对这两个因素加以分析。

在 LI 公司的例子中，在第 1 期有 90％ 的客户会付款。假如客户如期付款，在第 2 期将进行新一轮交易。在给定客户在第 1 期已经付款的条件下，其在第 2 期付款的概率为 100％。对在第 1 期拒绝付款的客户，LI 公司在第 2 期将不会对其提供信用，其销售将受到直接的影响。

（四）信用政策预期变化的分析

当公司为了促销改变其信用政策时，公司总的成本也会随之提高：（1）为了生产更多的商品，公司必须投入更多的人工和原料；（2）应收账款可能增加，从而导致公司所需负担的坏账损失或现金折扣费用也会随之增加。因此，在决定是否放宽公司的信用政策时，先必须进行公司信用变化的分析，以估算销售额的增加是否足以弥补因此而引起的成本的增加。

下面我们以罗门制造公司为例，来说明信用政策改变的分析及制定信用政策的具体办法。

例 14.5，[①] 假定罗门制造公司目前的信用条件为：10 天之内付款，折扣 1％，30 天以内付款，收款 100％（1/10、n/30）；该公司将在 2002 年改变信用条件为：10 天以内付款，折扣 2％，40 天以内付款，收款 100％（1/10、n/40），同时准备放宽信用标准，放松回收政策（即对那些延迟付款的客户给予较小的压力）。在不同的信用政策下，该公司 2002 年预计的销售额、成本与利润资料如表 14-5 所示。表 14-5 第二列为在维持现有政策下罗门制造公司 2002 年的获利情况；第三列是当该公司采取延长信用期间、提供较大折扣、降低信用标准及缓和回收政策等措施后的预期影响；第四列为在新的信用政策

---

① 斯蒂芬·A.罗斯，罗德尔福·W.威斯特菲尔德，杰弗利·F.杰富著．吴世农等译．么司理财（第 5 版）．北京：机械工业出版社，2000：592

下（即考虑了放松信用政策影响后）2002 年公司的获利情况。

表 14-5　　　　　　　　对罗门制造公司信用政策改变的分析　　　　　　单位：百万美元

	原信用政策下的利润计算	信用政策改变的效果	新信用政策下的利润计算
毛销售额	400	130	530
减折扣	2	4	6
净销售额	398	126	524
信用成本除外的销售成本	280	91	371
扣除信用成本前的毛利润	118	35	153
信用成本			
应收账款持有成本	3	2	5
信用分析与催收成本	5	-3	2
坏账损失	10	22	32
毛利润	100	14	114
所得税（50％）	50	7	57
税后净利	50	7	57

　　表 14-5 的计算结果表明，在放宽信用政策后，虽然毛销售额净增了 130（百万美元），但由于折扣费用、信用成本、所得税等也增加了 123（百万美元），故实际税后净利仅增加 7（百万美元）。其中有关数据的具体计算过程如下：

　　1. 应收账款持有成本的计算

应收账款持有成本 ＝应收账款上的平均资金占用额 × 资金成本率

　　　　　　　　　 ＝每日销售额 × 变动成本率 × 平均收现期 × 资金成本率

(14-4)

　　因为在信用政策改变后，变动成本是公司惟一必须另筹资金来融通的成本要素，所以上式在计算应收账款的持有成本时，我们只考虑变动成本对公司应收账款投资的影响。

　　在本例中，有关罗门制造公司客户对信用政策利用的情况如表 14-6 所示。

表 14-6　　　　　　　　　不同信用政策下的收账情况

	原信用政策下	新信用政策下
第 10 天付款的客户占（按购货额占公司销货额的比重计算，下同）	50%	60%
第 30 天付款的客户占	40%	0
第 40 天付款的客户占	10%	20%
第 50 天付款的客户占	0	20%
合　　计	100%	100%

根据上述资料，我们可以计算不同信用政策下的平均收账期如下：

原信用政策下的平均收账期 $= 0.5 \times 10 + 0.4 \times 30 + 0.1 \times 40 = 21$（天）

新信用政策下的平均收账期 $= 0.6 \times 10 + 0.2 \times 40 + 0.2 \times 50 = 24$（天）

又假定本例的变动成本为 70%，资金成本率为 20%，两种信用政策下的应收账款持有成本分别计算如下：

原信用政策下的持有成本为：

$$\frac{400\ 000\ 000}{360} \times 70\% \times 21 \times 20\% = 3\ 266\ 667 \approx 3\ 000\ 000（美元）$$

新信用政策下的持有成本为：

$$\frac{530\ 000\ 000}{360} \times 70\% \times 24 \times 20\% = 4\ 946\ 667 \approx 5\ 000\ 000（美元）$$

2．坏账损失的计算

罗门制造公司根据以往的经验估计，如果维持原信用政策，尽管需要花费大约 500 万美元的信用分析与催收费用，但仍将会有 2.5% 的销售额不能兑现；而如果采用新的信用政策，尽管信用分析与催收费用可以节省约 300 万美元，但公司的坏账损失也会因此而增加到 6%。因此，原信用政策下的坏账损失为：

$$400\ 000\ 000 \times 2.5\% = 10\ 000\ 000（美元）$$

而新信用政策下的坏账损失变为：

$$530\ 000\ 000 \times 6\% = 31\ 800\ 000（美元）$$

需要注意的是，尽管采用新的信用政策后，可使公司的盈利增加 700 万美元，但这只是一个估计的数字，而实际情况可能会与此预期结果有很大的出入。首先，我们必须指出，在该公司估计的 1.3 亿美元的销售增加额中存在相当大的不确定性，可以想到，如果该公司的竞争者也跟着作上述改变，则该公司的销售额就可能不会提高，至少不会提高这么多。其次，其他成本尤其是坏账成本也有相当大的不确定性。有鉴于此，该公司的管理当局可能会觉得，700万美元预计利润的增加尚未高到足以促使其改变信用政策的地步。总之，管理当局最终还要运用主观判断才能决定是否改变公司的信用政策，以上的数量化分析只不过是协助它作出更好地判断。

（五）最优信用政策

到目前为止，我们已经探讨了如何计算两种互斥信用政策的净现值，但我们还未讨论最优的信用额度问题。在信用额度的最优点，由销售额增加所引致的现金流量的边际增量将等于增加应收账款的置存成本。

假定某公司目前并不对外提供信用，则该公司既没有坏账，也没有信用管理部门，当然也只有少数几个客户。现在让我们考虑另一家提供信用的公司，该公司有许多客户，有信用管理部门，也有坏账损失成本。采用置存成本和机会成本来考虑提供信用与否的决策是有用的，其中：

（1）置存成本是指与信用提供和应收账款投资相联系的成本。置存成本包括延后收到现金、坏账损失以及信用管理成本。

（2）机会成本是指不提供信用时所减少的销售额。在授予信用的情况下，该成本下降。

这两类成本如图14-1所示。

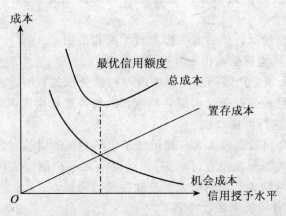

图 14-1　授予信用的成本

置存成本是在授予信用时必定发生的成本，该成本与信用授予水平正相关。机会成本是不提供信用时销售额的减少量，该成本随着信用授予水平的上升而下降。

信用政策的置存成本和机会成本的总和被称为信用总成本曲线。在信用总成本曲线上有一个总成本最小点，如果公司的信用授予水平超出最小点，则新客户所带来的净现金流增量无法补偿在应收账款投资上所支出的置存成本。

现代财务理论中，最优信用政策的概念与最佳资本结构概念有点类似。在完备的金融市场中并不存在最优的信用政策。公司信用额度的变化不会影响公司的价值。因而，对财务经理来说，提供信用与否的决策是无差异的。

与最优资本结构一样，在金融市场不完备的世界中，我们可能预料税收、垄断程度、破产成本及代理成本将是决定最优信用政策的重要因素。如，处于高税率等级的客户与处于低税率等级的客户相比，更偏好于借款和利用公司提供的现金折扣。而低税率公司与高税率公司相比，由于借款费用相对较高，其提供信用的能力就会弱一些。

一般而言，如果公司具有提供商业信用的相对优势，它就会这么做。提供商业信用在以下这些情况下很有可能是有利的：销售方相对于其他潜在贷款人具有成本优势；销售方有垄断力量可资利用；销售方可通过授予信用而减少税款支出；销售方的产品质量难以测定。如果在信用管理中存在规模经济，公司规模可能也是重要因素。

最优信用政策取决于各个公司的自身特点。如果公司信用政策比公司的产品价格具有更大的灵活性，或公司有着过剩生产能力、低变动经营成本、高税率档次及固定的客户，则该公司比其他公司更愿意提供相对宽松的信用条件。

如果存在下列情况，销售方更愿意授予商业信用：

1. 销售方与其他贷款人相比具有成本优势

例如，AM公司生产装饰品。在处理一桩债务拖欠款时，AM公司比一家没有装饰品销售经验的财务公司更容易重新获得并重新出售该装饰品。

2. 销售方能进行价格歧视

例如，NM公司对低收入客户提供低于市场利率的借款（低收入客户必须对购买汽车的很大部分款项进行融资），而高收入客户则需支付指定价格，他们一般也不需要对购买汽车的很大部分款项进行融资。

3. 销售方能获得优惠税收待遇

例如，ABP公司向它的最佳客户提供长期信用。该种融资形式可作为分期付款计划处理并使得ABP公司可在整个还款期内分期确认账面收入。由于分期支付税款的净现值较低，这就减少了公司税负。

4. 销售方还尚未树立提供优质产品或优质服务的良好声誉

例如，AMI 制造商用飞机中用于控制电力系统的尖端测试仪器。该公司于 1997 年创建，并于 1998 年成为一家公开上市公司。为冲减损失，飞机制造商要求 AMI 公司提供信用。对 AMI 公司的客户而言，在未使用 AMI 的产品之前，要评价 AMI 公司仪器的质量十分困难。

5. 销售方打算建立长期战略关系

例如，FC 是一家快速成长且现金流稳定的互联网食品供销公司。目前它并未盈利。但由于 FC 将来会创造利润，因此食品供应商将为 FC 公司所采购的食品提供信用。

第二节 信用分析

公司授予信用时，应尽力预测客户的违约概率，区分会付款客户和不会付款客户，力求降低信用风险，为此，公司必须进行全面而科学的信用分析。

一、信用信息

公司在评价客户信用时，通常用到的信息包括：

（1）财务报表。公司要求客户提供财务报表，并据此计算出财务比率，然后根据简单原则进行决策。

（2）客户与其他公司间付款历史的信用报告。在国外有众多机构出售商业公司信用度方面的信息。其中，最著名的也是最大的公司是邓白氏公司（Dun & Bradstreet），它向订购者提供信用参考书及单个公司的信用报告。信用参考书包括对成千上万个公司的信用评级。

（3）银行。当商业客户向银行要求获得关于其他公司的信用信息时，银行一般会提供一些帮助。

（4）客户与本公司间的付款历史。获得客户不付款概率估计量的最明显的信息就是该客户是否已经付清了以前的账单。

在美国，公司还可以借助于有关信用服务的外部机构来获得可靠的信用分析信息，这类机构主要有信用协会和信用调查机构。信用协会是由一些经常彼此聚会和联络以交换客户信用情况的团体构成，如美国的全国信用管理协会；信用调查机构则是专门归集并出售信用资料的组织。在美国最著名的信用机构有道伯投资服务公司和 TRN 投资服务公司。

可从这类机构中获得的信用资料主要有：

资产负债表与损益表摘要；

关键财务比率及这些比率趋势的分析；

来自公司的往来银行与供应商处的信用资料，包括客户过去是否延迟或迅速付款，以及最近是否按时还款等；

对公司的经营情况作文字说明；

对公司所有者的背景，例如过去是否有过破产、诉讼以及欺诈记录等作文字说明；

公司的信用评级。

需要说明的是，尽管大量的信用资料可供信用部门经理或其他人士参考，但他们仍然必须利用主观判断的方式来选取所需要的资料。在我国，由于不存在上述类似的中介机构，所以，信用信息的获得就显得很困难，对此，必须进行充分的调查，以收集足够的可靠的信用信息。

二、信用分析的内容和方法

信用分析的目的在于评价客户的信用状况，以此确定其违约概率，为是否授予信用的决策提供科学的依据。通常信用分析主要突出在两个方面：一是非财务信用分析，以确定其还款意愿；二是财务信用分析，以确定其还款能力。

（一）非财务信用分析

对客户进行非财务信用分析，在于评价其信用品质，即客户违约赖账的可能性。通常，公司会利用"五C"系统来评价客户的信用品质。

1. 品行（Character）

品行是指客户试图履行其偿债义务的可能性。因为每一笔信用交易都隐含着客户对公司的付款承诺，所以对公司而言，品行这个因素具有相当高的重要性，被认为是评价客户信用品质时需要予以考虑的首要因素。

2. 能力（Capacity）

能力是指公司信用部门经理对客户偿债能力的一种主观判断，其依据通常是客户的偿债记录、经营手段，以及他本身对客户的工厂与公司所作的实地考察。

3. 资本（Capital）

资本是指公司的一般财务状况，如客户的负债比率、流动比率和速动比率以及利息倍数等。

4. 担保品（Collateral）

担保品是指客户为了获得交易信用所提供给公司作担保的资产。

5. 情况（Condition）

情况是指可能影响到客户偿债能力的一般经济趋势及某些地区或经济领域的特殊变化。

经营情况发生变化时或一些特殊的经济事件发生时，也会对客户的付款能力产生影响。对此，应着重了解客户以往在困境时期的付款表现。因此，又将"事业的连续性"作为一影响因素纳入信用分析中，构成"六 C"分析。"事业的连续性"直接反映了客户持续经营的能力，对资信程度有着重要的影响。

（二）财务信用分析

对客户进行财务信用分析，主要突出在财务分析上，评价客户的财务能力，其中包括偿债能力、获得能力和营运能力等方面的分析和评价。进行财务信用分析，应重点做好以下几方面的工作：

1．财务信息的质量保证

财务分析的目的在于为授信决策提供有效的信息支持，要达到这一目的，财务分析所依据的财务信息的质量保证是至关重要的，尤其是对客户财务报告的信息进行可靠性判断。除了要求客户提供经注册会计师审计后的财务报告外，还必须结合以往交易的记录和对客户的业务经营、管理制度等进行全面的考察，以此来判断财务信息的可靠性。对于信用销售量较大的公司，应当由专门的信用管理部门和高素质的信用分析人员来负责这一工作。

2．选用科学合理的信用分析方法

财务分析的方法很多，有比较分析法、比率分析法、因素分析法、趋势分析法等，这些方法在相关课程中有较全面的介绍，本章就不再重述。但应当注意几个问题：一是财务分析必须对这些方法进行综合运用，而不是单纯依靠某一种或某一类方法就能得出正确的分析结论；二是财务分析方法的选用要结合分析的重点和目的来进行。赊销授信的财务分析，其目的在于确定客户违约欠债的可能性，因而，财务分析的重点应放在偿债能力的分析上，其分析的方法和内容应当结合盈利能力、营运能力的分析。在财务分析中，尤其要特别关注现金流量表，分析客户经营活动产生现金流量的能力，即所谓"造血功能"的分析和评价。

（三）信用评级

客户的信用等级是确定是否授信的重要标准。一些发达的国家有比较完善的信用评级制度，并且有权威的信用评级中介机构对企业进行信用评级。而在我国这一制度还十分落后。要建立信用评级制度，首先必须有科学而完善的评级办法；其次是要建立一些具有权威性的评级机构，并且通过法律的形式加以规范。在企业的授信决策中，一方面借助中介性的信用评级机构对客户的信用评级作为授信的信用标准；另一方面还应加强企业自身对客户信用状况的分析判断，以此作出科学的信用决策。

第三节　应收账款管理

通常一家公司不喜欢信用销售，但是迫于竞争的压力，公司又不得不提出赊销服务，也就是应收账款投资。不过，赊销可能给公司带来两大好处：一是增加公司的销售量。通过赊销能为顾客提供方便，从而扩大公司的销售规模，提高公司产品的市场占有率。二是减少公司的存货。尤其是存货较多的公司通过赊销可以大大地减少存货投资，加速资金周转。但是，应收账款的增加，不仅会增加公司管理应收账款的成本，而且还会因客户违约而导致坏账损失。因此，加强应收账款的管理非常重要。

一、应收账款投资额的确定

应收账款投资额，是指一定时期应收账款的占用总额。公司赊销产生应收账款，说明一部分资金被顾客所占用，反映公司对顾客的授信额度。这种授信额度主要取决于两种因素，即信用销售规模、销售与回收的平均期限。

例如，一家经营木材产品的批发商，在1月1日开设了一家专业商店开始营业，假定所有的销售都是赊销，金额为每日1 000美元，顾客在10天后付款，第一天营业终了后，应收账款为1 000美元，第二天营业终了后，应收账款为2 000美元，到第10天（1月10日）营业终了后，应收账款为1万美元。在1月11日营业终了后，又有1 000美元的应收账款加到了应收账款总额上，但同时，第一天（1月1日）销售的1 000美元应收账款会把应收账款总额减少1 000美元，以后每天如此。所以，应收账款总额会保持1万美元不变。也就是说，一旦公司业务稳定下来，在应收账款上的投资可采用下式计算：

$$应收账款投资额 = 每日赊销额 \times 应收账款的平均回收期\qquad(14\text{-}5)$$

如果赊销额和回收时间改变了，这种变化将反映在应收账款中。

二、应收账款规模的控制

最佳信用政策以及应收账款的最佳水平取决于公司本身独立的经营情况。例如，有超额能力和生产成本波动小的公司可自由的采用比较宽松的销售政策，并保持较高数额的应收账款；而满负荷运转、边际利润少的公司则应采用比较紧的销售政策。

在采用信用政策销售时，会出现下列结果：（1）存款减少，减少的数目是销售成本；（2）应收账款增加，增加的数目是销售额增量；（3）以上两项的差额是销售利润。由于是赊销，公司并未真正拥有这部分利润，但却抬高了公司的股价。由于赊销存在风险,超额赊销损失会减少盈利,股价会下降。那么,公司究竟把握多少应收账款为宜?现在从以下几个方面影响因素来分析:

(一)信用销售的期限

例14.6,[①] 假设超级电视公司是一家电视制造商,一年以每台198美元的价格销售了20万台电视机,而且假定所有的销售都是赊销。期限有两种:10天(付款给予7%折扣)和30天(付款100%)。最后假定有70%的顾客在第10天付款,另有30%的顾客在第30天付款。超级电视公司的赊销天数(DSO),有时被称为平均回收期(ACD),可从下式计算得到:

$$10 \times 70\% + 30 \times 30\% = 16(天)$$

超级电视公司的平均日销售额(ADS)(假定一年为360天)为:

$$ADS = 全年销售总额 /360$$
$$= (全年销售数量 \times 价格)/360$$
$$= (198 \times 200\ 000)/360 = 110\ 000 (美元)$$

假定一年中超级电视公司的销售速度不变,其在任何时候持有应收账款的数额为:

$$持有应收账款的数额 = 平均日销售额 \times 平均回收期限 \qquad (14\text{-}6)$$
$$= 110\ 000 \times 16 = 1\ 760\ 000(美元)$$

信用销售的期限是我们讨论应收账款头寸控制的关键因素。这个期限应该与同行业比较、与本公司的最佳期限比较,但由于顾客往往失信,不能按预先承诺的时间付款,就为我们把握应收账款投资额带来了困难。为了控制这种可能性,采取的方法就是账龄分析。

(二)账龄分析

为了防止应收账款收不回来的风险,监督公司应收账款的回收情况,公司财务经理通常需要借助于账龄分析表(如表14-7所示)。

表14-7　　　　　　超级电视公司 2002 年 6 月 31 日的账龄分析表

应收账款已流通在外的天数	占应收账款总额(%)
0~10 天	52
11~30 天	20
31~45 天	13

---

① 陈琦伟主编 . 公司金融 . 北京:中国金融出版社,1998:437

应收账款已流通在外的天数	占应收账款总额（%）
46~60 天	4
超过 60 天	11
合计	100

通过账龄表分析，公司财务经理可能了解下列事项：(1) 有多少顾客在折扣期内付款；(2) 多少顾客在信用期内付款；(3) 多少顾客在信用期过后才付款；(4) 多少应收账款因拖欠太久而成为坏账。从表14-7可以看出，大约有72%的超级电视公司的顾客会在信用期内（30天内）付款，而超过30天才付款的顾客则高达28%。这意味着，因为有相当数量的顾客拖欠，已使该公司有相当数量的资金被冻结在应收账款上面。此外，在拖欠的顾客中，有11%的顾客已拖欠60天以上，这些有可能收不回来，形成坏账损失，需要引起足够的重视。否则，将会使公司盈利减少，股价下跌。

三、应收账款的风险控制

应收账款对公司来说是一种风险资产，加强应收账款管理的重点就在于风险管理。公司可加强对客户的信用分析，制定科学合理的信用政策，以降低应收账款的风险，实现低风险的信用销售。但这只是一种预防性风险管理策略（在前面已进行了全面的分析）。公司信用交易一旦发生之后，风险发生的可能性就增大，除了加强收账工作外，如何转移风险就成了问题的关键。在国外，公司可以通过保理业务实现风险的有效转移。

保理业务是指公司把应收账款出售给被称为保理公司的金融机构。公司和保理公司对每一客户的基本信用条件达成一致。客户直接把所欠款项付给保理公司，并由保理公司承担客户不付款的风险。保理公司折价购入应收账款，折价比率通常是发票金额的 0.35%~4%。社会上的平均折价比率在1%左右。

应该强调的一点是，我们在对信用政策的各因素进行分别表述时，好像各因素之间是彼此独立的。事实上，它们之间是密切相关的。例如，最优信用政策并不独立于收账政策和监控政策。严厉的收账政策能减少违约的概率，进而增加宽松信用政策的净现值。

【本章小结】

1. 公司的信用政策包括信用标准、信用条件和收款政策。

2. 信用标准的制定是信用政策的重要内容。公司必须收集足够且可靠的信用信息，并对客户信用状况进行全面分析，以确定合理的信用政策。

3. 公司的信用决策，包括是否授予信用，信用额度为多少以及适度的信用条件等。作信用决策必须在授予信用所获得的收益与成本之间进行权衡。

4. 收账政策是处理拖欠款项的办法，首先是分析评价客户的违约概率，分析平均账龄，然后决定收账方法，以减少坏账损失。

【思考与练习】

1. 影响信用政策的因素有哪些？

2. 什么是信用分析？包括哪些内容？

3. 什么是"五 C"分析？

4. HI 公司当前的信用期为 30 天，无付现折扣，如果把信用期增加为 60 天，销售额可以从现在的 500 万元增加至 600 万元，所增加的销售额相应的成本为 8 万元，但应收账款的平均回收期限则预计会从 40 天增加到 75 天，HI 公司坏账比率为 5%，短期资金成本为 15%，试分析 HI 公司是否应把信用期增加。

5. NP 公司提供了如下资料：年信用销售额为 1 000 万元，平均收账期为 60 天，销售条件为 n/30，利率为 10%。NP 公司拟采用新的销售条件为："20/10、n/30"，公司估计 50% 的客户将享用公司提供的现金折扣。NP 公司应采用新的销售条件吗？

第五编　公司理财专题

公司理财除了投资决策、融资决策、运营资本管理、股利政策等几个方面的基本内容之外，在实际经营过程中还有一些理财活动是对这些内容的综合利用和拓展深化，主要包括风险管理、公司并购和国际企业理财等。

随着公司经济活动不断向理财活动扩展，涉及的创新性衍生金融工具越来越多，公司理财活动已经无法回避风险管理问题了，风险管理已经作为一种重要的理财实务纳入整个公司理财体系之中。风险管理是公司对面临的各种风险进行识别、测量，然后选择合适的方法进行处理，并对管理效果进行评价的过程。风险管理目标是以较确定的管理成本来替代不确定的风险成本，并以此增加公司价值。风险管理主要包括风险识别、风险测量、风险处理和效果评价等流程。

公司并购是公司理财各类活动中最引人注目和最有争议的活动，它是基于公司发展战略展开的。公司并购的目标也是为了增加公司的价值。并购决策实际上是一项资本预算决策，同样适用于净现值分析法则。公司并购活动能产生许多经济效应，其中最基本的并购效应是并购协同效应，它包括经营协同效应、管理协同效应、财务协同效应、税收节约效应等。此外，公司并购带来的效应还包括信息传递效应、代理成本效应和破产成本效应等。

国际企业理财是经济全球化背景下公司理财理论与实务的发展。它一方面需要把公司理财的基本原理和方法应用到具体的国际型公司财务中，另一方面必须考虑到国际型企业面临的环境的独特之处。国际企业理财的环境是国际金融市场，它是国际企业理财活动的基础。离岸国际金融市场是真正意义上的国际市场。外汇市场对于国际企业理财有着十分重要的作用。购买力平价、利率平价、费雪效应和国际费雪效应对于外汇市场中未来汇率的预测提供了基本分析框架，为跨国公司财务中的筹资活动、投资管理和风险控制提供了理论基础。

第十五章 风险管理

【学习目标】

　　通过本章的学习，学生应该了解风险的含义和类型，风险识别的各种方法，风险管理对公司价值的影响以及衍生金融工具的基本内容等；需要重点掌握的是公司面临的各种风险，风险管理的流程，风险测量的主要方法，风险处理的基本手段，套期保值的原理及应用等内容。

　　本章将风险管理作为一种理财实务纳入整个公司理财体系之中。一般认为，风险管理是金融机构的特长，在公司理财的书中很少包含风险管理的内容。但是，随着公司经济活动不断向理财活动扩展，公司已逐步深入到金融市场的各类活动中，涉及的创新性衍生金融工具越来越多，公司理财活动已经无法回避风险管理问题了。

第一节 风险管理概述

一、公司面临的风险

（一）对风险的认识

　　风险是一个与不确定性密切联系但有又所区别的概念，奈特（Frank Hyneman Knight）1921年在其著作《风险、不确定性与利润》中最早把风险和不确定性作了区分：把可用概率计算的不确定性定义为风险；不可用概率计算的事件定义为不确定性。前者可用分散、转移、补偿或保险等机制来消除，可以在合理定价后通过各种方式处理。后者才是真正的不确定性。两者的区别还在于，能够正确利用风险并不能给经济行为人带来利润，因为风险大家都可以计算，可以定价转让；只有正确地利用不确定性，才可能带来利润。

　　金融理论研究中的风险与人们在现实世界里直观感觉到的风险有一定的差异，目前关于风险的定义可以分为三类：第一类观点认为，风险是指在一定条件下和一定时期内可能发生的各种结果的变动程度，结果的变动程度越大则相应的风险也越大，反之，则风险越小。这类观点强调事件本身结果的不确定性，并不区分结果的好坏，只要发生的结果不能确定，就存在风险。第二类观点认为，风险是指在一定条件下和一定时期内某一事件的实际结果与预期偏离的程度，偏离的程度越大则相应的风险也越大，反之，则风险越小。这类观点强调事件实际展开的结果与主体事先预期之间的偏离，也不区分这个偏离的方向与好坏，只要可能发生偏离就存在风险。第三类观点认为，风险是指在一定条件下和一定时期内由于各种结果发生的不确定性，而导致行为主体遭受损失的可能性。这类观点排除了结果为收益或对主体有利这个方向的可能，强调了损失发生的可能，主要是关心结果的危险性，与人们的直观感觉比较一致。

在主流金融学的资产定价理论中，风险被定义为价格或收益的波动性，即预期价格或收益与实际到期价格或收益偏离的可能性，是一个中性的概念，既可能形成实际损失，也可能形成实际收益。这样的风险定义的优点在于：一是数学上更容易处理，例如用方差、协方差、标准差、峰度以及偏度等来衡量风险。二是不同交易主体对风险带来的后果评价不一，例如价格下跌对多头可能形成潜在损失，对空头却可能带来潜在收益。如果把风险定义为潜在损失的可能性，就容易丧失风险概念的一般性。三是风险与收益具有非常密切的联系，风险往往伴随着收益，高风险意味着高收益。这就使得人们对于风险并不总是采取规避防范的态度与行为方式，而是根据不同的个人风险偏好来选择是否承担风险，人们可以基于风险的这种不确定性，进行各种各样的金融交易活动。

风险可以有不同的划分方式，从风险的来源角度，我们将风险划分为市场风险、信用风险、流动性风险、操作风险和政策风险等。从风险的投资组合特性角度，我们将市场风险划分为系统性风险和非系统性风险，前者是指不可分散风险，又叫整体市场风险；后者是可分散风险，又叫特定市场风险或公司特定风险。下面我们对公司经营管理中面临的风险进行初步的分析。

（二）公司面临的风险

公司理财的行为主体是各类公司，因此，我们需要特别地分析公司在经营过程中面临的各种风险。[①] 从公司理财角度，我们将公司所面临的风险分为三类：经营风险、财务风险和市场风险。

1. 经营风险

———————————————

① 有的学者将公司面临的风险概括为生产风险、产品价格风险和原料价格风险等。参见兹维·博迪，罗伯特·C.莫顿著．伊志宏等译．金融学．北京：中国人民大学出版社，2000：251

经营风险是公司作为一个经济实体所必须面对的基础性风险，是指由于原料市场、产品市场、销售网络、管理模式和政策法规等市场经营环境发生变化所带来的公司价值变动的不确定性。一般而言，这类风险由实体经济因素所决定，很难通过金融手段来解决，因此，通常并不纳入公司理财的风险管理的内容之中，只能依靠企业家创新、通过改善经营管理来控制。① 当然，生产经营风险之中也蕴含了公司获取利润和提升公司价值的潜在机会。按照不同的风险来源，生产经营风险可以分为以下几类：

（1）法律政策风险。法律风险是指公司的交易合同因不符合法律或有关部门的规定而不能得到实际履行所带来的风险。它不仅包括合同文件的签署是否具有可执行性方面的问题，而且还包括是否将自己的法律和监管责任以恰当的方式转移给对方或客户的风险。政策风险是指宏观经济政策变化给公司带来的风险。政府通常会采用一些政策手段来对经济进行调节，如财政政策、货币政策等。这些政策的采用会对宏观经济起到收缩或扩张的作用。

（2）宏观经济风险。它是指由于宏观经济的周期性波动给公司带来的经营风险。当宏观经济处于高速增长期时，公司的经营处境会得到改善；当宏观经济进入萧条期时，公司的利润可能会随之下降。与经济景气度密切相关的行业的公司，如原材料、能源、交通等产业的公司的宏观经济风险相对更大些。

（3）行业风险。它是指由于公司所处的行业的特征和景气变化给公司带来的经营风险。不同的行业有不同的特征，因而有不同的风险特性。例如生产月饼的企业，季节性特征太强，获得暴利和暴亏的几率都很大，因而生产经营风险很大。行业的景气度是变化的，例如通信行业、保健品行业、汽车行业、机械制造业在不同时期可能有不同的发展空间，处于上升行业中的公司的市场经营环境就会相对好些。

（4）公司管理风险。它是指由于公司自身管理方面的变化产生的风险。例如公司治理结构、销售模式、存货管理、内部组织管理模式等方面的变动，将会影响到公司的管理效率、产品市场份额和生产与销售成本等，这些都将导致公司价值的变化。

2. 财务风险

财务风险是指公司在财务活动中面临的各种因素导致的公司价值变动的不确定性。财务风险可以通过风险管理进行控制，属于公司理财的重要内容。它

———————————

① 随着金融衍生工具技术的发展，越来越多的风险可以通过金融手段来解决。例如，美国经济学家罗伯特·J.希勒教授在《金融新秩序》一书中提出了建立宏观市场的构想，使得一些宏观经济品种能进入市场交易，实现宏观套期保值。

大致包含以下一些方面：

（1）商业信用风险。由于公司是生产与服务的经营实体，很少发生对外的货币借贷，其信用风险主要表现为商业信用风险，是对外授信业务中产生的风险。商业信用是企业之间发生的、与生产经营活动有关的借贷行为，包括预付货款、赊销等行为形成的商业借贷。商业信用风险的产生可能是受信企业故意违约造成的，也可能是由于经营困难缺乏支付能力违约造成的。一旦受信企业无法按时履行支付义务，将导致公司产生坏账损失或增加应收账款的机会成本和管理成本。

（2）负债风险。公司经营过程中必然需要进行资金融通活动，负债风险就是资金融通中各种因素造成的风险，是对外受信业务中产生的风险。例如负债规模过大，负债期限结构不合理，负债对象过于集中等，都可能导致公司的财务风险，甚至可能带来破产风险。

（3）流动性风险。它是指公司在经营过程中因现金流不足，难以满足支付需求造成的风险。支付需求包括还贷、清偿商业信用以及支付应付款项等，公司也存在类似于银行的流动性需求。如果维持公司运营的现金流不足，即使一个盈利的公司也可能面临破产清算的风险。本书第十三章已专门分析了公司的现金管理问题。

3. 市场风险

一般意义上的市场风险是资产价格波动带来的风险，公司有各种各样的资产，但原材料、产品、存货、固定资产等都主要包含在经营风险之中，此处市场风险特指公司持有的金融资产价格变动带来的风险。现代公司资产结构中金融资产的比重越来越大，原因有几个方面：一是随着经济发展水平的提高，公司的资金越来越充裕，相对而言，实业投资机会却越来越少，因此，许多公司在进行实体经济运作的同时，也购买国债、股票、基金、外汇等金融资产；二是现代公司资本市场运作手段越来越发达，公司并购、交叉持股、跨行业经营更为广泛，以收益权或控制权为目的持有其他公司的股票越来越普遍；三是随着金融衍生工具的飞速发展，公司为了规避正常经营中的风险，拥有越来越多的衍生金融工具头寸来对冲经营风险，资产负债结构中所包含的或有资产和或有负债越来越多。市场风险主要包括：

（1）利率风险。它是指由于市场利率变动对公司金融资产价值带来的风险，这个风险进而影响到公司的价值变动。利率是各类固定收益资产价格的基础，是各种收益率的标准，因此，利率风险是市场风险中影响最大的一种。

（2）外汇风险。它是指由于汇率变动给公司外汇资产价值带来的风险，也会影响到公司价值，特别是进出口交易较多的公司。

（3）股价风险。它是指由于持有的股票价格变动给公司资产收益和控制权价值带来的风险，对公司价值有较大的影响。股票是一类或有收益资产，分红是不确定的，因此，其价格对资产收益的影响就很大。如果公司不单纯追求股价收益，则股价波动带来的控制权价值变动就成为重要的风险来源。

（4）衍生产品价格风险。衍生金融产品本身主要用于风险管理，但也可以作为投资工具。作为风险管理工具，衍生产品并不会带来很大的风险，仅仅会影响套期保值的效果。但如果将衍生工具作为投资工具，则衍生金融产品价格变动带来的投资风险就非常大，因为衍生产品交易具有杠杆特征。

二、风险管理流程

风险管理是公司对面临的各种风险进行识别、测量，然后选择合适的方法进行处理，并对管理效果进行评价的过程。风险管理目标是以较确定的管理成本来替代不确定的风险成本，并以此增加公司价值。风险管理主要包括四个流程：风险识别、风险测量、风险处理和效果评价。①

（一）风险识别

风险识别是指在风险事件发生之前人们利用各种方法系统地、不间断地识别各种静态风险和动态风险，是公司对其经济活动中所面临的风险的类型、重要性的全面认识过程。风险识别是风险管理的基础，它要回答的主要问题有：影响风险的因素、性质、后果及其可能性。通过风险识别可以获得三个方面的认识或数据：可能面临的不同结果；风险结果影响的方向和大小；不同可能结果发生的概率。这些数据为下一步对风险的测量提供了重要依据。为了识别公司的风险暴露程度，通常有必要设一个检验表，列出公司面临的所有潜在风险及其相互关系。

（二）风险测量

风险测量是对前面风险识别中获得的关于风险的认识的量化，这是一个对风险的定价过程。风险定价的方法有很多，有指标测量方法、波动性测量方法、敏感性测量方法以及模拟定价方法等。风险测量或定价需要很专业的知识，一般的公司很难有这样的专门人才，它们主要是通过专业人士来完成的，例如基金管理专家对证券投资风险的把握，保险精算师对风险的后果与发生概率的计算等。这些理财师或理财顾问在数学和经济方面都受过专门的训练。

---

① 有的学者将风险管理过程分为五个步骤，即：风险识别、风险评估、风险管理方法选择、实施和评价。参见兹维·博迪，罗伯特·C.莫顿著.伊志宏等译.金融学.北京:中国人民大学出版社，2000：252~255

（三）风险处理

风险处理是选择处理风险的方法并组织实施风险处理的过程。风险处理有四种基本方法：风险回避、风险预防、风险承担和风险转移。风险回避是公司有意识地避免某种特定风险的决策，特别是可能带来重大损失的风险；风险预防是公司为降低损失的可能性或严重性而采取的行动，它可以贯穿于风险管理的全部过程之中；风险承担是指公司决定承担风险并以自己的财产来弥补损失，当然，有时候可能是被迫承担的；风险转移是指公司将风险转移给他人的交易，这基于不同的经济主体对风险的不一致看法，公司可能要为此付出一定的代价。

风险转移是风险处理中最重要的方法之一，它包括套期保值、保险、分散投资等三种基本机制。套期保值是指公司在现货市场上原本就存在一个风险头寸，同时通过在期货市场上进行反向对冲交易来消除该风险头寸。套期保值者的动机是规避正常经济交易中产生的风险暴露，他是以放弃额外收益为代价来避免额外的损失。保险是指支付额外的费用即保险费来避免损失。通过购买保险，可以用一项确定的损失来替代如果不保险而遭受更大损失的可能性。套期保值和保险的区别在于，前者是以放弃潜在收益为代价来降低损失的可能性，后者则是通过支付确定的保险费，在保留潜在收益的情况下降低损失的可能性。分散投资是指公司通过分散持有多种风险资产的方式来降低拥有任何单一资产所面临的风险。这种风险处理方法较多地用于证券投资，因为证券市场上有充分的资产可供选择，但其有效性依赖于各种证券的回报率之间的相关程度。如果各类证券价格变动完全正相关且又不允许卖空，则不能从多样化投资中获得降低风险的好处。

（四）效果评价

风险管理是一个动态反馈过程，在这一过程中需要对风险管理决策进行定期的评价和修正。这是因为，随着时间的推移和情况的变化，可能产生新的风险；有关风险可能性和严重性的信息可能更易获得；管理这些风险的方法可能越来越多；有新的定价模型出现等。

三、风险管理与公司价值

风险管理与其他公司理财活动的目标一样，都是为了提高公司价值。那么风险管理能否提高公司价值呢？我们知道，公司价值是预期现金流量的贴现值，其中贴现时所使用的贴现率既反映公司的经营风险，又反映公司的财务风险和市场风险。那么，风险管理对公司价值的影响就体现在预期现金流量和贴现率两个因素上。在现实世界中，风险管理对公司价值的影响是不确定的，视公司具体情况而定，但在有效市场中，风险管理是不会改变公司当前价值的。

（一）有效市场中风险管理与公司价值的无关性[1]

公司当前价值等于预期现金流量的现值之和，即：

$$V_0 = \frac{E(CF_1)}{(1+R)} + \frac{E(CF_2)}{(1+R)^2} + \cdots + \frac{E(CF_t)}{(1+R)^t} + \cdots + \frac{E(CF_n)}{(1+R)^n} \quad (15\text{-}1)$$

式中：V_0——公司当前价值；

$E(CF_t)$——公司在未来 t 时刻的预期现金流；

R——贴现率。

我们假定在公司进行风险管理之后，公司在未来 t 时刻的预期现金流，从有风险的 $E(CF_t)$，变为无风险的 CF_t^*。相应地，其贴现率不再是含有风险溢酬的 R，而是无风险利率 R_f，此时公司的价值 V_0^* 为：

$$V_0^* = \frac{CF_1^*}{(1+R_f)} + \frac{CF_2^*}{(1+R_f)^2} + \cdots + \frac{CF_t^*}{(1+R_f)^t} + \cdots + \frac{CF_n^*}{(1+R_f)^n}$$

$$(15\text{-}2)$$

如果 $CF_t^* = E(CF_t)$，由于 $R_f < R$，则 $V_0^* > V_0$，那么，说明公司在进行风险管理后公司的价值增加了。但是根据风险管理中风险与收益对应的原理，将风险转移给其他交易者是要付出代价的，即风险承担者会对其承担的风险索要相应的风险溢酬。风险溢酬最终会体现在 CF_t^* 上，因此，CF_t^* 总是会小于 $E(CF_t)$，两者之间的差额就是对风险承担者给予的风险溢酬补偿。按照无套利原则，在有效市场中，这一补偿应恰好满足：

$$\frac{CF_t^*}{(1+R_f)^t} = \frac{E(CF_t)}{(1+R)^t} \quad (15\text{-}3)$$

式（15-3）使得 V_0^* 依然等于 V_0，公司的价值没有发生改变。因此，只要金融市场是有效的，无论风险管理是完全消除公司风险还是部分消除公司风险，公司的当前价值 V_0 都将保持不变。在有效市场中，承担风险会获得适当的风险收益作为补偿。

（二）现实市场中风险管理对公司价值的影响

现实经济中运行的市场不可能达到理想化的有效市场状态，因此，合适的风险管理是能够提升公司价值的。风险管理对公司价值增长的作用体现在以下几个方面：[2]

（1）节约税负。因为预期现金流量都是税后的，只要风险管理能够节约税

---

[1] 朱叶,王伟编著.公司财务学.上海：上海人民出版社，2003：291～292

[2] 朱叶,王伟编著.公司财务学.上海：上海人民出版社，2003：293～294

负，例如当税率随着收入增加或者对纳税亏损的会计处理有限制时，就可能增加公司价值。

（2）降低管理财务危机的成本。适当的风险管理不仅可以减少财务危机发生的概率，降低管理财务危机的成本，而且还可以提高公司的负债比例，从而增加税收的抵扣。

（3）产生更加平稳的现金流。可以使公司保持较稳定的经营业绩，维持外部投资者的信心，减少因信息不对称给公司增加额外外部融资成本。

（4）有利于公司的投资决策。风险管理可以减小未来现金流量的不确定性，这样既可以提高投资预测的准确性，又可以减少因现金流的波动给确定贴现率所造成的困难。

（5）可以改进股利政策。公司一般倾向于将发放股利的现金留下，因为它担心未来的收入会发生较大变化。但如果通过风险管理能够"熨平"收入波动，则公司股利政策可以不那么保守，从而提升公司价值。

（6）提高公司的管理效率。风险管理可以将管理者无法控制的风险予以消除，使得公司业绩成为管理者努力程度的真实反映。公司可以设计出更有效的薪酬制度来激励管理者提高经营管理水平。

我们可以从现实的操作经验中获得一些运用风险管理来提高公司价值的有意义的结论：①（1）如果风险管理的成本很小，就应该进行风险管理。最坏的情况不过是风险管理对公司价值没有影响，而最好的情况是公司价值得到提升。（2）如果风险管理的成本较高，那么只有当其成本超过风险管理的收益（如税收节约、改善投资决策等）时，风险管理才有意义。

影响风险管理成本的因素很多，根据经验通常有以下的认识：（1）股权集中的公司比股权分散的公司的风险管理收益更高；（2）代理问题严重的公司比代理问题较轻的公司的风险管理收益更高；（3）非直接破产成本较大的公司比非直接破产成本较小的公司的风险管理收益更高。

第二节　风险管理方法

一、风险识别的方法

风险识别的方法有很多，每一种方法都有其优缺点和适用范围。在实际的

---

① 参见爱斯华斯·达莫德伦著．荆霞等译．公司财务．北京：中国人民大学出版社，2001：742

风险管理过程中，应该根据具体情况决定采用何种方法，有时需要将几种方法结合起来使用。而且，由于风险是随时变化的，风险的识别必须是一个连续不断的过程。常用的风险识别方法有如下几种：

（一）失误树分析法

失误树分析法是指用图解表示的方法来调查风险发生前种种失误事件的情况，或对引起事故的原因进行分解分析，具体判断哪些失误最可能导致风险的发生。失误树法本质上是定量分析方法，但也可以做定性分析的工具。它遵循逻辑学演绎分析原则，即从结果分析原因。

（二）情景分析法

情景分析法的操作过程是：首先，利用有关的数据、曲线与图表等资料，对某项资金的借贷与经营的未来状态或证券、期货投资的未来状态进行描述，以便用来研究引起有关风险的关键因素及其后果影响程度；然后，研究当某些因素发生变化时，将出现怎样的风险，及其造成的损失与后果如何。可见，这种方法的功能主要在于考察风险范围及事态的发展，并对各种情况作对比研究，以选择最佳的控制效果。

（三）资产财务状况分析法

资产财务状况分析法是指按照公司的资产负债表、资产损益表等财务资料，风险管理人员经过实际的调查，对公司的金融资产与非金融资产的构成和分布进行分析研究，发现并找到其潜在的风险。这些潜在的风险是由直接风险和间接风险构成的，前者即指资产本身可能遭受的风险损失，后者则指因遭受风险所引起的生产中断、资金的经营借贷活动中断和投资活动中断而带来的损失，以及其他连带人身和财产损失。

（四）专家调查列举法

典型的专家调查列举法也被称为特尔菲法，它是指在决策中采用以集中众人智慧进行准确预测的科学方法。专家调查法是有专门管理人员对公司可能面临的风险逐一列出，并根据不同的标准进行分类。分类的标准一般有：直接或间接；财务或非财务；政治性或经济性等。最后针对不同类型、性质、特点的金融风险，研究制定并采取不同的措施和对策。

（五）分解分析法

分解分析法是指将一复杂的事物分解为多个比较简单的事物，将大系统分解为具体的各个组成要素，从中分析可能存在的风险及其潜在损失的威胁。具体过程是：先将风险分解为经营风险、财务风险和市场风险，然后再对三大类风险做出细分，根据不同风险的不同影响要素对每一种风险作进一步的分析。

　　风险识别方法除了上述五种之外，还可采用资金流程分析法、重大事故分析法、环境事故分析法等。实践表明，没有一种方法的功能是完备的，因此，风险识别是一个多种分析方法综合运用的过程。

二、风险测量方法

　　风险测量是对公司面临的风险的量化认识，是风险管理的核心。只有对风险做出准确的测量和定价，才能做出正确的处理方案，才能获得合理的风险溢酬补偿或支付合理的风险转移成本。风险测量的方法有很多，大致可以分为指标测量方法、敏感性测量方法和波动性测量方法等几类。

　　（一）风险的指标测量方法

　　指标加权综合法主要是用于测量公司的综合风险，美联储采用的测量金融机构综合风险的 CAMELS 评价体系是这类方法的典型，其做法可以借鉴到对公司风险的测量中。它是通过对商业银行的资本状况（C）、资产质量（A）、管理水平（M）、盈利能力比（E）、流动性（L）、市场风险敏感性（S）等几个方面进行分别评级，然后再加权平均得出综合评分，以此识别商业银行的风险。

　　在第一章中我们提到了公司财务分析的一些指标，这些指标可以反映公司经营风险、财务风险和市场风险的各个方面：一是短期偿债能力比率或变现能力比率。这可以用于测量公司的流动性风险，衡量指标主要有流动比率、速动比率和现金比率等。二是长期偿债能力比率。这可以用于测量公司的经营风险，衡量指标一般有资产负债比率、有形净值债务比率、利息保障倍数等。三是营运能力比率。这也可用于测量公司的经营风险和财务风险，衡量指标主要有应收账款周转率、存货周转率和总资产周转率等。四是盈利能力比率。这可用于测量公司的经营风险和财务风险，衡量指标主要有销售利润率、资产净收益率、净资产收益率、股利支付率、成本费用率等。五是投资收益率。这可用于测量公司的市场风险和财务风险，衡量指标主要有市盈率、市净率、股利收益率、托宾 Q 比率、可持续增长率（留存收益率）等。六是现金流量指标。它可用于测量公司的财务风险和市场风险，衡量指标包括盈利现金比率、再投资比率、外部融资比率、强制性现金支付比率、到期债务本息偿付比率、现金偿债比率、现金股利支付率或利润分配率等。

　　对这些反映公司风险的各类财务指标，需要进行全面综合的分析。第一步要对这些指标进行筛选，排除指标之间交叉性、重复性的影响；第二步要确定不同指标对公司价值影响的权重；第三步根据一定的标准确定指标的临界值，给出不同的等级分；最后一步就是根据不同指标的等级分，按照事先确定的权重加权平均，得出对公司风险的综合评价。

（二）风险的敏感性测量方法

这种方法是通过测度金融资产价格相对于市场因子变化的灵敏度来测量风险的，主要用于测量市场风险。它主要包括对利率风险的缺口分析、外汇敞口分析、久期和凸性分析、对衍生金融工具价格的参数分析等。

1. 缺口分析

缺口分析是衡量利率变动对公司资产与负债价值的影响的一种方法，它是将公司所有生息资产和付息负债按照时间长短划分为不同的时间段，如1个月以下，3个月~1年，1~5年，5年以上等。在每个时间段内，将利率敏感性资产减去利率敏感性负债，再加上表外业务头寸，就得到该时间段内的重新定价缺口。以该缺口乘以假定的利率变动，即得出这一利率变动对净利息收入变动的大致影响。当某一时段内的负债大于资产（包括表外业务头寸）时，就产生了负缺口，即负债敏感型缺口，此时市场利率上升会导致公司的净利息收入下降。相反，当某一时段内的资产（包括表外业务头寸）大于负债时，就产生了正缺口，即资产敏感型缺口，此时市场利率下降会导致公司的净利息收入下降。

缺口分析作为对利率变动进行敏感性分析的基本方法，目前仍然被广泛使用，但这种方法也存在一定的局限性：一是缺口分析假定同一时间段内的所有头寸到期时间相同，因此，忽略了同一时段内不同头寸的到期时间。在同一时间段内的加总程度越高，对计量结果精确性的影响就越大。二是缺口分析只考虑了生息资产和负债与利率的关系，未能反映利率变动对非利息收入和费用的影响。三是缺口分析主要衡量利率变动对公司当期收益的影响，未考虑利率变动对公司长期经济价值的影响，所以它只能反映利率变动的短期影响。总体而言，缺口分析是一种初级的、粗略的利率风险计量方法。

2. 外汇敞口分析

外汇敞口分析是衡量汇率变动对公司当期收益的影响的一种方法。外汇敞口主要来源于公司表内外业务中的货币错配。当在某一时段内，公司某一币种的多头头寸与空头头寸不一致时，所产生的差额就形成了外汇敞口。在存在外汇敞口的情况下，汇率变动可能会给公司的当期收益或经济价值带来损失，从而形成汇率风险。

在进行敞口分析时，公司应当分析单一币种的外汇敞口，以及将各币种敞口折成报告货币并加总轧差后形成的外汇总敞口。对单一币种的外汇敞口，应当分析即期外汇敞口，远期外汇敞口和即期、远期加总轧差后的外汇敞口。公司还应当对交易业务和非交易业务形成的外汇敞口加以区分。对因存在外汇敞口而产生的汇率风险，公司通常采用套期保值和限额管理等方式进行控制。外汇敞口限额包括对单一币种的外汇敞口限额和外汇总敞口限额。外汇敞口分析是较早采用的汇率风险计量方法，具有计算简便、清晰易懂的优点。但是，外汇敞口分析也存在一定的局限性，主要是忽略了各币种汇率变动的相关性，难以揭示由于各币种汇率变动的相关性所带来的汇率风险。

3. 久期和凸性分析

(1) 久期。久期分析也称为持续期分析或期限弹性分析。所谓久期，是指考虑了所有债券产生的现金流的现值因素后测算的实际到期日。名义到期日实际上只考虑了到期本金的偿还，而忽视了利息的提前支付的时间价值，久期则对本金以外所有可能支付的现金流都进行了考虑，因此，可以提供对债券价格利率风险敏感性的准确的测量。久期的定义如下：

$$D = \sum_{i=1}^{n} t_i w_i = \sum_{i=1}^{n} t_i \frac{C_i/(1+R)^i}{\sum_{i=1}^{n} C_i/(1+R)^i} = \frac{1}{P} \sum_{i=1}^{n} \frac{t_i C_i}{(1+R)^i}$$

式中：w_i——t_i 时期的权重；

$\quad\quad C_i$——t_i 时期产生的现金流；

$\quad\quad R$——对每次现金流的折现率；

$\quad\quad P$——债券的当前价格。

根据债券的定价公式，债券的当前价格是未来现金流的现值和，即：

$$P = \sum_{i=1}^{n} \frac{C_i}{(1+R)^i}$$

利用微积分的方法，可以得到：

$$\frac{1}{P} \frac{\mathrm{d}P}{\mathrm{d}R} = -\frac{D}{1+R}$$

如果更精确一些考虑收益项，可以对上述久期进行修正，修正久期被定义为：

$$D^* = \frac{D}{1+R}$$

从而有：

$$\frac{\mathrm{d}P}{P} = -D^* \mathrm{d}R$$

由此可见，久期实际上是对债券价格利率敏感性的线性测量，在收益率 R 很小的情况下，当市场利率发生变化时，债券价格变化的百分比由久期的大小决定。债券的久期越大，其价格变化对利率的敏感度就越大，因而面临的利率风险就越大。

例 15.1，有一面值为100元、附息票利率为 10％ 的 3 年期国债。假定该债券连续复利的年收益率为 12％，即 $R=0.12$，息票每 6 个月支付一次，金额为 5 元。试计算该债券的久期。

分析：第一次支付的利息的现值为：$5e^{-0.12\times0.5}=4.709$ 元，后 5 笔现金流的现值同理计算。表 15-1 中合计的最后一栏的 2.654 年即为该债券的久期。

表 15-1 久期的计算方法

时间	付款金额	现值	权重	时间×权重
0.5	5	4.709	0.05	0.025
1.0	5	4.435	0.047	0.047
1.5	5	4.176	0.044	0.066
2.0	5	3.933	0.042	0.084
2.5	5	3.704	0.039	0.098
3.0	105	73.256	0.778	2.334
合计	130	94.213	1.0	2.654

久期是对债券价格的利率敏感性的线性测量，它具有可加性的良好性质，即由不同久期的债券所构成的债券组合，其久期等于该组合中各债券久期的加权平均，权重为各债券价值在整个组合中所占的比重。久期的这一特性，对于管理由多种资产和负债组成的复杂组合的利率风险具有重要意义。只要通过一定方法使公司资产和负债的久期相等，资产和负债分别受利率变动的影响能相互抵消，就能实现整个资产和负债的组合价值不受利率变化的影响，即达到利率风险免疫的目的。

（2）凸性。久期方法在运用中存在两个方面的局限性：一是久期的计算只采用了相同的利率水平作为贴现率，即意味着利率期限结构是平坦的；二是久期方法只考虑了价格变化和利率变化之间的线性关系。其可能造成的结果是：在利率上升时，久期高估了债券价格变化值，而在利率下降时，久期又低估了债券价格的变化值。因此，在收益率曲线具有凸性的情况下，只有当利率的变化幅度很小时，久期所代表的线性关系才能近似成立。上述局限使得久期方法的实用性和准确性受到了一定限制。对债券价格利率风险敏感性更准确的测量需要考虑更高阶的价格，即收益率波动情况，最常用的方法就是凸性方法。

凸性是对债券价格利率敏感性的二阶估计，或者说是对债券久期利率敏感性的测量。其计算公式如下：

$$G = -\frac{\mathrm{d}D^*}{\mathrm{d}R} = \frac{1}{P}\frac{\mathrm{d}^2 P}{\mathrm{d}R^2}$$

凸性弥补了久期假设的债券价格的变化与利率的变化成线性比例关系的不合理性，反映了债券的利率弹性（久期自身）也会随利率变化而变化的事实，它与久期的结合使用更能准确地反映利率风险状况，尤其是在利率变化较大时的债券价格的变化。

4．参数分析

这类方法主要用于测度衍生金融工具的风险，根据影响衍生金融工具价格变化的不同因素而分别采用不同的参数进行市场风险分析。常用的方法有Delta、Gamma、Theta、Vega、Rho 等。

（1）Delta 参数分析。它衡量衍生金融工具的价格变化相对于基础资产价格变化的灵敏度，即衍生金融工具对基础资产价格变化的线性或一阶测度。

其计算公式为：

$$Delta = \frac{\partial F}{\partial S}$$

与久期的特点类似，Delta 测度的是衍生金融工具价格相对于基础资产价格变化的线性灵敏度。衍生金融工具价格变化与基础资产价格变化的关系通常为非线性的，因此，只有当基础资产价格变化较小时，才能比较准确地反映出衍生金融工具的风险大小。

（2）Gamma 参数分析。当基础资产价格变化较大时，需要利用 Gamma 来测度衍生金融工具相对于基础资产价格变化的非线性敏感度。

Gamma 的计算公式如下：

$$Gamma = \frac{\partial^2 F}{\partial S^2}$$

（3）Theta 参数分析。该参数测度衍生金融工具价格相对于剩余期限之间的敏感性关系。

Theta 的计算公式如下：

$$Theta = \frac{\partial F}{\partial t}$$

（4）Vega 参数分析。该参数测度衍生金融工具价格相对于标的资产价格的波动幅度之间的敏感性关系。

Vega 的计算公式如下：

$$Vega = \frac{\partial F}{\partial \sigma}$$

(5) Rho 参数分析。该参数测度衍生金融工具价格相对于市场利率变化的敏感性关系。

Rho 的计算公式如下：

$$Rho = \frac{\partial F}{\partial R}$$

以上式中，F 表示衍生金融工具的价格，S 表示基础资产的价格，t 为衍生金融工具合约到期时间，σ 表示基础资产的价格波动率，R 为利率。

敏感性方法在测量市场风险时也存在如下一些问题：一是近似性。只有在市场因子的变化范围很小时，这种近似关系才与现实相符，因此它只是一种局部性测量方法。二是对产品类型的高度依赖性。某一种灵敏度概念只适用于某一类资产，针对某一类市场因子。这样一方面无法测量包含不同市场因子、不同金融产品的证券组合的风险，另一方面也无法比较不同资产的风险程度。三是相对性。敏感性只是一个相对的比例概念，并没有回答某一资产或组合的风险损失到底是多大。要了解损失的大小，必须知道市场因子的变化量是多大，但这几乎不可能，因为市场因子的变化是随机的。

（三）风险的波动性测量方法

波动性测量是一种统计方法，它不管引起变量变化的原因，直接考察变量偏离平均水平的程度，从而能描述变量变化的不确定性大小，以此测度资产风险的大小。波动性风险测量的基本方法是方差分析法，这是金融学处理风险的最基本的原理。在实际运用中 VaR（Value at Risk）是最常用的综合性最强的波动性风险测量方法，而且它只考察潜在损失方向的风险，实际应用价值就更大些。

1. VaR 的含义

所谓 VaR，是指在正常的市场条件下和给定的置信度内，某一金融资产或资产组合在未来特定的一段时间内的最大可能损失，通常称为风险中的价值或在险价值。用公式表示为：

$$Prob(\Delta V \geqslant VaR) = 1 - \alpha$$

式中：ΔV──金融资产或金融资产组合的、持有期内的损失；

α──置信水平；

VaR──在置信水平 α 下的最大损失，即损失超过 VaR 的概率为 $1 - \alpha$。

VaR 的特点在于，使用金融理论和数理统计理论，可以将不同市场因子、不同市场的风险集成为一个数，较准确地测量由不同风险来源及其相互作用而产生的潜在损失，较好地适应了金融市场发展的动态性、复杂性和全球整合性趋势。相对于传统的风险度量方法，VaR法的优点在于其测度的综合性和结果的直观性，它在风险测量、监管等领域获得广泛应用，成为金融市场风险测量的主流方法。

例15.2，假设一位美国投资者拥有1亿欧元的外汇头寸，即期汇率为每欧元1.15美元，即其头寸的初始价值为：$V_0 = 1.15$亿美元。假设每日即期汇率变动的标准差 σ 为0.5%，即期汇率的日均百分比变动（$\bar{R}$）为零。如果每日收益分布 R 服从正态分布，计算在95%置信度下的该投资者每日的 VaR 值。

分析：由于每日收益分布 R 服从正态分布，那么90%的日外汇收益应该位于 $\bar{R} + 1.65\sigma$ 和 $\bar{R} - 1.65\sigma$ 之间，也即0.825%和-0.825%之间。

那么，有5%的外汇收益应该大于0.825%，有5%的外汇收益小于-0.825%。则1亿欧元的 VaR 为：

$$VaR = V_0 \times 1.65\sigma = 1.15 亿美元 \times 0.825\% = 948\ 750 美元$$

其含义是该投资者在24小时内损失小于948 750美元的可能性为95%。

2. VaR 的测量方法

虽然使用 VaR 法度量金融风险是现在金融界普遍采用的方法，但是关于 VaR 的计算方法却没有统一的模式。目前计算 VaR 的方法主要包括参数法、历史模拟法和蒙特卡罗模拟法等。

（1）参数法。参数法是计算 VaR 的最常见的方法，该方法假设资产收益服从正态分布。通常的方法包括组合—正态法、资产—正态法、δ—正态法、$\delta - \gamma$ 法。我们以组合—正态法为例来说明 VaR 的计算。这种方法把 VaR 看做组合收益率标准等一系列元素的乘积：

$$VaR = \alpha\sigma_p\sqrt{t}$$

式中：α——置信水平，决定标准正态分布的单尾置信区间；

　　　 σ_p——组合收益率在选定时间段的标准差。

（2）历史模拟法。历史模拟法和下面的蒙特卡罗模拟法都是属于非参数估计方法。历史模拟模型是从历史收益率中推导出的收益率实际分布。历史模拟法是个简单的、非理论的方法，它对潜在市场因素的标准分布不作假设，但是它比其他参数法和模拟法更严谨、更直观。这种方法对历史价格走势应用三步骤模型技术：一是选择合适的长期市场因素的历史收益率时间序列 $F_j(t)$，$t = -T, -T+1, \cdots, 0$。一般用3～5年的日数据，其中 F_j 为市场因素 j 的向量。二是给定第一步得出的时间序列，计算清算期间组合价值变动的时间序列。三是把历史数据归纳出的收益率实际分布情况列表显示，选择某一概率水平，计算分布在这一概率水平下可能出现的极限值，然后据此公式计算合适的风险资本额。

（3）蒙特卡罗模拟法。① 蒙特卡罗模拟法与历史模拟法的最大区别是资产收益率或市场因素不是取历史观察值，而是用计算机模拟出来的。目标是模拟 n 个（实际上一般是10 000个）情景，以获得组合价值的10 000个数据。然后根据计算出的损益分布，扣除（一般是 95% 概率水平下）500 个最差的结果，就可以计算出 VaR 的值。蒙特卡罗技术大体上克服了参数法和历史模拟法所遇到的问题。它的不足在于大量的运算，因为它需要算出几千个不同的情景作为分析的基础。但另一方面，正是由于具有高度的灵活性，它才能解释各种风险，包括波动性风险和信用风险。换句话说，它能反映最微妙的模型风险（即模型本身解释力不足的风险）。随着计算机技术的提高，许多银行机构都采用蒙特卡罗模拟法来计算 VaR。

此外，风险测量方法还在不断发展，如 Credit Metrics 风险测度模型、收益的方差—协方差矩阵的特征值根度量法、极端值方法以及 EaR，等等。而且，VaR 方法本身也在不断发展，出现了诸如 CAVaR、E-VaR 和 S-VaR 等一些改进的方法。

第三节　风险管理工具

风险管理是技术性很强的理财活动，它通常需要一些特别的风险管理工具。随着全球范围内金融创新的飞速发展，金融市场上诞生了大量的衍生金融工具。这些金融工具沿袭了商品期货与期权的诸多特征和功能，成为各类经济主体规避风险、套期保值的重要工具。因此，虽然可以利用的风险管理工具的品种很多，但衍生金融工具是其中最重要的部分，甚至可以极端地讲，几乎所有的风险管理工具都带有衍生金融工具的某些属性。

一、衍生金融工具

（一）衍生金融工具的类型

衍生金融工具是以基础性金融工具交易为内容的特殊权利安排的金融合约，这类衍生交易合约的价值决定于基础性金融工具价格的变动状况。基础性

---

① 蒙特卡罗模拟法产生于第二次世界大战后期，当时一些著名的物理学家如乌尔姆、冯·诺伊曼等在计算机上用随机抽样的方法对中子的连锁反应进行模拟，他们以世界著名的赌城蒙特卡罗来命名这种研究方法。蒙特卡罗模拟法是以概率统计为理论基础，以随机抽样为主要实现手段的数值计算方法。

金融工具一般包括外汇和汇率、固定收益证券（或债务工具）和利率、股票和股票指数等。衍生金融工具一般可分为两类，一般性衍生工具和结构化衍生工具。

1．一般性衍生工具

一般性衍生工具主要指"四期"，即远期（Forwords）、期货（Futures）、期权（Options）、调期（Swaps）（即互换）。这类工具的结构与定价方式大部分已标准化和市场化。

（1）远期。远期是一种远期合约，是指交易双方约定在未来的某一确定时间，以事先约定的价格买入或出售一定数量的某种资产的一种协议。远期是一种场外交易的衍生金融工具，可以按特定需要的金额和结算日来设计合约条款。与场内的标准化交易不同，它可以在交割日之前的任何时间取消，或者取消原始合约，或者签订一个反向合约来抵消。远期主要包括远期利率协议和远期外汇交易两类工具。

（2）期货。期货是一种交易双方在未来特定日期或期限内按事先约定的价格交割一定数量的金融资产的合约。金融期货是一种标准化的、可转让的、具有杠杆性的延期交割合约。金融期货种类很多，主要有利率期货、外汇期货和股票指数期货等三大类。

（3）期权。期权是指一种提供选择权的交易合约，购买期权合约的人可以获得一种在指定时间内按协定价格买进或卖出一定数量的证券的权力。这类工具的基本特征是期权买方有到期行使交易的权利，而无此义务；期权卖方有到期执行交易的义务，而无此权利。因此，期权买方必须向卖方支付一定的保险金，作为获得这种权利的代价。

（4）互换。互换是指交易各方按照协定的条件，在约定的时间内交换一系列支付款项的金融交易，支付款项包括利息或外汇。互换主要包括利率互换和货币互换两个基本类型。利率互换是指交易双方为交换以同种货币表示、以不同利率基础计算的现金流而签订的协议。货币互换是指互换双方为交换以不同的货币表示、以相同或不同的利率基础计算的现金流而签订的合约。

2．结构化衍生工具

结构化衍生工具又叫复合型的衍生工具。它是将各种一般衍生工具或基础性金融工具相互组合，形成一种特制的产品。这类产品或方案，是专门为满足客户某种特殊需要而设计的，或是银行出于推销包装目的或自身造市获利目的，根据其对市场走势的判断和对数学模型的推算而制作的。结构化衍生金融工具的内部结构一般被视为一种知识产权而不会向外界透露，因此，它们的价格与风险都难以从外部加以判断。

（二）衍生金融工具的运用策略

衍生金融工具的运用策略大致包括套期保值、投机、套利和构造组合等。

1．套期保值

它是指一个已存在风险暴露的经济主体，力图通过持有一种或多种与原有风险头寸相反的远期工具来消除该风险的金融技术。完全的套期保值是指一项套期保值的保值工具在各方面均与最初的风险暴露完全吻合，如果存在这样的保值工具，风险可以完全被消除。但在实际中，最初的风险暴露与保值工具间完全的相关关系一般是不存在的，并且套期保值也往往被证明是不完全的。不过，从整体上来看，几乎任何一个经过合理设计的套期保值都要比根本不进行保值要安全得多。

2．投机

它是指一些人希望通过对市场某些特定走势的预期来对市场未来的变化进行赌博以获利的金融技术。投机将会制造一个原先并不存在的风险暴露（风险头寸），它往往采用较为直接的方式进行活动，买入预期价格上涨的资产，或卖出预期价格下跌的资产，不如套期保值的操作那样复杂。

3．套利

它是指利用市场不完全条件下有内在联系的金融工具之间的价格背离来获取利润的金融技术。有内在联系的金融工具之间的价格背离，可能在市场剧烈震荡时发生，或在市场间存在较大的有形分割时发生。套利的目的在于从价格的差异中获利，却不承担风险。套利者的活动对市场是有益的，因为他们的行为使得定价过低的工具价格上涨，定价过高的工具价格下跌，从而使市场价格迅速恢复到自然均衡的状态。

4．构造组合

它是一种对某个特定的交易或风险暴露的特性重新进行构造的金融技术。金融工程师经常把四种一般性衍生工具和基础性金融工具当做基本的积木块或组件，然后可以拼造出无数种金融衍生构造或产品。构造组合的金融技术可以根据客户的需要，满足投资者、借款人及金融市场其他参与者的不同偏好。

二、套期保值

前面讲过，套期保值是风险管理的重要手段和方法之一，对于公司这种经常有实体经济交易头寸的经济主体而言，可以认为套期保值是最重要的风险管理手段。

（一）套期保值的含义

按照美国商品期货交易委员会的定义：套期保值是指为了对实物市场交易

进行补充，而在合约市场交易远期交割的合约，并且在经济上适应于减少商业活动中的操作和管理风险。这些风险包括：生产、制造、加工和销售过程中存在的资产价值的潜在变化；拥有或预支产生的负债价值的潜在变化；预先买卖产生的服务价值的潜在变化。

按照上述及我们前面所说的定义，只有当期货交易是为了抵补商业活动中现货的价格风险而建立头寸时，才属于套期保值的范畴。这个概念强调了两点：一是期货头寸与现货头寸在经济上相互联系，以相反方向的头寸来回避现货价格风险；二是买卖期货合约的数量不能超过相应现货的数量。

（二）套期保值的类型

1. 按套期保值的交易方向划分，可分为两类

（1）多头套期保值。它是为了降低将来要购买的现货资产的价格风险而买入期货合约的套期保值，旨在用期货交易锁定将来要收入或购买的现货证券的价格。多头套期保值有时候被视为一种投机，因为在套期保值者购买期货时，他并没有相应的现货部位。它一般采用利率期货或外汇期货的交易方式。

（2）空头套期保值。它是为了降低将来要卖出的现货资产的价格风险而卖出期货合约的套期保值，旨在用期货交易锁定将来要卖出的现货证券的价格。空头套期保值一般已具有相应的现货部位，通常采用利率期货或外汇期货的交易方式。

2. 按套期保值的对象划分，可分为四类

（1）存货套期保值。它是指坐市商用期货合约来锁定其证券存货的价值直到其出售为止的空头套期保值，一般采用中长期国债期货的交易方式。

（2）证券组合套期保值。它是指为降低一组金融资产的价格下跌风险而进行的空头套期保值，一般采用股票指数期货的交易方式。

（3）资产负债套期保值。它是金融机构为降低因资产和负债在期限上的差别所引起的风险而进行的套期保值，一般采用国债期货的交易方式。

（4）交叉套期保值。它是指用性质上不同于现货证券的期货合约来为其进行套期保值。一般采用股票指数期货和利率期货的交易方式。现货股票组合在构成和权重上与期货合约的差异越大（利率期货中两者在期限、风险、息票等方面存在差异），那么交叉套期保值的程度就越大；如果两者完全没有差异，就不叫交叉套期保值。交叉套期保值的有效性可以用期货与现货在价值变动上的相关系数来测量，相关系数越低，则套期保值的有效性越差，说明所用的期货合约越不恰当。

（三）影响套期保值效果的因素

影响套期保值效果的因素主要包括：一是套期保值的基础资产与期货合约

标的资产的匹配性或一致性，反言之，就是两者之间的差异性；二是套期保值者面临的流动性约束，即由于期货市场价格剧烈波动可能存在的提前平仓的可能性，这是来自期货市场方面的变化的风险；三是基础资产的数量或期限在套保期内可能发生的变化，这是来自基础资产方面的变化的风险；四是基差风险的存在，即使现货标的资产与期货保值资产两者完全匹配，并且两个市场均未有意外变化，套期保值依然要面临期货资产价格与现货资产价格变化不一致的基差风险。

下面特别介绍一下基差风险的概念。基差是指一种资产的现货价格与期货价格之间的差额。在持续期内，基差可以为正，也可以为负。但随着交割日期的临近，期货价格收敛于现货价格，当到达交割期限时，两者趋于一致，基差最终将为零。基差风险是指资产的现货价格与期货价格之间的相对价格变动，反映基差的变动程度。在到期日之前，资产的现货价格与期货价格都随着市场利率等因素波动，但两者的变动不一定是完全同步的，因而产生基差风险。

基差风险对套期保值效果会产生影响。基差风险越大，套期保值的有效性就越低，投机获利的空间也就越大。如果现货价格与期货价格的变化不同步，意味着一个市场的收益（损失）不能完全弥补（抵消）另外一个市场的损失（收益）。例如，股票的现货价格从 30 元下跌到 20 元，期货价格从 30 元跌到 21 元。假定现货和期货都只交易一个单位股票，则现货市场损失 10 元，但期货市场仅获得 9 元的收益。在实践中，可以通过基差交易来减少基差风险对套期保值效果的影响。

（四）套期保值率

1. 概念

套期保值率是指在套期保值中期货部位与现货部位的比率，反映了期货价格与现货价格的相对变动趋势。

最佳套期保值率有两种情况：一是在不考虑期货价格与现货价格之间的相互影响的前提下，当套期保值后现货价值的净变动额为零时，套期保值率为最佳套期保值率；二是在考虑期货价格与现货价格之间的相互影响的前提下，最佳套期保值率实际上就是误差最小的现货价格与期货价格变动的比率，换言之，就是最小方差下的套期保值率。因此，计算最佳套期保值率可以分为这两种情况。

2. 朴素套期保值模型

这是不考虑期货价格与现货价格之间的相互影响的前提下，求最佳套期保值率 H。

现货资产总价值为：

$$TVs = SNs$$

式中：TVs——现货部位总价值；

　　　S——单位现货资产价格；

　　　Ns——现货数量，即单位数。

则现货资产风险或价值变动额为：

$$\Delta TVs = \Delta SNs$$

套期保值后现货价值的净变动额为：

$$\Delta TVs - f = \Delta SNs + \Delta F（-N_f）$$

式中：$\Delta TVs - f$——现货价值的净变动额；

　　　ΔSNs——现货价值变动额；

　　　ΔF——期货价格的变动额；

　　　$（-Nf）$——在期货合约上所建空头部位的数量。

套期保值目标为：

$$\Delta TVs - f = 0 = \Delta SNs + \Delta F（-N_f）$$

即：

$$\Delta SNs = \Delta FN_f$$

那么，可得最佳套期保值率为：

$$H = N_f / Ns = \Delta S / \Delta F \tag{15-4}$$

例15.3，在t时刻某固定收益资产现货价格为8.30%，该基础资产的3个月期货合约价格为8.35%，在3个月后的到期日 T 时刻，该资产的现货价格为8.45%，期货价格也是8.45%。问要实现完全套期保值，最佳套期保值比率为多少？

按此题条件，可得：$\Delta S = 8.45\% - 8.30\% = 0.15\%$；$\Delta F = 8.45\% - 8.35\% = 0.10\%$

代入式（15-4），可得：

$$H = N_f / Ns = \Delta S / \Delta F = 1.5$$

即在套期保值中期货部位与现货部位的比率为1.5。

3. 回归套期保值模型

这是在考虑现货价格与期货价格之间的相互影响的前提条件下，求最佳套期保值比率。

我们设：ΔS 为在套期保值期限内现货价格的变化；ΔF 为在套期保值期限内期货价格的变化；σ_S 为 ΔS 的标准差；σ_F 为 ΔF 的标准差；ρ 为 ΔS 与 ΔF 之间的相关系数。

在套期保值期内，空头套期保值者头寸（组合）的价值变动为：$\Delta S -$

$H\Delta F$；多头套期保值者头寸（组合）的价值变动为：$H\Delta F - \Delta S$。

在上述两种情况下，可以求出套期保值头寸价值变动的方差 V：

$$V = \sigma_S^2 + H^2\sigma_F^2 - 2H\rho\sigma_S\sigma_F$$

下面需要求出最小方差下的 H 值，即在一阶导数下 V 对 H 求极值：

$$\partial V/\partial H = 2H\sigma_F^2 - 2\rho\sigma_S\sigma_F$$

令上式为 0，注意到二阶导数大于 0，存在极小值，使得方差最小的 H 值为：

$$H = \rho \times \sigma_S/\sigma_F \tag{15-5}$$

当 $\rho = 1$，$\sigma_S = \sigma_F$，即期货价格完全反映了现货价格，套期保值的最佳比率就为 1；当 $\rho = 1$，$\sigma_S = 2\sigma_F$，则套期保值的最佳比率为 2。

三、衍生金融工具在风险管理中的运用

衍生金融工具在风险管理中的运用集中体现在套期保值作用上，由于实践中的套期保值操作丰富多彩，我们选择有代表性的三个方面来分析和理解衍生工具在套期保值中复杂多变的运用。

（一）引入基差交易的套期保值

前面提到，基差风险会影响到套期保值的效果，下面通过一个例子来说明外汇期货是如何被一家出口公司用于套期保值的。

1. 纯粹套期保值交易

例 15.4，某中国出口商 2003 年 3 月份出口了一批货物，将在 5 个月后获得 100 万美元货款。即期汇率为 8.30，该出口商为避免汇率下跌带来的损失，以 8.35 的价格购买了一份面值为 100 万美元的 9 月份到期的美元期货合约。5 个月后，该出口商如期收到 100 万美元，市场即期汇率果然下跌为 8.10，9 月份到期的期货合约价格下跌为 8.25。

分析：该出口商的套期保值操作过程如表 15-2。

表 15-2　　　　　　　　　　　　　纯粹套期保值交易

	现货市场	期货市场	基差
3 月份	计划卖出价格为 8.30	卖出价格为 8.35	-0.05
8 月份	实际卖出价格为 8.10	买入价格为 8.25	-0.15
损益	100 (8.10 - 8.30) = -20 万	100 (8.35 - 8.25) = +10 万	缩小 0.1

从表 15-2 的结果我们可以看出，该出口商的套期保值效果并不好，没有

实现通过外汇期货交易来对 100 万美元进行有效的套期保值。原因何在呢？主要是基差风险造成的。因为在 2003 年 3 月到 2003 年 8 月之间，外汇汇率的基差缩小了 10 个基点。下面我们加入基差交易来看看套期保值的效果。

2. 引入基差交易的套期保值

基差交易是这样的衍生金融交易：经现货资产交易双方协商同意，以其中一方选定的某月份的该资产的期货价格为计价基础，然后按高于或低于该期货价格的一定额度来确定买卖现货资产的价格，而不管现货市场上该资产的实际现货价格是多少。可以看出，基差交易是一种将期货价格与现货价格结合起来的定价和交易方式，它实际上是在选定的某月份的期货价格的基础上增减双方协商同意的基差来确定现货价格，并进行现货资产交割的交易方式。

本例中设计这样的基差交易：双方在 3 月份约定以低于 9 月份期货价格 0.05 的价格在 5 个月后交易 100 万美元现货。我们再来看引入基差交易后的套期保值交易，见表 15-3。

表 15-3　　　　　　　　　　　引入基差交易的套期保值交易

	现货市场	期货市场	基差
3 月份	计划卖出价格为 8.30	卖出价格为 8.35	− 0.05
8 月份	实际卖出价格为 8.20	买入价格为 8.25	− 0.05
损益	100（8.20 − 8.30）= − 10 万	100（8.35 − 8.25）= + 10 万	基差不变

从上面的结果我们可以看出，引入基差交易的套期保值使得该出口商达到了规避汇率风险的效果，因为基差交易抵消了出现的基差风险。当然，在实际操作中，基差交易未必总能消除基差风险，但是这样的操作至少提供了消除或减少基差风险、提高套期保值效果的选择。

（二）基于久期的套期保值

对于其价格的变动依赖于利率的有息资产，我们可以采用基于久期的套期保值策略来规避其风险。假定收益率的变动 Δy 对所有期限来说都是一样的，即假定收益率曲线只能发生平行移动，我们可以得到如下基于久期的套期保值比率：[①]

$$N^* = \rho \frac{\sigma_S}{\sigma_F} = \frac{SD_S}{FD_F} \qquad (15\text{-}6)$$

---

① 公式推导参见约翰·赫尔著．期权、期货和衍生证券．北京：华夏出版社，2001：92

式中：S——被保值的现货头寸的价值；

　　　F——期货合约的价格；

　　　σ_S——ΔS 的标准差；

　　　σ_F——ΔF 的标准差；

　　　D_F——期货标的资产的久期；

　　　D_S——被保值的现货资产的久期。

例15.5，今天是5月20日，某公司将于8月5日收到3 300 000美元，下一年2月份该资金要用于资本投资项目。公司决定将这笔资金投资于6个月期的短期国债。为避免5月20日至8月5日之间6个月期的国债利率下降，公司用9月份的短期国债期货来套期保值，期货报价为89.44。试问套期保值率应该是多少？

根据公式（15-6）及本题条件，得：

$$F = 10\ 000\ [100 - 0.25\ (100 - 89.44)] = 973\ 600\ （美元）$$

因为 $\qquad\qquad D_F = 3$ 个月 $= 0.25$ 年，所以：

$$N^* = \frac{SD_S}{FD_F} = \frac{3\ 300\ 000 \times 0.5}{973\ 600 \times 0.25} = 6.78$$

将6.78取整为7。即在考虑久期的情况下，该公司应该购买7份期货合约来对冲6个月期的短期国债风险。

（三）期权在套期保值中的运用

本书第十章涉及期权在公司融资决策中的重要作用，期权在风险管理中也是一类很好的避险工具。实际上，期权在经济生活中的应用越来越广泛，公司理财活动必将越来越多地涉及这种工具。下面我们依然通过一个外汇期权的例子来说明期权在套期保值中的运用。

例15.6，某英国进口商3个月后将支付140万美元货款，3个月后该进口商有一笔100万英镑的收入来支付这笔货款，即期汇率为1英镑＝1.4美元。为防止美元升值造成损失，该进口商以1万英镑的期权费购入一个交易额为100万英镑的美元买入期权，执行价格为1英镑＝1.5美元。3个月后将可能出现以下三种情况：

（1）美元升值。

例如美元升值为1英镑＝1.3美元，则该进口商将要支付107.69万英镑（140/1.3），多支付了7.69万英镑。

同时，该进口商执行期权，以100万英镑买入150万美元，140万支付货款，10万美元按汇率1.3兑换7.69万英镑，减去1万英镑期权费，节省了6.69万英镑。

总体评价：该进口商较为有效地转移了美元升值带来的汇率风险，期权交易中获得的6.69万英镑弥补了该出口商实际多支付的7.69万英镑，但依然发生了1万英镑的损失。

（2）美元贬值。

例如美元贬值到1英镑＝1.5美元，则该进口商可以放弃执行期权，损失了1万英镑的期权费。

实际支付货款为93.33万英镑（140/1.5），少支付6.67万英镑。

总体评价：因汇率向有利于该进口商的方向变动，他在实际货款支付中少支出了6.67万英镑，但因购买期权支付了1万英镑，总计比预期少支付5.67万英镑。

（3）汇率不变。

假定汇率不变，即依然是1英镑＝1.4美元，则该进口商既可以执行期权，也可以放弃期权，损失仅为1万英镑的期权费。

从上例可以看出，期权是一种关于未来的选择权，它可以在价格发生不利变化时减少公司的损失，而当价格发生有利变化时，损失的仅仅是期权费。期权的变化形式非常多，在风险管理中的应用必然会越来越广泛。

【本章小结】

1．在金融学的资产定价理论中，风险被定义为价格或收益的波动性，即预期价格或收益与实际到期价格或收益偏离的可能性，是一个中性的概念，既可能形成实际损失，也可能形成实际收益。风险可以有不同的划分方式，如市场风险、信用风险、流动性风险、操作风险和政策风险等。从公司理财角度，我们将公司所面临的风险分为三类：经营风险、财务风险和市场风险。

2．风险管理是公司对面临的各种风险进行识别、测量，然后选择合适的方法进行处理，并对管理效果进行评价的过程。风险管理目标是以较确定的管理成本来替代不确定的风险成本，并以此增加公司价值。风险管理主要包括四个流程：风险识别、风险测量、风险处理和效果评价。风险处理有四种基本方法：风险回避、风险预防、风险承担和风险转移。其中，风险转移是风险处理中最重要的方法之一，它包括套期保值、保险、分散投资等三种基本机制。

3．在有效市场中，风险管理是不会改变公司当前价值的，而现实经济中运行的市场不可能达到理想化的有效市场状态。因此，合适的风险管理是能够提升公司价值的。风险管理对公司价值增长的作用体现在节约税负，降低管理财务危机的成本，产生更加平稳的现金流，有利于公司的投资决策和可以改进股利政策等几个方面。

4．常用的风险识别方法有：失误树分析法、情景分析法、资产财务状况分析法、专家调查列举法、分解分析法等。风险测量是对公司面临的风险的量化认识，是风险管理的核心。风险测量的方法有很多，大致可以分为指标测量方法、敏感性测量方法和波动性测量方法等几类。

5．衍生金融工具是以基础性金融工具交易为内容的特殊权利安排的金融合约，这类衍生交易合约的价值决定于基础性金融工具价格的变动状况。它主要包括远期、期货、期权和互换等一般性衍生工具和一些结构复杂的结构化衍生工具。衍生金融工具的运用策略大致包括套期保值、投机、套利和构造组合等，其中在风险管理中运用最广泛的就是套期保值。

【思考与练习】

1．比较下列概念：

（1）经营风险、财务风险与市场风险

（2）风险识别、风险测量与风险处理

（3）缺口分析与敞口分析

（4）久期与凸性

（5）套期保值与套利

（6）期货与期权

2．简述公司经营所面临的主要风险。

3．简述风险管理的流程。

4．试述 VaR 方法的含义与特点。

5．简述敏感性风险测量方法与波动性风险测量方法的异同。

6．影响套期保值的因素有哪些？

7．什么是基差和基差风险？

8．一位基金经理管理一个价值 55 000 000 美元的债券组合，该组合的平均久期为 6.9 年。现在是 2004 年 12 月 30 日。由于担心未来 3 个月内利率出现较大波动，这位经理决定对该债券组合进行套期保值。当前 2005 年 4 月份的长期国债期货价格为 102.25。已知交割最便宜的债券的久期为 7.8 年。请问这位基金经理应该如何进行套期保值？

9．假设某公司投资经理 A 得知 3 个星期后将有一笔资金流入公司并计划投资于一批总面值为 10 000 000 美元的 90 天期国库券。当前市场上 3 个星期后到期的 90 天期短期国库券期货合约的报价为 94.75。请问，为了规避 3 个星期后利率下降的风险，该投资经理该如何进行套期保值？若 3 个星期后，利率不仅没有下降反而上升，90 天期国库券的贴现率上涨为 5.5%，则该投资经理在期货和现货市场上的盈亏状况如何？

10．现有一债券，期限为 5 年，面值为 100 元，附息票利率为 12％。假定该债券连续复利的年收益率为 10％，息票每 6 个月支付一次，金额为 6 元。请计算该债券的久期为多少？

11．论述：风险管理对公司价值有没有影响？有哪些影响？

第十六章　公 司 并 购

【学习目标】

　　通过本章的学习，学生应该了解公司并购的含义、各种经济效应以及并购过程中的财务分析等内容；重点掌握公司并购的各种形式，反并购的各种手段，公司并购的并购协同效应及其影响因素，并购财务分析中对目标公司价值评估的方法以及不同出资方式的不同影响等内容。

第一节　公司并购的形式

　　公司并购是公司理财各类活动中最引人注目和最有争议的活动，它是在公司长期发展战略的框架内进行的。公司并购的目标与其他理财活动的目标一样，也是为了提升公司的价值。并购可以看做是一项存在不确定性的投资活动，面临着不确定条件下风险与收益之间的衡量问题，因此，并购决策实际上是一项资本预算决策，同样适用于净现值分析法则，即只有当被兼并的目标公司能够为收购方带来正的净现值时才会被收购。确定目标公司的净现值实际上是非常困难的，所以，并购是非常复杂的一类公司理财活动。

一、公司并购的形式

　　并购是兼并收购的简称，它涉及的是公司控制权的交易。人们对并购概念的认识并不统一，如兼并、收购、合并、接管等概念经常混同使用，本书并不想在字面上对并购的内涵做过多的缕析。[①] 下面仅对这个操作性强的概念的外延，即并购的形式进行分析。

　　（一）按照法律关系划分为合并、收购股票、收购资产

　　1. 合并

————————————

　　① 关于兼并等相关概念的分析可以参见：陈雨露主编．公司理财．北京：高等教育出版社，2003：325

按照我国《公司法》的规定，合并可以分为吸收合并和新设合并两类。

吸收合并是指一家企业被另一家企业吸收，兼并企业保持其名称和身份，并且收购被兼并企业的全部资产和负债。吸收合并中被兼并的目标企业不再作为一个独立经营实体而存在。

新设合并是指兼并企业和被兼并企业终止各自的法人形式，共同组成一家新的企业。新设合并除了会产生一个全新的企业之外，其他方面与吸收合并基本相同，都会导致双方企业资产和负债的联合。

比较两类并购方式，吸收合并方式相对于新设合并方式具有两个方面的优势：一是兼并在法律上的规定较为明确，兼并的收购成本较小，因为在兼并过程中不需要将每一项单独资产的所有权由目标企业过户到兼并企业。二是兼并必须获得双方企业股东的批准，一般是要求 2/3 以上股权的赞成票。此外，目标企业的股东享有评价权，即他们可以要求兼并企业以公允价值购买持有的股票。但兼并企业和被兼并企业中持反对票的股东经常难以就公允价值达成一致意见，从而导致昂贵的诉讼程序。[①]

2．收购股票

收购股票是指兼并企业用现金、股票或其他证券购买目标企业具有表决权的股票，通常可以采取协商收购和要约收购两种方式。协商收购是指收购企业的管理层与目标企业的管理层就收购股票的有关事宜进行协商，以寻求双方都满意的收购条件。要约收购是指收购企业直接向目标企业的股东发出购买其股票的公开要约。收购要约一般通过报纸、广告等公告方式进行通知，极少情况下也会用普通邮寄方式发出要约。

可以看出，协商收购与要约收购的区别主要有两点：一是协商收购的谈判对象一般是目标企业的管理层，要约收购的谈判对象是目标企业的股东；二是协商收购一般是私下进行的，而要约收购更多地是在公开市场上进行的，其行为目标可能是多重的，例如广告效应。

采取收购股票的兼并方式主要受以下一些因素的影响：[②] 一是收购股票在程序上较为简便，不需要召开股东大会进行表决。如果目标企业股东不愿意接受该要约，他们有权拒绝出售股票。二是如果采用要约收购方式，可以绕过目标企业的管理层和董事会，直接与目标企业的股东谈条件。三是收购股票经常

---

① 参见斯蒂芬·A. 罗斯等著．吴世农等译．公司理财．北京：机械工业出版社，2003：593

② 参见斯蒂芬·A. 罗斯等著．吴世农等译．公司理财．北京：机械工业出版社，2003：593

被视为是一种恶意收购行为，因此会遭到目标企业管理层的抵制，导致其收购成本一般高于其他方式的兼并成本。四是要约收购一般难以完全吸收目标企业的全部股权。由于种种原因，总有一小部分股东坚持不出让股票，所以，若要完全吸收目标企业的全部股权，通常还需通过其他的兼并方式。

3. 收购资产

收购资产是指兼并企业可以通过购买目标企业全部资产的方式实现并购目标。这种并购方式要求将目标企业的资产过户，需要目标企业的股东进行正式投票表决，这一法定程序的成本高昂。这种方式的优势在于，可以避免在收购股票方式下由少数股东带来的潜在问题，同时也可逃避目标企业的一些债务，包括实际债务和或有债务。

（二）按出资方式划分为出资并购、资产（股权）置换

1. 出资并购

出资并购是指并购企业用资金购买目标企业的控制权，包括出资收购企业、出资购买股权和出资购买资产。兼并企业支付的资金可能是自有资金，也可能是债务融资，因此，出资收购可以分为杠杆收购和非杠杆收购。

杠杆收购（Leverage Buyout，LBO）是指并购公司运用较高比例的债务融资来实现收购。在这种方式下，并购公司并不需要拥有巨额资金就能达到收购的目的，而且在很多情况下，并购公司是利用目标公司资产经营的收入来支付购买价款或作为担保。特定地，如果是公司的管理层通过杠杆收购方式购买本公司的股票，一般被称为管理层收购（Management Buyout，MBO），这与公司控制权交易有关，算是一类特别的并购方式。

非杠杆收购是指并购公司收购目标公司的资金大部分来自于自有资金，而不是债务融资。但是现代公司收购中几乎没有不运用贷款的，因此，非杠杆收购也只是说融资的比例较低而已。

2. 资产（股权）置换

置换是指并购企业并不采取直接资金支付的方式获得目标企业的股权或资产，而是以自己的股权和资产来交换目标公司的股权或资产。在实际资本市场运作中，存在资产交换资产、资产交换股权、股权交换资产、股权交换股权和资产与股权的混合置换等各种复杂的形式。例如在股权分割运作中的子（公司）股换母（公司）股等。置换可以使兼并公司在减少现金流出的同时，对公司资产负债结构进行综合的调整，是公司战略调整的重要组成部分。

需要注意的是，以置换方式进行并购的过程中通常伴随着资产的剥离问题。资产剥离也是公司理财活动的重要内容，其对公司价值贡献的评价标准与并购类似。从公司价值最大化的角度看，如果被剥离的资产的预期市场价格

（即拆卖的价值）超过了它作为公司的一个实体的价值时，资产剥离就是有效的。

（三）按公司业务联系划分为横向并购、纵向并购、混合并购

1. 横向并购

横向并购是指同一行业生产同种产品的企业间的合并，并购企业与目标在产品市场上构成竞争关系。横向并购的动因是追求规模经济，既可以降低单位产品成本，还可以扩大市场份额，降低竞争的激烈程度。

横向并购会显著提高市场集中度，因为它直接减少了市场的企业数量。其结果是限制竞争，增强行业内的垄断力量，尤其在行业最大企业参与并购的情况下更为显著。由于横向并购对竞争存在潜在的负面影响，所以，它通常会受到政府反垄断法的限制。

2. 纵向并购

纵向并购是指同一行业内处在不同生产经营阶段，具有投入产出关系的企业间的合并，又称为纵向一体化。按照兼并的方向不同，它可以分为前向性纵向并购和后向性纵向并购方式，前者是指纵向并购向上游投入的方向延伸，例如航空公司收购旅行社；后者是指纵向并购向下游最终产品及销售阶段延伸，例如矿产公司收购钢铁公司。

纵向并购的动因有以下几个方面：一是节约交易费用。纵向并购把有投入产出交易关系的企业合并为一个企业，把市场交易关系转变为企业内部管理关系，节省了交易费用。虽然内部管理也要支付管理费用，但只要节约的交易费用大于增加的管理费用，纵向并购就是可行的。二是节约生产运营成本。纵向并购可以充分发挥企业的技术特性，把产品不同生产阶段连接在一起，节约仓储、运输以及管理费用，提高物料和人力等资源的利用效率，同时，增强了生产经营各环节之间的连续性和平稳性。三是节约信息费用。纵向并购可以将外部信息内部化，企业获得了更广泛的信息，同时可以加速内部信息的传播和利用，避免信息的歪曲和泄露。四是增强市场控制力。通过前向纵向并购，可以控制关键原材料的供给和价格，通过后向纵向并购，可以控制销售网络，从而增加了新企业进入的难度，增强企业的市场支配力。

3. 混合并购

混合并购是指不同行业生产不同产品的企业间的合并，又称为多元化经营，因为并购企业和目标企业之间的业务互不相干。混合并购可以分为财务型混合并购和管理型混合并购。财务型混合企业向它们所经营的各部门提供资金并执行控制职能，而且还是财务风险的最后承担者，但不参与经营决策；管理型混合企业则不仅承担财务策划与控制职能，而且还负责经营决策以及向经营

实体提供技术和专业技能方面的服务。

混合并购的动因主要有三：一是利用范围经济。所谓范围经济是指一个企业里同时生产多种产品比多个企业生产单一产品能达到更低的成本。混合并购带来的范围经济性主要来源于：通过生产季节性互补或需求上互补的多样化产品，避免一些通用性设备的闲置；企业拥有的无形资产如专利技术、专有技术、商标、信誉等可以重复使用而无需付费；企业拥有的管理人才和管理经验可以扩散到其他产品和行业发挥更大的作用。二是分散风险。[①] 在企业经营的外部环境极不稳定的情况下，多元化经营可以分散风险，增强企业适应外部环境变化的能力。三是增强企业的市场控制力。多元化经营企业可以利用交叉补贴（即盈利行业弥补临时性亏损行业），实行掠夺性定价（即暂时把价格定在生产成本之下以谋取长期超额利润）来打击竞争对手以扩大市场份额，增强市场控制力。

二、公司并购的防御手段

在现实经济活动中，拟被兼并的目标企业的经理层总是会阻挠并购的发生，他们会采用形形色色的反并购的防御手段。因此，公司的并购与反并购一直是交织在一起的，甚至可以说是一种活动的两个方面。上面介绍了公司并购的基本方式，下面简要介绍一下反并购的一些操作方法或手段。[②]

（一）资产剥离

资产剥离既是并购过程中的一种操作，同时也是反并购的一种策略或手段。作为一种并购活动，资产剥离主要有几个方面的考虑：一是企业出于适应经济环境变化而采取的经营收缩策略；二是为更好的投资机会作出的放弃和牺牲；三是纠正过去错误的投资决策；四是实现过去投资收益的一种手段。有的学者将并购中资产剥离的原因归结为两点：其一是资产作为买入机构的一部分，要比作为卖出机构的一部分有更高的价值；其二是资产与卖出企业的其他盈利性资产相抵触。

资产剥离同样可以用于反并购的目的，目标企业的经理为了避免被兼并，可能会采取一些收缩经营战线，集中于公司主业的策略以提升公司价值，抬高

---

① 有的学者认为分散化并不是并购的真实原因，分散化也并不能增加公司价值。参见兹维·博迪，罗伯特·C. 莫顿著. 伊志宏等译. 金融学. 北京：中国人民大学出版社，2000：429～431

② 参见斯蒂芬·A. 罗斯等著. 吴世农等译. 公司理财. 北京：机械工业出版社，2003：607～609

公司股票价格。在实践中资产剥离主要有三种做法，即出售资产、分立和发行追踪股票，这三种剥离方式可以达到减少企业多元化经营的负面影响，提升公司主营业务价值的目的。

出售资产是指企业为了一些特定目的，特别是为了筹措现金的需要而将企业的一个部门出售。分立是指母公司将其在子公司中拥有的股份按比例分配给公司的股东，这样就有两家股份比例完全相同的公司（即母公司与子公司）存在，而此前只存在一家公司（即母公司）。在分立过程中，没有发生任何资产交易，子公司最终成为一家完全独立的公司。分立与股权分割有所不同，在股权分割中子公司的股票可以在证券交易所公开发售给投资大众，可以在不丧失控股权的情况下为母公司带来现金收入。追踪股票是企业发行的一种普通股，其价值与母公司某一特殊部门的经营业绩相挂钩。发行追踪股票实际上相当于先按比例配股，再将分配的股票公开上市，它与资产出售、分立十分类似，但它与分立或股权分割是有区别的，此类股票所属的部门并不是一个独立的法人实体。

（二）公司章程

公司章程是公司的内部法，是规范作为法人的公司以及各利益主体行为的基本规章。公司章程对防止收购的意义在于，它通常规定了收购所需要满足的条件。这些条件有时候是难以达到的，例如规定只有达到 2/3 以上有表决权的股东同意才能进行并购。但要公司修改章程以降低收购条件是非常困难的，因为这也需要股东大会表决通过，这些法定程序会增加企业的收购成本。

相反，目标公司的经理却可以利用在职优势修改公司章程，进一步增加收购的难度。例如将收购条件改为：只有赞成兼并的在册股东达到 80% 才能进行收购，这样就更增加了收购的难度，这种做法通常被称为"绝大多数修订条款"。公司章程规定的某些反收购条款，既可以增加收购的难度，为股东获得更高的收购溢价创造条件，又可以避免公司管理层在防止被收购上花费大量的精力，影响公司正常的经营管理。

（三）股份回购

目标公司的经理在面临收购威胁时可以采取回购本公司股票的方式阻止收购的进行。股份回购一般有市场回购和定向回购两种方式。需要说明的是，在现实的资本市场运作中，股份收购是受到一定限制的，例如必须履行信息披露义务。特别是回购本公司股票，其受到的限制更多，我国相关法律是严格禁止公司回购本公司股票的，以防止公司利用内幕信息操纵股票价格来获利。

（四）杠杆收购

杠杠收购是指购买股票所用的现金是由债务融资获得的，这种收购不需要拥有多少权益资本就可以完成。前面讲到的杠杆收购是一种并购操作，它同时也可以是公司现有管理层对付外来收购的一种反并购手段，即用杠杆收购的方法来收购本公司的股票。这里有两点需要注意：一是如果当杠杆收购的资金或权益资本由一个私人投资集团提供时，原来是公开上市的公司就可能转为非上市公司，因为由公众持有的股票被一个私人投资集团购买，该股票会被证券交易所摘牌；二是当这个小投资集团正好是公司现任管理层时，杠杆收购就转化为通常所说的管理层收购。

通过杠杆收购来反并购存在一个理论问题。在杠杆收购中出售股票的股东和兼并一样，也是可以获得溢价的。如果说在兼并中是因为涉及两家公司的合并产生了并购协同效应，才产生了支付溢价的话，那么，杠杆收购或管理层收购中只涉及一家企业，不能产生并购协同效应。为什么出售股票的股东也能获得溢价呢？通常有两个理由用于解释杠杆收购方式具有创造价值的能力。其一，是因为公司增加的负债会减少税负，从而将增加企业的价值。许多杠杆收购都发生在那些具有稳定收益、负债很少或适度的企业身上，那么杠杆收购将增加这些企业的负债，并使之达到最佳水平。其二，杠杆收购一般使得经理人员成为股东，对他们更努力工作起到一种激励作用。同时，负债的增加对经理人员而言也是一种压力，只有赚取比债务更多的利润才能增加自己的股权价值。

（五）其他反并购手段

在实践中，随着公司并购热潮的兴起，目标公司反并购的手段也是形形色色、层出不穷，因公司情况的不同而各具特色。下面列举几种，这些方法应用得越来越普遍，因此被冠之以一些有趣的称谓或术语。

（1）金保护伞。这是目标公司在面临被收购时其股东为管理层提供的一种利益补偿和保护。因为如果并购发生了，目标公司现有管理层的利益受到的冲击最大，当然，其中的获利机会也很大。这种保护机制可以促使管理层在反并购决策时，能够较少关心其自身待遇，较多关心股东利益。有时候，这种利益补偿也被视为是管理层对股东的要挟，是对股东利益的一种损害。

（2）皇冠宝石。这是目标公司采取的牺牲自己来避免被收购的方法。目标公司在面临收购威胁时，经常会出售其主要盈利资产即皇冠宝石，这样就可以降低公司价值，失去对潜在收购者的吸引力。这是一种损己不利人的战术，因此有时又被称为焦土战略。

（3）毒丸计划。[①] 这是目标公司用暗藏杀机的方法来避免被收购的策略。

---

① 实践中的毒丸计划五花八门，请参阅 J. 弗雷德·威斯通等著.唐旭等译.兼并、重组与公司控制.北京：经济科学出版社，1998：439～440

毒丸一词源自间谍业，是指间谍不愿被俘而吞下含氰化物的毒丸。这个术语用在公司理财上，就是通过一些特别的制度安排来降低目标公司对潜在收购者的吸引力。这些特别的制度安排就是所谓的毒丸。例如，以事先协定的价格赋予股东收购目标企业股票的权利，而毒丸权利计划的行使可能会极大地稀释股权。与皇冠宝石战术稍有不同，这种反并购手段损人却未必不利己。

（4）白衣骑士。目标公司可以寻求援助者来解救自己面临的收购威胁，它可以选择一家关系良好、实力雄厚的企业即白衣骑士，以更高的价格对目标企业发出收购要约，使得原来的潜在收购者必须支付更高的收购价格或者放弃收购。这种方式类似于公开投标中安排自己人为自己的拍品抬价。

第二节　公司并购的效应

公司并购的根本动因是为了寻求更大的公司价值，其具体动因较为复杂，既可能是出于公司实施新的发展战略的动机，提高经营与管理效率的动机，也可能是出于避税的动机或低价收购的动机等。这些动因蕴含于公司并购所带来的各类效应之中，正是因为并购活动能产生这些经济效应，才促使公司理财的决策者采取并购行动来获取这些经济利益。

一、并购协同效应

（一）概念与衡量方法

1. 概念

并购协同效应是指并购后的公司全部运营资产的价值大于并购前两家公司各自运营资产的价值之和，这是并购活动产生的最基本的效应。假设 A 企业拟兼并 B 企业，A 企业的价值是 V_A，B 企业的价值是 V_B。对于公开上市的公司，可以将 V_A 与 V_B 分别等价于 A 企业和 B 企业在外流通股票的市场价值。合并企业 AB 的价值为 V_{AB}，它与 A、B 两企业单一价值之和的差额即为并购产生的协同效应：[1]

$$协同效应 = V_{AB} - (V_A + V_B) \qquad (16\text{-}1)$$

通常情况下，只有当协同效应为正值时，才会形成并购收益，并购才可能会发生。但是，在实际经济活动中，成功的并购不仅需要正的协同效应（极少数情况下，负协同效应的并购也可能发生），还需要考虑协同效应即并购收益

---

[1] 参见斯蒂芬·A. 罗斯等著. 吴世农等译. 公司理财. 北京：机械工业出版社，2003：597

在兼并企业和目标企业之间的分配问题。因此，兼并企业通常必须向目标企业支付溢价，即从并购收益中让渡出部分收益给目标企业。例如，若目标企业的股价为 100 元，兼并方也许要支付每股 120 元的代价，这就产生了 20 元或 20% 的溢价。

实践中并购收益和溢价支付的情况很复杂，可能出现三种结果：其一是公司并购的协同效应为正，兼并企业支付合理的溢价，并购收益在兼并企业和目标企业之间公平分配，实现了双赢的结果。其二是协同效应为正或零，但是兼并企业过高地估计了目标企业的价值，支付了过高的溢价，结果兼并企业的股权价值下降，目标企业获得额外收益。这种情况有时被称为"赢家灾难"，这通常是由于兼并企业的管理层或股东过于自负造成的。其三是协同效应为负的并购在实践中依然可能发生。由于现代公司普遍存在的委托代理问题，兼并企业的管理层并不以股东价值最大化为决策目标，经理层为了自己的利益，可能进行协同效应为负的并购行动。这样的并购自然会损害兼并企业股东的利益，目标企业由此受益。[1]

2．衡量方法

兼并企业与目标企业就支付的溢价进行磋商之前，必须首先确定并购带来的收益，即并购协同效应。式（16-1）是对并购协同效应的大致描述，公司理财实践中通常用贴现模型来确定并购收益。

$$协同效应 = \sum_{t=1}^{n} \frac{\Delta CF_t}{(1 + R)^t} \qquad (16-2)$$

式（16-2）中，ΔCF_t 表示 t 时合并企业产生的现金流量与原两个单一企业产生的现金流量的差额。换句话说，ΔCF_t 表示兼并后 t 时的净增现金流量。R 表示净增现金流量应负担的风险调整折现率，它通常被认为等于目标企业权益所要求的报酬率。

由相关的资本预算知识，我们知道净增现金流量可分为以下四个部分：

$$\Delta CF_t = \Delta 收入_t - \Delta 成本_t - \Delta 税负_t - \Delta 资本需求_t$$

式中：$\Delta 收入_t$——并购净增收入；

$\Delta 成本_t$——并购净增成本；

$\Delta 税负_t$——净增税负；

$\Delta 资本需求_t$——新投资要求的净增运营资本和净固定资产。

因此,通过对上面净增现金流量公式的解析,我们可以将并购协同效应的来

---

① 参见陈雨露主编．公司理财．北京：高等教育出版社，2003：332

源分为四种基本类型:收入上升、成本下降、税负减少和资本成本的降低。①

(二) 经营协同效应

公司并购的一个基本动机在于合并企业可能比两个单一企业产生更多的收入或更少的成本,这种由并购带来的收入上升或成本下降就叫经营协同效应。经营协同效应可以通过横向并购、纵向并购和混合并购获得,其理论假定是,在行业中存在规模经济,并且在公司并购发生之前,公司的经营水平达不到规模经济的潜在要求。

1. 收入上升

增加的收入可能来自于营销利得、战略收益和市场控制力量增强等方面。

(1) 营销利得是指通过改进营销策略,并购能够产生更多的经营收入。收入增加的渠道主要是对若干经营流程的改进,它包括广告投入、销售网络和产品结构等方面。

(2) 并购本身就是一种公司战略框架内的行为,并购的实施可以获得战略上的好处。公司战略可以分为进攻型战略和防御型战略。在实施进攻型战略时,企业的目标是提高市场地位。公司并购将创造出一个更大的企业,占有更大的市场份额,并且利用规模经济进行成本低廉、规模庞大的生产活动。在实施防御型战略时,企业目标是力争在行业变革时能生存下来,防御收购既是产业重组的需要,也可以利用兼并来消化过剩的生产能力。因此,并购带来的战略收益可以使企业更能够适应和利用竞争环境的变化。并购带来的战略收益有时候也被称为"战略重组效应"。

(3) 无论是横向并购还是纵向并购,都可以增强企业的市场控制力。并购直接导致竞争对手减少,降低市场竞争程度。在达到一定的市场垄断力后,公司一般会提高产品价格,由此获得垄断利润。

2. 成本下降

成本下降可能来源于横向并购带来的规模经济效益,纵向并购带来的纵向一体化收益以及资源互补带来的好处。

(1) 在生产规模扩大、产量提高时,总成本中数额确定的固定成本在更多的产品中被分摊,从而降低了单位产品的平均成本,我们称其为规模经济效益。横向并购后的企业一般会有更大的生产能力和市场份额,会获得规模经济的好处。

(2) 纵向并购可以使那些业务联系密切的企业之间的协作更加容易,降低

———————————

① 参见斯蒂芬·A. 罗斯等著. 吴世农等译. 公司理财. 北京:机械工业出版社,2003: 597~600

了各生产环节的协调和管理成本。通过向上游和下游企业的延伸，并购企业可以有效地节省运输成本、存货管理成本、销售成本等。同时，纵向一体化收益还包括技术共享带来的收益，这实际上是降低了并购某一方的技术获取成本。

（3）一些企业兼并其他企业是为了更充分地利用现有资源，或者是为了获得经营所必须但目前却缺乏的某种资源。

（三）管理协同效应

公司兼并的另一个基本动机在于合并企业可能会比两个单一企业更有管理效率。通过并购，企业可以在许多方面提高管理效率。这种由并购带来的管理资源的充分利用和管理效率的提高就叫管理协同效应。管理协同效应又叫差别效率理论。如果一家公司拥有一个高效率的管理层，其能力超过公司日常的管理需求，该公司可以通过并购一家低管理效率的公司来使其额外的管理资源得到充分的利用。

可以认为，管理协同效应是实现经营协同效应的重要条件，因为公司并购带来的好处在很大程度上依赖于横向并购或纵向并购中存在的规模经济效应，而规模经济好处的获得是有条件的。企业的产量提高和市场份额扩大后，需要更高效率的管理能力，否则，成本反而可能会上升。实际上，制约企业最佳生产规模、保障企业获得规模经济效益的最重要因素恰好就是管理能力，因此，管理协同效应和经营协同效应是并购行动中必须同时考察的两个密切联系的方面，它们直接影响并购协同效应。

特别地，管理协同效应还包括淘汰无效率的管理层这个因素，但这通常并不构成并购发生的一般性解释。[①] 首先，这需要假设被收购的目标企业无法更换自己的管理层，只好通过并购来达到淘汰管理层的目的；其次，如果替换不称职的管理层是并购的惟一原因，那么把被收购的公司作为子公司来经营就足够了；最后，实证研究结果表明，大部分并购后的企业并没有更换管理层。

（四）财务协同效应

公司并购可以给合并后的企业带来财务方面的好处，这通常被称为财务协同效应。财务协同效应表现在以下几个方面：

（1）由于内部融资成本一般低于外部融资成本，合并后的企业可以降低整体融资成本。例如，一家公司现金流量很大却缺少投资机会；另一家公司有许多投资增长机会却缺乏现金流，虽然也可以进行外部融资，但融资成本较高。如果这两家公司合并，相当于内部构建了一个资本市场，将外部融资内部化可

---

① 参见 J. 弗雷德·威斯通等著. 唐旭等译. 兼并、重组与公司控制. 北京：经济科学出版社，1998：173～174

以降低整体融资成本，提高公司价值。

（2）并购可以带来财务上的规模效应。并购后的企业规模比以前要大，由于在证券发行中大量发行比少量发行的单位成本要小，具有规模经济性，因此，并购后的企业的资本成本会降低，也可以提高企业价值。

（3）并购后的企业的负债能力大于并购前单个企业的负债能力之和，可以获得较为有利的融资条件，同时，也可以给企业的投资收入带来税收节省。

（五）税收节约效应

税收节约效应也可以视为财务协同效应的一个重要部分。正因为其重要，我们才单独列示分析。获得税收节省可能是某些并购行为发生的强烈动机，例如税率较高的公司兼并纳税等级较低的高技术企业等。由并购产生的税收利得大致为以下几方面：一是利用由经营净损失形成的纳税亏损；二是利用尚未动用的举债能力；三是利用自由现金流量（剩余现金流量）。[①]

（1）通过并购可以将一家亏损企业无法利用的税收减免额度转移给另一家盈利企业来利用，亏损额可以在合并企业的税前利润中扣减，以达到降低整体税负的目的，即合并企业所缴纳的税收要少于两个企业各自要缴的税额之和。若不进行兼并，它们就无法利用这种纳税亏损。

（2）按照公司理财的原理，最佳的债务权益比率应该是：当增加债务所致的边际税收收益等于增加债务所致的边际财务困境成本时所对应的债务权益比率。公司并购会产生多元化效应，合并企业的财务困境成本会比两个单一企业之和要小，因此，合并企业在兼并完成后，可以动用某一方未利用的举债能力来提高其债务权益比率，创造更多的税收收益和更多的价值。

（3）自由现金流量是指在支付所有的税金并满足所有净现值为正数的投资项目所需资金之后的剩余现金流量。企业除了用自由现金流量购买固定收益证券之外，还可以用于支付股利、回购股票和收购另一家企业的股票。在有些国家的税法中，企业运用自由现金流量进行并购活动可以获得许多税收优惠，例如在兼并情况下由被兼并企业发放的股利全部免税。

二、信息传递效应

公司并购除了能直接带来并购协同效应外，还可以带来信息传递效应。并购行为可以传递两类基本信息：[②]

---

① 参见斯蒂芬·A.罗斯等著.吴世农等译.公司理财.北京：机械工业出版社，2003：599

② 参见陆正飞主编.财务管理.大连：东北财经大学出版社，2001：353

（1）并购活动会传递被收购的目标公司价值被低估的信息，这样的信息将促进市场对该公司股票的价格进行重新评价，其结果是股价走高。目标企业的股东和管理层不需要特别的行动，就可以享受股价上升、公司价值提高的结果。这种坐享其成的好处被趣称为"坐在金矿上"，是并购带来的信息传递效应的结果。

（2）通过公开市场进行的要约收购也会传递某些信息，即目标企业当前的管理层或者是管理能力不够，或者是不够勤勉尽责。这会促使管理层实行更有效的经营策略，在这里要约收购本身构成巨大的压力和推动力，促进公司经营管理水平的提高，进而增加企业价值。由要约收购带来的信息传递效应，导致了"背后鞭策"的较好结果。

三、代理成本效应

公司并购活动可以在一定程度上节约现代公司普遍存在的代理成本。现代公司产权的基本特征是所有权与经营权的分离，由于所有者与经营者的利益不完全相容，就形成现代公司经营管理中的代理问题，产生了代理成本。代理成本包括缔约成本、委托人的监督成本和代理人的保证成本等。

代理问题一般是通过内部与外部的治理机制来解决的。内部治理机制主要是通过股东大会、董事会和监事会等现代公司治理结构来完成；外部治理机制主要是股票市场的评价和经理人市场的竞争等。当这些治理机制不能有效解决代理问题时，公司并购就成为了最直接、最有效的解决代理问题的方式。并购作为最后的外部控制机制，可以使外部管理者接替企业现有的管理层并接管董事会，取得对目标企业的决策控制权，有效地解决存在的代理成本高昂的问题。代理成本效应也可以称为并购的控制权效应，因为并购中获得的控制权不仅可以降低代理成本，其本身也是有价值的。

四、破产成本效应

公司并购可能产生的一个后果是一家公司为另一家公司承担破产成本。当A、B两家公司相互独立时，A公司不会为B公司的负债承诺或担保支付。但兼并发生后，债权人不仅可以从A企业创造的现金流量中支付债权，还可以从B企业实现的现金流中支付。当合并企业的一个组成部分经营失败，债权人可以从另一个组成部分的获利中获偿，这等于是一家公司把破产成本转移给合并的另一家公司。因此，破产成本效应又可以称为共同保险效应，合并的两家公司具有互相担保的性质。

破产成本效应或共同保险效应，可以使合并企业的债务风险减小、价值增大，但这个效应对目标企业虽然有好处，却对并购企业不利。因此，并购企业的股东一般都想尽量减少由于破产成本效应而遭受的损失，他们可以采取两种方法减少或消除破产成本效应：一是在兼并公告日之前赎回债券，然后在兼并后再发行等量债券；二是增加负债，并购后增加负债会产生两种效果，其一是企业新增负债利息的抵税作用将提高企业价值，其二是负债的增加增大了企业陷入财务困境的可能，降低或消除了债权人从共同保险效应中所获得的利益。

第三节　公司并购的财务分析

公司并购的财务分析是通过资本预算的分析方法来评价并购在财务上是否合理可行。并购财务分析与资本预算分析在原理上是一致的，只是由于并购涉及并购的协同效应和支付溢价问题，因而在财务处理上更为复杂。公司并购财务分析包括三个部分：一是目标公司的价值评估；二是出资方式的财务分析；三是融资方式的财务分析。下面归结为两个方面来分析。

一、目标公司的价值评估

目标公司价值评估的基本方法依然是现金流贴值方法，只是在公司并购中，除了要考虑目标公司当前的价值，还需要考虑并购带来的协同效应，以及并购中实际支付的溢价高低问题。

（一）不考虑并购协同效应的公司价值

不考虑并购协同效应的公司价值，就是目标公司在不被兼并的情况下的当前价值。评价目标公司的当前价值采用现金流贴值方法，即：

$$V_0 = \frac{CF_1}{(1+R_1)^1} + \frac{CF_2}{(1+R_2)^2} + \cdots + \frac{CF_t}{(1+R_t)^t} + \cdots + \frac{CF_n}{(1+R_n)^n}$$

$$= \sum_{t=1}^{n} \frac{CF_t}{(1+R_t)^t} \tag{16-3}$$

式中：CF_t——目标公司未来收付的现金流量；

R——贴现率；

t——预测期限。

因此，目标公司当前价值的评估涉及三个方面的因素：[1]

1．现金流量的估算

———————————

[1]　参见陆正飞主编．财务管理．大连：东北财经大学出版社，2001：361

现金流量是预测期内公司现金的流入量和流出量。在公司并购决策中，现金流出是并购企业需要支付的现金，现金流入是目标公司向兼并企业支付的股利，包括现金股利和股票股利。在实际财务分析中，股利是一个适应性很广的反映并购目标企业所发生的现金流入量的较好指标。现金流量的估算与不同的股利支付模型密切相关，根据本书第四章第四节的相关内容，我们可以计算出目标公司的股票价值，也就是目标公司的当前价值。

2. 确定贴现率

贴现率反映与并购相关的机会成本，一般用资本成本来衡量，它取决于目标公司的资本结构和风险等级。在存在有效的资本市场的条件下，资本市场中相同风险等级的金融证券的收益率构成投资者投资于预算项目的机会成本，也是投资者要求的最低报酬率。从并购企业的角度看，这个最低的报酬率在数值上等同于资本成本，构成并购项目的贴现率。兼并企业的资本成本与目标公司股票的风险水平的 β 系数成正比，计算公式为：

$$R = R_F + \beta_a(\overline{R}_M - R_F)$$

确定兼并企业的资本成本，可以参照本书第五章第二节的相关内容。并购过程中一般采用兼并企业加权平均资本成本作为目标公司现金流量的贴现率，来消除各种融资方式的税收影响，企业的加权平均成本是用税后的债务成本和股权成本加权平均得到的。

3. 确定预测期限

一般而言，预测期限不会对并购决策产生很大的影响，通常这个期限设定为 5～10 年。在实践中，有一个较好的确定现金流量预测期限的方法，那就是让这个期限持续到投资报酬率等于资本成本为止。换言之，在这个期限内，公司并购活动并不会显著影响并购双方各自的成长性。

例 16.1，A 公司准备收购 B 公司。B 公司当前的股利支付为 100 万元，预计 B 公司在三年内股利的增长率为 20%，此后将一直以 10% 的比率增长。已知与 B 公司风险等级相应的必要报酬率为 15%。假定不考虑并购协同效应，请问 B 公司的当前价值应该是多少？

参照第四章第四节股利不规则增长的股票定价的公式：

$$V_0 = \sum_{t=1}^{t} \frac{D_0(1+g_1)^t}{(1+R_e)^t} + \frac{D_0(1+g_1)^{t+1}}{(1+R_e)^t(R_e - g_2)} \tag{16-4}$$

我们将相关数据代入式（16-4），可以得到：

$$V_0 = \sum_{t=1}^{3} \frac{100(1+20\%)^t}{(1+15\%)^t} + \frac{100(1+20\%)^4}{(1+15\%)^3(15\% - 10\%)}$$

$$= 3\,053.70(万元)$$

这就是在上述条件下不考虑协同效应的 B 公司的当前价值。

（二）考虑并购协同效应的公司价值

前面提到，并购协同效应由合并后的企业价值与合并前两家公司价值之和的差值确定，即式（16-1）：

$$协同效应 = V_{AB} - (V_A + V_B)$$

那么，考虑并购协同效应的目标公司（我们今后均以 B 公司代表被兼并的目标公司）的价值则等于 $V_B +$ 协同效应；或者是等于 $V_{AB} - V_A$。

例如，在 A 公司合并 B 公司之前，A 公司的市场价值为 500 万元，B 公司的市场价值为 100 万元，合并之后的联合企业的市场价值为 800 万元。那么，对 A 公司而言，并购协同效应为 200 万元（800 - 500 - 100），目标公司 B 公司的考虑并购协同效应的价值为：$V_B +$ 协同效应 $= 100 + 200 = 300$（万元）；或者是：$V_{AB} - V_A = 800 - 500 = 300$（万元）。

因此，要想估价考虑并购协同效应的目标公司的价值，必须对并购带来的协同效应有所认识，V_{AB} 中已包含了协同效应的因素。确定协同效应是非常复杂和困难的，虽然从定价公式上看，计算 V_{AB}、V_A 和 V_B 并不困难，但是计算所需要的现金流、贴现率都是难以确定的，而这些数据恰好包含了协同效应的成果。

前面讲到并购协同效应包含经营协同效应、管理协同效应、财务协同效应以及税收节约效应等，这些认识对我们确定协同效应是有帮助的。至于在财务分析上如何确定并购协同效应，还是需要运用常规的式（16-1）来具体计算，在此不再赘述。

此外，在确定并购协同效应时需要注意的是，目标公司的价值最终由市场价值来确定，而市场价值通常包含了对并购的预期，即包含了并购协同效应中的一部分。

例如，在没有并购企图之前，目标公司的市场价值为 500 万元，而当并购协商正在进行时，目标公司的市场价值极可能会提高，例如增加到 550 万元，因为市场价值已经反映了并购实际发生的可能性。我们在计算并购目标公司带来的协同效应时，必须作一定幅度的扣除。假设并购发生的可能性为 60%，那么，我们计算目标公司的当前的市场价值就不能是 550 万元，而应该是：

目标公司当前市场价值 $= 550 \times 60\% + 500 \times 40\% = 530$（万元）。

（三）考虑支付溢价后包含协同效应的目标公司价值

前面曾提及，兼并企业并不能获得并购协同效应的全部，它还必须支付一定的溢价，与目标公司共同分享并购收益。因此，在考虑了支付溢价之后，目

标公司的并购价值会有所下降,这取决于溢价幅度。一般而言,考虑支付溢价后包含协同效应的目标公司价值为:

目标公司价值 = 目标公司当前市场价值 + 并购协同效应 -

(1 + 溢价幅度) × 目标公司当前股价 × 目标公司的股份

并购中支付的溢价幅度依行业不同而异,取决于行业前景。在同一行业内收购溢价也会因企业不同而异,这取决于该企业的财务和营业特点及有关的前景。此外,支付的溢价还取决于股票市场的状况以及潜在兼并竞争者的情况。

例16.2,A公司准备兼并B公司,预计并购收益即协同效应为100万元。B公司有20万股流通在外,当前市场价格为每股10元,因此,目标公司当前市场价值为200万元。A公司的财务分析师比较了同行业中最近的10起并购,支付的溢价为40%到60%,而且目前并没有其他具有潜在兼并动机的公司来抬高公司B的股价。请问:在这起并购中A公司能够接受的支付溢价的幅度区间是多少?

公司B的不包含协同效应的当前价值为200万元,包含协同效应的价值为300万元(200 + 100)。

支付的溢价幅度为40%~60%,对应的B公司的股票支付价格为14~16元,即A公司收购B公司的代价在280万元(14×20)和320万元(16×20)之间。

而B公司的包含协同效应的价值为300万元,因此,A公司能接受的溢价幅度只能在40%~50%之间。否则,收购B公司的代价就超过了其带来的收益。

假定在这起并购中,A公司最后支付的溢价为45%,则对A公司而言,考虑支付溢价后包含协同效应的目标公司价值为:

$$200 + 100 - (1 + 45\%) \times 10 \times 20 = 10 \text{(万元)}$$

二、并购中出资方式与融资方式的财务分析

并购方选择何种出资方式,取决于并购企业的财务状况、股东的意愿、目标公司的要求、税收的因素及法律规定等诸多因素。

(一) 常见的并购出资方式

1. 现金收购

现金收购是最简便的一种出资方式,兼并企业按照并购协议支付一定额度现金给目标公司,以此获得目标公司一定的股权。现金收购的特点是:交易迅速而简便;对卖方比较有利,特别是急需现金流的目标公司;一般不会产生税

收负担。因此，在现实的并购活动中，现金收购占的比例较高。

2. 股票互换

它是指并购企业通过增发本公司股票，然后以新发行的股票替换目标公司的股票的一种出资方式。股票收购的特点是：兼并方可以节约大量的现金，不会对财物状况产生太大影响；被收购方同等地获得并购企业的股权，有利于改善股权结构；发行股票可能成本较高或受到一定限制。

3. 其他出资方式

并购企业在收购出资时，不仅可以直接用现金购买，用股票互换，还可以用其他有价证券来支付收购价款，例如公司债券、认股权证、可转换债券等，这些有价证券必须具有较高的流动性。这种出资方式的特点是：可以节省并购方的现金支出；可以优化股权或资产结构；对被兼并方而言，在获得某些特定权益的同时，可能要承担这些证券的价格风险。

（二）不同出资方式的财务分析

我们以现金购买和股票互换这两种最常见的出资方式为例，来说明不同出资方式的财务效果。

假设A公司和B公司当前的市场价值分别是500万元和100万元，两家公司都是全权益企业。假定A公司兼并B公司后可以产生100万元的并购协同效应，则合并公司AB的市场价值将达到700万元。B公司董事会已表示若它能得到150万元现金，就会出售B企业。A公司是否应当兼并B公司呢?[①]

1. 现金购买

假定A公司完全用自身留存的收益进行现金收购，则：

$$兼并后A公司的价值 = 合并公司价值 - 支付的现金$$
$$= 700 - 150 = 550（万元）$$

兼并前A公司的市场价值为500万元，因此，A公司股东将获净现值50万元。假设A公司对外发行25万股股票，兼并前每股价值20元（500/25），则兼并后股价会上涨至每股价值22元（550/25）。所以，A公司会选择进行收购。

2. 股票互换

假设A公司选择用股票购买B公司，且B对外发行10万股普通股，A、B股票的转换比率为0.75:1，即A公司用7.5万股普通股交换B公司10万股普通股。兼并前A公司每股价值20元，$7.5 \times 20 = 150$（万元），这刚好等于用

---

① 本例参照斯蒂芬·A.罗斯等著.吴世农等译.公司理财.北京：机械工业出版社，2003：605~607

现金购买B的数值。

但实际上用股票互换所支付的成本大于150万元。因为兼并后A公司对外发行股票数量达到32.5万股（25＋7.5），B公司股东拥有合并公司23%（7.5/32.5）的股权，该股权价值为161万元（23%×700），所以A企业股东付出的成本是161万元，而不是150万元。这里之所以出现在股票互换方式下A企业付出了更高的成本，在于0.75:1的转换比率是根据两家企业兼并前的股价确定的。因为A企业股价在兼并后会上涨，故B企业股东得到的价值超过150万元。

那么，A公司与B公司之间股票转换的比率如何确定呢？设B公司股东拥有合并公司的股权比例为X，因合并公司价值为700万元，所以，兼并后B公司的股东价值为X×700万元。当X×700＝150万元时，得X＝21.43%。

由此，我们可以确定B公司股东得到的股票数量。X可以一般性地表示为：

$$X = \frac{\text{增发的股票数量}}{\text{原来对外发行的股票数量} + \text{增发的股票数量}}$$

$$0.2143 = \frac{\text{增发的股票数量}}{25 + \text{增发的股票数量}}$$

可得：　　　　　　　增发的股票数量＝6.819（万股）

这样兼并后对外发行的股票数量就等于31.819万股（25＋6.819）。因为这6.819万股是用来交换B企业10万股股票的，所以转换比率为0.6819:1。

3. 现金购买与股票互换的比较

我们用表16-1将上述过程表示出来：

表16-1　　　　　　　　　现金购买与股票互换的成本比较

	并 购 前		并 购 后		
				股票互换	
	A公司	B公司	现金收购	互换比率（0.75:1）	互换比率（0.6819:1）
市场价值（万元）	500	100	550	700	700
股票数量（万股）	25	10	25	32.5	31.819
每股价格（元）	20	10	22	21.54	22

如前所述,当A公司与B公司股票互换比率为0.75∶1时,B公司获得的支付实际上多于现金购买的情况下的支付;当A公司与B公司股票互换比率为0.6819∶1时,B公司获得的支付与现金购买的情况下的支付是等价的。

(三)并购中的融资问题

公司并购中的融资方式选择与其他公司理财活动中的融资方式没有本质区别,与此相关的主要内容可以参照本书前面的相关章节。影响并购融资的因素主要包括公司的资本结构、财务状况、筹资成本、税收、证券市场状况等。作为公司战略框架内的重要理财活动,应该把公司并购中的融资活动与其他业务中的融资活动结合起来综合考虑,服从于公司发展的整体战略。

并购中的融资策略主要包括以下几个方面:一是融资方式选择。融资方式有许多划分标准,例如内源融资与外源融资,股权融资与债务融资,直接融资与间接融资,等等。不同的融资方式,会影响到并购活动的成本与收益,还会直接影响并购操作的方式。二是期限选择。按期限划分,融资可以分为短期融资与中长期融资,不同的期限对公司的财务状况、负债能力甚至资本结构都有重要影响。三是股利与债息决策。不同的融资方式,需要承担不同的成本。在融资决策时,就要综合地考虑股利与债息政策,既要符合公司整体发展战略,又不能因负债造成支付危机或损害公司形象。四是融资流程控制。确定了融资战略、方式和期限等之后,融资过程也需要合理的安排。无论是发行股票还是债券,在发行数量、发行价格、发行时机等方面都存在很强的技术性,需要统筹安排。

【本章小结】

1. 公司并购是公司理财各类活动中最引人注目和最有争议的活动,它是在公司长期发展战略的框架内进行的。公司并购的目标与其他理财活动的目标一样,也是为了提升公司的价值。并购可以看做一项存在不确定性的投资活动,面临着不确定条件下风险与收益之间的衡量问题,因此,并购决策实际上是一项资本预算决策,同样适用于净现值分析法则,即只有当被兼并的目标公司能够为收购方带来正的净现值时才会被收购。

2. 公司并购形式很多,有不同的划分标准。按照法律关系划分为合并、收购股票、收购资产。按出资方式划分为出资收购、资产(股权)置换。按公司业务联系划分为横向并购、纵向并购、混合并购。公司并购过程中有形形色色的反并购的防御手段,如资产剥离、公司章程安排、股份回购、杠杆收购以及其他反并购手段(如金保护伞、皇冠宝石、毒丸计划、白衣骑士等)。

3. 公司并购的根本动因是为了寻求更大的公司价值,正是由于并购活动能产生许多经济效应，才促使公司理财的决策者采取并购行动来获取这些经济利益。最基本的并购效应是并购协同效应，它是指并购后的公司全部运营资产的价值大于并购前两家公司各自运营资产的价值之和。它包括经营协同效应、管理协同效应、财务协同效应、税收节约效应等。此外，公司并购带来的效应还包括信息传递效应、代理成本效应和破产成本效应等。

4. 公司并购的财务分析是通过资本预算的分析方法来评价并购在财务上是否合理可行。公司并购财务分析包括三个部分：一是目标公司的价值评估；二是出资方式的财务分析；三是融资方式的财务分析。

5. 目标公司价值评估的基本方法依然是现金流贴值方法。在公司并购中，除了要考虑目标公司当前的价值，还需要考虑并购带来的协同效应，以及并购中实际支付的溢价高低问题。因此，在实际财务分析中要区分不考虑协同效应的公司价值、考虑协同效应的公司价值以及考虑支付溢价后包含协同效应的公司价值等三种不同情况。

【思考与练习】

1. 比较下列各组概念：

(1) 新设合并与吸收合并

(2) 杠杆收购（LBO）与管理层收购（MBO）

(3) 横向并购、纵向并购与混合并购

(4) 金保护伞、皇冠宝石、毒丸计划与白衣骑士

(5) 市场回购与定向回购

(6) 经营协同效应与管理协同效应

2. 公司并购有哪些主要形式？

3. 并购协同效应来源于哪些因素？

4. 你如何理解并购中存在的信息传递效应？

5. 目标公司的价值如何确定？

6. 公司并购中，现金购买与股票互换两种出资方式有什么区别？

7. A公司正在分析对B公司的收购方案，两家企业都无负债。A公司估计该收购能使企业每年永续的增加60万元的税后现金流量。B公司当前市场价值2 000万元，A公司当前市场价值为3 500万元。净增现金流量的折现率为8%。问：

(1) 合并的协同效益有多大？

(2) B公司对A公司而言，价值多少？

当前A公司正在考虑是以支付1 500万元现金的方式还是交换其25%的

股票的方式进行收购。

（3）两种方式下，A支付的成本是多少？A每种选择的NPV是多少？A应选哪种方案？

8．A公司准备收购B公司。B公司当前的股利支付为200万元，预计B公司在五年内股利的增长率为25%，五年之后将一直以12%的比率增长。已知与B公司风险等级相应的必要报酬率为18%。假定不考虑并购协同效应，请问B公司的当前价值应该是多少？

9．A公司准备兼并B公司，预计并购协同效应为100万元。B公司当前的市场价值为300万元。A公司的财务分析师比较了同行业中最近的10起并购，支付的溢价为20%～35%。请问：在这起并购中，A公司能够接受的支付溢价的幅度区间是多少？

10．试论述公司并购过程中存在的经济效应。

第十七章　国际企业理财

【学习目标】

　　通过本章的学习，学生应熟悉国际金融市场的种类和特点，汇率的概念和外汇市场的作用，外汇平价关系；掌握跨国公司在国际金融市场上特有的融资方法，欧洲货币市场的特点，外国债券和欧洲债券的区别，国际贸易融资的方式和特点；理解国际项目融资的基本特征和与传统贷款融资的区别，境外间接上市的方式和意义，国际投资相比于国内投资的特殊性和多样性；重点掌握外汇风险的种类、管理程序、管理策略和重要的管理方法。

　　随着经济全球化的发展，现代公司的理财活动必须树立国际化观念，特别是有重大国外经营业务的跨国公司（Multinational Company，MNC）或多国企业。作为现代企业发展到高级阶段的产物，它们把企业的组织体系和经济活动延伸到了国际舞台。在从事公司理财活动时，更应以国际化的视野，立足于国际金融市场。一方面，公司理财的基本原理仍然适用于跨国企业，它们要把公司理财的基本理论与方法推广到具体的跨国公司财务中，延伸和丰富公司理财的外延；另一方面，它们还必须考虑许多并不会对纯粹的国内企业产生直接影响的财务因素，其中包括外币汇率、各国不同的利率、国外经营所用的复杂会计方法、外国税率和外国政府的干涉等。

第一节　外汇市场与汇率理论

一、国际金融市场

　　金融（Finance），其核心就是资金的融通。金融市场是经常发生多边的资金融通而形成的资金供求市场。如果金融市场上的资金融通发生在本国居民之间，不涉及任何其他国家的居民，就称国内金融市场；如果涉及其他国家，超越国境而以国际性规模进行资金融通，就称国际金融市场。

国际金融市场可以从不同角度进行分类。[①]

（一）按金融活动的自由程度

1. 传统的国际金融市场

传统的国际金融市场是国内金融市场的延伸，从纯粹经营本国居民之间的金融业务发展到经营居民与非居民之间的国际金融业务，而且要接受所在国政府政策、法令的管辖。

2. 离岸国际金融市场（Off Shore Financial Market）

它是一种新型国际金融市场，是指战后形成的欧洲货币市场（Euro-Currency Market）。它经营的货币是除市场所在国货币以外的任何主要西方国家的货币，这种借贷既不受货币发行国政策、法令的限制，也不受市场所在国政策、法令的管制，是真正意义上的国际金融市场。这种新型国际金融市场主要有两个特征：（1）以非居民交易为业务主体，故也称为境外市场；（2）基本不受法规和税制的限制，这是区别于传统国际金融市场的最大特征。从相对意义上说，离岸国际金融市场是完全自由化的国际金融市场。这个特征正是"离岸"一词的由来。

（二）按国际金融市场的交易对象

国际金融市场，从严格意义上说是指国际资金借贷市场。但通常来讲，广义的国际金融市场还包括国际金融中心的外汇市场和黄金市场。特别是外汇市场，与国际资金借贷市场是密不可分的。国际资金的借贷活动以至国际间黄金买卖都离不开外汇买卖，因此，从国际金融市场的交易对象来讲，国际金融市场可分为外汇市场、货币市场、资本市场和黄金市场。

1. 外汇市场

外汇市场（Foreign Exchange Market）是指经营外汇买卖的交易场所。这个市场的职能是经营货币商品，即不同国家的货币。外汇市场提供了从一种货币到另一种货币购买力转移的机制。这种市场并非一个像纽约证券交易所这样的实体，而是在许多银行、外汇交易商、经纪人之间的通过电话、计算机连接的网络。这一市场在三个层次上同时运行。第一层次，顾客通过他们的银行购买和出售外汇；第二层次，银行在同一金融中心向其他银行购买或出售外汇；最后一个层次，银行向其他国家金融中心的银行购买或出售外汇。从事外汇交易的重要金融中心是：纽约、伦敦、苏黎世、法兰克福、香港、新加坡、东京。

————————————

① 本部分主要参考胡玉明编著.公司理财.大连：东北财经大学出版社，2002：367～368

例如，一个得克萨斯的交易商在一家休斯敦的银行购买英镑用以支付英国出口商，休斯敦银行可能向一家纽约银行购买这笔外汇，纽约银行则有可能向纽约的另一家银行或伦敦的银行购买英镑。

由于这一市场连续不断地进行大量的买卖交易，所以是很有效率的，也就是说要想在银行间买卖货币以牟利是很难的，不同银行报价的细微差别很快就会消失。由于套利机制的存在，对伦敦和纽约的不同买方的同时刻报价很有可能是相同的。

2. 货币市场

货币市场（Money Market）是指资金借贷期限在 1 年内（含 1 年）的交易市场，故又称短期资金市场。货币市场的参与者包括商业银行、票据承兑公司、贴现公司、证券交易商和证券经纪商。货币市场根据不同的业务活动，具体可以分为银行短期信贷市场、贴现市场和短期证券市场。银行短期信贷市场是国际银行同业间拆借或拆放，以及银行对工商企业提供短期信贷资金的场所。贴现市场主要由贴现公司组成。

3. 资本市场

资本市场（Capital Market）是指资金的借贷期限在 1 年以上的交易市场，故又称中、长期资金市场。国际资本市场融通资金的方式主要是银行中长期贷款和证券交易，因而，国际资本市场具体可分为银行中长期贷款市场和证券市场。

4. 黄金市场

黄金市场（Gold Market）是世界各国进行黄金买卖的交易场所。黄金交易与证券交易一样，都有一个固定的交易场所。目前世界上著名的黄金市场主要有：伦敦黄金市场、苏黎世黄金市场、美国黄金市场和香港黄金市场。前两者主要进行黄金的现货交易，而后两者主要进行黄金的期货交易。

二、外汇市场与汇率[①]

外汇市场是跨国公司从事跨国经营活动的重要财务管理环境。跨国公司从海外投资设厂到由生产经营活动取得收益汇回本国，一般都要经过货币兑换，而这个兑换过程就是通过外汇市场进行的。同时，外汇市场上的外汇交易活动由于汇率的不断变化而充满风险。这就给跨国公司的经营活动带来机会和挑战。

———————————

① 本部分主要参考胡玉明编著.公司理财.大连：东北财经大学出版社，2002：369～370

（一）外汇的基本概念

外汇可以从动态和静态两个方面来理解。动态的外汇指的是国际汇兑这个名词的简称，它指一种活动，或者说是一种行为，就是把一个国家的货币兑换成另外一个国家的货币，借以清偿国际间债权债务关系的一种专门性的经营活动。静态的外汇是指一种以外币表示的支付手段，用于国际之间的结算。国际货币基金组织曾经对外汇作过明确的说明，外汇是货币行政当局（中央银行、货币管理机构、外汇平准基金组织及财政部）以银行存款、国库券、长短期政府债券等形式所保有的在国际收支逆差时可以采用的债权。根据这个定义，外汇具体包括：

（1）可以自由兑换的外国货币，包括纸币、铸币等；

（2）长、短期外币有价证券，即政府公债、国库券、公司债券、金融债券、股票、息票等；

（3）外币支付凭证，即银行存款凭证、商业汇票、银行汇票、银行支票、银行支付委托书、邮政储蓄凭证等。

当前我国国内普遍使用的"外汇"一词的意义，一般是指静态外汇概念。本国货币以及本国货币表示的各种信用工具和有价证券，自然不能称做外汇。

（二）汇率及其标价方法

国际间政治、经济、文化的联系和贸易与非贸易往来所引起的货币收支和债权债务，都要在有关国家间办理国际结算，而这种结算就是通过经常的、大量的外汇买卖来进行的。外汇买卖需要一个兑换比率，即汇率或汇价。外汇汇率是一个国家的货币折算成另一个国家货币的比率。也就是说，在两个国家货币之间，用一国货币所表示的另一国货币的价格。总之，汇率就是两种不同货币之间的比价。但是从不同的角度，按不同的标准，汇率有多种划分。

1．从标价货币的角度分类

确定两种不同货币之间的比价，首先要确定用哪个国家的货币作为标准。由于确定的标准不同，于是便产生了三种不同的外汇汇率标价方法：

（1）直接标价法。直接标价法又称应付标价法，是以一定单位（1 个外币单位或 100、10 000、100 000 个外币单位）的外国货币作为标准，折算为本国货币来表示其汇率。在理解时可以将货币视为商品，即用本币来表达外币。

（2）间接标价法。间接标价法又称应收标价法，是以一定单位的本国货币为标准，折算为一定数额的外国货币来表示其汇率，即用外币表达本币。

直接标价法下汇率涨跌的含义与间接标价法下汇率涨跌的含义正好相反，因此，在引用某种货币的汇率和说明其汇率高低时，必须明确采用哪种标价方法，以免混淆。

（3）美元标价法。第二次世界大战之后，国际金融市场之间外汇交易量迅速增长，为了便于在国际间进行外币业务交易，银行间的报价都以美元为标准来表示各国货币的价格，至今已成习惯。

2．按照银行买卖外汇的角度分为买入汇率、卖出汇率和中间汇率三种

（1）买入汇率又叫买入价，是银行向客户或同业买入外汇所使用的汇率。在直接标价法下，外汇折合本币较少的一个汇率叫买入汇率，表示买入一定数额外汇需要付出的本币数；在间接标价法下，本币折合外币数量较多的汇率叫买入汇率，表示付出一定数额的本币可换回的外币数量。

（2）卖出汇率又叫卖出价，是银行向同业或客户卖出外汇所使用的汇率。在直接标价法下，外汇折合本币较多的为卖出汇率；在间接标价法下，本币折合外汇较少的为卖出汇率。

银行卖出一单位外币要收取比它买入一单位外币更多的钱，因此卖出价应大于买入价，这个差别叫做买卖价差。如果有大量的交易不断发生，主要货币的价差会很小（可能会低于 0.5%）。对于一些不经常交易的货币，这个差额要高得多。银行承担外币风险，提供买卖货币的服务，从价差中获得收入。

（3）中间汇率又叫中间价，是买入汇率与卖出汇率之间的简单平均数，它是套算汇率计算的基础，也是媒介对外公布的汇率。

3．按照外汇交易的交割期限分为即期汇率与远期汇率两种

（1）即期汇率是指外汇买卖成交后立即或在两个营业日内进行交割时的汇率。

（2）远期汇率是指外汇买卖双方约定在未来的某一时间内进行交割的汇率。远期汇率相对即期汇率升值称为升水，反之称为贴水。对于两种货币来说，一种货币的升水意味着另一种货币的贴水。升水、贴水常用百分比表示，以反映远期汇率与即期汇率的差异的相对程度。

4．按照计算汇率是否涉及第三国分为基本汇率与套算汇率两种

（1）基本汇率是指一国货币对某一基准货币的比率。基准货币是指一国国际支付中使用最多，同时又被国际普遍接受的货币。通常各国把美元作为基准货币，把对美元的汇率作为基本汇率。

（2）套算汇率又叫交叉汇率，是指两种货币通过第三种货币的中介而推算出来的汇率，此时，第三种货币往往是基准货币。

（三）外汇市场的基本概念

外汇市场是指由各种专门从事外汇买卖的中间媒介机构和个人所形成的，进行外汇商品交易的市场。

1．外汇市场的类型

外汇市场根据它的发展程度、交易形态、政府管理程度等，分为以下类型：

（1）从交易地区看，可分为国内市场与国际市场两种。外汇银行与国内银行进行交易，形成国内市场；如果政府没有外汇管制，则可以和世界各地金融中心进行交易，从而形成国际市场。我国外汇市场属于国内市场，因为外国自然人与法人在国内外汇市场买卖外汇会受到限制，而且人民币目前还不是国际性通货。

相对于国内市场，全球市场拥有较多投资、投机机会，并且可以汇聚各地资金在国际市场内交易。

（2）以交割时间长短来看，外汇市场可以分为即期市场和远期市场两种。即期外汇交易（Spot Transaction）是指交易双方以当天外汇市场的价格（即期汇率）成交，并在当天或交易以后的第二个营业日进行交割的交易。远期外汇交易（Forward Transaction）是一种买卖外汇双方先签订合同，规定买卖外汇的数量、汇率和将来交割外汇的时间，到了规定的交割日买卖双方再按合同规定，卖方交汇，买方付款的外汇交易。通过远期外汇交易买卖的外汇称为远期外汇或期汇。在远期外汇交易中，买卖双方签订的合同称为远期外汇合约（Forward Contract）。在双方达成远期外汇交易时买方并没有得到其所需要的外汇，卖方也不需要交出其所出售的外汇，买卖双方签订的是一个远期外汇合约。远期外汇合约有五个基本组成部分：类型（买还是卖）、货币种类、数额、远期汇率和到期日。

外汇市场上还有一种掉期交易，是指同时买入和卖出等额相同的货币，但其交割日不同的外汇交易，由掉期业务形成的市场叫掉期市场。

（3）从外汇市场参与者的角度，可分为客户市场与同业间市场两种。个人与企业是银行的客户，银行因其客户的需求而进行交易的市场，叫做客户市场，它的交易金额较少，价差较大。同业间市场是指银行为资金的调度及运用，在银行间相互买卖通货的市场，其交易金额较大，但买卖价差较小。

（4）以政府对外汇是否管制来看，外汇市场可分为管制市场与自由市场两种。我国对外汇历来严加管制，近年来已逐渐放宽管制，朝国际化大步迈进。而自由市场是指资金进出国境完全自由，政府不加干涉。

2．外汇市场的作用

（1）通货兑换。通过外汇市场的外汇买卖，本国货币与外国货币互相交换，完成各种投资及交易行为。

（2）信用中介。在国际贸易中，买卖双方互相并不了解对方的信用状况，外汇银行的信用中介与调节，成为贸易顺利进行的辅助条件。例如开信用证等。

（3）减少汇兑风险。对于进出口商以及一般投资者，在进行交易和投资行为时，会有外汇的收入和支出。为了规避因汇率波动产生的外汇风险，贸易商或投资者可采用远期外汇市场等来进行避险。

（4）提供投机机会。外汇市场的参与者，可依据对汇率上升或下降的预测而购买或抛售某种外汇。如预测正确，则投机者赢利；反之，则遭受损失。由于投机者众多，相互之间预测结果不同，互相抵消而有助于汇市的调节稳定。

3. 外汇市场的构成

（1）中央银行。中央银行作为政府的代表和执行者，行使对外汇市场的统治和调控权。它的活动一方面是为完成国际贸易支付而直接与商业银行和其他国际金融组织进行外汇交易；另一方面主要是通过制定一些经济政策或采用一些调控措施对外汇市场进行干预，以稳定汇率，维持市场正常运行。

（2）外汇银行。外汇银行是专门办理外汇业务的银行，它包括专业外汇银行、兼营外汇业务的本国银行、外国银行设在本国的分支行以及其他办理外汇业务的金融机构。外汇银行是外汇市场最重要的参与者，它居于外汇供需的中间地位，代替客户买卖外汇，转换进出口商所需货币，在银行间进行外汇交易，为市场制造买卖头寸，以规避风险和赚取利润。

（3）买卖外汇的客户。买卖外汇的客户包括进出口商、运输公司、保险公司、跨国公司、旅游者、留学生、侨居者以及国际证券投资者等。上述客户利用外汇市场促使外汇交易形成，有些则为了避险以及投机目的参与外汇市场。

（4）外汇经纪人。外汇经纪人是指在中央银行、外汇银行和客户之间进行联系、接洽的商人或媒介。他们熟悉外汇市场，在买主与卖主之间积极活动，促成交易。他们是使外汇交易顺利进行的中介。他们本身不参与外汇交易，不承担外汇风险，只是赚取佣金。

三、外汇市场的平价关系

从理论上说，一种货币对其他货币的汇率取决于外汇市场上对该种货币的需求和供给关系。然而，外汇市场上同时存在一些基本的经济关系。这些主要的经济关系是：利率平价（Interest Rate Parity）、购买力平价（Purchasing Power Parity）、费雪效应（Fisher Effect）、国际费雪效应（International Fisher Effect）等。

尽管学术界和实务界对这些基本的经济关系的实际效果看法不一，但是，对于任何想预测未来汇率变动方向的人来说，它们确实提供了一个基本的分析框架。

(一) 利率平价理论

远期汇率相对即期汇率常存在某一溢价或折价，然而这些远期溢价和折价在各种货币和到期日之间是不同的。这些差异只取决于两国之间的利率水平的不同，称做利率差异。根据利率平价定律（IRP）可以从理论上定出溢价或折价的价值。这个定律指出，除微小的交易成本外，远期溢价或折价应与两国到期日相同的证券的利率差异一致。

从套利角度考虑，两国利率差异必须与远期汇率和即期汇率差异相同，否则套利者会在远期市场买入而在即期市场卖出（或相反），直到价格回到适当位置，使套利机会消失。例如，如果远期市场价格很低，套利者的进入使远期外币需求上升，然后价格将一直上升到符合利率平价定律的水平。

利率平价是国际金融中最重要的平价关系之一。实际上，国际金融市场上的各大商业银行都是根据它来计算并报出远期汇率的。但是，由于存在资金控制、政府对外国居民在本国的利息收入征税以及交易费用等问题，偏离这个平价关系的情况也确实存在。

(二) 购买力平价理论

汇率的长期变动受各国货币通货膨胀率和购买力差异的影响。通货膨胀率高的国家的汇率将下跌。购买力平价定律认为各国货币汇率调整的最终结果是具有相同的购买力。如果英国的通货膨胀率为 10%，德国只有 6%，那么英镑相对马克的价值要下降 3.77%（1.10/1.06 - 1）。按照购买力平价定律，更精确的表达为：

$$预测未来即期汇率 = 现在即期汇率 \times 预期通货膨胀率差额$$
$$预测未来即期汇率 = 现在即期汇率 \times （1 + 预期国内通货膨胀$$
$$率）/（1 + 预期国外通货膨胀率）$$

因此，如果开始时马克价值为 0.40 英镑，预期年底时马克的价值将是 0.40 英镑 ×（1.10/1.06），即 0.4151 英镑。

这也意味着美元在世界各地应有相同的购买力，至少平均而言应该是这样。虽然现实中这显然不成立，然而至少从购买力平价定律可以看出两国之间通货膨胀率的差异会反映在汇率变动上，也就是说，对通货膨胀率差异的最佳预测也能成功地预测即期汇率的变动。

购买力平价学说，描述了价格与汇率之间的关系。自从它建立以来，就一直得到广泛的应用。各国的中央银行经常参照它来制定新的汇率平价。从管理的角度看，跨国公司也常利用购买力平价对未来的汇率进行预测，以制定对外直接投资或证券投资战略。然而，购买力平价学说是否成立却存在争议。实证研究表明，从长期的角度看购买力平价可以较好地解释汇率的变动，但是，从短期的角度看，就不那么灵验了。

（三）一价定律

购买力平价定律的基础是一价定律。一价定律假定市场中没有运输费用和贸易壁垒，则在各国销售的商品用同一货币标价时价格应相同，也即按照边际效用，商品的价值与买卖发生的地点无关。由于通货膨胀会降低货币的购买力，如果一价定律成立，那么货币的汇率必须遵从购买力平价定律。

购买力平价定律在现实中存在很多反例。比如1995年春天，一个麦当劳巨无霸汉堡包在美国的价格为1.80美元，在墨西哥为1.42美元，在日本为2.91美元，在德国为3.09美元。表面看来这似乎违反了购买力平价定律和一价定律，但是要记住，这些定律是基于套利的基础上的。对于麦当劳巨无霸汉堡包，想在墨西哥以1.42美元买入，运到德国后再以3.09美元卖出是难以想像的，但对于黄金等其他商品，由于运输简便，并且不用立即消费，一价定律可以很好地成立。

（四）费雪效应

名义利率反映了预期通货膨胀率和实际利率，名义利率、真实利率与预期通货膨胀率的关系是：

$$（1+名义利率）=（1+预期通货膨胀率）（1+实际利率）$$

如果国际资本自由流动，各国投资收益率的差异就会由于套利活动而消失，这样世界上只存在一个真实的收益率。由此可得到各国名义利率之差等于各国通货膨胀率之差。

这一结论称为费雪效应，它揭示了利率和通货膨胀率之间的关系。实证表明这一结论是成立的。

（五）国际费雪效应

由购买力平价理论：

预测未来即期汇率／现在即期汇率＝
$$（1+预期国内通货膨胀率)/(1+预期国外通货膨胀率)$$

由费雪效应：

$$（1+预期国内通货膨胀率)/(1+预期国外通货膨胀率)=$$
$$（1+国内名义利率)/(1+国外名义利率)$$

所以：

预测未来即期汇率／现在即期汇率＝
$$（1+国内名义利率)/(1+国外名义利率)$$

因此，可近似得到：即期汇率变化百分比等于两国名义利率之差。

这一关系称为国际费雪效应。实证研究表明这一平价关系是成立的。

第二节　国际筹资管理

跨国公司除了与前述一般国内企业一样利用股票、债券等在国际金融市场上筹资外，还有专门的筹资方法。

一、国际金融市场融资

跨国公司在为其国外项目作融资决策时，所考虑的筹资渠道有三条基本途径：从本国筹集资金用于国外项目，向项目东道国举债，向债务成本最低的国家举债。

如果一家跨国公司为其国外项目在其母国借款，那么它就要承担汇率风险。若外币贬值，则当外币现金流量汇回母国时，母公司遂产生汇兑损失。当然，企业可以卖出远期外汇以规避汇率风险，但是，卖出期限在一年以上的远期合约是很困难的事情。

跨国公司还可以向项目东道国借款，这是规避长期汇率风险的常用手段。如果一家中国公司想在法国投资 2 000 万法郎，那么它就可以从法国借入其中一部分。这部分资金能够规避长期汇率风险。

另外，企业还可以找寻借款利率低的国家。外国利率较低可能源于较低的预计通货膨胀率，所以，财务经理必须小心地通过名义利率洞悉实际利率。

（一）中短期融资

跨国公司在进行中短期融资时，可以在欧洲货币市场上借入欧洲美元。

欧洲美元（Eurodollar）是指存放在美国境外的美元。例如，存放在法国巴黎的美元就是欧洲美元。欧洲货币市场是指进行外币存放的银行，如欧洲银行（Eurobanks）。大多数欧洲货币交易都涉及在欧洲银行存款的借贷。例如，一家欧洲银行收到一家美国银行汇来的一笔欧洲美元存款，而后，该欧洲银行向借款企业放出一笔欧洲美元贷款，这就是欧洲货币市场。该市场不从事私人存贷业务，它所面向的顾客是公司和政府。

欧洲货币市场有一个重要特征，即贷款利率采用浮动利率制。利率以同期限同币种的伦敦银行间拆放利率为基准，再加上一定的边际浮动点数确定。例如，当前 LIBOR 的美元贷款利率是 8%，美元贷款的加息率是 0.5%，那么借款方承受的利率就是 8.5%，该利率每 6 个月变动一次，贷款期限从 3 年到 10 年不等。

（二）国际债券市场

全球债券市场可以划分为国内债券市场和国际债券市场。国内债券是指企业在本国境内发行的债券，国际债券是企业以非本国货币发行的债券。

国际债券的交易是柜台交易，交易双方是彼此松散联系的单个银行。这些银行在相应的国内债券市场上却联系紧密。国际债券可以分成两种类型：外国债券和欧洲债券。

外国债券是指外国借款方在某个国家的国内债券市场上发行的债券。这些债券经常以发行所在国的绰号和该国货币命名计价。例如，一家瑞士表公司在美国发行的以美元计价的债券。这些外国债券被称为扬基债券（Yankee Bonds）。

许多外国债券如扬基债券，都是记名债券，这使得它们对那些希望避税的投资者缺乏吸引力。出于很显而易见的原因，这些交易商更喜欢欧洲债券而不是外国债券。记名债券都以一个债券系列代号命名，债券所有权的转让必须经过记名的合法转让，这又需要经纪机构（如商业银行）的参与。

欧洲债券它是指以某一货币计价，同时在几个国家的债券市场上发行的债券，前缀"欧洲"是指债券发行的范围不包括以其货币计价的那个国家。大多数欧洲债券都是不记名债券，持有债券便具有其所有权。

欧洲债券的发行多采用承销方式，但也有一些是私下募集的。公开承销发行的债券与国内债券市场公开售卖的债务很相似，借款方把其债券卖给银行经理团体，后者又将债券卖给其他的银行。这些银行分为两类，承销商和债券出售方。它们又将债券售给交易商和基金投资者。经理银行也可以作为承销商或出售商。债券承销商通常根据一份企业约定书出售欧洲债券，即他们必须以预先商定的价格购入债券，随后在市场上以较高的价格售出。欧洲债券包括固定利率债券、浮动利率债券、可转换债券、零息债券、抵押债券和双重计价债券。

二、国际贸易融资①

对从事跨国贸易的跨国公司来说，国际贸易融资是一种复杂而又必需的国际融资方式。其复杂性在于进出口双方各处于不同的国家和地区，使用不同的货币，受不同国家法律的管辖。其必要性在于出口商出售货物和进口商支付货款存在时间差和空间差，在出口商备货出运到进口商收货期间，出口商或进口

---

① 本部分主要参考胡玉明编著.公司理财.大连：东北财经大学出版社，2002：376～378

商或进出口双方都需要取得对方或第三方提供的信用，以利资金的周转。

（一）国际贸易结算方式下的国际融资

在国际贸易业务中，银行等金融机构由于资金雄厚，海外分支或代理机构较多，国际结算比较便利，因而，它们是国际贸易最主要的融资机构。国际贸易结算主要有赊账、承兑交单、付款交单、信用证和预付款等方式。

国际贸易融资形式通常随国际贸易不同结算方式而变化，进口方的贸易融资形式可归结为（如表17-1所示）：

表 17-1　　　　　　　　　　进口方国际贸易融资形式

结 算 方 式	提供融资方	融 资 形 式
赊账	出口方	商业信用
远期付款交单	银行	信托收据
承兑交单	银行	承兑信用
信用证	银行	开证额度
信用证	银行	进口押汇
信用证	银行	担保提货

出口方的贸易融资形式可归结为（如表17-2所示）：

表 17-2　　　　　　　　　　出口方国际贸易融资形式

结 算 方 式	提供融资方	融 资 形 式
预付	进口方	商业信用
远期付款交单	进口方	商业信用
承兑交单	银行	托收出口押汇
信用证	银行	打包放款
信用证	银行	信用证出口押汇
信用证	银行	票据贴现

值得注意的是，由于经济利益是对立的，进出口双方总是极力选择对自己有利的支付与信用条款。双方通常是在一般惯例的基础上，通过谈判达成此条款。

（二）出口信贷

出口信贷是指一国银行或非银行金融机构对本国出口商或外国进口商或银行提供利率优惠的贷款，以增强出口商的竞争能力，达到扩大出口的目的。出口信贷是一种中长期的国际贸易融资方式，期限最长可达 10 年。出口信贷主要适用于大型设备的出口。出口信贷主要包括：

（1）买方信贷。买方信贷是指出口方银行或非银行金融机构向外国进口方或进口方银行提供融资，进口方再将这笔资金用于向融资方所在国进口货物。在实际操作中，买方信贷有两种做法：第一，直接贷款给进口方，并由进口方银行或第三国银行为该项贷款提供担保；第二，贷款给进口方银行，而由进口方银行向进口方提供贷款。

（2）卖方信贷。卖方信贷是指出口方银行或非银行金融机构向出口方提供贷款融资，从而使出口方允许进口方以延期付款的方式进口货物。

不管是买方信贷还是卖方信贷，有了银行或非银行金融机构的融资，出口方基本上可以在货物出售之后立即取得资金，同时，进口方又不必为进口货物筹集大量的资金。

三、国际项目融资[①]

从事矿产、能源开发、交通运输、电力、通讯和水利等工程建设的跨国公司经常会遇到需要巨额资金投入的大型投资项目。由于这类项目的规模和所需要的资本巨大，主办公司甚至连政府也难以独立承担这些项目的投资风险。传统的融资方式因受条件限制已不能完全满足这类大项目的融资要求。项目融资为满足大规模投资项目的融资需求提供了保障。

项目融资是一种无追索权或有限追索权的融资或贷款。按照美国财务会计准则委员会（FASB）的定义，项目融资是指对需要大规模资金的项目而采取的融资活动。借款人原则上将项目本身拥有的资金及其收益作为还款资金来源，而且将其项目资产作为抵押条件来处理。

项目融资与传统的其他融资方式不同，其主要是通过项目来融资。项目融资具有如下基本特征：

（1）至少有项目发起方、项目公司、贷款方等三方参与。

（2）项目发起方以股东身份组建项目公司。项目公司是一个独立法人，它在法律上独立于项目发起方。也就是说，为了使用项目融资，项目发起方必须

---

① 本部分主要参考胡玉明编著．公司理财．大连：东北财经大学出版社，2002：378～381

成立一个新公司即项目公司。这是一个独立的法律实体。

（3）贷款方为项目公司提供贷款。贷款方主要将项目本身的资产和未来的现金流量作为贷款偿还保证，而原则上对项目公司之外的资产没有追索权或只有有限的追索权。换句话说，如果项目公司将来无力偿还贷款，则贷款方只能获得项目本身的收入与资产，但对项目发起方的资产却基本上无权染指。新成立的项目公司对偿还贷款承担直接责任。

（4）出于自身安全的需要，贷款银行必然对项目的谈判、建设、运营进行全过程的监控。

（5）由于涉及项目风险的合理分担，项目融资必然要以复杂的贷款和担保文件作为项目各方行为的依据。

（6）由于贷款方承担的风险较高，其要求的利率必然也较高，再加上其他各种费用，使得项目融资整体费用较高。

项目融资方案必须仔细安排，尽量使项目参与者分担项目风险。在发展中国家投资项目时，如果能得到当地政府的同意以及信用支持，政治风险就会降低。在国际性的大型工程项目中，大部分设备和部件是进口到东道国的。另外，绝大多数项目依靠来自发达国家的公司提供建筑和工程服务。原材料、设备和服务供应商是项目融资的来源之一。供应商提供的信用大部分来自供应产品所在国家的出口融资机构，如美国的进出口银行。国际性商业银行是国际项目的主要融资者。

尽管每个项目融资都有其特点，各自的融资方式不尽相同，但是，其基本类型可归纳为产品支付、远期购买、BOT（Build-Operate-Transfer）即建设—经营—移交等。产品支付和远期购买的分类标准是项目融资的还款方式。BOT本身不是还款方式，它是一种工程建设形式，只是这种建设形式通常采用项目融资这种方式而已。其实，BOT与项目融资是从不同角度考察项目，BOT是指基础设施建设方式，而项目融资是指筹资方式。因此，BOT项目可以通过项目融资来借款，也可以通过其他方式来借款，而项目融资既可以应用于BOT项目中，也可以应用于其他类型的项目中。

四、境外间接上市

跨国公司向境外投资者发行股票并将股票直接在境外公开的证券交易所挂牌上市，就是境外直接上市。跨国公司要在境外直接上市相当难，由此，产生了境外间接上市这种股权融资方式。

境外间接上市又称为境外借壳上市。在这种方式下，跨国公司在某国国内企业的股票不直接上市，而是通过某个特定的壳，达到间接上市，获得国际资本市场资金的目的。这里所说的壳是指已经在境外证券交易所上市或能够比较容易取得境外证券交易所上市资格的公司。

境外借壳上市分为境外造壳上市和境外买壳上市两种方式。

（一）境外造壳上市

境外造壳上市是指设于某个国家（如中国）的跨国公司在境外证券交易所所在地或其允许的国家或地区（如美国）设立一家控股公司，然后，以该控股公司申请境外上市，筹集的资金投资到某个国家（如中国）的跨国公司，从而达到跨国公司到境外间接上市筹集资金的目的。

我国已经有许多境外造壳上市的成功先例。例如，1991年初，中国金融教育基金会（属于中国人民银行的非盈利性机构）下属的香港华晨集团有限公司与沈阳金杯汽车股份有限公司合资建立沈阳金杯客车制造有限公司。1993年初，中国金融教育基金会又出资在百慕大注册成立华晨中国汽车控股股份有限公司，该公司通过收购方式实现对沈阳金杯客车制造有限公司51%的控股。1993年10月9日，华晨中国汽车控股股份有限公司在纽约证券交易所成功上市，公开招股筹集资金7 200万美元。根据百慕大群岛和美国法律，只能将发售股票筹集的资金投入到它惟一的资产所在地即沈阳金杯客车制造有限公司。这样，实际上沈阳金杯客车制造有限公司实现了境外造壳上市。另外，1993年2月10日，广州汽车集团通过其在香港的控股公司骏威投资公司在香港公开招股筹资4.02亿港元，成为中国首家在香港市场造壳上市的企业。

境外造壳上市的好处在于：（1）通过境外注册一家控股公司（壳公司），壳公司受境外有关法规管辖，利用境外的会计制度，在境外市场申请上市比较容易获得批准。（2）大大提高壳公司的知名度。在股票发行和上市过程中，壳公司需要做大量的宣传和推介活动。这可以大大提高公司在上市市场的知名度和影响，对公司的经营和市场开拓具有积极的意义。（3）不必承担买壳的成本和风险。当然，境外造壳上市最大的缺点就是从境外设立控股公司到最终发行上市要经历数年的时间。

（二）境外买壳上市

境外买壳上市是指设于某个国家（如中国）的跨国公司购买一家已经在境外上市的公司的部分或全部股权，以取得对该上市公司的控股地位，利用该上市公司的优势在国际资本市场上筹集资金，不断注入资产，扩展上市公司规模，达到境外间接上市的目的。

我国已经有许多境外买壳上市的成功先例。最典型的是中信泰富案例。1990年1月，中国国际信托投资公司香港子公司中国国际信托投资（香港集团）有限公司（简称中信香港）委托香港百富勤集团，收购已在香港上市的泰富发展股份有限公司（简称泰富），取得泰富公司控股权，并将原上市公司更名为中信泰富。其后，在短短的 4 年多时间里，中信香港不断向中信泰富注入资产，由一家市值不到 7 亿港元的小公司迅速发展成为市值超过 400 亿港元的大公司，且在两年内跻身香港恒生指数成分股之列。迄今为止，我国内地已有数十家国有企业以买壳上市方式在香港间接上市，筹资额达 80 多亿港元。

1．境外买壳上市的优点

（1）境外买壳上市可以避开所在国家或地区有关法律的限制。

（2）可以绕开境外市场对新上市公司的严格要求。对于那些经营时间不长，从事国际化经营并具有一定实力的企业而言，境外买壳上市无疑是一种走向国际资本市场的捷径。

（3）利用境外上市公司（壳公司）筹集资金，解决海外投资资金不足的问题。

（4）避开一国或地区的贸易管制，有效地开拓境外市场。在当今国际市场上，争夺市场的竞争越来越激烈，各种贸易保护主义不断抬头，直接出口有时会受到它国市场的种种贸易管制，境外买壳上市意味着在境外拥有下属的控股公司，有效地避开境外市场的贸易壁垒，拓展出口市场，同时又可通过境外上市公司取得该国的商业信息和交流先进技术。

2．境外买壳上市的缺点

（1）选择一家合适的境外上市公司不容易。全面了解一家上市公司的情况是很难的，壳公司选择不当将很难使收购企业获得境外间接上市的有利地位。经营业绩好的上市公司，股价较高，收购成本较大，而且可能引起上市公司的反收购；而经营业绩不佳的上市公司，收购成本较低，但问题较多，如果对之进行业务的调整，可能被视为新上市公司。例如，我国香港和美国等地的证券交易所规定如果收购行为引起被收购的上市公司在资产、业务性质和管理层等方面出现较大变化，将视为新上市公司。

（2）收购过程需要投入一定的精力和时间。

五、国际筹资决策分析

国际企业的国际筹资决策，包括以下三个部分：对国际筹资环境的考察；对自身的评估；选择融资方式——成本效益分析。[①]

[①] 本部分主要参考王文华主编.现代企业理财学.上海：立信会计出版社，2003：573～575

（一）国际筹资环境的考察

国际筹资环境主要包括国际政治法律、社会文化、经济市场、物质技术和自然地理等五方面。其中政治法律和经济市场环境因素对于国际融资决策的影响最大。通过对国际筹资决策环境的全面考察，能有效提高融资方式决策的质量与满意水平。

（1）政治环境包括世界各国的基本政治制度以及各种政体和政策，政局是否稳定，有无政策的重大变更，是否有战争的危险以及政府是否有外汇管制的趋势等；法律环境包括各国对外国金融机构进入的规定，税收中对所得税和资本利得的税收规定，对资本输出的法律规定等。

（2）社会文化环境包括社会文化传统、语言、习俗等因素以及各国对时间、财富和风险的态度和观念，这些因素会影响国际融资的谈判与沟通。

（3）经济市场包括经济市场的开放程度，经济发展水平和阶段，市场的规模以及居民的收入等，还包括各国的汇率机制、利率、价格以及通胀程度等，这些方面均对国际筹资产生重大影响。

（4）物质技术和自然地理包括技术水平与结构、自然环境等。

（二）跨国企业的自身评估

在国际融资决策过程中，国际企业自身的目标选择非常重要，目标的确立直接影响到筹资方式以及融资对象的决定。确立目标就是建立一个目标函数，一旦确定，就会决定今后对各方案的选择和评估。因此，跨国企业必须深入考察和明确自己的目标。

另外，除了明确目标外，跨国企业还需要对自身具备的资源进行考察和评估，明确自身的优势，决定国际筹资方式的选择。跨国企业的资源包括有形资源，如拥有的资产和投资项目等；还包括无形资源，包括企业形象、人才、经验、信息等。跨国企业必须分析明确自身资源的优势，扬长避短地选择最适合自己的融资方式。

（三）融资方案抉择——成本效益分析

对于国际筹资，决定方案的优劣与否，主要通过成本效益来分析。在国际企业中，其付出的广义成本主要包括如下内容：

（1）资本成本，包括债务与贷款利率以及股票的预期报酬率；

（2）附加费用，包括取得贷款或发行债券或股票的各种发行费用、手续费、管理费和佣金等；

（3）人力成本，包括参加融资活动的人员的薪酬；

（4）谈判费用；

（5）信息成本，收集融资有关信息所需要的费用；

（6）时间成本，从选择融资方案到资金到位的时间；

（7）控制权降低成本，指包括资金用途限制、抵押财产风险、原股权的稀释等；

（8）信息披露成本，报表等信息的披露会暴露企业的发展战略、发展方向和目标的有关信息；

（9）信用成本，无法到期偿还债务会使企业信用受到损害；

（10）风险成本，为防范筹资的风险，企业必须采取各种措施，必须付出必要的交易费用和其他费用。

由上可知，跨国企业在进行成本效益分析时，采用的成本不仅包括有形的成本，如资金等，还包括很多无形的成本，如企业的形象、耗费的时间等。同样，对于企业的收益来说，也不仅指有形的资金收入。跨国企业的效益表现在以下几个方面：

（1）获得预期额度的资金；

（2）资金在预期时间或提前到位；

（3）低于预期或市场平均水平的资金成本，如利率；

（4）较为宽松的融资条件以及较低的风险水平；

（5）在国际融资中，加强改善与国际金融机构以及外国政府企业的关系，提高企业的形象；

（6）人才得到培训等。

跨国企业在进行融资决策时，必须进行成本效益分析，尽可能地寻求最低的成本，然后，在进行成本效益分析的基础上，结合企业的融资目标和自身的偏好和优势，考虑环境等各方面的因素，以最低的综合成本获得所需要的资金。

六、国际企业筹资应注意的问题

跨国企业的筹资方式多样，但是筹资过程比较复杂，而且风险较高。因此，在进行国际筹资时，必须经过深入细致的分析，以降低风险。跨国企业在筹资时要注意以下问题：

（一）注意外汇风险

外汇风险包括经济风险、折算风险和交易风险。在企业进行国际筹资时，不可避免地会遇见上述三种风险。企业的赊销赊购行为，可能由于汇率的变动，产生交易风险，从而影响企业的利润。以母公司所在国货币折算子公司会计报表，汇率变化会造成子公司的利润折算后产生很大变化。经济风险是企业跨国经营中最常见的。比如，由于整个经济形势的问题或通货膨胀原因造成汇率大幅波动，那么企业就可能面临经济风险。因此，企业在筹资时，需要考虑到上述风险。按照一定的方式去规避外汇风险是企业筹资需要注意的首要问题。

（二）注意外汇管制问题

某些国家可能通过法令对该国公司的国际结算、外汇买卖等实行限制，实施外汇管制。在实施外汇管制的国家开设的子公司的外汇筹资以及内部筹资就会受到限制，在公司进行筹资决策时必须考虑这一问题。

（三）利用资金市场的不平衡进行筹资

各国资金市场的分割，使资金市场上的资金成本出现不平衡。跨国公司可以利用多国资金市场筹资的优势，利用不同资金市场上资金成本的不平衡，选取资金成本最低的资金来源，以使公司获得最优的资金来源。值得指出的是，跨国公司的筹资必须考虑汇率变动引起的外汇风险问题。这是其与一般国内企业筹资最大的区别。

第三节　国际投资管理

跨国公司同样进行项目投资和证券投资，其基本原理与前述一般国内企业相同。就方法上来看，跨国公司的项目投资决策与通常所说的项目投资决策并没有什么差异。两者的区别仅在于跨国公司项目投资决策面临一些新的复杂因素而已。[①]

一、跨国公司项目投资决策中变量的特殊性

与一般企业项目投资相比，跨国公司项目投资需要考虑如下因素：

1. 外汇风险

跨国公司项目投资评价中的外汇风险是指将投资项目寿命期内的现金流量折算成母公司货币时，因汇率变动而造成拟建项目收益下降甚至亏损的可能性。利用远期外汇市场的套期保值可以在一定程度上规避汇率变动风险，但是，它却不能有效地规避投资项目的外汇风险。这是因为：

（1）投资项目评价凭借的是对未来现金流量的预测，而不是投资后的实际现金流量；

（2）一般投资项目的寿命期远远超过外汇市场套期保值的有效期限。因

---

① 本部分主要参考胡玉明编著.公司理财.大连：东北财经大学出版社，2002：386～388

此，外汇风险构成了跨国公司项目投资评价区别于一般投资项目评价的一个重要变量。

2．政治风险

政治风险是指东道国对跨国公司在其境内投资项目的种种限制或鼓励措施，造成拟建项目的现金流量与母公司实际获得的现金流量两者出现差异的可能性。

3．项目投资的机会成本

项目投资的机会成本是指投资后产品在当地销售，使得跨国公司在东道国丧失原有出口市场份额而给跨国公司带来的损失。

4．不同的税则和税率

投资项目经济评价必须以税后现金流量为基础。但是，跨国公司项目投资面临东道国和母国两套税法、税则，两国具有不同的所得税税率。此外，东道国对跨国公司子公司汇出股息的预提税政策，母国对跨国公司的税收抵免政策以及东道国对汇出资金形式的规定等，都增加了投资项目评价的复杂性。

5．东道国的优惠政策

东道国的优惠政策可分为两类：

（1）税收优惠，包括免税期、关税减免、较低的印花税等。

（2）为跨国公司在东道国投资提供廉价或免费的土地，优惠的贷款以及廉价的水、电、汽等。这些优惠政策，在进行项目评价时，一般不需要对现金流量进行调整，但是，东道国提供的优惠贷款则需要调整，因为它部分地取代了母公司对子公司的融资或其他渠道的高利率融资，对拟建项目来说是一笔净现金流量。

6．对外直接投资带来的分散化收益和战略性收益

分散化收益是指通过项目投资，使跨国公司的生产和经营在国际范围内分散化，降低了整体风险，而从中获取的收益；战略性收益是指通过项目投资，使跨国公司在竞争中获取的有利优势给它带来的无形收益。这两类收益与前五个变量不同，它属于难以量化的变量。

上述这些变量的特殊性对于项目投资的现金流量构成和折现率的确定都存在比较大的影响。

二、跨国公司项目投资评价角度的多样性

对筹划中的投资项目应该从项目本身（子公司）的角度还是从母公司的角度进行评价一直是一个有争议的问题。从不同侧面来考察，也许都有一定的意义。

（一）从拟建项目自身的角度进行评价

从拟建项目自身的角度进行评价，可以避免货币的兑换，从而减少了汇率预测所产生的评估误差。

从拟建项目自身的角度进行评价的标准，必须是能保证拟建项目在与东道国企业和对东道国出口的其他企业的竞争中处于不败之地。在与东道国企业竞争时，拟建项目只有在获取较高收益率时才具有可行性；在与东道国进口的其他企业产品竞争时，只有在扣除关税对上述进口产品的影响之后，双方才具有可比性。

（二）从母公司的角度进行评价

跨国公司项目投资，无论是股权参与式还是提供贷款，其决策的核心是这种投资能否带来较高的股息或者利息收入，实现股东价值最大化目标。只有当项目投资能给母公司的股东带来较高收益时，母公司才可能进行项目投资。

然而，从母公司的角度进行评价也有不足之处，因为投资项目的经营毕竟是子公司的事情。

根据巴维西（V.B.Bavishi）1983 年的调查结果发现，在被调查的 142 家跨国公司中，42% 的企业选用子公司的角度进行评价，21% 的企业选用母公司的角度进行评价，37% 的企业则利用两者结合的角度进行评价。不同评价角度得出的结论并不完全一致。从子公司的角度评价不可行的项目未必真的不可行，相反，从子公司的角度评价可行的项目也未必真的可行。诸如专利权费、管理费等项目，对子公司而言是营运费用支出，从而减少了其净现金流量，但是，对母公司而言，它却是一种现金流入量。因此，应该将从子公司的角度进行评价与从母公司的角度进行评价结合起来，综合比较，才能准确地判断拟建项目的可行性。

值得指出的是，由于存在上述各种差异，国际项目投资的现金流量构成与一般企业项目投资不同。例如，被东道国冻结的资金，对母公司而言，根本无法利用，但是，通过在东道国进行项目投资，可以使这部分资金解冻。这对母公司来说，无疑是一笔增量现金流入量。除此之外，方法本身没有什么差异，只是方法应用的环境发生了变化。

第四节　外汇风险管理

外汇风险是指由于汇率对跨国公司整体价值包括盈利能力、净现金流量和市场价值的潜在影响。外汇风险是由于不同国家的货币相对价值的变化而产生的。一个跨国公司如果在不止一个国家和货币区域进行经营活动，并且现金流入量及现金流出量也不止使用一种货币，那么，它就面临外汇敞口问题。这里的敞口也可以称为暴露，就是感受风险的部分。事实上，如果某种货币的现金流入与同种货币的现金流出在时间上和数量上不相称，跨国公司就可能面临造成损失的外汇敞口问题。由于实际上现金流入量与现金流出量完全匹配是不可能的，所以，绝大多数跨国公司面临一定程度的外汇敞口问题。此外，绝大多数跨国公司拥有以各种货币计价的资产和负债，除非每种货币的资产和负债完全匹配，否则，跨国公司这些外币资产和负债的价值也会随着汇率的变动而变动。从而，在绝大多数情况下，跨国公司既面临现金流量不相匹配造成的短期经营外汇敞口问题，又面临外币资产和负债不相匹配造成的长期外汇敞口问题。由于汇率的变动，这些外汇敞口都可能引起外汇损失。当然，由于绝大多数国家的商品和金融市场是相互联系并且相互影响的，所以，所有的公司，不管是国内的还是跨国公司，都面临外汇风险。

一、外汇风险管理程序

进行外汇风险管理是一项比较复杂的系统工程，必须按照科学的程序进行。

（一）确定计划期

确定适当的计划期是为了在预测汇率变动时，规定一个适当的时间范围。一般计划期在1年左右，并按照季度划分，但是如果汇率变动幅度较大，则可以适当缩短计划期。

（二）预测汇率的变化情况

要进行正确的外汇风险管理，最重要的工作就是预测汇率的变化情况。预测汇率的变化包括三方面内容，即汇率变动的方向、时间和幅度。

由于预测汇率变化是一项比较复杂的工作，在预测时必须考虑许多客观因素，综合分析这些因素才可能得出正确的预测结果。这些因素包括：国际货币储备的变化、国际收支的变化、贸易额的变化、通货膨胀的程度、金融与财政政策以及贸易政策等。

（三）计算外汇风险金额

计算外汇风险金额的目的是为了从数量上确定企业所面临的外汇风险的程度。例如计算交易风险可以通过计算结算期限相同的外币债权债务之间的差额得出。

（四）确定是否采取行动

对于计算出的外汇风险金额，必须判断是否采取行动：

1. 在以下情况下，不采取行动

（1）外汇风险金额为正，且该外币预计升值，汇率变动后，企业获得收益。

（2）外汇风险金额为负，且该外币预计贬值，汇率变动后，企业获得收益。

（3）外汇风险金额为零，则不存在外汇风险。

2. 在以下情况下，企业要采取一定的方法进行避险

（1）外汇风险金额为正，且该外币预计贬值。

（2）外汇风险金额为负，且该外币预计升值。

（3）外汇风险不为零，且外币汇率趋势难以预测。

（五）选择适当的避险方法

当今世界，外币汇率的波动频繁，外汇风险加大，公司必须认真分析各种避险方法，并选择最适当的避险方法。

二、规避外汇风险的策略

规避外汇风险，主要是规避三种风险，即经济风险、交易风险和折算风险。以下将逐一叙述各种风险的规避方法：

（一）经济风险的规避

经济风险（Economic Exposure）又称为经营风险（Operating Exposure），是指未能预料到的汇率变化（意料到的汇率变化已经体现在跨国公司经营计划中）对跨国公司产生的影响。经济风险对跨国公司生存力的影响要比交易风险或者折算风险大得多，是企业最重要的外汇风险。跨国公司的价值取决于它所带来的现金流，而汇率变化影响跨国公司未来的销售量、价格及成本等。因此，经济风险取决于跨国公司投入产出市场的竞争结构以及这些市场如何受汇率变化的影响，而这种影响又取决于一系列经济因素，如产品的价格弹性、来自国外的竞争、汇率变动对市场的直接影响（通过价格）及间接影响（通过收入）。经济风险对企业经营状况产生长期和全面的影响，它涉及企业各方面，因此，管理经济风险是企业共同的责任。

对于经济风险，管理的目标是预计以及改变未曾预计到的汇率变动对企业未来现金流量的影响。

1. 规避企业经济风险的主要原则

（1）分散经营。分散经营可以使跨国公司通过比较子公司的生产成本、毛利率或销售量的变动，利用各国市场的不均衡，及时改变原料、零部件等的生产地点以及产品的销售地点，从而抵消汇率变化的现金流量变动。

（2）多元化筹资及多种货币组合。企业可运用多种货币组合的方法，配合

预期营业收入可获得的货币组合来确定借入资金的货币组合来规避外汇风险；跨国企业也可以运用多元化筹资使跨国公司在金融市场上利用国际费雪效应暂时偏离时利差与汇率变动的不吻合机会降低资本成本，从而规避外汇风险。

2. 规避经济风险的主要对策

(1) 在销售策略方面，跨国企业的销售经理应预先制定好发生汇率变动时销售政策的变通方案。在汇率真正发生重大变动时，再仔细研究当时的情况，作必要的政策修改。

(2) 在生产方面，跨国企业应该努力做到降低生产成本，分散生产地点以及增加向软货币国家购买原材料，减少向硬货币国家的采购。

(3) 在财务方面，国际企业对于长期借款，最好选择借入软货币，或者应将长期外币借款的种类尽量分散，以降低外汇风险。

总之，经济风险是企业面对的最重要的对企业影响最大的风险，必须由企业各个部门通力合作，共同采取措施，才有可能真正规避。

(二) 交易风险的规避

交易风险 (Transaction Exposure) 是指以外币计价成交的交易由于所涉及的外币与本国货币的比值发生变化而引起损失或收益的风险。也就是说，在达成外币交易时的货币数目与实际完成交易时的货币数目可能不一致。

1. 交易风险的类型

(1) 以外币计算的赊销赊购业务。这是交易风险中较多的一类，当赊销与赊购以外币计量时，如遇汇率变动就会有此风险。

(2) 以外币偿付的资金借贷。当发生国际性借贷，偿还贷款时的汇率与发生借贷时的汇率不同时，就产生交易风险。

(3) 取得外币资产与负债。

(4) 未履行的远期合约。

由上可见，交易风险在跨国企业中屡见不鲜，但是，并非只有跨国公司才有交易风险，只要涉及不同通货未来的收入和偿付均会产生交易风险。

2. 交易风险的规避策略

在确认了交易风险以后，就要寻找规避风险的策略。交易风险的避险策略主要有：

(1) 经营策略。规避交易风险的经营策略主要是重新安排资金转移的时机和建立再开票中心。重新安排资金转移的时机主要指提前或延迟。当公司拥有弱币资产而有强币负债时，需要提前至弱币未贬值前偿付债务；反之，当公司拥有强币资产和弱币负债时，要延后至弱币贬值后才偿付负债。再开票中心是跨国企业专设的，管理由内部贸易产生的全部交易风险的独立子公司。再开票中心负责内部贸易的发票处理和开具。它的作用是可以将整个公司的交易风险集中、统一处理，并可统一安排全公司的提前和延迟。

（2）避险合约。避险合约包括远期外汇市场、期权市场以及货币市场等。跨国企业一般通过避险合约，采用套期保值的方法规避交易风险。

（三）折算风险的规避

所谓折算风险（Translation Exposure），又叫会计风险或损益表风险，是会计年度结束编制合并报表时，母公司将子公司以外币为单位编制的报表，改为以母公司所在国货币为计价单位编制合并报表，由于外币资产与外币负债不相匹配引起的损益变化，在折算过程中产生的风险。

对于规避折算风险有一个基本的观念：对于硬货币资产要增加，负债要减少；对于软货币资产要减少，负债要增加。

对于折算风险的规避，主要有以下三种方法：

（1）资产负债表避险法。资产负债表避险法的基本原理是让公司合并资产负债表中的外币风险资产与风险负债数额相等。达到该种状态后，净风险资产为零，则汇率变化引起的风险被抵消。

（2）远期外汇市场避险法。子公司可利用远期外汇市场的套期保值规避折算风险。

（3）货币市场避险法。跨国公司也可以利用货币市场的套期保值规避折算风险。

三、规避外汇风险的几种重要方法

（一）货币市场保值

货币市场保值的方式是通过在货币市场中的借贷来抵消外汇的头寸风险。比如一个美国企业的净债务头寸为3 000英镑。企业知道30天后英镑债务的确切金额，但不知道美元金额将是多少。假定美国和英国货币市场中30天存款利率为1%，贷款利率为1.5%，即期汇率是：1英镑＝1.5616美元。美国企业可进行如下操作：

（1）使用外国货币市场利率（英国，1%）计算外汇债务（3 000英镑）的现值为2 970.30英镑（3 000／（1＋0.01））。

（2）将美元转换成所需的2 970.30英镑，需要的美元金额为：

$$2\ 970.30 \times 1.5615 = 4\ 638.12 \text{（美元）}$$

（3）将2 970.30英镑在英国货币市场中投资1个月，1个月后刚好成为3 000英镑。

注意，如果美国企业现在没有这笔钱，它可以以1.5%的利率从美国货币市场借到 4 638.12 美元，30 天后归还 4 707.69 美元（4 638.12 ×（1 + 0.015））。

如果美国企业借了美元，它的管理者一定是相信 30 天后收到的货物价值为 4 707.69 美元。英国企业收到 3 000 英镑，美国企业也不用等到将来去依据市场汇率，而是在今天就能确知合同的美元金额。这种确定性有助于美国企业作出定价和财务决策。

许多企业在货币市场中保值。企业用当天即期汇率在一个市场内借入，在另一市场中贷出。保护净资产头寸的方法与保护债务头寸的方法刚好相反。当拥有英镑的净资产头寸时，从英国货币市场借入英镑，在即期外汇市场上转换成美元并在美国货币市场中投资，当收到英镑资产时偿还借款和利息。货币市场保值的成本来自在三个不同市场上的操作，要收集三个市场的信息并分析计算。

小企业认为货币市场保值的成本过高，主要是收集市场信息的成本。它们通常使用汇率或远期市场保值。

（二）远期市场保值

远期市场提供了另一种保值的方法，其步骤为：净资产头寸由远期市场中的负债保值，净负债头寸由远期市场中的资产保值。再次考察那个 30 天后要付 3 000 英镑的美国企业，它可能进行如下操作：

（1）买一个 30 天后买入 3 000 英镑的远期合约，30 天远期汇率是 1.560 9 美元/英镑。

（2）在第 30 天用 4 682.70 美元（3 000×1.5609）得到 3 000 英镑，付给英镑供货商。

由于使用远期合约，美国企业能知道未来付款的确切美元金额（4 682.70 美元）汇率风险被远期英镑的净资产头寸完全消除。如果是净资产头寸风险，则反向操作。

用远期市场对汇率风险保值是简单而直接的，即用远期市场中的相反头寸去匹配即期资产或债务头寸。它也更易使用，企业通知银行它要在未来某天买入或卖出某一外币，银行就会给出远期报价。

如果远期合约报价遵从利率平价定律，则远期保值和货币市场保值得到的未来美元数额应当一致。上面例子中的差异（4 707.69 美元和 4 682.70 美元）主要因为远期保值中使用的远期汇率与货币市场保值中使用的利率不相等。

（三）货币期货和期权合约

对有些风险，远期市场保值并不适用，比如当外汇资产或债务头寸发生时得不到远期报价则无法进行远期保值。有时远期保值甚至比货币市场保值成本更高，这迫使存在大量风险的企业选择后者。实际上，企业可以买卖一种更新的工具——外汇期货合约和外汇期权。期货合约与远期合约有许多相似之处，如固定价格、固定交易量、固定到期日，而期权允许在到期日前任一时间执行价格交易，并且它们与远期合约的最大区别在于不考虑每一单独客户要求的数额和到期日而用标准数额、标准到期日交易。另外，远期合约由银行提供，期货和期权则在交易所交易，单独交易商与清算机构而非与其他交易商交易。购买期货要求满足保证金要求（一般为面值的 5%～10%），而购买远期合约只须凭借与银行的良好信用关系。购买期权需要马上支付一个执行价格溢价，并在期权被执行时支付执行价格。

【本章小结】

1. 随着经济全球化的发展，现代公司的跨国经营和国际交往日益广泛和深入，因此，从事公司理财活动一方面要把公司理财的基本原理和方法应用到具体的国际型公司财务中；另一方面必须考虑到国际型企业面临的环境的独特之处。

2. 国际企业理财的环境是国际金融市场，它是国际企业理财活动的基础。国际金融市场中离岸国际金融市场是真正意义上的国际市场。外汇市场与国际借贷市场是密不可分的，外汇市场对于国际企业理财有着十分重要的作用。利率平价、购买力平价、费雪效应和国际费雪效应对于外汇市场中未来汇率的预测提供了基本分析框架。

3. 跨国公司除了与国内企业一样可以利用股票、债券等在国际市场上筹资以外，还有一些专门的筹资方法，如利用外国债券和欧洲债券筹资，进行国际贸易融资和国际项目融资以及间接上市等。

4. 国际投资管理其基本原理与国内投资管理相同，在进行国际投资管理时要注意的是国际投资所面临的一些新的复杂因素。如面临的风险种类和特点变化，评价角度的多样性等。

5. 外汇风险是国际企业理财所面临的一个十分重要的问题，它包括三类风险：交易风险、折算风险和经济风险。对于这些风险，在实践中要根据企业的具体情况，应用合理的管理程序、有效的管理策略和科学的管理方法来进行规避。

【思考与练习】

1. 简述跨国公司理财的市场背景。

2. 国际型企业筹资渠道与国内企业有哪些不同？

3．对于国际型企业来讲有哪些外汇风险，如何对这些风险进行管理？

4．林达公司是一跨国公司，在 C 国设有较大规模的子公司，子公司的资金来源主要是母公司的权益融资，当预测 C 国政权可能变更的时候，子公司马上改变资本结构，从当地银行进行负债融资，并把母公司权益投资回母公司。试解释该公司的行为动机。

5．如果现在的即期汇率（$/DM）是 $0.65/DM，即期汇率（£/DM）是 £0.43/DM，那么现在的即期汇率（$/£）是多少？假定实际汇率是（$/£）是 $1.55/£。如果你目前的资产是美元，你将如何利用这一价格差异？每 1 美元投资可赚多少？

6．假设你要评估你公司的新子公司的两个不同的投资项目，一个在你的国家，另一个在国外。尽管汇率不同，而你计算的这两个项目的现金流量完全相同。在何种情况下你会选择在国外子公司投资？举例说明该国家的哪些因素会影响你的决策和在母国的投资。

7．假设琼华公司正在考虑在德国的又一投资项目。该项目须投入 1 000 万马克，第 1 年预计获得 400 万马克的现金流量，第 2 年和第 3 年每年产生 300 万马克的现金流量，当前即期汇率是 0.5 美元:1 马克，美国的无风险投资收益率是 11.3%，德国是 6%，项目的折现率估计为 15%，即公司的美国资本成本。另外，该子公司可以在第三年末以 210 万马克的价格出售。试问该项目投资的净现值是多少？

8．利用经过政治风险和多样化好处调整后的折现率，对国外一公司的某项投资进行评估，所得到的净现值是正的。这是否意味着这项投资就是可接受的？为什么？

9．如果一中国公司为其国外子公司募集资金，则从中国借款的缺点是什么？如何克服？

主要参考书目

1. [美]斯蒂芬·A.罗斯等：《公司理财》，吴世农、沈艺峰等译，中文版，北京，机械工业出版社，2000

2. [美]詹姆斯·C.范霍恩：《财务管理与政策》，刘志远主译，中文版，大连，东北财经大学出版社，2000

3. [美]Arthur J.Keown 等：《现代财务管理基础》，朱武祥译，中文版，北京，清华大学出版社，1997

4. [美]詹姆斯·C.范霍恩等：《现代企业财务管理》，郭浩等译，中文版，北京，经济科学出版社，1998

5. [美]R.Charles Moyer 等：*Contemporary Financial Management*，Seventh Edition，South-Western College Publishing，an ITP Company，1998

6. [美]Aswath Damodaran 著：《公司财务——理论与实务》，北京，中国人民大学出版社，2001

7. [美]兹维·博迪、罗伯特·C.莫顿著：《金融学》，伊志宏等译，中文版，北京，中国人民大学出版社，2000

8. [美]爱斯华斯·达美德伦著：《公司财务》，荆霞等译，中文版，北京，中国人民大学出版社，2001

9. 杰费·马杜拉：《国际财务管理》，杨淑娥、张俊瑞主译，中文版，大连，东北财经大学出版社，2000

10. 陈雨露主编：《公司理财》，北京，高等教育出版社，2003

11. 胡玉明编：《公司理财》，大连，东北财经大学出版社，2002

12. 王文华主编：《现代企业理财学》，上海，立信会计出版社，2003

13. 赵德武：《财务管理》，北京，高等教育出版社，2000

14. 翁君奕：《跨国公司理财》，北京，中国经济出版社，1995

15. Alan C.Shapiro：*Foundations of Multinational Financial Management*，Second Edition，Prentice-Hall，1994

16. 张鸣、王蔚松、陈文浩主编：《财务管理学》，上海，上海财经大学出版社，2002

17. 余绪缨：《企业理财学》，沈阳，辽宁人民出版社，1995

18. 吴丛生、郭振游：《国际财务管理》，北京，对外贸易教育出版社，1993

19. 陆正飞主编：《财务管理》，大连，东北财经大学出版社，2001

20. 财政部注册会计师考试委员会办公室：《财务成本管理》，北京，经济科学出版社，2001

20. 张亦春主编：《现代金融市场学》，北京，中国金融出版社，2002

21. 高程德主编：《公司组织与管理》，北京，北京大学出版社，2000

23. 毛蕴诗主编：《公司经济学》，大连，东北财经大学出版社，2002

21世纪金融学系列教材

21st Century Financial Science Coursebook Series